國語學叢書 71

한국어 등재소의 형성과 변화

정한데로 저

태학사

머리말

'정한데로' 네 자 안에는 제법 다양한 국어학적 이야깃거리가 담겨 있다. 가령 이 이름이 '어근, 접사, 어미, 명사, 조사'를 포함한 5개의 형태소로 이루어졌다는 것, 이에 이른바 조어와 굴절(곡용, 활용)의 형태론적 현상이 모두 확인된다는 것, 더 나아가 이 이름을 놓고 '통사론적 구성의 단어화'까지도 다루어 볼 수 있다는 점이 퍽 흥미롭다. 부끄럽지만 이러한 국어학적 관찰은 20대 중반을 훌쩍 넘긴 나이에 대학원 공부를 시작하며 이루어졌다. 이전까지는 '네가 정한 곳으로 가라'고 아버지께서 지어주신 이름의 의미만을 놓고 '아직 정하지 못한' 앞날을 고민했던 듯하다.

정한 데로 방향을 잡은 것은 학부 마지막 학기 '국어학연습' 수업 시간, 눈앞에 '던져진' 30년 된 논문 한 편과의 만남에서 시작되었다. 겉으로 드러난 언어 현상 이면에 숨어 있는 언어학적 원리를 읽어 내려가며, 가슴 속 꿈틀대는 무언가를 경험한 그 날의 묘한 기분이 아직도 생생하다. 그 감동과 희열 안에서, 결국 내가 '정한 데'가 어디일까에 대한 오래된 물음의 답이 보이는 듯했다. 며칠 고민하고는 무턱대고 대학원 입학 원서를 썼다. 학부 내내 학업을 게을리 했던 터라 원서를 제출하고 나서야 비로소 지금의 지도교수님을 처음 뵈었으니, 이는 평생 가슴 속 부끄러움으로 남을 일이다.

대학원에 들어가 선배 학자들의 논문을 읽으면서 내 안의 꿈틀대는 무언가를 꾸준히 경험한 것은 무척 감사한 일이다. 일찌감치 이미 같은 고민을 했던 선생님들의 생각을 엿보며 크게 공감하기도 하고, 때로는 여러 언어 현상을 생각지도 못한 한 가지 원리로 묶어 내는 과정을 따라가

3

며 연이어 감탄하기도 하였다. 그리고 나도 언젠가는 이 분들처럼 다른 누군가와 공감할 수 있는, 또 누군가에게 감동을 주는 그런 글을 써 보고 싶다고 늘 되뇌었다.

지금 돌이켜 보니, 선배 학자들의 논문을 읽으며 느꼈던 그 전율이 쌓이고 쌓여 오늘날 내 공부의 방향을 만든 듯하다. 그리고 부족하게나마 그때의 감동을 내 글에도 담아 보고자 했던 노력들이 이 책 여기저기서 확인된다. 李秉根(1977)(子音同化의 制約과 方向, 《李崇寧先生古稀紀念 國語國文學論叢》, 塔)은 내가 접한 첫 국어학 논문이자 '정한 데'의 출발점이 된 글이다. 박사학위논문 중간중간 그려 넣은 표들을 마침내 하나의 큼지막한 그림으로 담아내고자 한 노력은 국어학을 경험한 그 첫날의 감동을 좇으며 오랫동안 꿈꿔온 일이기도 하다. 그 노력의 결과가 헛된 거짓은 아닌지 더 두고 볼 일이지만, 박사학위논문을 기회 삼아 그간의 생각을 갈무리해 두었다는 데에서 부족하게나마 그 의미를 찾으며 위안해 본다.

단어, 특히 형식 속에 감추어진 다양한 화용적 맥락의 의미는 평생 짊어져야 할 숙제와도 같은 'α'로 이 책 곳곳에 자리 잡았다. 이에 대한 관심은 이재인(1991)(국어 복합명사 구성의 이해, 《國語學의 새로운 認識과 展開》(金完鎭 先生 回甲紀念論叢), 民音社)에서 시작되었다. '나의 첫 국어학 논문'과 마찬가지로 이 글의 문장 하나하나 읽어 내려가며 경험했던 깊은 울림을 엿을 수 없다. 단어가 우리 삶 깊숙이 들어와 있음을, 또 형태 뒤에 숨은 의미에 관한 통찰의 중요성을 깨달으며 앞으로의 내 공부가 '의미'로 꾸준히 이어지면 좋겠다 생각했다.

줄곧 단어에 관심이 많았지만, 문장에 관한 공부를 놓치지 않았던 것은 서강에서 공부하면서 얻은 큰 기회가 아닌가 한다. 문장은 이러한데 단어는 왜 그렇지 않을까, 단어도 문장도 커다란 하나의 원리로 이어지는구나 하는 물음과 생각이 끊이지 않았다. 그 과정에서 접한 김영희(1993)(의존동사 구문의 통사 표상, 《국어학》 23, 국어학회)은 다시금 언어적 체계와 원리에 관한 내 안의 믿음을 키우는 데 한몫한 듯하다. 박사학위논문을 진행하면서 '복합어와 연어 구성', '어휘화, 숙어화, 문법화'의 관계에 집중했던 것도 결국은 그 믿음에서 출발했다.

어쩌면 이 책은 그간 내게 가슴 속 울림을 주었던 많은 선배 학자들을 닮고자 애쓴 결과다. 특히 위 세 글은 음운론, 형태론, 통사론의 성격이 다른 논문이면서도 이 책의 큰 뼈대를 이루고 있다고 해도 틀린 말이 아니다. 이외에도 수많은 글에서 얻은 선생님들의 가르침에 깊이 감사드린다. 부족한 지면에 일일이 담지 못하는 것이 아쉬울 뿐이다.

학문적으로 자유로운 분위기 가득한 서강에서 공부하게 된 것은 큰 행운이다. 언어 자료와 이론, 공시와 통시를 넘나드는 그 균형 안에서 꾸준히 언어를 탐구할 수 있었던 것 역시 서강에 늘 감사한 일이다. 그 덕분에 터무니없는 생각들이 적절히 이 안에서 갈고닦이며 짧은 글의 모습을 갖춘 채로 꾸준히 이어질 수 있었다. 가르침을 주신 선생님 한 분, 한 분께 깊은 감사의 말씀을 드리지 않을 수 없다.

제자의 거친 생각에도 항상 귀를 기울여 주시고 부족한 제자를 격려로 이끌어 주신 서정목 지도교수님께 깊은 감사의 말씀을 올린다. 선생님을 좇으며 개별 언어 현상을 정갈한 이론적 원리로 꿰어 보고자 오랜 기간 고민을 거듭하였다. 선생님께서 정든 서강을 떠나시기 전에 미흡하게나마 이 글을 마무리 지을 수 있었던 것은 막내 제자로서 얻은 큰 기쁨이다. 살아 있는 언어 자료, 언어적 사실에 관한 정밀한 관찰을 늘 강조하시는 곽충구 선생님 곁에서 공부하면서 살아 있는 단어(임시어)와 규범 경계 밖 언어(방언, 신어 자료)의 중요함을 깨달을 수 있었다. 이 역시 두고두고 감사해야 할 일이다. 단어에 관한 생각들을 안고 찾아뵐 때면 늘 따뜻한 얼굴로 맞아 주신 황화상 선생님, 단어와 문장을 놓고 끊임없이 함께 고민할 기회를 만들어 주신 이정훈 선생님께도 감사드린다. 학위논문을 쓰면서 지칠 때쯤이면 두 분 선생님의 격려가 늘 큰 힘이 되었다.

아울러 '국어학'이라는 한 뜻을 안고 '서강'과 '말터'의 울타리 안팎에서 서로 의지하며 함께 공부하는 동학들에게도 고마움을 전하고 싶다. 나이 어린 막내 조교수가 새로운 공간에 잘 적응할 수 있도록 배려해 주시는 가천대학교 한국어문학과 교수님들께도 감사의 말씀을 드린다.

　　거칠게 담아 낸 박사학위논문을 크게 손대지 못하고 이렇게 내어 놓는다. 후에 공부를 더 보태어 지금의 잘못을 다시 들추어 바로잡더라도 일단은 지금의 크고 작은 생각들을 고스란히 남겨 놓겠다는 생각에서다. 이러한 이유로 박사학위논문 이후에 작업한 일련의 논문들에 대해서는 많은 언급을 삼갔다. 서로 다른 시기에 만들어진 '단어'가 형성 당시의 다양한 언어 외적 맥락을 담은 채로 오늘을 살아가듯 각기 다른 시기의 내 생각들도 꾸준히 쌓으며 갈고닦아 훗날 그 과정을 돌이켜 볼 기회를 맞으리라 기대한다. 단어의 끝자락을 부여잡고 끙끙대느라 자식 노릇 제대로 하지 못한 탓에 부모님께 늘 죄송한 마음이다. 이 책이 조금이나마 두 분께 기쁨이 될 수 있기를 바란다. 끝으로 이 책을 국어학총서로 선정해 주신 국어학회 선생님 여러분께 감사의 말씀을 드린다.

2015년 11월 1일
가천관 904호 연구실에서

정한데로

차례

[그림 차례]

[표 차례]

제1장 서론

1.1. 연구의 목적과 범위

이 연구는 어휘부 등재 단위의 형성과 변화 과정을 체계화하고, '형성
→등재→변화'의 단계적인 상관관계를 밝히는 것을 목적으로 한다. 이때
의 등재 단위는 형태론적 단위인 접사·단어뿐 아니라, 통사론적 단위인
연어 구성·의존동사 구성·의존명사 구성 등을 포함한다. '형태'와 '통사'
의 상이한 범주에 속하면서도 등재소(listeme)라는 공통된 단위로 묶일 수
있는 이들 단위의 형성과 그 이후의 양상을 탐구하는 것이 이 글의 주된
관심사이다.

언어 단위의 등재에 관한 연구는 주로 형태론 분야에서 복합어 등재 문
제와 관련하여 꾸준한 관심을 받아 왔다. 특히, '나무꾼', '엿장수' 등과 같
은 이른바 '규칙적인 복합어'가 등재되는가라는 물음을 중심으로 '최소 등
재, 절충적 등재, 완전 등재' 등의 상이한 입장이 주장되었다. 그러나 등재
라는 연구 대상이 지닌 연구 방법상의 어려움으로 인하여 실제적인 근거
자료나 구체적인 논증을 통해 주장이 뒷받침되기보다는, 개별 연구자의
입장이 전제되거나 추정 수준에 머물렀던 한계도 확인된다.

이러한 흐름 속에서 최근 인지적 실험을 활용한 접근이 형태론 영역 내
에서 등재 연구의 한 방법으로 조명 받고 있다는 점은 주목할 만한 일이다.
일반 화자를 대상으로 한 실제 실험을 통해 심리 어휘부(mental lexicon)를
탐색하는 작업이 구체화됨에 따라 실증적인 자료로부터 어휘부 등재 여부
를 판단할 만한 근거를 확보하게 된 것이다. 그러나 한편으로는, 화자의

심리적 인식과 수행 측면에서 언어 단위의 등재나 기억에 관한 문제가 강조될수록 Di Sciullo & Williams(1987: 4)의 주장처럼 등재를 문법 외적인 문제로 처리해야 할지 모른다는 의심에 빠져들게 된다. '등재가 문법 연구의 대상이 맞는가?'라는 근본적인 물음에 직면하는 것이다.

이 연구는 등재를 문법 연구의 중요한 한 축으로 파악한다. 따라서 등재가 문법 연구에서 어떠한 위상을 지니는지 밝히고, 어휘부 등재 대상을 판별해 낼 만한 언어 내적인 기준을 마련하는 것 역시 우리가 도달하고자 하는 목표 가운데 하나이다. 이러한 연구 목적을 달성하기 위해 우리는 두 가지 측면을 강조하면서 등재에 관한 탐구를 전개해 나가고자 한다.

첫째, '형성→등재→변화' 단계의 체계적 접근을 강조한다. '형성'과 '변화'는 언어학의 가장 핵심적인 연구 주제이다. 어떠한 원리를 통해 단어가 형성되고 통시적인 변화를 겪는가에 대한 탐색(형태론의 형성·변화 연구), 문장 형성의 기본 원리를 밝히고 문법 형태의 기능과 그 변화에 관한 체계화 작업(통사론의 형성·변화 연구)은 문법 연구의 큰 축을 이룬다. 여기서 우리는 '형성'과 '변화' 과정 사이에 위치한 '등재' 단계의 역할을 강조할 것이다. 이들 세 단계의 유기적 관계를 설명하는 과정에서 문법 연구에서 등재가 지니는 의의를 확인하고, 그 결과 등재 연구가 문법적 차원에서 접근되어야 할 필요성을 조명하고자 한다.

둘째, 연구 대상의 범위를 형태론적 대상에서부터 통사론적 대상에까지 확대 적용함으로써 일반성(generality)의 측면에서 등재 연구에 접근한다. 관용 표현이나 속담, 그리고 문법화 과정상의 재구조화된 통사론적 구성 등 단어보다 큰 단위의 등재 가능성에 대한 논의는 이미 선행 연구에서 꾸준히 언급되어 왔다(권재일 1986가, 1987, 구본관 1990, 채현식 1994 등). 다만 등재소 설정 기준과 방식에 관한 구체적인 논의는 복합어 연구에만 머물러 있을 뿐, 통사론적 대상에까지는 충분히 적용되지 못하였다. 또한 관용 표현이나 문법화 연구의 경우, 의미론적 비합성적 속성이나 문법 기능의 획득 등 등재 이후의 '변화' 단계에 논의가 치중되었던바 등재 자체에 관한 관심은 전면에서 다루어지지 않았다. 이에 이 연구에서는 형태론적 대상과 평행한 시각에서 통사론적 대상의 등재 기준을 확립하고, 이들 단위의 변화 과정에까지 그 관심을 확대하고자 한다.

이상의 두 가지 사항 "① '형성'과 '변화' 중간의 '등재' 단계가 지니는 체계적 상관성", "② 형태론 및 통사론적 단위의 공통된 양상"을 강조하면서 등재가 문법 연구에서 차지하는 역할과 지위를 확인한다. 아울러 각 단계별 언어 대상의 실재성 문제, 공시성·통시성 문제도 함께 논의할 것이다.

이 글의 구체적인 연구 대상은 다음 세 가지이다.

> (1) 가. 종이배 ⇒ 종이 + 접어서 만든 + 배
>   나. 도둑글 ⇒ 남이 배우는 옆에서 몰래 듣고 배우는(도둑) + 글
>
>
> (2) 가. 속이 보이다   ⇒ 속이 보이다
>   나. 수포로 돌아가다 ⇒ 헛된 일로 돌아가다
>
>
> (3) 가. 돌다리도 두드려 보고 건너라.   ⇒ [시험]
>   나. 죄를 지으면 누구나 벌을 받는 법입니다. ⇒ [당위]
>   나'. 그 사람이 이미 와 있을 법하다.   ⇒ [가능성]

(1)은 복합어, (2)는 연어 구성, (3)은 의존동사 구성·의존명사 구성의 예이다. 각각의 구성면에서 이들은 서로 다른 특징을 보이지만, 특정한 '형성 동기'를 지닌 특정 '화자'에 의해서 특정한 '상황 맥락'에 기대어 형성되었다는 점에서 모두 공통적이다.[1] 또한 이에 그치지 않고 형성 당시의 형

---

1) (1)~(3) 구성의 형성 과정에 부여된 상황 맥락을 회색 음영으로 표시하였다. 우리는 구성 형성 과정에 부가된 음운론적·형태론적·의미론적 정보 등을 α 라는 기호로 형식화하여 논의를 전개할 것이다. 서정목(1987: 4, 13)에서 언급한 바와 같이, 둘 이상의 형태소가 결합하여 융합한 결과는 'A + B'뿐만 아니라 'A + B + α'의 결과를 도출해 냄

태론적·통사론적 구성이 고정되어 개인적·사회적으로 널리 쓰이고 있다는 점에서 동일하다. 즉, 개별 화자 또는 특정 언어 공동체 내에서 어휘부 등재소로서의 지위를 부여할 만한 대상들이다.

'종이배'라는 하나의 형태는 다양한 방식의 의미 해석(종이를 운반하는 배, 종이처럼 가벼운 배, 종이처럼 약한 배)이 가능하다. 그중에서 현재 우리가 쓰고 있는(즉, 공인화된) (1가)의 '종이배' 개념은 형성 초기 명명 대상이 지닌 상황 맥락을 보유한 채로 고정된 결과이다. '도둑글'은 선행 명사 '도둑'이 비유적으로 쓰여 전체의 의미를 완성한다는 점에서 '종이배' 와 차이가 있기는 하나, 형성 방식의 차이일 뿐 다양한 공시적 변이의 가능성 중 한 가지가 고정되어 해당 의미로 쓰인다는 점에서는 동일하다. '도둑글' 역시 초기 형성 현장의 상황 맥락이 단어의 의미를 완성하는 데 결정적인 역할을 하였을 것이다.[2]

'속이 보이다', '수포로 돌아가다'의 연어 구성 역시 (1)과 다르지 않다. 이들 구성이 형성된 최초의 현장을 추정해 보자. 특정 화자가 특정한 상황 맥락 속에서 다의어 '속'의 의의(sense) 가운데 하나('마음')를 선택하였고,[3] 연어 구성 '속이 보이다'의 구성 내에서 명사 '속'은 항상 동사 '보이다'와 어울려 '마음'의 고정된 의미로 쓰이게 되었다. '수포로 돌아가다'는

으로써 공시적 기술만으로는 설명되지 않는 'ɑ'의 존재를 주목하게 한다. 우리는 통시적 융합의 결과뿐만 아니라 공시적 결합 과정상의 'ɑ'에까지 관심의 영역을 확대함으로써, 구성성분 이외의 요소 또는 공시적으로 설명되지 않는 변화의 결과 등을 종합적으로 논의한다.

2) 우리는 "국어 복합명사의 의미가 단순히 구성요소 의미의 산술적인 총화만은 아니며", 단어 형성 과정에서 "화용론적 요인"이 중요하다는 점을 강조한 이재인(1991가: 612, 621)의 접근 방식에 주목한다. 이에 그치지 않고, 우리는 복합어보다 큰 언어 단위(통사론적 구성)의 형성 과정에도 특정한 상황 맥락적 요인이 개입할 수 있다고 본다. 상황 맥락 정보의 고정된 쓰임을 기억해야 하는 대상은 복합어와 마찬가지로 등재의 대상이 될 것이다.

3) 복합어 형성 과정에 다의어의 의의(sense)가 선택된 것인지, 혹은 공시적으로 비유 해석이 관여한 것인지에 대해서는 명확한 결론을 내리기 어려울 수 있다. 이러한 한계에 대해서는 4.2.2., 4.3.2. 및 5.3.1에서 후술된다.

(1나)의 '도둑글'과 유사한 방식으로 형성된 결과이다. '수포(水泡)'가 지닌 속성이 초기 형성 현장에서 '헛된 일'의 비유로 쓰였고, 동사 '돌아가다'와 어울린 고정 환경의 통사적 쓰임이 개별 화자를 거쳐 이후 공인화까지 완료하였다.

복합어, 연어 구성과 동일한 시각에서 의존동사 구성·의존명사 구성도 최초 형성 현장의 상황 맥락에 따라 해당 의미가 결정되었다고 볼 수 있다.4) '-어 보-' 구성에서 포착되는 [시험]의 의미는 구성성분만으로는 설명되기 어렵다. '-어 보-'의 이러한 고정적 용법을 만든 최초 현장의 맥락을 가정할 수밖에 없을 것이다.5) '-ㄴ 법이-', '-ㄹ 법이-'도 다의어 '법'이 지닌 여러 의미 가운데 일부가 선택되어 선행 어미와 더불어 각각의 구성 의미([당위], [가능성])를 이룬 것으로 파악된다.6)

이상 (1)~(3) 세 가지 대상의 형성 과정을 추정하는 과정에서, 우리는 초기 형성 현장의 상황 맥락적 요인이 다양한 방식으로 과정에 참여하며, 당시에 개입된 고정화된 쓰임이 구성 전체의 어휘적·문법적 의미를 결정한다는 입장을 취하였다. 구성성분만으로는 산출되지 않는 다양한 구성성분 외적 요인, 특히 '화용론적 요인'들에 주목하는 것이다. 초기의 상황 맥락은 공시적 변이 수준의 임시적 해석에 그친다. 그러나 당시의 맥락 정보가 특정 형태론적·통사론적 단위에 내재화됨으로써 표면적으로 언어화된 형식 이상의 개념을 표현한다면, 또 그 대상이 개인적·미시적 수준에 머물지 않고 사회적·거시적 확산에 힘입어 관습화된다면 이는 개인의 머릿속 혹은 사회가 인정하는 공통된 어휘 목록에 고정된 것으로 보아야

---

4) 이 글에서는 '의존동사, 의존명사'의 용어를 쓰기로 한다. 의존동사는 보조동사(보조용언)로, 의존명사는 형식명사로 불리기도 하나 우리는 의존동사 구성과 의존명사 구성의 유사한 속성에 주목하면서 이들을 평행하게 바라보는 관점에서 이들 용어를 취한다. 각 용어의 개념적 차이에 관해서는 이선웅(2004, 2012: 135-138, 190-192)를 참고할 수 있다.
5) 이때의 구성을 이루고 있는 동사 '보-'는 [+행위성]의 의미를 지닌 다의어로서 구성 형성에 참여한 것이다(4.3.3.2. 참고).
6) '-ㄴ 법이-', '-ㄹ 법이-' 구성에 대해서는 4.3.3.2에서 더욱 구체적으로 논의할 것이다.

할 것이다. 바로 '형성'에서 '등재'로의 전환이다.

　한편, (1)~(3)의 세 가지 대상은 개인 또는 사회 안에서 고정된 방식으로 쓰이면서도, 상황 맥락에 기대어 이전과 다른 방식의 형태론적·의미론적 변이를 끊임없이 모색한다. 초기의 변이는 변화의 발단이 되어 또 다른 방식의 과정을 이끈다. 가령 복합어 '그믐'이 더 이상 공시적으로 형성 불가능한 어휘화의 대상이 된 것이나, '미역국을 먹다'의 관용의미(시험에서 떨어지다)를 구성성분의 의미만으로 해석할 수 없는 경우가 그러하다. 우리는 변화의 결과로 볼 몇 가지 대상을 변이 당시의 상황 맥락과 연결하여 논의하고자 한다. 초기 형성 과정의 상황 맥락에서 벗어나는 순간, 더 이상 공시적으로 설명 불가능한 단계에 위치하게 되었을 때에 변화가 마무리된다고 보는 것이다. 이는 '등재'에서 '변화'로의 전환이다. 복합어, 연어 구성, 의존동사 구성·의존명사 구성 모두 이러한 변화의 대상이 된다.

　요컨대, 이 연구에서 우리는 논의 전반을 관통하는 두 가지 태도를 확립함으로써 체계적 관점에서 전체를 조망한다. 하나는 '형성→등재→변화'의 일관된 흐름이며, 다른 하나는 '복합어, 연어 구성, 의존동사 구성·의존명사 구성'이라는 언어 대상의 평행성이다. 세 가지 언어 대상이 각각 '형성'과 '등재'와 '변화'의 현장에서 어떠한 원리를 적용 받고 다음 단계로 전개되는지 살피면서 언어가 지닌 일반적 속성을 지속적으로 확인하게 될 것이다. 그 결과 우리는 복합어와 연어 구성을 대상으로 하는 두 연구 분야의 평행한 관계를 확인하고, 이 글에서 설정한 기준으로 연어 개념의 외연 및 연어 구성과 숙어 구성의 관계 등을 정립할 수 있다. 아울러 어휘화와 문법화, 두 연구 분야의 관련성도 함께 조명하고자 한다.

1.2. 용어의 개념

　'형성→등재→변화'의 단계를 확립하기 위해서 다양한 설명적 요인들이 고려된다. 따라서 전체 체계를 보다 효과적으로 드러낼 수 있는 용어를 선별하여 개념 간의 유기적인 상관관계를 정리하는 작업은 이 글에서 매우 중요하다. 이러한 이유로, 종래에 다양한 방식으로 쓰여 온 용어 가운데 이 연구의 목적에 부합하고 실제 개념을 보다 합리적으로 표현하고 있다고 판단되는 용어를 채택하기로 한다. 이 역시 세 단계의 순서로 정리해 보자.

먼저 '형성'과 관련한 용어이다. 이 글에서 '단어'는 통사론의 기본 단위, 즉 통사원자(syntactic atom)를 의미하며(Di Sciullo & Williams 1987, 박진호 1994), 단일어(simple word)와 복합어(complex word)를 포괄한 개념으로 쓰인다. 이와 관련한 '가능어'와 '실재어', '개인어'와 '사회어', '임시어'에 대해 살펴보자.

단어형성론에서 '가능어-실재어'의 대립은 생성형태론을 기점으로 널리 받아들여져 온 개념이다. 대체로 종래의 '가능어'는 아직 존재하지는 않지만 특정한 형성 원리를 통해 형성 가능한 단어를, '실재어'는 사회적 승인을 확보하여 현재 쓰이고 있는 단어를 의미하였다. 그러나 우리는 이러한 가능어·실재어 개념을 따르지 않고, 사회적 승인과 상관없이 만들어져 쓰이는 모든 단어를 '실재어'로 이해하며 화자에 의해 표현되었지만 등재되기 이전의 단어에 '가능어'의 지위를 주고자 한다. 이에 따라 이 글의 '실재어'가 지닌 외연은 이전 개념과 비교할 때 더욱 확장되었다. 한편 '가능어'와 쌍을 이루는 용어로서 '등재어'를 새롭게 제안할 것이다(3.3.1. 참고). '형성→등재'의 두 단계에 걸쳐 있는 '가능어'와 '등재어'는 모두 누군가로부터 실현되어 쓰인 '실재어'이다.

'개인어'와 '사회어' 개념 역시 이 글의 체계를 이해하기 위해 필요한 용어이다(3.3.2. 참고). '미시적·개인적 차원'과 '거시적·사회적 차원'의 층위를 명확히 구분하여 논의하고, 둘 간의 상관관계를 포착해 내는 것 역시 우리가 이 연구에서 밝히고자 하는 연구 목표이기 때문이다. '개인어'는 특정 청자가 배제된 상태로 개별 화자 내부에서 형성되고 기억되는 단어를 의미한다. 반면, '사회어'는 언어 공동체의 크기에 상관없이 청자가 전제된 조건에서 개별 화자로부터 형성되어 공식적 또는 비공식적으로 승인된 단어를 의미한다.

종래의 '임시어'는 크게 두 가지 측면에서 쓰여 왔다.[7] 첫째는 거시적 수준의 개념으로서, 특정 화자가 형성한 단어이지만 아직 사회적 승인을 얻지 않은 단어를 가리킨다(Bauer 1983, 이상욱 2007, 정한데로 2010가). 이때의 '임시'는 거시적 수준의 등재(사회적 승인) 이전 단계에 위치한다는 것을 의미한다. 둘째는 미시적 수준의 개념으로서, 특정 화자가 형성한 단어이지만 아직 화자의 어휘부에 등재되기 이전의 단어를 가리킨다(박진호 1994, 송원용 2000, 2005가).[8] 이때의 '임시'는 미시적 수준의 등재(심리 어휘부 등재) 이전 단계에 위치한다는 것을 의미하므로, 두 가지 개념은 층위만 달리할 뿐 기본적인 접근은 동일하다.[9] '개인어'와 '사회어'를 명확히 구분한 우리의 입장에서는 두 가지 수준의 '임시어'를 모두 활용할 수 있다. 그러나 우리는 전자의 거시적 수준에 국한하여 '임시어'를 쓰고자 한다. 후자의 개념은 '등재되지 않는 단어'로 기술할 것이다.

한편, 연어 구성(collocation)과 숙어 구성(idiom)을 포괄하는 상위 개념으로 '관용 표현(conventional expression)'을 쓰기로 한다(박진호 2003, 이동혁 2007). 연어 구성과 숙어 구성 모두 고정되어(fixed) 관습화된 표현이라는 점에서 공통적이며, '관용'은 의미론적 측면뿐만 아니라 통사론적

---

7) 더욱 구체화한다면 한국어 형태론에서의 '임시어'는 3~4개 유형으로까지 분류 가능하다. 이에 관해서는 정한데로(2014다, 2015라) 참고.

8) 박진호(1994)에서는 미시적 수준의 '임시어'에 상당하는 용어로 '임시 통사원자'가 쓰였다.

9) 이때 '임시'라는 개념은 사실상 '형성'과 '등재' 가운데 '등재'에 초점을 맞췄을 때 성립되는 용어이다. 거시적 수준이든 미시적 수준이든 '등재 이전의 단위'라는 점에서 '임시'가 덧붙은 것이기 때문이다. 만약 '형성'에 초점을 두었다면 '형성'의 결과라는 것 자체로 의미가 있는 것이므로 '임시적 지위'를 부여할 필요는 없다. 이는 그간의 단어형성론이 '형성'에 집중해 온 듯하면서도 (미시적·거시적 차원의) '등재'의 문제로부터 자유롭지 않았다는 것을 의미하는 것이기도 하다. 정한데로(2014다) 참고.

또는 구성적 측면에서 고정화된 예까지 포괄한다고 보기 때문이다(4.3.2. 참고).

다음으로 '등재'와 관련한 '어휘부', '등재소'를 검토해 보자. 앞서 '개인어'와 '사회어'의 두 층위를 구분한 것과 마찬가지로, 이 글의 '어휘부'도 미시적 수준의 '개인어휘부'와 거시적 수준의 '사회어휘부'로 구분된다(정한데로 2011). 전자는 개별 화자의 머릿속 사전을 의미하는 반면, 후자는 언어 공동체에서 승인한 단어들의 집합으로 파악한다. 이때 두 유형의 어휘부가 정확하게 일치하는 일은 현실적으로 불가능할 것이다. 특정 화자의 머릿속 사전 목록을 명확하게 규명하기도 어려울뿐더러, 둘 이상의 화자의 머릿속 사전을 비교하는 일도 현재의 연구 수준에서는 쉬운 일이 아니다. 또 오늘날 거의 쓰이지 않는 단어라 할지라도 종이 사전의 보수성으로 인해 등재된 채로 공인어의 지위를 유지하기도 하는바 개인어휘부와 사회어휘부가 일치할 가능성은 거의 없다.

이러한 한계에도 불구하고, '형성 → 등재 → 변화'의 일방향적 흐름에 관한 연구에서는 이러한 층위 구분이 매우 효과적으로 쓰일 수 있다. 새롭게 형성되고, 새롭게 변화가 시작되는 모든 단어는 결국 특정 화자로부터 시작되어 그 특정 화자와 주변 언어 공동체에 기억되면서 점차 그 영역을 확대하기 때문이다. 따라서 이러한 방향성에 연구의 관심이 맞춰져 있다면 '개인어휘부'와 '사회어휘부'는 여전히 유효한 분리 기준이라 판단된다. 다만 개인어휘부와 사회어휘부의 일치 문제는 우리의 관심사가 아니다.

한편, '등재소(listeme)'는 어휘부에 기억되는 단위로서 그 대상은 형태론적 단위(접사, 어근, 단어)에 국한되지 않는다. 정도의 차이만 있을 뿐 일부 통사론적 단위도 충분히 등재소가 될 수 있다(Di Sciullo & Williams 1987). 연어 구성이나 숙어 구성과 같은 관용 표현, 속담, 높은 빈도로 쓰이는 문장 표현 모두 등재의 대상이 된다. 따라서 '등재소'는 어휘적 단어에 국한되는 '어휘소(lexeme)'와는 분명히 다른 차원의 개념이다.

끝으로 '변화'와 관련한 '어휘화', '문법화', '단일화', '재구조화'의 개념을 살펴보자. 국내 문법 연구에서 '어휘화(lexicalization)'는 크게 세 가지 방식으로 정의되어 온 듯하다.[10] 첫째는 복합어 내부의 경계가 불투명해지는 현상으로 파악하는 것이며(Bauer 1983, 김성규 1987, 송철의 1992), 둘째는 '문법화'와 반대 방향에서, 문법 형태가 어휘 형태로 변화하는 현상으로 파악하는 관점이다(안주호 1997). 마지막 셋째는 어휘부 밖의 요소가 어휘부에 등재되는 현상으로 보는 입장이다(박진호 1994, 송원용 1998, 2005가). 앞의 두 개념이 특정 대상의 문법 범주 변화 차원에서 접근한 것이라면, 마지막의 어휘화 개념은 등재 전후의 등재소 지위 변화 차원에서 접근한 논의이다.

이 가운데 우리는 첫째 개념으로 '어휘화'를 쓴다. 시간적 흐름 속에서 복합어가 더 이상 공시적인 함수 관계로 설명 불가능한 단계에 놓였을 때에 전개되는 변화의 한 유형으로 이해하는 것이다. 변화의 과정 속에서 문법화와의 상관관계를 고려한 접근이 시도될 것이다. 한편, 세 번째 어휘화 개념은 종래의 '등재'가 지시하는 개념과 크게 다르지 않다고 판단되는 바 새로운 용어를 만들지 않고 '등재'를 사용한다.

'문법화(grammaticalization)'의 개념은 '어휘화'보다도 더 다양한 기준에서 논의되어 왔다. 초기의 문법화(허사화)는 동사나 명사가 조사로 변화하는 현상을 가리켰으나(유창돈 1964, 안병희 1967), 이후 실질형태소가 의존형태소로 변하는 현상을 문법화로 보거나(이태영 1988), 실사류를 포

---

10) 이선웅(2012: 112, 각주 124)는 어휘화를 통시적인 것과 공시적인 것으로 나누어 파악한 정한데로(2009: 51)가 다소 부정확한 문법 기술을 보이고 있다고 보았다. 그러나 정한데로(2009)의 이러한 입장은 Hohenhaus(2005)의 논의를 수용한 것으로, 우리는 여전히 두 가지 측면의 어휘화 개념 구분이 유효하다고 본다. 공시적 관점과 통시적 관점의 어휘화는 Brinton & Traugott(2005: 18-22)에서도 분류되고 있다. 오히려 이선웅(2012)가 기대고 있는 박진호(1994)의 어휘화 개념은 '등재'라는 용어로 이미 널리 쓰이고 있는바, 우리는 기존의 '등재'와 '어휘화'의 개념을 유지하여 쓰기로 한다. 정한데로(2012가), 오규환(2013)도 참고된다.

함하지 않고 허사류만으로 구성된 결과도 문법화로 보는 관점(이현희 1993)이 등장하였다. 또한 문법화를 결과의 산물로 보지 않고, 과정적 측면에서 덜 문법적인 기능을 하던 것이 더 문법적인 기능을 하는 것으로 바뀌는 과정 전체를 문법화로 보는 시각(안주호 1997)도 관찰된다.[11]

기본적으로 우리는 안주호(1997)과 마찬가지로 문법화를 결과적 산물로 보지 않고, 과정적 측면에서 접근하고자 한다. 따라서 이 글에서 다룰 자료 역시 이미 문법화를 완료한 대상보다는 그 중간 과정에 있다고 볼 만한 것들이다. 그러나 우리는 어휘 형태가 의미 탈색(semantic bleaching)을 겪는 과정을 문법 형태로의 변화로 보거나, 자립 형태가 의존 형태로 변화하는 과정을 문법화로 파악하지 않는다는 점을 분명히 해 두고자 한다. 일반 명사의 다의화 과정만 보더라도 어휘 형태의 추상화는 문법화에만 국한된 현상이 아니며, 접사화와 같은 의존 형태로의 변화 역시 문법 형태의 형성을 담보해 주는 것은 아니라는 판단 때문이다(이지양 2003, 남미정 2010, 정한데로 2012가).

이 글은 다소 엄밀한 관점에서 문법화의 개념을 한정하고, 문법화의 두 가지 조건을 설정하고자 한다. 하나는 어휘 형태를 포함한 특정 구성이 문법 기능을 담당하는가 하는 것이고,[12] 다른 하나는 이들이 단일한 하나의 형태로 변화하고 있는가 하는 것이다.[13] 따라서 일반 통사론적 구성이

---

11) 그밖에도 통사적 현상이 아니던 것이 통사적 현상으로 변한 것, 또는 어휘적 형태소가 문법적 형태소로 변한 것으로 파악하는 입장(최형용 1997), (좁은 의미에서) 문법 범주를 형성하는 경우에 국한하여 내용어가 굴절어미 혹은 격조사로 되는 것이나, (넓은 의미에서) 내용어가 기능어로 되는 모든 경우를 문법화로 보는 입장(고영진 1997) 등도 확인된다. 이지양(1998나, 2003), 남미정(2010) 참고.

12) 이는 문법 형태로만 이루어진 단위는 문법화의 대상으로 보지 않는다는 것을 의미한다. 가령 둘 이상의 조사나 어미가 복합한 복합형태가 단일한 단위로 변화되는 과정(-으로+-브터 〉 으로부터 / 습ᄂ니이다 〉 -습니다)은 문법화의 관심 대상이 아니라는 입장이다.

13) 이지양(1998가: 134-135, 2003)에서는 이러한 변화를 '형태구조화(morphologization)' 또는 '형태화(morphization)'로 보았다. 특히 '형태화'는 어휘화와 문법화의 유사한 특징으로 볼 수 있을 것이다. 이 글의 형태론적 단일화는 이지양(1998가, 2003)의 '형태구조화'와 '형태화'를 모두 포함하는 범위에 있다.

구성적 측면에서 문법 기능을 실현하고 있다고 하더라도, 해당 단위가 형태로의 변화 없이 이전 양식을 유지한다면 엄밀한 차원에서 문법화라고 보지 않는다. 다만 문법화를 과정적 차원에서 접근하는 이 글의 태도를 고려할 때에 추후 문법화 대상으로서의 가능성을 열어 놓고 논의할 것이다.14)

'단일화(univerbation)'는 둘 또는 그 이상의 자율적인 언어 단위를 구성 성분으로 한 복합체가 형태론적·의미론적 측면에서 제3의 형식으로 통합되는 것을 의미한다(Brinton & Traugott 2005: 48, 68-69 참고). 이 연구가 취하는 '어휘화'나 '문법화'는 단일한 형태로의 변화라는 점에서 형태론적 단일화를 전제한다. 한편 우리는 의미론적 측면에서도 단일화를 인정한다. 복합어의 의미론적 어휘화는 물론, '미역국을 먹다'와 같은 숙어의 관용의미 역시 공시적인 합성이 불가능한 예라는 점에서 '단일화'한 결과로 이해한다.

이 글의 '재구조화(restructuring)'는 '이전과 다른 새로운 구조로의 변화'로서, 특정 형태 또는 구성의 내항(entry)에 명세된 음운론적·형태론적·통사론적·의미론적 정보 구조가 전환되는 현상을 의미한다. 따라서 우리는 다소 넓은 개념으로 재구조화를 쓰고자 한다(정한데로 2010나).15) 음

---

14) 이에 우리는 지역 방언을 두루 검토할 것이다. 표준어(중부 방언)의 경우에는 형태 단위로의 변화가 활발하지 않지만, 지역에 따라 그 양상이 활발하게 포착되는 예가 다수 보고되어 있기 때문이다. 따라서 이들 대상도 과정적 차원에서 문법화의 방향으로 나아갈 수 있음을 간접적으로 추정할 수 있다.

15) 이선웅(2012: 114)에서는 정한데로(2010나)에서 제시된 이상의 '재구조화' 개념을 비판적으로 살피며 이러한 차원의 개념어는 불필요하다고 논의하였다. 이러한 넓은 개념의 재구조화라면 모든 '통시적 변화'가 '재구조화'가 될 수 있다고 비판하면서, 정한데로(2010나)의 일부 논의 대상(의미론적 차원)이 적절하지 않고 표기법적 문제나 문법형태화 등으로 치환될 수 있다고 본 것이다. 그러나 우리는 여전히 정한데로(2010나)의 '재구조화' 개념을 유지하고자 한다. 다양한 언어 현상을 묶어낼 수 있는 일반 원리를 포착하려 하는 본 연구의 태도에 기반하여 용어를 쓰고자 하기 때문이다. 또한 우리는 어휘 내항의 의미론적 정보의 변화 역시 의미 구조 차원의 변화라고 보며, 형태론적 정보 역시 규범(norm) 수준의 표기법적 문제로 치환할 것이 아니라 화자의 어휘부 내 등재소에 명세된 형태론적 정보의 변화와 관련짓고자 한다. 아울러 우리의 재구조화는 "선"으로

운론 분야에서는 흔히 '기저형의 변화'를 설명하기 위한 기제로 재구조화 (재어휘화)의 용어가 쓰여 왔으며,[16] 형태론 · 통사론 연구에서는 '둘 이상의 구성요소가 결합하여 하나로 인식되는 통합형을 구성하는 것'으로 정의되기도 하였다.[17] 이 글의 개념으로 재구조화를 이해한다면, 전자는 어휘 내항의 음운론적 정보의 변화, 후자는 형태론적 정보의 변화로 설명될 것이다.[18]

이때의 재구조화는 어휘부 내 항목, 즉 등재소를 대상으로 한다는 점에서 형태 단위뿐만 아니라 통사론적 구성의 등재소에도 함께 적용된다. 따라서 특정 접사가 새로이 형성되거나 일반 통사론적 구성이 고정화되어 등재소로 어휘부에 편입되는 과정 역시 어휘부 체계의 변화로 보아 해당 단위의 재구조화 과정으로 파악한다. 우언적 구성의 형성, 숙어 구성의 논

비유될 수 있는 '통시적 변화'와 동질의 것이라기보다는 "점"에 가까운 과정으로 이해할 수 있다. 변화의 과정 전반을 의미한다기보다는 '전환'의 시점(時點)에 더 초점을 둔 것이다.

이러한 시각의 차이는 재구조화를 적용한 대상이 무엇인가 하는 문제에서 비롯된 것으로 보인다. 이선웅(2012: 426-430)의 재구조화는 '통사 구조 인식상의 변화'를 의미한다. 이선웅(2012)에서는 재구조화가 어휘에 작용하는 것이 아니라 범주에 작용하는 과정이라고 보면서 통사론에 국한하여 해당 용어를 쓰고 있는 것이다. 연구 대상의 측면에서부터 통사 구조가 아닌 어휘 차원에서 논의하고 있는 우리의 재구조화와 큰 차이가 있을 수밖에 없다.

16) 음운론 연구에서의 '재구조화(relexicalization)'는 음운체계의 변화 또는 조건변화에 의하여 발생한 어간 형태소 내부의 변화, 즉 '기저형의 변화'를 가리킨다(곽충구 1994). 최명옥(1985), 김현(2006), 소신애(2009) 참고.

17) 서태룡(1988: 19)은 재구조화(restructuring)와 재분석(reanalysis)의 개념을 명확하게 구분하고 있다. 재구조화는 '둘 이상의 구성요소가 결합하여 하나로 인식되는 통합형을 구성하는 것', 재분석은 '통합형을 그 구성요소로 분석하여 그 형태와 의미의 관련성을 설명하는 것'을 의미한다.

18) 음운론에서의 '어간 재구조화' 문제나 서태룡(1988)에서 어미의 형태와 의미를 탐구하기 위해 도입된 '재구조화'의 개념도 이 글의 '재구조화'에서 모두 수용 가능하다. 서태룡 (1988)의 재구조화가 통합 과정을 전제하고 있는 것에 반해, 이 글의 재구조화는 통합형이 아닌 경우에도 적용될 수 있다. 가령 명사 '꽃'의 형태 변화(곶 〉 꽃)나 접사 '들'이 새롭게 형성된 과정(5.3.1.1., 5.3.1.3. 참고), 명사 '거품'의 다의화 과정(5.3.1.2. 참고)도 우리의 시각에서는 재구조화의 영역에 포함된다. 이들 모두 이전 형태의 형태론적 · 의미론적 어휘 내항 정보가 새롭게 개편되어 얻어진 결과물이기 때문이다.

항 구조 변화 등도 큰 틀에서 재구조화로 이해하는 것이다(5.2.2. 참고).
이렇게 보면 문법화 연구에서 '둘 이상의 구성성분이 하나의 언어 단위로
인식되는 현상'을 가리켜 쓰여 온 '재분석(reanalysis)'도 이 글에서는 재구
조화로 함께 설명될 수 있을 것이다. 즉, 개별 형태의 어휘 내항 변화, 접
사 또는 통사론적 구성의 등재소 형성 모두 재구조화의 결과로 파악한다.

1.3. 논의의 구성과 연구 방법

이 글의 큰 축을 이루는 세 가지 주제, '형성', '등재', '변화'가 각각 장을
달리하여 논의된다. 본격적인 내용에 앞서 제2장에서는 이 연구가 취하는
문법의 모형과 단위에 관한 기본적인 사항을 언급한다. 등재소라는 공통
된 기준을 통해 형태론적 단위뿐만 아니라 통사론적 단위도 연구 대상에
포함하는 이 글의 시각을 고려한다면, 과연 우리가 어떠한 이론적 문법 모
형을 취하는지 먼저 밝혀져야 할 것이다. 등재를 문법 연구의 중요한 한
부분으로 파악하는 이 글의 입장에서는 문법 모형 내에서도 어휘부가 중
심 역할을 담당한다. 이에 초기 생성형태론에서부터 최근 한국어 형태론
에 이르기까지, 단어 형성을 중심으로 논의되어 온 기존 어휘부 모형을 검
토하면서 최종적으로 우리의 입장을 밝힐 것이다. 특히, 형성 부문과 저장
부문이라는 두 가지 기준을 중심으로 형태부・통사부 및 어휘부를 구별하
는 점이 강조된다. 아울러 각 부문을 구성하는 단위에 관한 논의도 함께
전개할 것이다. 그 결과, 제2장은 기존 연구의 성과를 검토하면서 이 글이
취할 이론적 태도를 밝히는 자리로 구성된다.

제3장에서는 '등재' 단계를 정리하고, '등재'가 '형성'・'변화'와 보이는
상관관계에 관해 논의한다. 1차적으로 등재의 개념과 그 속성을 살핀다.
우리가 등재소라고 판단하는 세 가지 유형의 대상(복합어, 연어 구성, 의
존동사 구성・의존명사 구성)에 공통적으로 적용될 일반 기준을 확립하는
장이다. 특히 언어 내적 등재와 언어 외적 등재를 구분하여 다각적인 측

면에서 등재 기준에 접근하고, [정합성], [합성성] 속성을 드러낼 함수 관계를 기초로 공시적 형성과 통시적 변화를 동시에 형식화할 것이다. 한편, '형성→등재→변화'라는 이 글의 핵심적 틀이 제시된다. 그 과정에서 '가능어-등재어' 기준, '개인어-사회어' 기준을 설정하고 체계 내에서 포착되는 상관관계를 밝히는 데 논의를 집중한다. 각 단위의 실재성 문제, 공시성·통시성 문제도 함께 거론될 것이다. 제2장에서 선행 연구를 기초로 이 글의 문법 모형을 제시하였다면, 제3장에서는 몇 가지 기준을 토대로 이 글의 이론적인 체계를 확립하는 데에 관심을 기울인다.

제4장은 등재 이전의 '형성' 단계에 관한 논의로 구성된다. 형성 단계가 지니는 공시성을 강조하고, 특히 공시적으로 활발히 형성되는 임시어를 대상으로 몇 가지 특징을 살핀다. 그 과정에서 단어 형성의 통합관계와 계열관계에 관한 이 글의 입장도 선명하게 드러날 것이다. 그 대상으로는 '복합어', '연어 구성', '의존동사 구성·의존명사 구성'의 세 가지 형성 유형을 제시한다. 그리고 이들 대상에 각각 적용되는 등재의 조건을 기술하는 과정에, 제3장에서 확립한 α 여부가 그 기준이 될 것이다. 단어 형성과 연어 구성 형성 사이에 포착되는 평행한 양상을 강조하는 한편, 문법적 기능을 실현하는 의존동사 구성·의존명사 구성까지도 앞선 두 대상과 동일한 틀 내에서 설명하고자 하는 시도가 이어진다.

제5장은 등재 이후의 '변화' 단계에 관한 논의로 구성된다. 변화 단계가 지니는 통시성을 강조하고, '복합어', '연어 구성', '의존동사 구성·의존명사 구성'에 공통적으로 적용될 변화의 일반 속성을 논의한다. 등재소 내적 변화와 등재소 외적 변화가 세 가지 대상에 모두 공통적으로 적용된다는 점을 강조하여 그 일반성을 포착한다. 크게 '분석에 의한 변화'와 '단일화에 의한 변화'를 구분하고, 각각의 하위 유형을 정리할 것이다. 특히, 단일화 과정은 '복합어의 어휘화', '연어 구성의 숙어화', '의존동사 구성·의존명사 구성의 문법화'의 세 방향으로 평행하게 실현된다는 점을 강조한다. 분석에 의한 변화 역시 세 영역에서 공통적으로 포착되는 변화의 유형이다.

제2장과 제3장의 이론적 접근을 통해서 거시적 모형과 체계가 제안된다면, 제4장과 제5장에서는 실제 구체적인 자료를 바탕으로 대상 간의 유기적 상관관계를 밝히는 데 중점을 둔다. 유형별로 자료를 분류하고 해당 자료를 바탕으로 확립한 체계 내에서 실제 언어 현상의 일반적 속성을 도출하고자 한다. 이를 통하여 이론적 정합성과 자료의 일반성 간의 균형점을 찾고자 노력할 것이다.

등재 이전의 단계는 공시성으로, 그 이후의 단계는 통시성으로 대표된다. 즉, 우리의 관심은 공시태와 통시태를 아우르는 언어 현상 전반에 걸쳐 있다. 이러한 점에서, 이 글이 지향하는 기본적인 태도는 범시태(panchrony)를 고려한 문법 연구이다(서정목 1983, 1984, 1987, 1994 참고).[19] 따라서 우리는 이미 변화를 거친 단위라 할지라도 그 대상이 형성된 당시의 공시적 상황을 추정해 보고 역동적으로 실현되는 방언 자료에까지도 관심을 둘 것이다. 그와 동시에, 문헌에서 확인된 역사 자료를 참고하거나 현재의 언어 자료가 앞으로 겪을 역동적인 변화 가능성까지 모두 고려하면서 공시와 통시의 균형적인 탐색을 시도한다. 공시태와 통시태의 상이한 속성을 인정하면서도, 자칫 일면에만 치우쳐 실제 언어 현실을 왜곡하거나 그릇된 해석을 낳는 일이 없도록 부단히 경계할 것이다.

---

19) 어휘 연구와 관련하여 범시론적 연구 방법을 강조한 구본관(2005)도 참고된다. 방언의 공시적인 분포와 국어사적인 자료를 동시에 검토함으로써 현대국어에 남아 있는 어휘의 역사성을 파악한 곽충구(1995), 이병근(1996)은 구본관(2005)가 지향하는 연구 방법론을 잘 보여준다(구본관 2005: 339).

제2장 문법의 모형과 단위

2.1. 도입

이 글의 주요 연구 대상은 등재소이다. 특히 우리의 관심이 형태론적 단위뿐만 아니라 통사론적 단위에까지 닿아 있다는 점을 상기한다면, 본격적인 논의에 앞서 형태부와 통사부의 상관관계 및 이들의 등재 과정에 관한 전반적인 문법 모형이 먼저 제시될 필요가 있다. 제2장은 이러한 목적에서 마련되었다.

이 글에서 가정하는 문법 모형의 중심에는 어휘부가 있다. 그러나 주지하는 바와 같이 어휘부는 그간 연구자마다의 상이한 접근에 따라 다양하게 해석되어 오면서 적지 않은 혼란을 불러 왔다는 점에서 간단하게 정리되기 어려운 개념이다. 이에 이 장에서는 1차적으로 이 글에서 활용할 어휘부의 외연을 확정하고, 어휘부와 유기적인 관계에 있는 형태부와 통사부를 포함하여 전체적인 문법 모형을 제안하고자 한다. 기본적으로 우리는 형성 부문과 저장 부문을 이원화한 모형을 취할 것이다(정한데로 2011, 김의수 2013, Taylor 2012 참고). 초기 생성형태론의 문법 모형에서부터 국내 형태론의 어휘부 모형에 이르기까지 주요 입장을 검토하면서, 이 글의 논지를 가장 설명력 있게 뒷받침할 만한 독자적인 모형을 완성하고자 한다. 아울러, 각각의 부문을 구성하는 기본 단위에 관해서도 함께 살핀다. 그 과정에서 종래 한국어 형태론에서 논의되었던 '등재 단위에 관한 입장 분류'를 비판적으로 검토할 것이다.

2.2. 형성 부문과 저장 부문

2.2.1. 형성 부문: 형태부와 통사부

2.2.1.1. 단어와 문장의 형성

단어와 문장은 그 규모와 내적 구성 원리에 있어서 상이한 언어 단위이지만, 특정 화자가 표현하고자 한 동기에 따라 실현된 구체적인 언어 형식이라는 점에서 동일하다. 언어화되기 이전의 대상이나 명제에 대한 개념 정보가 인간 본연의 언어 능력에 기반한 표현론적 방법을 통해 명명(naming)과 사태 진술(situation statement)의 결과로 실현되기 때문이다.[1] 이 글의 주요 관심은 (1)과 같은 표현론적 접근(onomasiological approach)의 과정을 거쳐 탄생한 언어 대상에 있다.

(1) 개념의 언어화

```
┌─────────────────┐
│      개념       │
└─────────────────┘
   ⬇ 표현 동기
┌─────────────────┐
│      언어       │
└─────────────────┘
```

개념의 언어화 과정을 통해 도출된 형식은 크게 두 가지 방향을 보인다. 하나는 명명 차원에서 개념을 표현한 '단어'이며, 다른 하나는 사태를

---

1) 송원용(1998: 14-15), 송원용(2005가: 78)는 화자의 발화 과정을 다음의 4단계로 제시한다. ① 언어선행적 개념화, ② 문법적 부호화, ③ 음운론적 부호화, ④ 실재 발화. 여기서 발화 과정상의 '② 문법적 부호화'는 통사원자의 통합을 활용한 '문장 형성 과정'에 대응되며, 이는 그보다 앞선 '개념화'에서부터 시작된다. 우리는 '단어 형성 과정'도 기본적으로 '개념화'에서부터 시작하여 '문법적(형태적·통사적) 부호화' 과정을 거치는 것으로 이해한다.

표현한 '문장'이다. 그리고 이 두 언어화 과정은 문법 체계 안에서 각각 형태론과 통사론의 연구 대상이 된다. 형태론이 단어 형성 원리를 탐구하고 이미 형성된 단어들 간의 유기적 관계를 일반화하는 데에 관심을 둔다면, 통사론은 이와 평행한 방식으로 문장의 형성 원리를 탐구하고 형성된 문장의 구조적 특성을 파악하는 데에 집중한다. 인간의 언어 능력에 기초하여 표현 가능한 단어와 문장을 탐구하는 것이 곧 두 문법 부문에서의 1차적인 연구 목표가 된다.

(2) 형태론과 통사론의 평행성

형태론과 통사론의 평행한 양상은 가능한 언어 형식의 '탄생' 이후에도 지속된다. 한번 형성된 단어와 문장 모두 인간의 머릿속에 기억 가능한 단위로서의 지위를 확보하게 되는 것이다. 단어가 기억의 대상이 될 수 있다는 사실은 의심의 여지가 없다. 직접 형성한 단어가 아닐지라도 우리는 학습과 모방을 통해 수많은 단어를 기억하고 이를 실제 언어생활에 활용한다. 단어의 저장은 적극적으로 전개된다.

그렇다면 문장도 기억의 대상이 되는가? 우리는 통사론의 결과물도 충분히 기억의 대상에 포함될 수 있다고 가정한다. 주지하듯이 관용 표현이나 속담, 통사론적 구성의 고유명사 등은 통사론의 영역에 해당하는 언어 단위이지만, 화자의 머릿속에 저장된 형식임이 분명하다. 과연 이뿐일까? 이외에도 우리가 기억하여 표현하는 문장 형식이 적지 않다. 주변 화자들의 언어생활을 관찰해 보면, 개인마다 유난히 자주 쓰는 문장 표현이 실재한다. 가령 "내 생각에는 말이지.", "You know what I'm saying?"과 같은 표현들이 이에 해당할 것이다. 그렇다면 이러한 반복 패턴 역시 발화 시마다 즉각적으로 형성될 것인가? 대화 중 상대가 발화한 문장을 그대로 반복하는 경우는 어떠할까? 이 경우에도 통사론적 차원의 연산이 관여한다고 할 수 있을까? 외국어 학습 과정에 통째로 외워 기억하는 문장 표현은 어떠한가? 이뿐만이 아니다. 노래 가사를 외워 부르거나 기도문을 외는 행위 역시 문장 단위의 기억을 상정하지 않고서는 설명되기 어려운 현상이다. 이렇게 보면 문장 표현의 어휘부 등재도 불가능하지 않다. 다만 단어에 비해 문장의 저장이 소극적일 뿐이다.[2)]

　단어와 문장 형성의 차이점에 집중하여, 형태론과 통사론을 전혀 다른 형성 분야로 이해하는 입장에서는 보통 전자를 통시적 과정, 후자를 공시적 과정으로 분류하는 이분법적인 시각을 견지한다. 이러한 공시성·통시성의 문제는 흔히 기억에 따른 화자의 어휘부 내 체계 변화와 밀접한 관계를 갖는데, 앞서 언급하였듯이 '기억된 문장'의 존재를 고려한다면 과연 이러한 절대적인 구분이 가능한가 하는 의문이 제기된다. 만약 형성과 동시에 즉각적으로 저장된 단어가 화자의 어휘부 체계에 영향을 주기 때문에 이를 통시적 과정으로 보아야 한다면, 방금 들은 짧은 문장을 몇 초간 기억하는 과정 역시 화자의 어휘부 체계를 변화시키는 통시적 과정으로 보아야 할 것인가? '즉시 등재'의 문제, '체계 변화'의 문제, '형태론=통시태, 통사론=공시태'의 이분법적인 구분 문제 등 연이은 논쟁의 지점이 다발적으로 발생한다.[3)]

---

2) Di Sciullo & Williams(1987: 14)에서도 등재성 위계를 통해서 형태소, 단어, 구, 문장 모두 등재의 대상이 될 수 있다고 보았다. 다만 형태부의 단어와 통사부의 문장은 등재성의 정도 차이만 있을 뿐이다(정한데로 2011, 2015다 참고). 박진호(1999: 334)의 다음 기술도 주목되는 대목이다. "자연 언어에서는 기억과 연산이 엄격히 구별되지 않는다. 어휘부에도 규칙성, 잉여성이 존재하고 통사부에도 기억해야 할 측면들이 존재한다." 이상욱(2004, 2007)에서도 단어와 문장을 생성하는 능력은 정도의 차이일 뿐 본질적으로 다르지 않다는 입장이 확인된다. 다만 그 정도의 차이가 생성 능력에 의한 것인지 저장 능력 차이 때문인지는 더 검토해 보아야 할 것이다. 아울러 생성 능력과 저장 능력의 구분이 필요하다고 본 논의도 주목된다.
3) 송원용(2005나: 100)에 따르면, 어휘부 즉시 등재의 입장으로는 박진호(1999), 채현식 (1999, 2003나), 송원용(2005가) 등이 있다.

형태론과 통사론의 평행성, 그리고 이 두 부문의 형성이 특정 개념으로부터 기인한다고 보는 우리의 기본 관점은 아래의 도식에서도 관찰된다.

(3) 형태 구성과 통사 구성의 기저 구조 - 황화상(2001: 76)

(3)은 황화상(2001)에서 제시된 것으로 위 구조는 형태 구성(단어)과 통사 구성(구, 문장) 사이에서 포착되는 의미의 유사성에 접근하여, Jackendoff (1990)의 개념 구조(conceptual structure)를 도입해 발전시킨 결과이다. 이를 통해 단어 형성 연구가 의미를 중심으로 형태를 설명하는 방향으로 진행되어야 한다고 본 황화상(2001)의 기본적인 태도가 명확하게 드러난다. 이 글이 기본적으로 취하는 (1)과 (2)를 종합한 결과는 (3)의 기저 구조와 유사하다.

이와 관련하여 김명광(2004)의 문법 모형도 주목된다.[4]

(4) 문법의 모형 - 김명광(2004: 71)

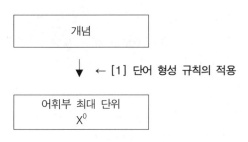

---

4) 김명광(2004)의 '어휘부'는 단어 형성을 담당하는 문법 부문으로서 이 글의 '형태부'와 외연이 같다. 한편, 김명광(2004)의 '등재부'는 등재소의 저장 공간으로서 이 글의 '어휘부'에 대응한다. 이에 대한 자세한 논의는 2.2.1.2. 참고.

↓ ← [2] 통사부 규칙의 적용

```
┌─────────────────────────┐
│   통사부 최대 투사       │
│        XP               │
└─────────────────────────┘
```

(1)과 마찬가지로 (4)의 그림도 '개념'에서 출발하여 단어 형성과 문장 형성의 방향으로 나아간다. 표현하고자 하는 개념이 단어 형성 규칙을 적용 받아 어휘부 최대 단위인 단어(X^0)로 도출되며, 이들 단위가 통사부 규칙을 적용 받아 통사부 최대 투사의 결과인 XP로 실현된다고 보는 기본 관점이다.

형태론과 통사론의 평행한 양상은 정한데로(2011)에서 강조되었다.

(5) 형태론과 통사론의 형성과 등재 - 정한데로(2011: 224)

	공시적 형성	통시적 등재
형태론	단어 형성 원리	적극적
통사론	문장 형성 원리	소극적

(2)의 그림과 같이 단어와 문장이 각 원리로부터 공시적으로 형성된다는 점에서 평행한 상태에 있다. 이들 단위가 등재의 정도에 있어서는 차이가 있지만 통시적 등재라는 동일한 방향을 하고 있음이 주목되었다. 단어뿐만 아니라 구 이상의 단위도 통시적으로 등재될 수 있음을 강조한 것이다.

한편, 통사론의 시각에서 어휘부와 통사부의 관계를 재정립하고자 한 김의수(2013)도 우리의 관심을 끈다.

(6) 어휘부와 통사부의 재정립: 생성부와 저장부 - 김의수(2013: 434)
　　가. 언어기관의 인지체계 = {생성부, 저장부}
　　나. 생성부 = {형태부, 통사부}
　　　① 형태부: 형태 규칙이 형태 단위를 생성하는 곳
　　　② 통사부: 통사 규칙이 통사 단위를 생성하는 곳

다. 저장부: 생성부에서 만들어진 언어 단위가 저장되는 곳

형태부와 통사부를 생성부라는 상위 범주로 묶어 함께 배치한 점이 눈에
띈다. 형태 단위와 통사 단위의 형성을 '생성부' 내에서 평행하게 처리한
다는 점에서 (3), (5)의 접근과 유사한 태도로 볼 수 있다. 특히, 형태 단위
와 통사 단위가 생성부의 결과물로서 저장부에 동등하게 저장될 수 있다
는 점에서 (5)와 동일하다.[5]

이상의 논의처럼 형태부와 통사부를 평행한 문법의 두 부문으로 바라
보는 시각이 크게 새로운 것은 아니다. 일찍이 Di Sciullo & Williams(1987)
에서도 형태부의 독립성을 강조하기 위한 목표의 일환으로 형태부와 통사
부의 유사성이 강조된 바 있다.[6] 이를 바탕으로 형태부와 통사부가 서로
다른 기본 단위와 형성 방식을 지닌 별개의 부문임을 보이고자 하였다.
아울러 등재성(listedness), 생산성(productivity), 저지(blocking)에 관한
속성이 형태부와 통사부에서 이원적으로 구분되는 기준이 아니며 일종의
정도성을 지닌 것으로 논의되었다. 이는 (5)의 표와도 상통하는 부분이기
도 하다. 최근 Booij(2010: 11)에서도 형태부와 통사부를 문법 내 하위 부
문으로 보는 시각이 확인된다. 형태부 단위인 단어는 통사부 단위인 문장
에 비해 그 규모가 작을 뿐, 단어의 문법과 문장의 문법을 유사한 시각에
서 파악할 수 있다고 논의하였다.[7]

---

5) 김의수(2013)의 입장처럼 저장을 담당하는 부분을 '저장부'로 명명하는 것이 보다 명시
  적인 방법일 수 있다. 특히, 형태론적 단위와 통사론적 단위를 모두 등재 단위로 포함하
  는 우리의 입장에서 '어휘부'를 저장 부문을 위한 용어로 쓰는 것이 적절한가에 대한 물
  음이 여전히 남아 있다. 일단 이 글에서는 종래의 표현 방식에 따라 저장 부문을 위한
  용어로 '어휘부'를 쓸 것이다.
6) 전상범(1995: 651-652)에서는 우산을 활용한 비유로 이를 설명한다.
  "통사부 속에 형태부를 흡수하려고 했던 주창자들은 문법을 '문장'에 대한 하나의 커다
  란 이론으로 간주하고, 그 안에 '단어'에 대한 이론도 들어있다고 보았던 것이다. 바꿔
  말해 통사부와 형태부는 '문장'에 대한 이론이라는 커다란 우산 안에 들어 있는 두 개의
  하위부인 셈이다. 이에 대해 Di Sciullo/Williams는 형태부는 통사부와는 다른 우산을
  쓰고 있는 별개의 존재라고 주장한다."

단어와 문장은 개념을 언어화한 결과라는 점에서 동등하다. 다만 구체적인 형성 원리나 어휘부 등재 정도에 있어서 둘 간의 차이가 확인된다. 이러한 기본 입장을 바탕으로 우리는 형태론과 통사론의 유사성에 초점을 맞추어, 이들 과정에서 포착되는 양상을 기술하고 어떠한 방식으로 이들 단위가 등재되는지 그 세부 조건을 살필 것이다.

2.2.1.2. 형태부와 어휘부

(2)의 '가능한 단어'와 '가능한 문장'이 '기억된 단어'와 '기억된 문장'으로 나아가는 과정은 화자 내부에서 어떻게 전개될까? 우리는 일련의 모형을 활용하여 그 과정을 형식화하고 전체 구성을 조망하고자 한다. 일단, '등재'에 관해 적극적인 속성을 띠는 형태론적 단위를 중심으로 논의를 진행한다. 문법 모형 내에서 단어의 형성 부문과 저장 부문의 구조와 관계를 먼저 확립하고, 이로부터 형태론과 통사론에 대응하는 형성 부문을 저장 부문과 연결하기 위한 발판을 마련할 것이다. 형성의 두 부문은 '형태론적 단위'(접사, 어근, 단어)와 '통사론적 단위'(구, 문장)를 대상으로 한다는 점에서 차이를 둘 뿐, 결국은 평행한 관점에서 논의될 것이다.

주지하듯이 구, 문장과 같은 통사론적 단위의 형성은 문법 모형 내 통사부가 담당한다고 보는 것이 일반적이다. 그렇다면 형태론적 단위의 형성은 어디에서 전개될 것인가? 이와 관련하여 '어휘부, 형태부, 생성부, 단어형성부' 등 다양한 용어가 쓰이고 있으며, 각 용어가 지니는 개념적 외연의 차이로 인해 적잖은 혼란이 야기되고 있다. 뿐만 아니라, 형성된 단위를 저장하는 부문에 대한 용어도 '사전, 어휘부, 등재부, 저장부' 등으로 복잡한 양상이다. 그 가운데에서도 특히 '어휘부'는 형성 부문과 저장 부

---

7) Booij(2010: 11)은 문법의 두 하위 부문을 완전히 분리된 결과로 보지는 않으며, 두 영역 사이에 다양한 형식의 상호 작용이 있다고 보았다.

문의 개념으로 동시에 쓰이고 있어 그 혼란이 가중되고 있는 현실이다. 이러한 상황에서, 종래의 한국어 단어형성론 연구를 대상으로 '어휘부'의 상이한 쓰임을 전반적으로 검토한 최형용(2013가: 370-374)는 주목할 만한 논의이다. 이는 단어형성론의 몇 가지 쟁점과도 관련한 중요한 문제라고 판단된다. 이 글도 최형용(2013가)의 접근을 바탕으로 단어 형성과 등재에 관한 기존 연구를 차례로 살피면서, 최종적으로 채택할 용어를 정리할 것이다.

일찍이 Bloomfield(1933: 269, 274)에서 'lexicon'은 문법의 한 부속물(appendix)로서 형태소와 불규칙한 대상의 목록 정도로 파악되었다.[8] 그러나 생성 중심의 언어학이 본격화되면서 'lexicon'은 문법의 한 영역으로 자리 잡게 된다. 'lexicon'은 Chomsky(1965: 84)에서 문법의 기저부(base) 내에 포함되는데, 이때의 'lexicon'은 무질서한 어휘 형식소(lexical formative)의 목록으로서 음운론적 변별 자질과 명세된 통사론적 자질의 쌍으로 형성된 어휘 항목(lexical entry), 잉여 규칙 등으로 구성된다. 주목할 점은 'destruction', 'refusal'과 같은 파생어는 어휘부에 들어(enter) 있지 않고, 음성적 형식을 결정하는 자질이 명세된 'destroy', 'refuse'가 어휘부에 들어감으로써 명사화 변형(nominalization transformation)을 통해 해당 파생어가 형성된다는 것이다. 반면에 'horror - horrid - horrify', 'terror - (*terrid) - terrify', 'candor - candid - (*candify)'는 일반적인 규칙이 도출되지 않으므로 직접 'lexicon'으로 들어간다(Chomsky 1965: 184-186). 이렇듯 1960년대의 초기 생성문법 시기에는 유사한 형식의 단어를 어휘 규칙(lexical rule)과 같은 변형으로 설명하고자 하는 시도가 지속되었다(Lees 1960 등 참고).

---

8) Sweet(1891, 1955)에서는 문법과는 무관하게 독립 단어들의 집합을 사전(dictionary or lexicon)으로 이해하였다. 이때의 lexicon은 dictionary와 동일시되었다. 하지만 Bloomfield (1933)은 lexicon과 dictionary를 구분하고 있는 점에서 차이가 있다(성광수 1993: 127-132 참고).

이전의 변형론자 입장(transformationalist position)에서 어휘론자 입장(lexicalist position)으로 전환한 Chomsky(1970)을 계기로 문법 모형 내 'lexicon'의 위치와 그 기능은 대폭 조정된다.[9] 기존에 변형규칙을 통해 다루어졌던 파생명사의 형성을 'lexicon'에서 처리하게 됨으로써, 단어 형성을 위한 부문(module)으로서 'lexicon'의 지위를 마련하게 된 것이다.[10] 이는 불규칙한 대상의 저장소 정도로 인식되었던 이전 시기의 'lexicon'과 비교할 때 큰 변화의 결과이다. 이러한 점에서 Chomsky(1970)은 초기 변형생성문법에서 배제되었던 독자적인 형태부(morphological component)를 위한 이론적 자리를 마련한 연구로서 큰 의의를 지닌다(Scalise 1984: 20).

어휘론자 입장에서 파생명사를 다룬 Chomsky(1970) 이후로, 단어 형성에 관한 이른바 '생성형태론(generative morphology)' 연구가 본격화된다. 그 시작은 Halle(1973)에서 찾을 수 있다.

---

9) Chomsky(1970: 215)에서 정리한 바와 같이, 명사화의 세 가지 유형이 분류될 수 있다. 동명사류, 파생명사류, 혼합된 형식이 그것이다. 동명사류는 변형규칙을 통해 형성되는 반면, 파생명사류는 어휘부에서 형성된다.

10) 통사부로부터 독립된 'lexicon'에 "중립적" 어휘항목("neutral" lexical entry)을 등록하고, 이들에 고정된 선택자질(selectional feature)과 엄밀하위범주화자질(strict subcategorization feature)을 부여한다. 그리고 명사, 동사, 형용사의 어휘 범주와 연결된 자질 선택을 통해서 어휘 항목의 의미 자질을 명세하게 된다(Chomsky 1970: 190).

(7) Halle(1973: 8)

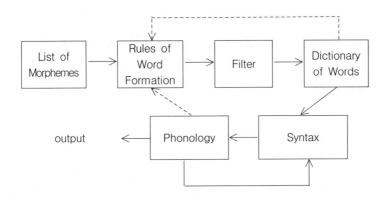

Halle(1973)은 통사부로부터 독립된 단어 형성의 절차, 즉 형태부의 위상이 강조된 초기 연구이다. 위 모형에서 형태부(morphology)는 형태소 목록(a list of morphemes), 단어 형성 규칙(rules of word formation), 여과 장치(filter)의 세 부문(component)으로 구성되는데(Halle 1973: 8), 이때 형태소 목록 내의 형태소는 단어 형성 규칙에 입력된 후에 여과 장치에서 특정한 자질([+특이성], [-어휘삽입])을 부여받는다.

(7)에서 'lexicon'은 등장하지 않는다. 대신 단어 형성의 결과는 '형태부 밖'의 사전(dictionary of words)에 저장된다.[11] 그리고 사전의 출력물은 통사부(syntax)로 입력되어 문장을 형성하는 데 쓰인다. 큰 틀에서 보자면 '형태부 - 사전 - 통사부'의 체계가 확인되며, 형태부와 통사부는 각각 단어와 문장을 형성하는 부문으로, 사전은 형태부로부터 단어를 입력받아 통사부로 이를 출력하는 중간적 역할을 담당한다.[12]

---

11) 송원용(2005가: 15)에서는 Halle(1973)의 어휘부가 세 종류의 저장부를 두었다고 하였으나, 이는 다시 검토될 필요가 있다. Halle(1973)은 위 모형에서 '형태소 목록, 단어 형성 규칙, 여과 장치'를 형태부(morphology)로 보아 사전과 구분하고 있기에, 어휘부로 불릴 만한 부문 내에 세 저장부를 확인하기는 어렵다. Carstairs-McCarthy(1992: 25)는 Halle(1973)에 세 가지 목록(형태소 목록, 사전, 여과 장치)이 있다고 하였다. 이와 비슷한 맥락에서 송원용(2002가: 178)의 기술도 다시 검토될 수 있다.

12) 이때 Halle(1973)의 모형에서 '형태부'와 '사전'이 분리되어 있다는 점을 강조할 필요가

여기서 우리는 두 가지 사항에 주목하고자 한다. 첫째, Halle(1973)의
사전에는 규칙적인 복합어도 등재된다. 단어 형성 규칙으로부터 형성되어
여과 장치를 거친 대상이라면 규칙적인 단어도 사전에 저장되므로, Halle
(1973)의 사전은 불규칙한 대상으로 구성된 Bloomfield(1933)의 'lexicon'
과는 분명히 다르다. (7)의 모형 내에서 규칙적인 복합어 'childhood'는 'child
+ -hood'의 결합 이후 여과 장치에서 [+특이성] 자질을 부여 받지 않고 그대
로 사전에 등재된다.13)

둘째, (7)의 점선 화살표로 표시된 회송 장치(loop)에서 확인되듯이
사전에 등재된 복합어는 다시 단어 형성 규칙의 입력물로 쓰일 수 있다.
가령, 복합어 'transformational'의 형성 과정이 참고된다(전상범 1995:
129-130). 먼저 형태소 목록에 들어 있는 'trans-'와 'form'이 결합하여
'transform'의 형식이 사전에 저장된다. 이후 'transform'은 다시 회송 장치
를 통해 단어 형성 규칙으로 들어와 'transform + -ation'으로 결합되고,
'transformation'은 다시 단어 형성 규칙에 입력되어 'transformation + -al'
로 결합된다. 이상의 과정이 의미하는 바는 무엇일까? Halle(1973)이 형태
소 목록으로부터 도입된 형태소를 규칙의 기본적인 어기로 설정한 것은
분명하지만, (7)의 모형에 따르면 사전 내 규칙적인 복합어도 다시 규칙의
입력물이 될 수 있다는 점에서 복합어도 새로운 결합 과정의 어기로 참여
할 수 있다.14)

있다. 이는 2.2.2.1에서 우리가 채택할 '형성 부문으로서의 형태부, 저장 부문으로서의
어휘부'의 입장과 맥이 닿아 있기 때문이다. 한편, 두 개의 저장 공간(형태소 목록, 사
전)을 배치한 Halle(1973)의 모형은, 이후 연구자들의 입장에 따라 저장 공간의 수를 줄
이는 방향으로 전개된다(Carstairs-McCarthy 1992: 25-26 참고). Lieber(1981)은 형태소
목록을, Aronoff(1976)은 사전만을 취한 대표적인 입장이다. Di Sciullo & Williams
(1987)은 혼합된(mixed) 입장에서 형태소와 단어의 저장을 모두 인정한다.

13) Halle(1973: 11)은 'boyhood, priesthood' 등처럼 접미사 '-hood'와 결합한 단어들이 새
롭게 지니게 되는 추상적인 속성을 위해 단어 형성 규칙에 [+추상성] 자질을 할당하였
다. 이는 의미론적으로 불투명한 복합어를 사전에 등재하기 위해 여과 장치에 [+특이성]
자질을 부가하는 것과는 상이한 과정으로서, 'boyhood'류 단어는 규칙적인 복합어로 분
류해야 할 것으로 보인다.

Halle(1973)의 논의를 통해 언급한 두 가지 사항(규칙적인 복합어의 사전 등재, 규칙의 입력물로서의 복합어)은 단어형성론에서의 형성 단위와 등재 단위에 관한 궁금증을 불러일으킨다. 가령, 형성의 단위와 등재의 단위는 일치되는 대상인가?, 형태소와 단어가 모두 형성 과정에 관여한다면 이는 형태소 기반 모형인가? 아니면 단어 기반 모형인가? 등 관련 물음들이 연이어 발생한다.[15]

Halle(1973)과 달리 단어를 형태론의 기본 단위로 설정한 Aronoff(1976)의 입장에서는 어떠한 단어 형성 모형이 제시될까? Aronoff(1976)에서는 이에 관한 그림을 직접 제시하고 있지 않으나, Scalise(1984)가 활용한 아래 그림들을 통해 간접적으로 Aronoff(1976)의 입장을 검토해 볼 수 있다.

(8) The organisation of the lexical component (I)[16] - Scalise(1984: 43)

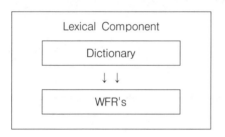

Aronoff(1976: 22)은 단어 형성 규칙(WFR)으로 형성된 단어가 사전(dictionary)에 저장될 수 있다고 보았으며, Scalise(1984)는 이러한 Aronoff (1976)의 기본 관점을 (8)과 같이 도식화하였다. 주목되는 것은 (8)에 쓰인 'lexical component'의 용어이다. 이때의 'lexical component'는 Aronoff

---

14) 이렇게 볼 때에 Halle(1973)을 '형태소 기반 모형'으로 분류하는 관점(전상범 1995, 송원용 2005가 등)은 재고의 여지가 있다. 우리는 Halle(1973)을 '절충적 입장'으로 분류할 것이다. 2.3.1.1. 참고.

15) 이에 대한 구체적인 논의는 2.3.1에서 검토된다.

16) 최형용(2013가: 371)에서 언급한 바와 같이 Scalise(1984)의 번역서인 전상범 역(1987: 57)은 (8)의 'lexical component'를 '어휘부'로 번역하고 있다.

(1976)의 관점을 정리하면서 Scalise(1984)에서 도입된 것인데, 그 내부는 형성 부문인 'WFR's'에 더하여 저장 부문인 'dictionary'까지 포함한 구성이다.17) 이러한 점에서 본다면, (8)의 'lexical component'는 (7)의 Halle (1973) 모형 내 형태부(morphology)와 그 외연이 같지 않다.

여기서 명확히 해 둘 것은 Aronoff(1976)에서 쓰고 있는 'lexicon'이 단어 형성 규칙을 포함한 (8)의 'lexical component'와 동질의 것이 아니며, 저장 공간인 'dictionary'에 국한된 의미로 쓰이고 있다는 점이다. Halle (1973)과 같은 형태소 기반 모형이 2개의 'lexicon'(a list of morphemes, word lexicon)을 지니고 있다고 본 Aronoff(1976: 18)의 기술을 참고한다면, Aronoff(1976)의 'lexicon'이 저장 부문만을 지시하는 것은 분명해 보인다.

Scalise(1984)의 (8) 모형은 이후 (9), (10)으로 발전된다.

(9) The organisation of the lexical component (III) - Scalise(1984: 97)

Dictionary
Morphological Component   DR's

                                 CR's

                                 IR's

                                 RR's

                                 BIC

파생어에서 시작하여 합성어, 굴절 등으로 대상 영역이 확대되면서 (8)의 단어 형성 규칙(WFR's)은 파생어형성규칙(DR's), 합성어형성규칙(CR's), 굴절규칙(IR's), 재조정규칙(RR's), 경계삽입규칙(BIC) 등을 포함하는

---

17) Selkirk(1982: 10)에서도 두 가지 의미의 어휘부(lexicon)에 관한 기술이 확인된다. 넓은 의미(broad sense)에서의 어휘부(lexicon)는 어휘 부문(lexical component)으로, 좁은 의미(restricted sense)에서의 어휘부(lexicon)는 사전(dictionary)으로 구분하고 있다.

'morphological component'로 조정된다. 이때의 'morphological component'
는 Halle(1973)의 'morphology'와 동일한 외연을 지니는 것으로 판단되는
데, 우리는 이들을 '형태부'로 부르고자 한다. (10)에서도 단어 형성 규칙
(DR's, CR's)과 굴절 규칙(IR's) 등을 형태부의 하위 부문(morphological
subcomponent)으로 파악한 기술이 확인된다.

(10) The organisation of the lexical component (IV) - Scalise(1984: 134)

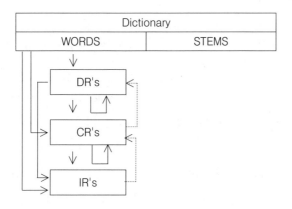

이상의 논의를 정리하면, Scalise(1984)의 단어 형성은 저장 부문인
'dictionary'와 형성 부문인 'morphological component'로 구성된 'lexical
component'에서 진행된다. 이때 'dictionary'는 Aronoff(1976)의 'lexicon'
에 대응하며, 'morphological component'는 Halle(1973)의 'morphology'와
같다.
    여기에 또 다른 입장이 하나 추가될 수 있다. 바로 Di Sciullo & Williams
(1987)이다. Di Sciullo & Williams(1987)은 단어 형성을 위한 부문으로서
'morphology'를, 그리고 불규칙한 대상만을 저장하는 공간으로서 'lexicon'
을 상정하고 있어 그 용어에 있어서 앞선 세 입장과 또 다른 결과를 보여
준다.

(11) 단어의 형성 부문과 저장 부문에 관한 입장

	단어 형성 부문	단어 저장 부문
Halle(1973)	morphology	dictionary
Aronoff(1976)	word formation rule	dictionary, lexicon
Scalise(1984)	morphological component	dictionary
D&W(1987)	morphology	lexicon

(11)에서 보듯 연구자에 따라서 단어 저장 부문을 지시하는 용어로
'dictionary'와 'lexicon'이 함께 쓰여 왔다. 주목할 사항은 이들 연구에서
'dictionary'와 'lexicon'이 형성 과정(morphology, Word Formation Rule)
을 포함하지 않은 저장 공간에 한정된 의미로 쓰였다는 것이다.
'morphological component'와 'dictionary'를 더하여 'lexical component(어
휘 부문)'로 파악한 Scalise(1984)의 논의가 특징적이었다.

정리하자면, (11) 가운데 우리가 취하고자 하는 용어는 Di Sciullo &
Williams(1987)에 가장 가깝다.[18] 우리는 문법의 하위 부분으로서 저장을
담당하는 부문을 지시하는 용어로 'lexicon'을 채택하고, 이를 '어휘부'로
부를 것이다. 그 결과, 단어의 형성 부문인 '형태부(morphology)', 단어의
저장 부문인 '어휘부(lexicon)'로 그 용어를 확정하였다.

2.2.2. 저장 부문: 어휘부

2.2.2.1. 어휘부의 위치와 기능

최형용(2013가)는 국내 단어형성론 내 '어휘부' 개념의 외연을 검토하면

---

18) 그러나 '등재'를 심리적 차원에서 접근함으로써 문법에서 이를 제외하고자 한 Di Sciullo
& Williams(1987)의 태도는 우리와 큰 입장 차이를 보인다. 제3장에서 후술할 '정합성'
에 관한 논의를 통해, 우리는 언어 내적 차원 및 형성 차원에서 등재가 문법의 연구 대
상임을 밝힐 것이다. 한편, 규칙적인 대상을 어휘부 등재 단위로 파악하는 우리의 시각
역시 Di Sciullo & Williams(1987)과 차이를 보이는 지점이다.

서 '어휘 부문'으로서의 어휘부와 '저장 장소'로서의 어휘부를 구분하고, 두 입장의 관련성을 조명하였다. 단어의 형성 및 저장 부문에 관한 우리의 입장을 밝히기 위한 절차로, 이 연구에서도 최형용(2013가)의 구분을 고려하여 논의를 전개하고자 한다. 국내 단어형성론의 어휘부 모형을 검토하는 과정에서 해당 논의의 '어휘부'가 지시하는 개념이 형성 부문과 저장 부문을 포괄한 '어휘 부문'에 대응하는지, 혹은 '저장 부문'에 한정되는지 유심히 살펴야 할 것이다.

기억의 대상이라면 일단 등재 단위로 파악하는 태도는 선행 연구에서 공통적으로 확인되는 특징이다. 이에 따라 단어보다 큰 단위인 관용 표현, 속담 등도 일반적으로 등재 단위의 하나로 인정되어 왔다(구본관 1990, 박진호 1994, 채현식 1994, 2003나, 시정곤 1998, 2001, 송원용 2005가 등). 그러나 이들 통사론적 구성의 저장 위치나 통사부와 저장 공간 사이의 관계에 관한 논의는 충분히 이루어지지 않은 듯하다. 등재 가능성을 기준으로 단순히 형태론과 통사론을 이분화하는 접근이 아니라 형태론적 단위와 통사론적 단위가 모두 등재 대상이 될 수 있다고 보는 시각에 선다면, 결국 등재를 위한 저장 부문의 위치는 형태부뿐만 아니라 통사부와의 상호작용까지 고려되어야 할 것이다. 이러한 문제의식을 발판으로, 우리는 어휘부 모형과 저장 부문의 등재 단위에 관한 국내 형태론 연구에 초점을 두어 논의하고자 한다. 그리고 그 결과로부터 저장 부문의 범위와 기능에 관한 이 글의 입장을 밝힐 것이다.

각 모형에서 검토할 사항은 아래와 같다.

① 등재 단위는 무엇인가? 형태론적 단위와 통사론적 단위를 모두 포함하는가?
② 저장 부문의 위치는 어디인가? 등재 단위에 따른 형성 부문(例 단어형성부, 통사부)과의 관계는 어떻게 설정되는가?

특히, 우리는 (12)의 세 유형을 구분하여 기존 연구에서의 어휘부 기능을 검토할 것이다.

> (12) 가. '어휘 부문'으로서의 어휘부
>
> 나. '저장 부문'으로서의 어휘부
>
> 다. '형성 부문'으로서의 형태부, '저장 부문'으로서의 어휘부

(12가, 나)는 최형용(2013가)의 분류와 크게 다르지 않지만, 이에 더하여 제시된 (12다)는 어휘부를 저장 부문으로 국한하고 독자적인 형성 부문을 인정하고 있다는 점에서 (12가, 나)와는 또 다른 입장이다. 우리는 앞 절에서 채택한 '형태부'와 '어휘부'의 용어를 적용하여, (12다)의 입장에 서서 문법 모형을 수립해 나갈 것이다. (12가, 나)에 해당하는 선행 연구의 모형을 차례로 검토하면서 각 도식의 특징과 한계를 살펴보고 우리가 취한 모형이 지닌 장점을 부각하기로 한다.

① '어휘 부문'으로서의 어휘부

어휘부 모형에 관한 국내 단어형성론의 초기 연구로는 구본관(1990)이 대표적이다. 구본관(1990)의 어휘부는 형성과 저장을 모두 관장한다는 점에서 '어휘 부문'을 지시한다. 이는 (11)에서 제시한 논의 가운데 Scalise (1984)에서만 확인되는 'morphological component + dictionary'로서의 'lexical component'를 '어휘부(lexicon)'로 이해한 것이다.

(13) 구본관(1990: 38)의 어휘부

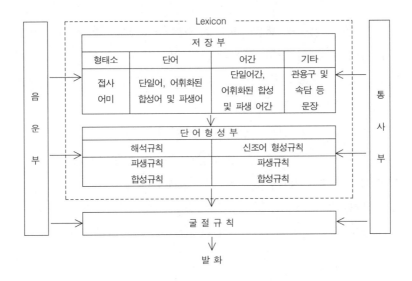

위 어휘부는 크게 저장부와 단어형성부로 구성되는데 저장부에는 형태소와 단어 등이 포함되며, 단어형성부는 새로운 단어 형성을 위한 형성규칙과 단어의 의미 해석에 관여하는 해석규칙으로 구성된다. 그리고 약어휘론가설의 입장에서 굴절은 어휘부 밖에서 처리한다. 어휘부를 둘러싼 음운부, 통사부와의 관계도 확인되는데, 이들 부문으로부터의 화살표 방향을 볼 때 이들 부문도 어휘부와 직접적인 관계에 있는 것으로 해석할 수 있다.[19)]

주목할 점은 관용구 및 속담 등의 문장도 어휘부 내 저장부에 형태소, 단어와 함께 등재된다는 사실이다. 통사부로부터의 화살표가 통사론적 단위도 저장부로 입력될 수 있음을 의미하는 것이라면 이는 어휘부 내 저장부와 통사부의 관계가 포착되는 지점이 될 것이다.[20)] 그러나 위 모형을

19) 실제 구본관(1990)에서 이와 관련한 구체적인 기술이 확인되지 않는다. 이에 음운부와 통사부로부터의 화살표가 의미하는 바에 대해서는 명확히 알기 어렵다.
20) 그러나 그 아래의 화살표 즉, '통사부 → 단어형성부', '통사부 → 굴절규칙'까지 그 방향

수용한다면 몇 가지 문제를 고려하지 않을 수 없다. 첫째, 이들 관용구와 속담 등이 화살표의 방향대로 다시 단어형성부의 입력 대상이 되는 것인지 의문이다. 관용구를 포함해 형태소, 단어 등이 모두 단어형성부로 이동되고 있기 때문이다. 둘째, 어휘 부문으로서의 어휘부(lexicon) 내에서 이들 통사론적 단위를 다루는 것이 적절한 것인지 등에 대한 고려도 필요하다. 위 모형에서 통사론적 구성의 대상이 직접 '발화'로 이어지는 통로가 제시되어 있지 않은 점은 저장 부문이 굳이 어휘 부문 내에 한정될 필요가 있는가 하는 근본적인 물음을 남긴다. 이러한 양상은 구본관(1990)뿐만 아니라 종래의 어휘부 모형 다수가 안고 있는 문제점으로 보인다. 이를 극복하기 위해서는 결국 통사론적 구성인 등재 단위의 입력과 출력에 관한 독립적인 방안이 마련되어야 한다.21)

(14) 구본관(1998: 34)의 어휘부

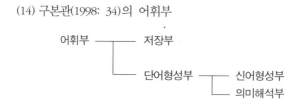

구본관(1998) 모형은 구본관(1990)의 기본 틀을 그대로 유지한다. 각 하위 구성 요소의 기능 역시 이전과 크게 다르지 않다. 새로운 단어를 만드는 신어형성부와 이미 만들어진 단어의 구조를 분석하는 의미해석부로 구성된 단어형성부는 새로운 단어를 만들고, 어휘의 구조를 분석하는 두 가지 역할을 동시에 담당한다. 파생어를 중심으로 한 연구라는 점

적 의미를 부여한다면 설명이 필요한 사항이 추가적으로 발생한다. 따라서 첫 번째 화살표가 '통사부 → 저장부'의 과정을 의미하는 것인지는 확실하지 않다.
21) 단어형성부로부터 출력된 대상의 등재 방향도 모형에서 확인되지는 않는다. 어휘부의 잉여적 속성과 규칙적인 파생어의 등재를 주장하는 구본관(1990)의 입장을 고려한다면 단어형성부의 결과물도 저장부로 다시 등재될 것이다.

에서 통사론적 단위의 저장부 등재에 관한 직접적인 언급은 확인되지 않는다.

(15) 시정곤(1998: 64)의 어휘부

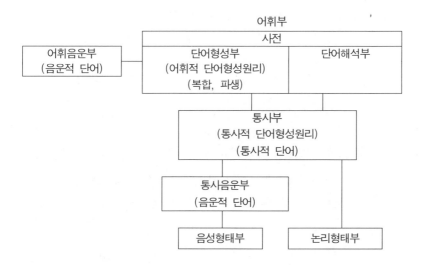

시정곤(1998)의 모형은 몇 가지 면에서 구본관(1990, 1998)과 유사한 특징을 보인다. 일단 형성과 저장의 기능을 하는 어휘 부문으로서의 어휘부를 상정하며, 저장을 담당하는 사전, 새로운 단어를 만드는 단어형성부, 이미 존재하는 단어의 의미해석과 구조를 검색하는 단어해석부로 구성되어 있다는 점에서 유사하다. 다만, 통사부에서 형성된 통사적 단어, 어휘음운부 및 통사음운부에서 처리되는 음운적 단어에 관한 논의가 추가된 점은 상이하다.

(15)의 사전은 단어형성부나 단어해석부에 입력되는 어휘 항목의 집합으로, 어근, 접사, 단어, 관용어, 관용구, 속담이 저장된다. 즉, 시정곤(1998)도 관용구처럼 단어보다 큰 단위도 사전에 등재된다고 파악한 점이 분명하게 드러난다. 그러나 사전이 어휘부 내에 배치되어 있다는 점은 구본관(1990)과 마찬가지로 관용구 등도 어휘 부문 내에서 처리하게 되는

결과를 이끌게 된다. 따라서 시정곤(1998)도 구본관(1990)과 동일하게 이들 단위의 통사부로부터의 입력이나 통사부로의 출력에 관한 설명이 필요하다.

(16) 시정곤(2001: 170)의 '어휘부의 기본 구조'

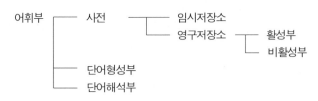

시정곤(2001)은 시정곤(1998)의 어휘부 기본 틀을 유지하되, 사전 내에 임시저장소와 영구저장소를 구성하고 영구저장소 내에는 활성부와 비활성부를 배치함으로써 사전의 구조를 보다 정밀화하였다. 영구저장소의 등재 단위로는 어근, 접사, 단일어, 파생어, 복합어(이 글의 합성어), 연어, 관용어(이 글의 숙어 구성), 속담 등이 포함되는데, 시정곤(2001)도 시정곤(1998)과 마찬가지로 어휘부 내에서 연어, 관용어, 속담 등이 처리되고 있음이 관찰된다. 따라서 사전이 어휘 부문으로서의 어휘부 내에 위치할 때에 안게 되는 통사부 입력 및 출력 관계 등의 부담은 여전하다.

황화상(2001)의 어휘부도 어휘 부문의 개념으로 쓰이고 있다는 점에서 구본관(1990), 시정곤(1998) 등과 함께 묶일 수 있다.

(17) 황화상(2001: 70)의 '어휘부의 구성과 문법적 위치'

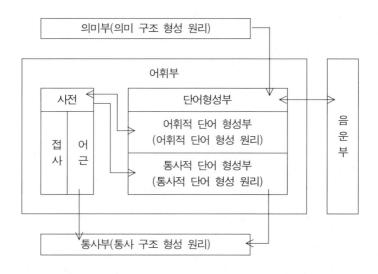

(3)에서 언급한 대로 황화상(2001)은 의미 구조에서 형태 구조로의 방향을 띤 연구인바, 이에 따라 그 모형도 의미부의 의미 구조 형성 원리에서 시작한다. 어휘부는 사전과 단어형성부로 구성되는데, 단어형성부 내에 해석을 위한 장치를 따로 마련하지 않았다는 점에서는 구본관(1990), 시정곤(1998) 등과 차이가 있다. 사전은 접사와 어근으로 구성되며, 어휘적 단어 형성부로부터의 회송 장치(loop)를 통해 복합어도 사전에 등재한다.

특징적인 것은 단어형성부 내에서 어휘적 단어와 통사적 단어를 모두 형성한다는 점인데, 전자는 형성 이후 사전에 입력되어 표제어로 등재되는 반면에 통사적 단어는 통사부에 입력된다는 차이가 있다. 사전에 등재된 단위로 관용 표현, 속담 등을 다룬 기술은 확인되지 않는다는 점에서 어휘부 내에서 이들 통사론적 단위를 처리한 구본관(1990), 시정곤(1998)과 차이가 있다. 단어 형성과 직접적으로 관련된 단위가 아니므로 배제된 것으로 볼 수 있을 듯하다. 만약 관용 표현과 속담 등도 등재 단위로 인정한다면 이들을 어휘부 내 사전에 저장할 것인지 아니면 어휘부 밖에 따로

저장 부문을 설정할 것인지에 대한 논의도 필요할 것이다.[22]

요컨대, 지금까지 살펴본 구본관(1990, 1998), 시정곤(1998, 2001), 황화상(2001)에서는 Scalise(1984)와 같은 방식으로 어휘 부문(lexical component)으로서의 어휘부 내에 사전과 단어형성부를 두고, 저장과 형성의 두 과정을 어휘부 안에서 모두 처리하였다. 그러나 구본관(1990), 시정곤(1998) 등처럼 관용어, 속담 등을 어휘부 내 사전에서 처리할 것이라면 이들 단위와 통사부의 관계, 단위의 입력과 출력 과정 등을 위한 설명이나 장치가 마련되어야 한다.

　② '저장 부문'으로서의 어휘부

지금까지의 '어휘 부문으로서의 어휘부'와 달리, '저장 부문으로서의 어휘부'에 접근한 논의도 차례로 검토해 보자. 대표적인 연구로 박진호(1994)를 들 수 있는데, 아래와 같이 어휘부 내에 두 개의 목록을 설정한 점이 특징적이다. 하나는 통사원자들의 목록으로 (18)의 표층어휘부에 해당하는 것이며, 다른 하나는 통사원자가 아닌 형태소들의 목록으로서 심층어휘부에 대응한다.

　(18) 박진호(1994: 18-19)의 어휘부

　　　　어휘부 ────┬──── 표층어휘부
　　　　　　　　　　　└──── 심층어휘부

박진호(1994)는 통사부에 가시적인 대상(통사원자)을 표층어휘부에, 통

---

22) 황화상(2011)에서는 관용어(이 글의 숙어 구성)를 어휘부 등재 단위로 처리하였다. 그렇다면 황화상(2011)에서 가정하는 어휘부가 단어를 중심으로 한 (17)과는 별개로 설정되는 것인지, 아니면 (17)의 어휘부 내 사전에 통사론적 구성도 함께 등재하는 것인지 등 추가적인 설명이 필요하다.

사부에서 직접적으로 참조할 수 없는 대상(접사, 어근)을 심층어휘부에 배치함으로써 이들을 구분한다. 심층어휘부의 형태소는 다수의 통사원자 사이의 연결을 통해 인식되는 단위로 보아 혼자서 독립적인 존재 근거를 갖지 못한다고 보았다. 통사원자나 형태소 외의 관용 표현이나 속담의 등재에 관한 본격적인 입장은 확인되지 않는다.

통사원자보다 큰 단위에 대한 언급은 박진호(1999: 333-334)에서 살펴볼 수 있다. 숙어는 일반적인 통사 구성과 다를 바 없지만, 의미론적 합성성이 충족되지 못한다는 점에서 그 전체 의미가 어휘부에서 명시되어야 한다고 보았다. 즉, 이들은 통사원자는 아니나 어휘부 등재 단위에는 포함된다는 입장이다. 그렇다면 이들은 어디에 등재되는 것일까? 통사원자를 위한 표층어휘부, 통사원자가 아닌 형태소를 위한 심층어휘부 외에 또 다른 공간이 필요한 것인지 설명이 필요할 것이다. 이와 관련하여 박진호(2003: 375-376)에서는 단어와 관용 표현은 어휘부에 저장하지만, 속담이나 격언은 어휘부에 저장되는 것이 아니라 백과사전적 지식을 저장하는 다른 곳에 저장된다고 언급해 주목을 끈다. 전자는 사용(use)되는 것이 일반적인 용법이지만, 후자는 언급(mention) 내지 인용(quotation)되는 것이 일반적이기 때문에 이를 구분해야 한다는 것이다. 이를 참고한다면 관용 표현은 일단 어휘부의 저장 단위로 보는 것은 분명해 보인다. 그러나 이들이 어휘부 내 어디에 분포하는 것인지는 여전히 명확하지 않다.

(19) 채현식(1994: 84)의 어휘부

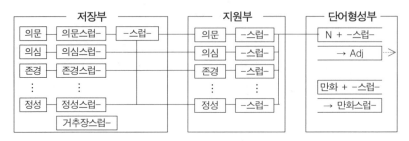

채현식(1994)의 어휘부(lexicon)는 저장부(main lexicon), 지원부(back-up information), 단어형성부(lexical tool-kit)의 셋으로 구성된다. 이는 일견 구본관(1990, 1998)의 구성과 유사해 보인다.[23] 그러나 채현식(1994: 2, 6, 83)에서 저장부가 '좁은 의미에서의 어휘부'와 'main lexicon'으로 기술되고 있는 점이 주목을 끈다. 단어를 기억하고 저장하는 부문인 저장부에 어휘부 전체의 초점이 맞춰져 있기 때문이다. 본문 기술에서도 어휘부를 저장 공간인 저장부의 개념으로 쓰며(3쪽, 각주 3 참조), '머리 속의 사전(mental lexicon)'으로 파악(4쪽)하고 있다는 점은 채현식(1994)를 구본관(1990) 등과 함께 묶어 논의하기 어렵게 한다.[24]

등재 단위에 있어서는 앞서 제시한 다수의 연구와 마찬가지로 단어보다 큰 단위인 특정한 구나 문장도 포함한다(채현식 1994: 10). 여기에 더하여, 용언의 활용형까지도 어휘부 내 등재소로 제시한 점이 특징적이다.[25] 특정한 구나 문장의 저장 위치에 관한 구체적인 언급은 없으나 만

---

23) 실제로 송원용(2005가: 37, 각주 6)는 채현식(1994)의 지원부와 단어형성부를 어휘부 내에 배치한 것을 구본관(1990)의 영향인 것으로 파악하였으며, 최형용(2013가)에서도 채현식(1994)의 어휘부를 '어휘 부문으로서의 lexicon'으로 분류하여 구본관(1990, 1998)과 함께 묶어 제시한 바 있다.

24) 그러나 채현식(1994)의 제5장에서는 전반부와 달리 다시 넓은 의미로서의 어휘부 개념이 쓰이고 있다.

25) 채현식(1994)에서 활용형 등재와 관련하여 논의한 대상은 '비생산적인 활용형'과 '불규칙 활용형'이다. 이와 비교할 때, 정한데로(2012나)는 보다 적극적인 시각에서 '규칙적인 굴절형(조사, 어미 복합형태)'도 등재의 대상이 된다고 보았다. 이는 이 글에서도 주목

약 이들을 저장부에 등재한다면 이들 통사론적 구성 역시 어휘부 내에서 처리되어야 할 것이다. 그렇다면 채현식(1994)도 특정한 구나 문장이 통사부로부터 어휘부 내 저장부로 입력되는 과정에 관한 설명을 마련해야 한다. 또한 만약 활용형의 형성을 통사부의 작용으로 파악한다면, 등재된 용언의 활용형이 통사부로부터 어휘부로 향하는 과정도 모형 내에서 고민해 볼 수 있다.

이후, 채현식(2003나: 63)에서의 어휘부 내 단어 연결망은 아래와 같이 제시된다.

(20) 채현식(2003나: 63)의 '접미사 '-보'에 의한 파생어들의 연결망 조직'

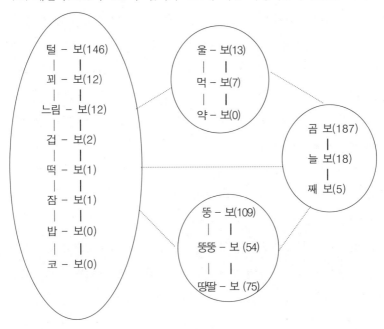

채현식(2003나)는 단어 형성을 위한 장치를 어휘부 내에 따로 마련하지

하고 있는 '형성→등재→변화'의 기본 틀을 유지하였기 때문이다. '변화'를 겪은 언어 대상은 반드시 그 이전에 '등재' 단계를 전제해야 한다는 것이다.

않았다는 점에서 표면적으로 채현식(1994)보다는 박진호(1994)에 더 가깝다. 어휘부의 본질이 저장(storage)에 있지만, 저장된 단어들이 새로운 단어를 형성하는 바탕을 이룬다고 보는 점에서 더욱 그러하다(채현식 2003나: 28-29). 이 논의의 핵심은 (20)과 같이 어휘부를 구성하는 등재소 간의 연결망 조직을 통해 추상화된 유추적 틀(analogical schema)로 단어를 형성한다는 데에 있다. 특히 출현빈도(token frequency)에 따라 활성화된 단위 간에 연결이 강화될 수 있으며, 이때 유형빈도(type frequency)는 묶음을 이루는 계열체를 강화하는 중요한 원리이다(채현식 2003나: 65).

(20)의 [X-보] 파생어 예가 이러한 연결망과 강화 작용을 보여준다. 형태적 층위에서 어기(명사, 동사 어간, 어근)의 유형에 따라 계열체를 형성하고, 굵은 실선의 계열체 중심축(-보) 사이에 강도 높은 연결이 확인된다. 비교적 강도가 약한 계열체와 계열체 사이는 점선으로 표시된다. 관용 표현(이 글의 숙어 구성)이나 연어도 어휘부 등재 단위로 파악하고 있으나(채현식 2003나: 49-51), 어휘부 내 이들 조직과 연결망에 관한 별개의 논의는 확인되지 않는다.26)

한편, 채현식(2007)에 이르면 어휘부를 하나의 복잡계(complex system)로 보아 '창발(emergence)'과 '자기조직화(self-organization)'의 개념을 바탕으로 단어의 형성과 저장을 설명하고자 하는 시도가 전개된다. 용례를 기반으로 하여 어휘부의 규칙성이 '틀(schema)'로 포착되고 틀로부터 단어가 형성되는데, 이때의 틀은 저장된 단어들로부터 창발된다고 보는 것이다. 따라서 채현식(2007)의 어휘부 내에는 틀을 창발하기 위한 단어만이 실재할 뿐이다. 채현식(2003나)와 마찬가지로 채현식(2007)은 단어를 중심으로 한 연구라는 점에서 통사론적 구성에 관한 구체적인 언급은 관찰되지 않는다. 그러나 채현식(1994)를 참고한다면 채현식(2003나, 2007)

---

26) 유추의 원리를 활용하여 연어의 형성을 논의한 연구로는 조은영(2009, 2010)이 참고된다.

도 관용 표현 등을 어휘부 등재 단위로 인정할 것으로 짐작된다. 일부 연어 구성의 경우는 (20)과 같은 연결망을 보유할 수 있을 것으로도 판단되는데, 이들 역시 창발을 통한 형성이 가능한 것인지, 혹은 통사부로부터 형성되어 어휘부에 단순 저장된 상태로 실재하는 것인지 등 관련 연구가 보다 구체화된다면 보다 거시적이고 통합적인 차원에서 어휘부의 실체가 구명될 수 있을 것이다.

(21) 송원용(1998: 19)의 '어휘부 모형'

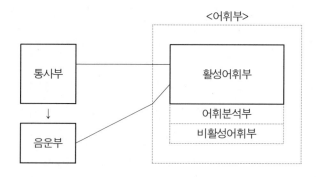

송원용(1998)의 어휘부도 저장 부문으로서의 주된 역할을 담당한다. 전체 구성은 박진호(1994)와 마찬가지로 이중 구조를 지닌다. '활성어휘부'는 음운부·통사부와 직접 연결되는 단어가 저장되는 반면, '비활성어휘부'에는 단어들 사이에서 분석되어 인식되는 접사가 저장된다. 이 둘 사이에서 매개 역할을 하는 '어휘분석부'는 접사를 확인하고 형태론적 복합 구성의 내적 구조를 확인하는 기능을 담당한다. 구나 문장도 등재소로 인정하고 있으나(20쪽, 각주 20), 이들의 어휘부 내 위치에 대한 언급은 없는 바 이들 구성이 통사부와 어떠한 상관관계에 있는지는 분명하지 않다.

송원용(2005가)에서는 송원용(1998)의 '어휘분석부'를 없애고, 표층어휘부와 심층어휘부로만 구성된 어휘부-유추 모형이 제안된다. 전반적으로 박진호(1994)의 어휘부와 상당히 유사해진 결과를 보여준다. 송원용

(1998)의 '활성어휘부'와 '비활성어휘부'는 각각 '표층어휘부'와 '심층어휘부'에 대응된다.

(22) 송원용(2005가: 44)의 '어휘부-유추 모형의 어휘부'

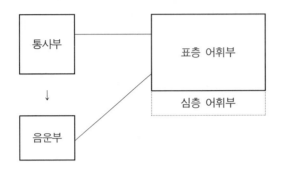

특히 주목할 만한 부분은 어휘부 등재 단어(단일어, 모든 복합어, 통사 구성 고유명사)뿐만 아니라, 어휘부 등재 통사 구성(관용 표현(이 글의 숙어 구성), 연어 등)도 표층어휘부에 저장되어 있음을 명시적으로 밝히고 있다는 점이다.[27] 후자의 경우도 통사부에 가시적이라는 판단에 따라 표층어휘부에 배치한 것으로 보이는데, 이들 통사론적 구성이 어떠한 방식으로 어휘부 체계 내에 저장되는지, 또 이들 구성이 표층어휘부에 등재된 상태로 통사부와 보이는 관계가 표층어휘부의 단어가 통사부와 연결된 관계와 동일한 것인지 등 추가적인 설명도 필요할 것이다.

요컨대, 지금까지 살펴본 박진호(1994), 채현식(1994, 2003, 2007), 송원용(1998, 2005가)는 저장 부문으로서의 어휘부 역할에 초점을 둔 연구라는 공통점이 있다. 단어 형성을 위한 독자적인 공간을 따로 마련하지 않

---

27) 송원용(2005가: 44)는 "표층 어휘부에는 모든 등재소가 저장된다."라고 하면서도 "심층 어휘부에는 단어 형성에만 참여할 뿐 통사 구성의 형성에 직접 참여할 수 없는 다양한 형태론적 단위가 저장된다."라고 기술하고 있다. 심층어휘부에 저장되었다고 본 '임시어 형성 접사, 생산성이 높은 파생 접사, 의사 접사' 등은 '등재소'로 보지 않는 것인지 이해에 어려움이 있다.

고, 어휘부 내 등재소 간의 어휘적 관련성을 바탕으로 연결망을 활용하여 단어를 형성한다는 점 역시 유사하다.[28] 특히, 채현식(1999, 2003가, 2003 나, 2007), 송원용(1998, 2002가, 2002나, 2005가)의 주요 단어 형성 기제 는 계열관계를 활용한 유추적 틀이다. 이들 논의 모두 관용구나 속담 등 을 어휘부 등재 단위로 인정하고 있지만, 이들 단위가 저장 부문으로서의 어휘부 내에 어떻게 분포하는지, 또 통사부와는 어떠한 상관관계에 있는 지에 대해서는 그 입장이 명확하지 않다.

③ '형성 부문'으로서의 형태부, '저장 부문'으로서의 어휘부

구본관(1990) 등과 마찬가지로 단어 형성을 위한 공간을 별도로 상정하 면서도, 그와 동시에 박진호(1994)처럼 저장 부문으로서의 'lexicon'을 인 정하고 있는 모형이 있어 주목된다.[29] 이는 앞서 (7)에서 확인한 Halle (1973)의 '형태부'와 '사전'이 분리된 모형을 떠올리게 한다.

(23) 김인균(1999: 43)의 '사전(lexicon) 및 형태부(morphology) 모델'

사전(lexicon)			
어사군(X^0)	접사군(X^{-1}/X^0)		어사(소)구(X^1)
명사 [+N, −V] 동사 [−N, +V] 관형사 [+N, +V] 부사 [−N, −V]	파생접사(X^{-1}) 접두사 접미사	교착접사(X^0) 체언구접사 용언구접사	
형태부(morphology) − 어사형성부			

---

28) 채현식(1994)만이 '단어형성부(lexical tool-kit)'를 설정하고 있다는 점에서 차이가 있다. 그러나 이때의 '단어형성부'는 구본관(1990), 시정곤(1998) 등의 '단어형성부'와는 기본 적으로 다른 차원의 개념이다.

29) 어휘부의 기본적인 역할을 '저장'으로 파악하고 있다는 점에서 채현식(2003나: 28)와 동 일한 입장에 있다. 한편, 단어 형성을 위한 부문을 설정한 점에서는 구본관(1990), 시정 곤(1998) 등과 유사하다.

김인균(1999)는 'lexicon'을 '사전'으로 번역하고 있으나 이는 시정곤(1998) 등의 어휘 부문으로서의 어휘부 내 '사전'과는 상이한 것으로서, 형성을 위한 형태부와 독립된 자리에 사전을 설정하였다는 점에서 구본관(1990) 등과 큰 차이가 있다.[30] 저장 부문인 사전에는 어사군(X^0)(=단어), 접사군(X^{-1}/X^0), 어사(소)구(X^1)가 포함되며, 형태부는 사전과 별개로 '어사+어사', '어사+파생접사' 결합과 같은 형성 부문의 기능을 한다. 두 부문 사이의 빗금은 사전과 형태부가 상호의존적임을 의미한다. 그리고 이러한 입장은 김인균(2005)로 이어진다.

앞에서 제시한 (11)을 참고한다면, (23)의 모형은 형성 및 저장 부문을 완벽히 분리하고 'lexicon' 내에서 형성을 다루지 않는다는 점에서 Scalise (1984)의 'lexical component'로서의 어휘부와는 차이가 크다. 즉, 형성과 저장이 분리된 (23)의 모형은 Halle(1973), Aronoff(1976), Di Sciullo & Williams(1987)의 모형에 더 가깝다. 그리고 형성과 저장을 이원화하는 입장을 취하고 있는 우리의 입장 역시 (23)의 모형과 유사하다.

그렇다면 (23)에서는 단어보다 큰 단위를 어떻게 처리하고 있는지 살펴보자. 일단 사전 내에 어사(소)구가 등재 단위의 하나로 저장되어 있다. 이때 이들 단위는 분명 통사부의 출력형임이 분명하다. 이들이 어떠한 과정을 통해 통사부로부터 도입되었는지에 대한 구체적인 사항은 (23)에 도식화되지 않았으나, 이들이 단어 형성을 관장하는 형태부 내에 갇혀 있지 않다는 점은 '어휘 부문으로서의 어휘부' 모형이 지닌 문제로부터 자유롭다는 사실을 보여준다. 즉, 사전이 형태부 밖에 분리된 독자적인 부문으로 존재한다는 것은 등재 가능한 통사론적 단위의 형성과 저장이 형태부와 별개의 경로로 전개될 수 있음을 보여준다는 점에서 의미가 있는 것이다.

---

30) 김인균(1999: 29, 각주 1)에서 밝히고 있듯이 lexicon을 '사전(辭典)'으로 번역한 것은 그 구성 단위들의 용어와의 통일성을 고려한 것이다. 김인균(1999)는 lexeme을 '어사(語辭)'로, affix를 '접사(接辭)'로, idiom을 '어사(소)구(語辭(小)句)'로 번역함으로써 구성 단위와 구성 부문에 관한 용어에 있어서 '辭'의 개념을 연결하고 있다.

이는 구본관(1990), 시정곤(1998), 황화상(2001) 등과의 차이가 발견되는 지점이다. 다만 빗금으로 표시된 형태부와의 상호보완성은 보다 구체화될 수 있을 것이다. 형태부에서 어떠한 단위가 입력되어 형성되는지 등에 대한 세부적인 논의가 가능하기 때문이다. 또한 (23)의 모형에 통사부도 추가된다면 어사(소)구를 대상으로 사전과 통사부가 보이는 상호보완성도 모형 내에서 함께 다룰 수 있을 것이다.

지금까지 어휘부 모형에 관한 다양한 입장을 검토하면서 앞에서 제기한 두 가지 물음을 토대로 논의를 진행해 왔다. 이를 통하여 우리는 본 연구의 용어와 모형 설정에 관한 몇 가지 입장을 아래와 같이 정리하고자 한다.

① 단어와 문장을 형성하는 '형태부'와 '통사부'를 평행한 시각에서 접근한다.
② 단어 형성 부문으로서 '형태부'를, 저장 부문으로서 '어휘부'를 전제한다.
③ '어휘부'는 독립적인 부문으로서, 형태론적 단위뿐만 아니라 통사론적 단위도 등재한다.

이상의 결과를 통해 우리는 다음과 같은 '어휘부 - 형태부/통사부 모형'을 설정하고자 한다.[31]

---

31) 이는 이른바 '사전과 문법책(dictionary plus grammar book)' 모형을 취하고 있는 Taylor (2012: 19-43)도 한정된 언어 단위 목록으로서의 저장 부문(사전)과 결합 원리로서의 형성 부문(문법, 통사론)의 두 부문을 제시하고 있다. 이와 유사한 입장으로 Cruse(2000), Jackendoff(2002)도 참고된다.

(24) '어휘부'와 '형태부/통사부'의 관계 [[그림 2-1]로 발전됨.]

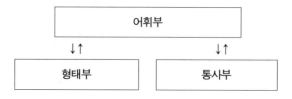

위 모형은 저장 부문인 '어휘부', 형성 부문인 '형태부'와 '통사부'로 구성
된다.[32] 양 방향 화살표는 저장 부문과 두 형성 부문이 입력 대상과 출력
대상을 통해 서로 관련되어 있음을 보여준다. 어휘부로부터 인출된 형태
론적 단위는 형태부 내에서 형성 과정을 거쳐 다시 어휘부로 입력된다.
복합어가 대표적인 예이다. 한편, 어휘부로부터 인출된 단위는 통사부 내
에서 통사론적 단위를 구성하고 이 역시 다시 어휘부에 저장될 수 있다.
어휘부에 등재된 관용 표현은 이러한 경로로 저장된 결과이다. 통사론적
구성의 고유 명사 역시 통사부에서 형성되어 어휘부 내 단어로 저장된 것
이다.[33] 이렇듯 단어와 문장의 두 형성 부문을 저장 부문과 분리한다면,
단어 형성을 담당하는 '어휘 부문으로서의 어휘부' 내에서 구 이상의 단위
를 다루는 문제로부터 벗어날 수 있다. 각 부문의 단위와 관련한 보다 구
체적인 논의는 2.3.1에서 다루기로 한다.

2.2.2.2. 어휘부 조직

우리는 어휘부를 포함한 문법 모형의 전반적인 구조를 탐색함으로써,

---

32) 송원용(2002가, 2002나, 2005가)의 '어휘부 유추 모형'에서는 기본적으로 단어형성부(이
글의 형태부)가 독립적인 문법 부문의 지위에 있지 않다. 그럼에도 불구하고, 송원용
(2002가: 179)의 다음 기술은 우리의 관심을 끈다. "이론적 체계화의 관점에서 단어 형
성이 이루어지는 문법 부문을 단어형성부로 가정하면 단어형성부는 어휘부 밖에서 어
휘부와 대등한 위치에 있는 또 다른 문법 부문으로 상정하는 것이 바람직할 것이다."
33) 후술할 공시적 차원의 '통사론적 구성의 단어화' 역시 '통사부→어휘부'의 경로로 형성
된다.

저장 부문인 어휘부가 형성 부문인 형태부·통사부와 대등한 위치에서 입력 및 출력 단위를 주고받는 상호보완적인 역할을 담당한다고 가정하였다. 그렇다면 어휘부 내부의 조직은 어떻게 구성될 것인가? 이에 대해서는 어휘부 등재소들이 음운론·형태론·의미론 등 다양한 정보를 바탕으로 어휘적 관련성(lexical relatedness)을 지니며 연결망(network)을 이룬 채 저장되어 있다고 보는 것이 일반적이다. 어휘적 관련성의 문제는 Jackendoff(1975), Bybee(1985, 1988) 등에서 논의되기 시작하였으며, 특히 인간의 인지적 언어 능력과 관련한 심리언어학 연구 분야에서 관심을 받기 시작하였다.

이러한 흐름은 국내 형태론 연구에도 적지 않은 영향을 미쳤다. 박진호(1994, 1999)를 시작으로 한 구본관(1998), 송원용(1998, 2002가, 2002나, 2005가), 채현식(1999, 2003나, 2007), 이광호(2005), 나은미(2009), 안소진(2014) 등은 어휘부 내 연결망을 중심으로 단어 형성을 논의하면서 어휘부 연구의 중요성을 강조하였는데, 이는 인지적 접근에서 한국어 단어 형성론을 본격화하였다는 점에서 그 의의를 찾을 수 있다. 이들 연구의 영향으로 한국어 형태론의 탐구 영역과 접근 방식도 다양한 가능성을 모색하게 되었으며, 특히 어휘부는 형태론의 주요한 연구 분야의 하나로 주목받게 되었다.[34] 저장 부문으로서의 수동적인 역할만을 어휘부(또는 사전)에 부여함으로써 어휘부 조직이나 등재 단위의 연결에 대한 관심보다는 단어 형성 원리에 천착했던 종래의 (생성형태론 방식의) 접근과 비교할 때, 이른바 '인지형태론'(송원용 2002나 참고)에 이르러서는 단어 형성의 문제까지도 어휘부가 주도적인 위치에서 영향력을 행사하게 되었기 때문이다. 가령 채현식(2003나, 2007), 송원용(1998, 2005가) 등에서는 단어 형성을 위한 공간이 따로 설정되지 않으며, 어휘부가 저장과 동시에 형성

---

34) 이러한 배경 안에서 박진호(1999)는 '어휘부학(lexiconology)'이라는 용어를 제안하기도 하였다.

의 기능까지 함께 담당한다.

그렇다면 단어 형성을 위한 부문을 별도로 설정한 연구에서는 어휘부 조직에 관해 어떠한 입장을 보여 왔는가? Aronoff(1976)의 잉여 규칙(redundancy rule)이나 Jackendoff(1975)의 완전명시항목이론(full entry hypothesis)은 단어(등재소) 내적 구조 및 외적 관계에 대한 당시의 관심을 보여준다. 그러나 '생성'의 연구 흐름에 따라 주요 논의가 형성 원리에 집중되었기에 이들의 배열 및 관련성에 대한 연구가 본격화되지는 못하였다.

국내 연구로는 시정곤(1999, 2001) 등이 참고되는데, 규칙 중심의 단어 형성론도 단어들이 어휘적 관련성을 맺고 저장되어 있다고 가정한다는 점에서 인지형태론의 시각과 크게 다르지 않다. 어휘부 내 등재소 간의 연결망을 인정하는 것이다. 이 글도 어휘부 내 단위들 간의 어휘적 관련성을 바탕으로 한 긴밀한 연결망이 실재한다고 보는 입장에 있다. 다만 우리는 단어 형성과 저장의 문제를 구분하여, 등재소의 연결망 조직은 저장 차원에서 수용하고자 한다.

어휘부 연결망과 관련한 기존 연구를 확인해 보자. 채현식(2003나: 51-65)는 어휘부 내 단어가 고립적으로 분포하는 것이 아니라, (20)의 연결망을 통해 음운론·형태론·통사론·의미론의 다양한 층위에서 어휘적 관련성을 바탕으로 어휘부가 조직된다는 점을 강조하였다.

시정곤(2001)의 입장도 이와 크게 다르지 않다.[35]

---

35) 편의상 채현식(2003나)로 기술하였지만, 채현식(2003나)는 채현식(2000)의 출판물이므로 시정곤(2001)은 채현식(2003나=2000) 이후의 논의이다.

(25) 시정곤(2001: 178)의 '등재소의 연결망'

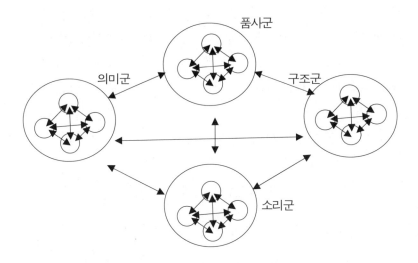

시정곤(2001)은 등재소가 정돈된 체계 속에 배치되며, 서로 비슷한 것들 끼리 모여 하나의 무리를 형성한다고 가정한다. 크게 4가지 무리(의미군, 품사군, 소리군, 구조군)로 (25)처럼 이들이 긴밀하게 연결되어 있다고 파악하였다. 각각의 무리는 그 내부에 하위범주를 지니며, 한 등재소는 하나의 무리에만 속하는 것이 아니라 다양한 무리에 동시에 속하게 된다.

등재소 연결과 관련하여 우리가 주목하는 사항은 시정곤(2001)이 의미적 유사성에 초점을 맞추고 있다는 점이다. (20)에서 채현식(2003나)의 [X-보] 파생어는 형태론적 기준으로 어기의 속성에 따라 배열된 반면, 시정곤(2001)은 의미적 유사성이 형태적 유사성에 우선하여 등재소 연결을 이룬다고 본다. 예컨대, 채현식(2003나)에 따르면 '먹보'가 동일한 동사 어기 계열체에 속해 있는 '울보, 약보'와 긴밀하게 연결되어 있을 것이나, 시정곤(2001)의 의미적 유사성에 기초하면 '먹보'는 먹을 대상과 관련한 '밥보, 떡보'와 함께 연상되기 쉽다는 입장이다.

이 글도 채현식(2003나), 시정곤(2001)과 마찬가지로 음운론·형태론·통사론·의미론의 다양한 층위의 등재소 연결망을 가정한다. 그 중에서도 특히 우리는 시정곤(2001)처럼 등재소 간의 '의미적 관계'에 초점을 둔다. 등재소 간의 계열관계로부터 단어를 형성할 때에도 의미적 관련성이 가장 큰 역할을 담당할 것으로 판단하기 때문이다. 가령 채현식(2003나: 109-120)에서 강조한 형식과 의미 사이의 구조적 관계에 기댄 유추적 틀로 단어를 형성할 때에도 표적과 근거 단어 간의 '의미적 유사성'이 적극적으로 활용된다. 계열관계를 활용한 단어 형성 과정도 어기의 형태론적 속성보다는 등재소 간 의미적 유사성에 초점이 있는 것이다.

실제 채현식(2003나: 18)의 유추적 단어 형성 과정을 참고해 보자(음영은 필자 추가).

(26) 가. 팔에 부착하는 장신구 : 팔찌 = 귀에 부착하는 장신구 : X

나. Y(Y=먹을 수 있는 재료)를 넣어 만든 빵 : [Y]$_{N(Y=먹을 수 있는 재료)}$-빵
= 보리를 넣어 만든 빵 : X

(26가)는 개별 단어에 의한 유추, (26나)는 유추의 틀에 의한 유추 과정으로 표적(target) 'X'를 형성한다고 본 것인데, 이 경우에도 근거 단어와 표적 사이의 관계를 연결 짓는 근거는 '팔'과 '귀'의 형태적 속성이라기보다는 복합어에 포함되어 의미적 유사성을 드러내는 음영 표시 부분이다.[36] 따라서 (26)의 비례식에서 어기의 유사성보다는 형식적으로 드러나지 않은 '~에 부착하는', '~를 넣어 만든'의 의미가 근거 단어와 표적 사이의 유사성을 결정하는 데 중요한 역할을 담당하는 것이다.[37]

---

36) 이때의 음영은 제3장에서 우리가 제시할 α 에 해당한다. 우리는 통합관계와 계열관계를 활용한 단어 형성 과정 모두 α 가 가장 핵심적인 기능을 담당한다고 본다. α 에 대한 보다 자세한 논의는 3.2.1에서 후술한다.

37) 채현식(2003나: 60)는 형태적 층위의 어휘적 관련성을 거듭 강조하고 있지만, (26)과 같은 유추적 단어 형성 과정을 살펴본다면 그 형성 과정에 가장 중요한 역할을 담당하는 것은 형태적 유사성이 아닌, 의미적 유사성으로 판단된다. 유사한 맥락에서, 구본관

이러한 점에서 접사 '-보'의 의미구조를 중심으로 하위 유형을 분류하고 (시정곤 1995, 1997), 의미적 관련성을 바탕으로 [X-보] 파생어를 구분한 (27)은 등재소 계열관계를 탐구하는 데 있어서 중요한 단서를 제공한다 (시정곤 2001: 180, 각주 16).

(27) 가. -보₁: [[thing Xᵢ], [event DO TOO MUCH ([thing Xᵢ], [action Y])]]
　　　　예 먹보, 떡보, 밥보

　　나. -보₂: [[thing Xᵢ], [event DO TOO OFTEN ([thing Xᵢ], [action Y])]]
　　　　예 울보, 코보

　　다. -보₃: [[thing Xᵢ], [state BE TOO MUCH ([thing Xᵢ], [property Y])]]
　　　　예 뚱보, 땅딸보, 뚱뚱보, 느림보, 약보

　　라. -보₄: [[thing Xᵢ], [state BE TOO MUCH ([thing Xᵢ], [thing Y])]]
　　　　예 털보, 꾀보, 겁보, 잠보

접사 '-보'의 네 가지 의미에 따라 각 예에 해당하는 복합어가 범주를 구성하여 긴밀한 관계를 보인다. 의미적 유사성에 기초한 이러한 분류에 서는 어기의 속성이 무엇인지에 제약되지 않고 분포한다는 점이 특징적이 다. 예컨대, '-보₁'은 동사 '먹-'뿐만 아니라 명사 '떡'과도 함께 결합하며, '-보₃' 은 부사 '뚱뚱', 명사형 '느림', 동사 '약-' 등과 결합한다. 이들 단어의 형성 현장에서 실제 화자들이 겪었을 인식 과정을 고려할 때에도, 화자들이 이 들의 품사에 대한 판단보다는 의미적 유사성에 근거하여 해당 단어들을 형성하였을 것으로 판단된다. 그렇게 본다면 의미적 유사성에 근거한 시 정곤(2001)의 등재소 연결과 (27)의 분류가 실제 화자의 인지적 상황을 고

(2010: 116)은 기존의 유추에 의한 단어형성론이 지닌 형태론적인 한계가 극복되어야 한다고 논의한다. 유추에 의한 단어형성법 이론이 근거로 삼고 있는 인지언어학에서 단어의 저장과 관련한 준거로 형태보다는 의미가 더 중요하게 고려되고 있다는 점이 강조되었다.

려한 접근일 수 있다. 이러한 시각은 의미론적 α 를 중심으로 등재소 계열관계를 정리할 이 글의 기본 입장과도 자연스럽게 연결될 것이다((32) 참고).

[X-보] 파생어의 연결 관계를 논의한 나은미(2009)의 (28)도 주목된다.

(28) 나은미(2009: 62)의 '파생어 'X-보'의 연결 관계'

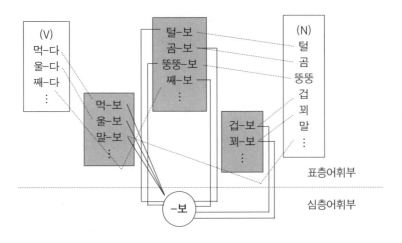

나은미(2009)는 단어 연결에 의해 만들어진 추상물인 '패턴(pattern)' 개념을 중심으로 품사 패턴과 의미 패턴을 통해 어휘부 등재소 관계를 논의한다.[38] 품사 패턴은 채현식(2003나)의 형태적 유사성에 기반한 연결 관계에, 의미 패턴은 시정곤(2001)의 의미적 유사성에 기반한 연결 관계에 대응될 수 있을 것이다. (28)에서 확인되는 사항은 나은미(2009)도 [X-보] 파생어 연결 관계를 의미 패턴 중심으로 논의하고 있어 시정곤(2001)과 유사한 접근을 하고 있다는 점이다.

---

38) 나은미(2009: 50, 각주 26)는 Bybee(1988)의 틀(Schema) 개념이 '의미적 속성'에 기반하고 있다는 점에 주목하여 '틀'이 아닌, '패턴'이라는 용어를 쓰고 있다. '품사 패턴', '의미 패턴'과 같이 '패턴'을 중립적인 차원의 용어로 쓰기 때문이다.

(29) 가. 먹보, 울보, 말보, … : X라는 행위적 특징이 많은 사람

나. 겁보, 꾀보, … : X라는 성격적 특징이 많은 사람

다. 털보, 째보, 곰보, … : X라는 신체적 특징이 많은 사람

(29)와 같이 각각의 의미 패턴을 중심으로 해당 파생어가 긴밀한 관계를 형성한다고 파악한 나은미(2009: 61)의 입장은 (27)과 비교될 수 있다. 이때 (27), (29) 모두 의미적 유사성에 기초한 분류임에도 불구하고 실제 파생어의 분류 방식이나 의미 해석에는 차이가 있다. 두 분류에서 '먹보'와 '울보'의 분포, '털보'와 '겁보'의 분포만 보더라도 상이한 결과가 관찰된다. 아울러 (29)는 '행위적, 성격적, 신체적' 특징을 기준으로 복합어 의미 해석 패턴을 범주화한 점에서 (27)과 차이가 있는데, 이와 같은 경계 분류가 적절한지에 대해서도 검토가 필요할 것이다. 가령 (29다)의 '째보, 곰보'가 'X라는 신체적 특징이 많은 사람'에 적절한 예인지 의문이다. 이는 시정곤(2001)의 (27)에서도 명확히 제시되지 않은 부분이기도 하다.

물론 각각의 복합어를 특정한 몇 개의 기준으로 명확히 구분해 내는 일이 쉽지는 않다. 특히 [X-보]와 같이 현재 생산성이 높지 않은 단어의 경우에는 더욱 그러하다. 수 세기에 걸쳐 서로 다른 시기에 형성된 [X-보] 복합어를 현재의 공시적 직관으로 구분 짓는 접근이 지닌 한계도 되새겨 볼 만하다. 그럼에도 불구하고 우리는 (27), (29)와 같이 어휘부 등재소 배열을 탐색하는 과정이 지니는 의의에 주목하고, 이를 보완하기 위한 시도를 하고자 한다.

그렇다면 이 글에서 제시할 어휘부 조직을 탐색해 보기로 하자. 등재소 연결에 관한 우리의 입장을 보이기 위해 가져온 대상은 [X-꾼] 복합어이다. [X-꾼] 복합어는 [X-보] 복합어에 비해 그 의미가 훨씬 다양하며 구체적이라는 점에서 복합어 간의 관계를 세밀하게 관찰하는 데 유리한 조건에 있다. 또한 [X-꾼] 복합어는 현대 한국어에서도 꾸준히 생산성을 보여 준다는 점에서 형성 측면에서도 등재소의 연결 관계를 살피는 데 적절한

대상이다.

먼저 ≪표준국어대사전≫(이하, ≪표준≫)에 제시된 접사 '-꾼'의 의미
와 해당 복합어를 확인해 보자.

(30) ≪표준≫의 접사 '-꾼' 뜻풀이
　가. '어떤 일을 전문적으로 하는 사람' 또는 '어떤 일을 잘하는 사람'의
　　　뜻을 더하는 접미사
　　　예 모사꾼, 살림꾼, 소리꾼, 심부름꾼, 씨름꾼, 장사꾼
　나. '어떤 일을 습관적으로 하는 사람' 또는 '어떤 일을 즐겨 하는 사람'
　　　의 뜻을 더하는 접미사
　　　예 낚시꾼, 난봉꾼, 노름꾼, 말썽꾼, 잔소리꾼, 주정꾼
　다. '어떤 일 때문에 모인 사람'의 뜻을 더하는 접미사
　　　예 구경꾼, 일꾼, 장꾼, 제꾼
　라. '어떤 일을 하는 사람'에 낮잡는 뜻을 더하는 접미사
　　　예 과거꾼, 건달꾼, 도망꾼, 뜨내기꾼, 마름꾼, 머슴꾼
　마. '어떤 사물이나 특성을 많이 가진 사람'의 뜻을 더하는 접미사
　　　예 건성꾼, 꾀꾼, 덜렁꾼, 만석꾼, 재주꾼, 천석꾼

(30)의 사전 기술을 참고할 때, 일련의 의미를 기준으로 [X-꾼] 복합어가
긴밀한 관계에 있음을 확인할 수 있다.[39) 각각의 의미적 유사성을 가시적

---

39) 이와 달리, ≪표준≫에서 [X-보]는 어기의 품사를 기준으로 분류되어 있다는 점에서
차이가 확인된다. 1차적으로는 [X-꾼]과 달리 어기의 유형이 다양하다는 차이 때문에
이러한 기술이 이루어졌을 것이나, [X-꾼]에 비해 의미 기술이 간략하게 처리된 한계
가 있는 것은 분명하다.
　① (몇몇 명사 뒤에 붙어) '그것을 특성으로 지닌 사람'의 뜻을 더하는 접미사
　　　예 꾀보, 싸움보, 잠보, 털보
　② (몇몇 동사, 형용사 어간 뒤에 붙어) '그러한 행위를 특성으로 지닌 사람'의 뜻을 더
　　하고 명사를 만드는 접미사
　　　예 먹보, 울보, 째보

으로 드러내기 위하여 회색의 음영을 더하였다. 이때의 음영 정보는 [X-꾼] 복합어 구성성분만으로는 포착되지 않는 추가적인 의미 성분으로서 각 묶음 내 복합어의 의미 관계를 설정하는 데에 중요한 역할을 한다. 새로 임시어를 형성할 때에도 해당 묶음 내 음영 의미가 중요한 역할을 담당할 것이다.

실제 새로운 단어의 형성 양상은 어떠할 것인가? 국립국어원(국립국어연구원)에서 조사하여 발간한 ≪신어≫ 자료집에서 수집한 '-꾼' 관련 단어를 (30)의 각 기준에 맞추어 배열하면 아래의 (31가~마)와 같이 정리된다.[40] 위 5가지 의미에 포함되지 않는 예도 확인되는데, 이들도 함께 (31바)로 제시한다.

(31) ≪신어≫ '-꾼' 관련어의 뜻풀이별 분류

　　가. 거래꾼[41], 민주화꾼[42], 벽화꾼[43], 신고꾼[44], 입담꾼[45], 절도꾼[46]

　　나. 경품꾼[47], 고발꾼[48], 암벽꾼[49], 캡처꾼[50]

　　다. 박수꾼[51]

---

　　③ (몇몇 어근 뒤에 붙어) '그러한 특징을 지닌 사람'의 뜻을 더하는 접미사
　　　　예 땅딸보, 뚱뚱보
40) 물론 경계에 따라 범위가 불분명한 경우도 있었다. 가급적 ≪신어≫ 자료집에 기술된 뜻풀이에 초점을 맞추어 분류하고자 하였다.
41) 사고파는 일을 전문으로 하는 사람 (2002년)
42) 민주화를 위해 전문적으로 일을 하는 사람 (1995년)
43) 벽화를 그리는 일을 전문으로 하는 사람 (2000년)
44) 보상금을 노리고 법률, 명령 따위를 위반한 사람을 찾아내 신고하는 것을 전문으로 하는 사람 (2002년)
45) 말솜씨가 뛰어난 사람 (2000년)
46) 남의 물건을 몰래 훔치는 것을 전문으로 하는 사람 (1995년)
47) 텔레비전, 라디오, 인터넷 따위에서 실시하는 갖가지 참여 행사에 부지런히 응모하여 자주 경품을 받는 사람 (2003년)
48) 고발을 전문적으로 또는 습관적으로 하는 사람 (2001년)
49) 생업 또는 취미로 암벽을 등반하는 사람 (1995년)
50) 스타들이 무심결에 지은 엉뚱한 표정이나 웃긴 모습을 포착하여 인터넷에 공개하는 일을 즐겨 하는 이들을 이르는 말 (2005년)

라. 경매꾼[52]), 글꾼[53]), 빠릿꾼[54]), 수다꾼[55]), 작전꾼[56]), 주먹꾼[57]), 초
　　　보꾼[58])

마. 식탐꾼[59]), 절약꾼[60]), 정보꾼[61])

바. (그 외) 산꾼[62]), 샅바꾼[63]), 채취꾼[64])

　　(31)의 신어는 비교적 최근에 형성된 단어라는 점에서, 접미사 '-꾼'이
여전히 활발하게 단어 형성에 참여하고 있음을 알 수 있다. (31가)의 '거
래꾼, 신고꾼' 등은 (30가)의 '살림꾼, 장사꾼' 등과 유사한 의미로 해석되
며, (31나)의 '경품꾼, 고발꾼' 등은 (30나)의 '노름꾼, 말썽꾼' 등에, (31다)
의 '박수꾼'은 (30다)의 '구경꾼, 일꾼' 등에, (31라)의 '경매꾼, 글꾼' 등은
(30라)의 '건달꾼, 도망꾼' 등에, (31마)의 '식탐꾼, 절약꾼' 등은 (30마)의
'덜렁꾼, 재주꾼' 등에 대응된다. 기존 단어 가운데 이미 유사한 용법으로
쓰인 예가 확인되는 경우에 꾸준히 유사한 방식으로 단어가 형성되고 있
음을 확인할 수 있다. 이들은 어휘부 내에 긴밀한 관련성을 유지한 채 저
장되어 있을 가능성이 높을 것이다.

---

51) 어떤 공연이나 행사에서 박수를 쳐서 흥을 돋우기 위하여 동원된 무리 (1995년)
52) '경매인(競賣人)'을 낮잡아 이르는 말 (2004년)
53) 글 쓰는 것을 직업으로 하는 사람들을 낮잡아 이르는 말 (2000년)
54) 어떤 일을 함에 있어 행동이 유난히 빠릿빠릿한 사람을 낮잡아 이르는 말 (2000년)
55) 쓸데없이 말수가 많은 사람 (2001년)
56) 어떤 일에 대해 작전을 꾸미고 조작하는 사람들을 낮잡아 이르는 말 (2001년)
57) 주먹을 휘두르는 일을 일삼는 무리를 낮잡아 이르는 말 (2001년)
58) '초보자(初步者)'를 낮추어 이르는 말 (2004년)
59) 음식을 몹시 탐내는 사람 (2000년)
60) 시간이나 돈 따위를 함부로 쓰지 아니하고 꼭 필요한 데에만 써서 아끼는 사람을 이르
　　는 말 (1995년)
61) 다방면에 걸쳐 다양한 전문적인 정보를 가지고 있는 사람 (1995년)
62) 등산가 (2000년)
63) 씨름 선수를 달리 이르는 말 (2000년)
64) 풀, 나무, 광석 따위를 찾아 베거나 캐는 사람 (2002년)

(32) [X-꾼] 복합어의 연결망

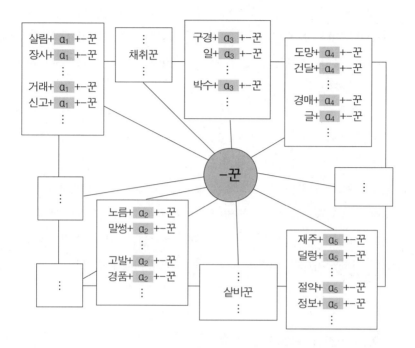

우리는 (32)와 같이 [X-꾼] 복합어의 어휘부 내 조직을 상정하고자 한다. 이때 주목되는 것은 이들 복합어의 긴밀한 관계가 계열체 내의 의미적 연결, 즉 α 를 중심으로 구성된다는 점이다. 따라서 우리는 'α_1'에서부터 'α_5'까지 세분화한 α 가 (30)의 '-꾼' 계열 복합어의 5가지 계열체를 달리 구성한다고 본다. 더 나아가, [X-보]에 관한 (27)의 의미구조, 의미 패턴 중심의 (28), (29) 연결 관계와 유사한 접근을 통해서 [X-꾼] 기존 단어와 새로 형성된 [X-꾼] 복합어를 동일한 계열체 내에서 해석하고자 한다. 예컨대, 'α_1'을 중심으로 연결망을 형성하고 있는 부류를 살펴본다면, 사전에 등재된 '살림꾼, 장사꾼' 등에 신어 '거래꾼, 신고꾼' 등이 추가될 수 있을 것이다.

(32)의 연결망은 저장 부문으로서의 어휘부 내 조직을 보여주는 것으로서, 우리는 이러한 조직 자체가 단어 형성의 기제로 활용된다고 보는 데에

는 유보적인 입장에 있다. 어휘부 내 연결망이 단어 형성에 있어서 근거 자료로 참고될 수는 있어도 실제 그 형성은 저장과는 별개로 전개된다고 보기 때문이다. 실제 임시어의 형성 과정을 살펴보면, (32)와 같은 계열관계보다는 통합관계가 훨씬 활발하게 그 과정에 참여하는 것으로 판단된다 (4.3.1. 참고).

또한 (31바)와 같이 어떠한 계열체로도 해석되기 어려운 예들은 단순히 단어 연결망만으로 그 형성을 논하기 어렵다. 예컨대, '샅바꾼'은 '샅바'와 '씨름'의 인접성을 활용한 환유적 작용을 통해 형성된 단어인바 (30)의 특정 계열체와 함께 설명되기 어려운 예이다. 오히려 개별적 차원에서 공시적인 환유 과정을 통해 형성되었다고 보는 것이 더 자연스러운 해석일 것이다. (31바)처럼 새로운 α 를 형성하는 단어들은 (32)의 어휘부 연결망에 있어서도 새로운 계열체를 구성해 점차 확대해 나갈 것이다.

2.3. 형성과 등재의 단위 설정

2.3.1. 형성 단위와 등재 단위

2.3.1.1. 형성의 단위

단어형성론의 1차적 관심은 형성 과정에 참여하는 대상이 무엇인가 하는 물음일 것이다. 그리고 참여 대상에 관한 물음은 곧 형성의 기본 단위가 무엇인가 하는 물음과도 일치한다. 물론 단어 형성 원리(결합, 대치, 재구조화 등)에 관한 연구자의 관점에 따라서 관심 대상에 차이가 있을 수는 있다. 입력 단위에 더 무게를 둔다면 이는 기원 중심적(source-oriented, input-oriented) 입장으로, 과정을 거쳐 완성된 단위에 더 관심을 기울인다면 이는 결과물 중심적(product-oriented, output-oriented) 입장

으로 대별된다.[65]

주지하는 바와 같이 형태론의 기본 단위 설정 문제는 형태소 기반 형태론(morpheme-based morphology)과 단어 기반 형태론(word-based morphology)의 두 축을 중심으로 지속 발전되어 왔다. 직접적으로 단어 기반 형태론의 입장을 표명한 Aronoff(1976: 21)은 단어를 형태론의 기본 단위로 삼는 한편, 접사를 단어 형성 규칙에 배치함으로써 사전(또는 어휘부) 내 형태소의 존재를 인정하지 않는다. 반면, 앞서 살펴본 Halle(1973)은 단어 기반 형태론과의 분명한 입장 차이를 드러내고자 하는 의도에 따라 형태소 기반 형태론으로 불리기도 하였다(전상범 1995: 164, 송원용 2005가: 15).[66] 형태부 내의 형태소 목록으로부터 도출된 형태소에서 단어 형성이 시작되기 때문이다.

(33) 가. Halle(1973)의 단어 형성: [가마]$_N$ + [-꾼]$_{af}$ → [가마꾼]$_N$

나. Aronoff(1976)의 단어 형성: [가마]$_N$ → [[가마]$_N$꾼]$_N$

단어 형성에 관한 Halle(1973)과 Aronoff(1976)의 입장 차이는 (33)으로 명확히 드러난다. (33가)는 형태소 목록 내의 '가마'와 '-꾼'을 단어 형성 규칙을 통해 결합한 것으로 복합어 '가마꾼'을 만들어 이를 사전에 저장한다. 반면, (33나)는 사전 내에 '-꾼'이 따로 실재하지 않으므로 사전에 있던 '가마'가 단어 형성 규칙을 거치면서 규칙 내 '-꾼'과 결합하여 '가마꾼'을 형성한다.

Haspelmath & Sims(2010: 40-54)에서도 형태소와 단어를 기반으로 삼은 두 모형에 관한 설명이 자세히 마련된다. 특히 '연쇄적 속성'을 기준으

---

65) Bybee(1995: 430), Booij(2010: 4) 참고.

66) Halle(1973)의 모형에서 단어 형성이 형태소 목록에서 시작하는 것은 맞지만, 복합어도 단어 형성 규칙의 어기가 될 수 있다는 점에서 Halle(1973)은 엄밀한 의미의 형태소 기반 모형이라 보기 어렵다((7) 참고).

로 한 형태론적 규칙(morphological rule)의 두 가지 접근이 소개된다.[67]

(34) 가. 형태소 기반 모형: 연쇄적(concatenative) 패턴 구성
　　 나. 단어 기반 모형: 비연쇄적(non-concatenative) 패턴 구성

Haspelmath & Sims(2010: 1-4)의 접근 방식에서 먼저 (34가)의 형태소 기반 모형은 형태소 결합에 따른 연쇄적 패턴 구성에 해당한다. 이러한 관점에서 본다면 형태론은 단어를 만들기 위한 형태소들의 '결합(combination)'에 관한 연구이다. 한편, (34나)의 단어 기반 모형에서는 구성성분의 연쇄 규칙을 설정하는 것이 아니라, 형태론적으로 관련된 단어들의 공통적인 특징을 단어틀(word-schema)로 보여줌으로써 단어의 형태와 의미에서 나타나는 체계적인 공변동(covariation)을 연구 목표로 삼는다. 각 예를 (35)로 제시해 본다.

(35) 가. 형태소 기반 모형: [X]_N + [-꾼]_af → [X꾼]_N
　　 나. 단어 기반 모형: [[X]_N꾼]_N

(35가)의 규칙으로 '[가마]_N + [-꾼]_af → [가마꾼]_N'의 과정이 진행된다면, (35나)의 규칙으로는 '[[가마]_N꾼]_N'으로 단어가 형성된다. 전자가 결합('+')과 도출('→')의 과정에 초점을 둔 반면 후자는 이러한 도출 과정을 상정하지 않고 단어틀('[ ]')을 통해 해당 단어의 결과를 드러내는 것이다. 이때 단어 기반 모형은 (36)처럼 단어 간의 형태론적 대응(morphological correspondence)을 통해 형태와 의미 관계를 표상하는 데에 중점을 둔다.

---

67) Haspelmath & Sims(2010: 40-54)은 단어틀(word-schema)도 형태론적 규칙(morphological rule)의 하나로 보았다. Jackendoff(1975)의 잉여 규칙(redandancy rule)도 완전 등재 이론을 통해 등재소 간의 형태적·의미적 유사성을 살핀다는 점에서 이와 유사하다.

(36) 단어 기반 모형:

$$\left[\begin{array}{c} /X/_N \\ \text{'x'} \end{array} \right] \leftrightarrow \left[\begin{array}{c} /X꾼/_N \\ \text{'x와 관련된 사람'} \end{array} \right]$$

(36)의 규칙은 일견 Jackendoff(1975)에서 제시된 잉여 규칙(redundancy rule)의 형태·의미 정보와 유사하다는 점에서 새로운 접근은 아니다. 통사 규칙에 비해 수동적이기는 하지만 잉여 규칙도 가능한 어휘 항목들을 생성하는 형성 규칙으로 기능하기 때문이다(Jackendoff 1975: 667-668). 다만 (36)은 보다 적극적인 관점에서 단어 형성 원리로서의 틀을 제안한 결과라는 점에서 주목할 수 있겠다. 단어들 간의 관련성에 기반해 추상화된 '틀'이 일종의 규칙으로 기능한다고 보는 것이다.

이러한 시각은 Booij(2010: 1-4)에서도 강조된다. Booij(2010)은 Aronoff (1976)과 마찬가지의 단어 기반 형태론의 관점을 취하면서도 구체적인 입장에 있어서는 선명한 차이를 드러낸다.

(37) 가. $[x]_V \rightarrow [[x]er]_N$ Semantics: 'one who Vs habitually, professionally'
　　 나. $[[x]_Ver]_N$　　　　　　　　'one who Vs'

'buy - buyer, eat - eater, shout - shouter' 등의 단어를 위한 Aronoff(1976) 의 규칙과 Booij(2010)의 틀이 (37)처럼 제시되었다. 독자적인 단위로서의 접사 '-er'를 인정하지 않는다는 점에서 두 입장 모두 단어 기반 형태론을 바탕으로 한다. 하지만 (37가)는 '→'의 도출적 해석을 포함한 데 반해, (37나)는 틀 자체로 일반화한 결과를 보여줄 뿐이다. 이는 각 입장의 기본적 속성에 근거하는데, Booij(2010: 4)에서는 전자가 기원 중심적인 데 반해 후자는 결과물 중심적이라는 점이 강조되었다.

지금까지의 단어 형성 과정에 관한 세 가지 입장을 정리해 보자.

(38) 가. $[X]_N + [-꾼]_{af} \rightarrow [X꾼]_N$

　　　 나. $[X]_N \rightarrow [[X]_N꾼]_N$

　　　 다. $[[X]_N꾼]_N$

(38가)는 Halle(1973), (38나)는 Aronoff(1976), (38다)는 Booij(2010)의 방식에 각각 대응된다. 절충적 단어 기반 모형을 취하는 Haspelmath & Sims(2010)은 (38다)를 중심으로 하면서도 (38가)의 과정을 부정하지는 않는다. (38가, 나)는 도출을 통해 단어를 형성하는 반면, (38다)는 틀이 그 기능을 대신한다.

이상의 논의를 살펴볼 때, 단어 형성에 참여하는 단위가 무엇인가라는 물음에 형태소 또는 단어가 선택되기도 하고, 두 단위가 모두 인정되기도 하였다. 또한 기본 단위에 있어서 동일한 입장에 있다고 해도 세부적인 접근 방식에 있어서는 연구자마다의 입장 차이가 확인되었다. 보다 체계적인 분류를 위해 기본 단위를 중심으로 선행 연구를 정리하며 각각의 구체적인 입장을 검토하고자 한다. 형성 단위 기준으로는 아래 세 가지 모형이 가능할 것이다.

(39) 형성 단위에 관한 세 입장

　　 가. 형태소 기반 모형: 단어 형성 원리에 적용되는 기본 단위는 형태소이다.

　　 나. 절충적 모형: 단어 형성 원리에 적용되는 기본 단위는 형태소와 단어이다.

　　 다. 단어 기반 모형: 단어 형성 원리에 적용되는 기본 단위는 단어이다.

Halle(1973)은 단어 형성 규칙의 입력 단위로 형태소뿐 아니라 단어도 포함한다. 앞에서 강조하였듯이 모형 내 점선으로 표시된 'Dictionary of Words ⋯→ Rules of Word Formation'의 회송 장치(loop)에 따라 이미 사전에 저장된 단어도 다시 규칙의 적용을 받을 수 있었다. 따라서 Halle (1973)의 형성 단위로는 형태소와 단어가 모두 해당된다. 이에 우리는 형성 원리에 도입되는 입력 단위를 기준으로 Halle(1973)을 '절충적 모형'으로 분류하고자 한다. 물론 Halle(1973)에서 형태소는 형태소 목록으로부터, 단어는 사전으로부터 도출된다는 점에서 입력 양상에 있어서는 차이가 있다.

Aronoff(1976)은 각 접사를 해당 규칙에 포함하므로 형성의 입력 단위와 어휘부 입력 단위는 단어로만 한정된다. 또 Jackendoff(1975: 655)에서는 어휘부 내 단어와 단어 사이의 어휘적 관련성을 바탕으로 한 잉여 규칙으로 생산적인 접사가 파악되므로 형태소를 독자적인 형성 단위로 보기는 어렵다. Booij(2010)도 형성 단위와 등재 단위로 단어만을 인정하는데, 형성 방식에 있어서 틀을 활용한다는 점은 일견 Jackendoff(1975)의 잉여 규칙과 유사하다. 따라서 이들 세 연구는 '단어 기반 모형'으로 분류할 수 있을 것이다.

Haspelmath & Sims(2010)은 어휘부 등재 단위로 단어뿐 아니라 형태소도 인정하며, 형성 단위에 있어서도 단어와 함께 형태소를 포함한다. 다만, 형태소를 어근이나 접사로 제한하지 않고 형태소로 인식 가능한 형태론적 패턴(morphological pattern)으로 접근한 점은 특징적이다(Haspelmath & Sims 2010: 70-71). 단어가 중심이 되기는 하지만, 결국 형성 과정의 형태소와 단어를 모두 인정하는 '절충적 모형'에 해당한다.

한편, Lieber(1981: 35-38, 47-48)은 영구 어휘부(permanent lexicon) 내 어휘 항목으로서 자립 형태소(어간)와 의존 형태소(접사)만을 인정하고, 맥락자유 다시쓰기 규칙(context-free rewriting rule)인 2분지(binary branching) 어휘 구조 규칙(lexical structure rule)을 통해 단어를 형성한다. 구조의 종단 교점(terminal node)에 형태소를 삽입하는 이 방식은 문장 형성과 유사한 방식으로 단어를 형성하는 것이다. 이와 비슷한 시기의 Selkirk(1982: 3-9)도 맥락 자유 규칙인 단어 구조 규칙(word structure rule)을 통해 단어를 형성한다는 점에서 유사한 입장에 있다.[68]

지금까지 논의한 국외 단어형성론의 형성 단위를 정리하며 이 글의 기준에 맞춰 모형을 분류해 보자. 일단 크게 두 부류로 구분이 가능하다. (40가)는 형성 과정 내의 도출을 인정하는 입장으로서 (38가, 나) 유형에 대응된다. 반면 (40나)는 (38다)와 같이 도출 과정을 인정하지 않는 입장이다. 먼저, Lieber(1981)과 Selkirk(1982)는 단어 형성 과정에 어간, 접사 등의 형태소가 직접 구조 규칙에 참여하므로 형태소 기반 모형으로 분류된다.69) 한편, Halle(1973)은 형태소 목록 내 형태소뿐 아니라 사전에 등재된 복합어도 단어 형성 규칙의 입력물이 될 수 있다는 점에서 절충적 모형으로 분류한다. Haspelmath & Sims(2010)도 절충적 모형으로 분류되었는데, 단어틀을 중심으로 하면서도 형태소 결합 패턴을 수용하는 입장에 있다. 끝으로, 단어 기반 모형으로는 Jackendoff(1975), Aronoff(1976), Booij(2010)이 해당된다. 물론 세부적인 단어 형성 방식에 있어서는 '잉여 규칙', '1접사 1규칙', '틀'로 각기 다른 모습이다.

(40) 국외 단어형성론의 형성 단위와 모형

		형성 단위	모형
가	Lieber(1981), Selkirk(1982)	형태소	형태소 기반
	Halle(1973)	형태소, 단어	절충적
	Aronoff(1976)	단어	단어 기반
나	Jackendoff(1975)	단어	단어 기반
	Haspelmath & Sims(2010)	(형태소)70) 단어	절충적
	Booij(2010)	단어	단어 기반

---

68) Selkirk(1982)에서는 어휘 부문(lexical component, 넓은 의미의 lexicon) 내에 단어의 목록인 사전(dictionary, 좁은 의미의 lexicon), 의존 형태소의 목록, 맥락 자유 규칙인 단어 구조 규칙(word structure rule)을 상정한다. 이른바 확장된 사전(extended dictionary)에는 단어와 의존 형태소가 등재된다.

69) Lieber(1981)은 어휘 구조의 종단 교점에 형태소가 직접 삽입되므로 형태소 기반 모형이 분명해 보이나, Selkirk(1982: 49-50)는 단일어와 합성어를 함께 X^0 층위에 두고 [[pickpocket]-hood], [[runaway]-hood] 등의 복합어 형성을 상정하고 있다는 점에서 다시 검토될 수도 있다. 그러나 만약 Lieber(1981)과 동일하게 먼저 마련된 구조의 종단 교점에 각 형태소가 삽입되는 방식이라면 형태소 기반 모형으로 보는 데에 큰 무리가 없다.

(40)의 결과를 살펴볼 때, 어떠한 단위가 단어 형성 원리의 입력 또는 적용 대상이 되느냐에 따라서 세 유형이 모두 관찰된다. 특히 그중에서도 절충적 입장으로 분류된 Halle(1973)과 Haspelmath & Sims(2010)이 관심을 끈다. 형태소 기반과 단어 기반의 엄밀한 두 입장이 아니라, 중간 위치에서 형태소와 단어를 모두 형성의 적용 단위로 파악하는 것이다.

우리는 형성에 관한 이상의 입장이 등재의 문제와 어떠한 관련성을 지니는지도 함께 살펴보고자 한다. 이에 대해서는 절을 달리하여 논의해 보자.

2.3.1.2. 등재의 단위

Haspelmath & Sims(2010)의 '제3장 규칙(rule)'과 '제4장 어휘부(lexicon)'에서는 형성과 등재의 문제가 각각 논의된다. 제3장에서 연쇄적 패턴과 비연쇄적 패턴의 장단점 비교를 통해 각 입장이 지닌 한계가 검토되었다면, 제4장에서는 어휘부 등재 단위를 기준으로 한 '형태소 어휘부(morpheme lexicon)'와 '단어형 어휘부(word-form lexicon)'가 대비된다. Haspelmath & Sims(2010)의 '규칙'과 '어휘부'에 관한 논의는 형태부와 어휘부의 두 부문이 단어형성론에 있어 층위를 달리하면서도 서로 밀접한 관계에 있음을 드러낸다. 형성의 입력 단위에 관한 관심은 곧 어휘부 출력 단위, 즉 어휘부 등재 단위와도 직결된 문제이기 때문이다.

앞에서 다룬 첫째 유형 분류가 '형성 원리에 적용되는 단위'를 기준으로 하였다면, 두 번째 유형 분류는 '어휘부에 등재되는 단위'를 기준으로 한다. 그중에서도 등재 단위와 관련하여 우리가 관심 갖는 것은 '형성 원리

---

70) Haspelmath & Sims(2010: 70-73)은 단어 형성 과정에 단어와 형태소(형태론적 패턴)가 모두 참여한다고 보는 입장에 있으므로 이 글의 기준에 따라 절충적 모형으로 분류하였다. 다만 '절충적 단어형 어휘부(moderate word-form lexicon)'의 입장에서 형태소(형태론적 패턴)보다는 단어에 더 무게가 있기에 형태소는 괄호 안에 표기하였다. 이는 후술할 정원수(1992)와는 반대되는 양상의 입장이다.

의 결과물이 등재되는가?' 하는 지점이다. 다시 말해, 공시적으로 형성된 복합어의 등재 여부가 유형 분류의 판단 기준이다. 가령 Haspelmath & Sims(2010)에서 소개된 '형태소 어휘부'는 형태소나 이른바 불규칙한 복합어만 어휘부에 최소한으로 등재하고, '단어형 어휘부'는 단일어와 함께 공시적으로 형성 가능한 복합어까지 잉여적으로 등재한다.[71]

형성 단위에 관한 입장만큼이나 어휘부에 어떠한 단위를 등재할 것인가에 대한 시각 역시 연구자마다 다양한 양상을 보인다. 실제 구체적인 입장을 확인하기에 앞서, 형성 단위를 기준으로 3가지 모형을 정리한 (39)처럼 등재 단위에 관한 기준도 설정해 볼 수 있다.

(41) 등재 단위에 관한 세 입장
　　가. 최소 등재 입장: 기본 단위만 저장한다. 공시적으로 형성 가능한
　　　　단위는 연산을 통해 필요할 때마다 형성한다.
　　나. 절충적 입장: 기본 단위를 저장하며, 기본 단위로부터 형성된 단
　　　　위도 저장할 수 있다. 형성된 단위 가운데 저장되지 않
　　　　는 것도 있다.
　　다. 완전 등재 입장: 기본 단위 및 형성된 모든 언어 단위를 저장한다.
　　　　저장 단위의 잉여성을 인정한다.

(41)의 세 입장은 결국 단어 형성 원리가 적용된 결과물을 등재하는지의 여부에 따라 결정된다. 가령 형태소 기반 모형에서도 형성의 결과물인 복합어를 모두 어휘부에 등재한다면 완전 등재 입장이 가능하며, 단어 기

---

71) Haspelmath & Sims(2010: 48)에서는 형태소 기반 모형의 한계로 역형성 등의 문제를 제시하고 있으나 사실상 이는 형태소 기반 모형이 아닌, 최소 등재 입장이 지닌 문제점으로 보아야 할 것이다. 단어 기반 모형의 입장에서도 최소 등재의 입장에 서면 역형성의 문제는 동일하게 발생한다. 형성 단위와 등재 단위 구분의 필요성을 실감하게 하는 대목이다.

반 모형에서도 공시적으로 형성된 복합어를 어휘부에 등재하지 않는다면 최소 등재의 입장에 해당될 것이다. 위 기준에 따라 몇 가지 논의를 검토해 보자.

앞서 언급한 대로 Halle(1973)은 형태소를 단어 형성 규칙에 도입한 후 그 결과물인 복합어를 사전에 저장한다는 점에서 복합어의 등재를 인정한다. 실재하지 않는 단어는 여과 장치를 통해 제약을 두기는 하였으나,[72] 이미 형성되어 쓰이고 있는 복합어에 대해서는 사전에 모두 등재된 것으로 파악한 점에서 볼 때 (41다)의 기준에 따라 '완전 등재 입장'으로 분류한다. Jackendoff(1975)와 Booij(2010)은 단어 기반 모형이라는 점에서 Halle(1973)과 차이가 있으나, 복합어를 등재 단위로 파악한다는 점에서 역시 완전 등재 입장에 있다고 판단된다.

Aronoff(1976)은 형성의 기본 단위로 단어만을 인정한다는 점에서 Halle(1973)과 차이가 있지만 복합어를 어휘부에 등재한다는 점에서 Halle(1973)과 유사하다. Aronoff(1976: 22)은 일회용 규칙(once-only rule)을 통해 한번 만들어진 복합어는 등재된다고 보았다. 다만 '-ness'와 같이 매우 생산적인 접미사가 결합한 단어는 등재되지 않는다고 하여 예외를 두었다. 그렇다면 Aronoff(1976)은 (41나)의 '절충적 입장'에 해당할 것이다. Haspelmath & Sims(2010)도 '절충적 입장'에 포함된다. 'in-, sane, -ly'의 세 형태소로 구성된 'insanely'에 대하여 'insane', '-ly'를 등재소로 보기 때문이다(Haspelmath & Sims 2010: 74). 복합어 'insane'과 형태소 '-ly'가 어휘부에 저장되어 있으며, 공시적인 결합을 통해서 'insanely'가 형성된다고 보는데, 이러한 시각은 'insanely'의 저빈도 양상, 'sane'과 'insane'의 상대 빈도 결과 등에 따른 것이다.

---

72) 이때 '실재하지 않는 단어'는 사회적으로 승인된 단어가 아닌 것을 의미한다. 그러나 이는 미시적 층위(단어 형성)와 거시적 층위(사회적 승인)의 혼란으로 인한 잘못된 접근일 수 있다. 종래의 '랑그로서의 실재어'에 대한 반성과 함께 '파롤로서의 실재어'인 임시어의 단어형성론적 중요성을 강조한 이상욱(2007)을 참고할 수 있다. 3.3에서 후술.

Lieber(1981)은 영구 어휘부에 자립 형태소(어간)와 의존 형태소(접사)만을 저장하므로 (41가)의 '최소 등재 입장'에 해당된다. 복합어는 따로 등재하지 않으며 어휘 구조 규칙을 통해 형성한다. 한편, Selkirk(1982)는 형성 단위를 기준으로 Lieber(1981)과 같은 부류에 포함되었지만 등재 단위에 따른 유형 분류에 있어서는 차이가 확인된다. 둘 이상의 형태소로 형성된 단어(multimorphemic word)도 사전에 등재하고, 잉여 규칙과 적형성 조건(well-formedness condition)을 통해 이들 단어의 내적 구조를 확인한다는 점에서 복합어의 사전 등재도 인정하는 것으로 판단되기 때문이다(Selkirk 1982: 11). 그렇다면 등재 단위에 있어서 Selkirk(1982)는 Halle(1973)과 유사한 입장에 있는 것이다.[73]

지금까지의 논의를 (41)의 기준에 따라 (42)로 정리하였다. 이 역시 형성 과정 내 도출의 인정 여부에 따라 (42가)와 (42나)로 구분한다. Lieber(1981)은 최소 등재 입장, Aronoff(1976), Haspelmath & Sims(2010)은 절충적 입장, Halle(1973), Jackendoff(1975), Selkirk(1982), Booij(2010)은 완전 등재 입장으로 분류된다. 이 중에서 Halle(1973)과 Selkirk(1982)를 완전 등재 입장으로 분류한 것은 다소 생소한 처리일 수 있다. 하지만 [X-ness] 복합어와 같이 특정한 형식은 어휘부에 등재하지 않는다고 본 Aronoff(1976)과 달리, 등재에 관한 특정한 제약이 설정되지 않았다는 점에서 일단 Halle(1973)과 Selkirk(1982)를 완전 등재로 분류하였다.

(42) 국외 단어형성론의 등재 단위와 입장

		등재 단위	등재 입장
가	Lieber(1981)	형태소	최소 등재
	Halle(1973), Selkirk(1982)	형태소, 복합어	완전 등재
	Aronoff(1976)	단일어, 복합어 일부	절충적

---

73) Selkirk(1982)의 확장된 사전(extended dictionary)에는 단어와 의존 형태소가 함께 등재된다. 형태소와 단어의 저장 공간을 따로 구분한 Halle(1973)과는 차이가 있다.

나	Jackendoff(1975)	단일어, 복합어	완전 등재
	Haspelmath & Sims(2010)	(형태소) 단일어, 복합어 일부	절충적
	Booij(2010)	단일어, 복합어	완전 등재

형성 단위와 등재 단위를 살피면서, 몇 가지 경우를 통해 (39)의 기준에 따른 부류 설정과 (41) 기준에 따른 부류 설정에 차이가 있을 수 있다는 점이 드러났다. 이는 '형성에 참여하는 단위가 무엇인가?'의 물음과 '어휘부에 등재되는 대상이 무엇인가?'하는 물음은 서로 다른 차원의 문제임을 시사하는 듯하다.

(43) 단어 형성·등재의 층위

(가)

형성 단위	모형
형태소 단어	형태소 기반 모형 절충적 모형 단어 기반 모형

(나)

등재 단위	등재 입장
형태소 (단일어 포함) 복합어	최소 등재 절충적 등재 완전 등재

(43가)의 세 가지 모형과 (43나)의 세 가지 등재 입장이 가능하다. 만약 (43가)와 (43나)를 분리된 절차로 파악한다면 총 9가지의 가능성이 존재한다. 단어를 형성의 기본 단위로 삼더라도 등재 차원에서는 논리적으로 최소 등재, 절충적 등재, 완전 등재가 모두 가능한 것이다. 예컨대, 우리가 절충적 모형으로 분류한 대표적인 단어 기반 형태론의 Aronoff(1976)도 만약 일회용 규칙의 속성을 인정하지 않는다면 복합어 등재를 인정하지 않는 최소 등재의 입장에 속할 것이다. 한편, Aronoff(1976)이 '-ness'와 같이 생산적인 접사도 일회용 규칙을 적용받는다고 하였다면 이는 완전 등재 입장에 해당할 것이다. 즉, 형성 단위와 등재 단위는 분리된 별개의 대상이다.

앞서 살펴본 형성 단위와 등재 단위, 그리고 각 모형과 입장을 아래와 같이 정리해 보자.

(44) 국외 단어형성론의 형성 단위와 등재 단위 비교

		형성 단위	형태론 모형	등재 단위	등재 입장
가	Lieber(1981)	형태소	형태소 기반	형태소	최소 등재
	Selkirk(1982)	형태소	형태소 기반	형태소, 복합어	완전 등재
	Halle(1973)	형태소, 단어	절충적	형태소, 복합어	완전 등재
	Aronoff(1976)	단어	단어 기반	단일어, 복합어 일부	절충적
나	Jackendoff(1975)	단어	단어 기반	단일어, 복합어	완전 등재
	H&S(2010)	(형태소) 단어	절충적	(형태소) 단일어, 복합어 일부	절충적
	Booij(2010)	단어	단어 기반	단일어, 복합어	완전 등재

위 표를 통해서 우리는 두 가지 중요한 사실을 확인할 수 있다. 첫째, 형성의 기본 단위라면 반드시 등재 단위에 포함된다는 사실이다. 즉, 형태소와 복합어를 모두 등재 단위로 인정하면서 단어 형성 과정에 형태소를 배제하거나, 반대로 단어(단일어, 복합어)만 어휘부에 등재하고 형성 과정에 형태소와 단어를 모두 입력하는 방식은 확인되지 않는다. 전자의 경우는 형태소 등재의 필요성을 의심하게 하고, 후자의 경우에는 형성 과정에 참여하는 형태소가 저장 공간에 실재하지 않으므로 실현 불가능하다. 이렇듯 형성의 단위와 등재의 단위를 함께 고려하는 것은 지극히 당연한 결과이다.

둘째, 형태론 모형과 등재 입장이 일정하게 대응되지는 않는다. 즉, 단어 기반 모형 중에서도 절충적 입장과 완전 등재 입장이 상존하며, 형성의 절충적 모형 중에서도 등재에 있어서는 절충적 입장과 완전 등재가 가능하다. 이는 형성과 등재의 두 과정이 구분 가능한 연구 대상이며, 각각의 기준에 의거해 그 유형이 설정될 수 있다는 것을 의미한다. 우리는 형성에 참여할 기본 단위가 무엇인가의 문제와, 형성의 결과물을 어떠한 방식으로 저장할 것인가의 문제를 별개의 차원에서 접근해야 한다고 본다.

2.3.1.3. 국내 단어형성론의 형성 단위와 등재 단위

지금까지 형성 단위와 등재 단위를 구분함으로써 단어 형성의 모형과 등재의 입장이 다양한 방식으로 설정될 수 있다는 사실을 거듭 강조하였다. 그러나 종래의 국내 단어형성론 연구를 검토해 보면, 이 두 가지 기준과 관련하여 다소 혼란스러운 태도가 관찰된다.

(45) 가. "국어의 파생어 형성은 '형태소 어기 가설'을 원칙으로 하면서 '단어 어기 가설'이 성립된다고 하겠다." (정원수 1992: 25)

　　　가'. "어휘부(lexicon)의 이른바 사전(dictionary)을 구성하는 요소로 지칭되는 형식소들은 ① 단일어(simple word), ② 어간(stem), ③ 어근(root), ④ 접사(affix)-파생 접두사, 파생접미사, 굴절접미사들이라 할 수 있으며 이외에 어휘화된 복합어와 파생어들이 포함된다." (정원수 1992: 14)

　　　나. "이러한 관점에서 보면 본고는 단어-기반 형태론(word-based morphology)의 입장을 취한다고 볼 수 있다. 그러나 그렇다고 해서 등재 단위에 형태소를 배제하는 것은 물론 아니다." (시정곤 2001: 172)

(45가)는 형태소 기반을 중심으로 하면서 그와 동시에 단어 기반의 가능성을 인정하고 있어 우리의 관점에서는 절충적 입장으로 분류된다. 정원수(1992: 20)에서 언급하고 있듯이 '깨끗하-(깨끗+-하-), 휘갈기-(휘-+갈기-)'는 두 개 이상의 형태소로 구성된 합성 형식으로서 단어 형성에 참여한다고 보기 때문이다. 그러나 (45가)와 별도로 언급된 (45가')에서는 최소 등재의 입장을 취하고 있어 다소 혼란의 여지를 남긴다. 최소 등재 입장에 있다면 Lieber(1981)과 같이 어휘 구조 규칙의 종단 교점에 각 형태소가 직접 삽입된다고 볼 수도 있겠으나, (45가)처럼 명시적으로 단어 어

기 가설도 일부 수용하고 있어 명확한 입장을 알기 어렵다.

(45나)는 형성의 모형에 있어서는 단어 기반의 입장을 보이면서, 그와 동시에 형태소를 등재 단위로 인정한다. 달리 해석하자면, 형태소는 단어 형성의 입력물로 활용되지는 않지만 어휘부에 등재되어 있는 대상인 것이다. 그렇다면 어휘부에 등재되어 있는 형태소의 쓰임에 대해 의문을 던져 볼 수 있다.

(46) 가. "형태소-기반 형태론에 따르면, 어휘부에는 단일어, 어근, 접사와 불규칙한 복합어만이 저장되어 있다고 한다." (채현식 2003나: 29)
나. "단어-기반 형태론에 따른다면, 비생산적인 절차에 의한 복합어는 등재되지만, 생산적인 절차에 의한 복합어는 등재되지 않고 필요할 때마다 단어 형성 규칙에 의해 만들어진다(Aronoff 1976)."
(채현식 2003나: 30)

한편, (46가)는 형태소 기반이라는 형성의 문제와 어휘부 차원의 최소 등재 문제를 동일시하여 접근한 것으로 판단된다. 그러나 형태소 기반 형태론이라고 해서 규칙적인 복합어를 어휘부에 등재하지 않는 것은 아니다. 전술한 대로 Selkirk(1982)는 형성 과정에 형태소가 직접 참여하지만, 확장된 사전 내에 형태소는 물론 둘 이상의 형태소로 구성된 단어도 함께 저장한다. (46나)에서도 단어 기반 모형을 등재의 문제로 직접 연결하고 있어 오해의 소지가 있다. 우리의 판단에 따르면 단어 기반 모형도 연구자에 따라 최소 등재와 완전 등재, 절충적 입장이 모두 가능하며, (46나)의 기술은 단어 기반 모형 전반에 대한 설명이라기보다는 사실상 Aronoff(1976)에 국한된 것이기 때문이다.

(46)은 '형태소 기반 모형 = 최소 등재', '단어 기반 모형 = 절충적 등재 또는 완전 등재'라는 전제를 상정하고 있는 것으로 판단된다. 그러나 우리는 앞서 국외 논의를 통해 살펴본 바와 같이 형성과 등재의 단위는 상이

한 차원의 문제로 분리해 논의되어야 한다고 본다.

그렇다면 국내 단어형성론에서 이들 단위의 유형 분류는 어떻게 진행되어 왔을까? 이와 관련해서는 채현식(2003나)의 방식이 가장 널리 받아들여져 온 듯하다. 다음은 채현식(2003나: 31)에 제시된 복합어 등재에 관한 세 입장이다(밑줄은 필자 추가).

(47) 가. 최소 등재 입장: 내적 구조가 음운·형태·의미론적으로 불투명한 단어들(단일어화[74]된 단어들)과 생산성을 잃은 단어들을 제외하고는, 모든 복합어는 연산(computation)에 의해 필요할 때마다 생성된다(김성규 1987: 13, 정원수 1992: 14).

나. 완전 등재 입장: 임시어를 제외한 모든 실재어는 저장되어 있다(구본관 1990: 40, 송철의 1992: 90-91, 채현식 1994: 48, 박진호 1994: 17, 송원용 1998: 17-19).

다. 절충적 입장: 단일어화된 단어들과, 약간 생산적인 패턴을 보이는 단어들은 저장된다. 그러나 생산성이 높은 패턴을 보이는 단어들은 연산에 의해 그때그때 생성된다(조남호 1998: 14, Aronoff 1976).

채현식(2003나: 29-30), 송원용(2005가: 15-16)에서는 (47가)를 형태소 기반 모형과, (47나, 다)를 단어 기반 모형과 관련지어 설명한다. 이에 대하여 우리는 다음의 두 가지 사항을 검토해 보고자 한다.

첫째, (47나), (47다)를 단어 기반 형태론의 한 부류로 보는 것이 적절한지 검토되어야 한다. 형성 단위와 등재 단위의 문제를 구분해야 한다는

---

74) 이때의 '단일어화'는 Bauer(1983)의 '어휘화(lexicalization)' 개념에 해당한다. 둘 이상의 구성성분이 결합하였으나 통시상의 이유로 그 내부 경계가 불분명해져 공시적인 형성을 인정하기 어려운 경우를 가리킨다.

우리의 입장에서는 단어 기반 형태론도 최소 등재의 입장이 가능하다. 단어 형성의 기본 단위를 단어로 삼더라도, 형성 과정의 결과물인 복합어를 등재하지 않는다면 이 역시 최소 등재의 입장으로 분류되어야 하기 때문이다. 단어 기반 형태론 모형을 취하는 Aronoff(1976)도 만약 일회용 규칙을 인정하지 않았다면 최소 등재의 입장에 해당될 것이다.

둘째, (47나)의 완전 등재 입장에서 임시어를 제외하는 것이 타당한지에 대한 검토가 필요하다. 만약 특정한 복합 구성이 등재되지 않는다는 부가 조건이 붙는다면, 이는 높은 생산성을 보이는 [X-ness] 파생어를 등재 대상에서 제외하였던 Aronoff(1976)과 마찬가지로 절충적 입장으로 분류하는 것이 바람직할 것이다.

(48) 가. The most productive classes never have to be listed. (Aronoff 1976: 45)

나. '反옐친'은 통사원자이긴 하되 어휘부에 등재되지는 않는 통사원자라고 할 수 있다. 이들을 임시 통사원자라고 부르기로 하자. (박진호 1994: 11)

다. 임시어란 통사적 원리를 지키지 않는 형태론적 구성이나, 그 결합이 매우 생산적이어서 어휘부에 저장되지는 않는 단어를 말한다. (송원용 2005가: 227)

(48가)에 해당되는 예로 Aronoff(1976)이 제시한 [X-ness] 구성의 단어는 매우 생산적으로 형성되며, [X-ity] 구성의 단어와 비교할 때 음운론적·형태론적·의미론적 정합성이 완벽하게 유지되므로 어휘부에 등재할 필요가 없다. 이때 정합성이 유지되는 양상은 (48나)의 임시 통사원자(反옐친, 親러시아)에서도 그대로 관찰된다. 그리고 생산성이 높아 등재될 필요가 없다는 점은 (48다)의 임시어(홍길동님)와 상통하는 지점이다.[75]

한편, 송원용(2005가: 16)는 (47)의 분류를 기초로 "국어에 대한 단어형성론 논의가 대부분 단어 어기 가설을 채택하고 있을 뿐 아니라 완전 등재의 입장에 속한다"고 해석한다. 이에 대한 검토도 필요하다. 국외의 단어 기반 모형의 예로 살펴본 Jackendoff(1975), Aronoff(1976), Booij(2010) 등과 비교할 때, (47나, 다)를 단어 기반 모형이라 할 수 있을지에 대한 문제의식 때문이다.

Jackendoff(1975)는 잉여 규칙을 통해, Booij(2010)은 틀을 통해 접사를 파악하였고, 또 Aronoff(1976)은 접사를 규칙 내에 설정하였으므로 이들 논의에서 단어 형성의 기본 적용 단위는 단어뿐이다. 이들이 개별적인 등재 단위로 접사를 인정하지 않았다는 점에 주목한다면, 이는 국내에서 단어 기반 형태론으로 불려온 입장과는 분명한 차이가 있음을 알 수 있다. 이와 관련하여 최형용(2013가: 394)에서 정리한 한국어 형태론 연구의 각 등재 단위를 가져와 비교해 보자(밑줄은 필자 추가).

(49) 가. 채현식(1994): 무의미한 철자, <u>형태소, 형태소 복합체</u>, 단어, 특정한 구
　　　　　　　　　　나 문장, 용언의 활용형
　　　　구본관(1998): <u>형태소</u>, 단어, 어간, 기타(관용구 및 속담 등 문장)
　　　　시정곤(2001): <u>어근, 접사</u>, 단일어, 파생어, 복합어, 연어, 관용어, 속
　　　　　　　　　　담, 불규칙한 굴절형
　　　　황화상(2001): <u>어근, 접사(굴절 접사 포함)</u>, 어휘적 단어

---

75) 정한데로(2009, 2010가)에서는 단어 형성 과정에 부가되는 α 를 중심으로 단어의 유형을 구분하였다. 가령 (가, 가)의 '가마꾼, 종이배'는 복합어 형성 과정에 음영의 α 가 충족될 때에 온전한 의미 해석이 가능하지만, (나, 나)의 '비가열, 찰랑거리-'는 그렇지 않다. 정한데로(2009, 2010가)는 이때의 (나, 나) 구성을 Aronoff(1976)의 [X-ness] 구성, 박진호(1994)의 임시 통사원자, 송원용(2005가)의 임시어와 동일한 대상으로 이해하였다.
　(가) 가마꾼 = 가마 + ~를 메는 + 사람
　(가) 종이배 = 종이 + ~를 접어서 만든 + 배
　(나) 비가열 = 非 + 加熱
　(나) 찰랑거리- = 찰랑 + -거리-

나. 박진호(1994): <u>통사원자가 아닌 형태소들의 목록</u>, 통사원자

　　송원용(1998): <u>접사</u>, 통사원자

　　채현식(2003나): <u>어근, 접사</u>, 단어, 관용 표현, 연어

　　송원용(2005가): <u>접사, 어근</u>, 단일어, 복합어, 통사구성형 고유명사,

　　　　　　　　관용 표현, 연어

　　채현식(2007): 단어(틀 포함)

　(49가, 나)는 각 연구의 대상(이론 어휘부, 심리 어휘부)에 따라 최형용 (2013가)에서 분류한 결과를 그대로 가져온 것이다. 주목되는 사항은 양쪽 모두 밑줄 친 접사, 어근 등의 형태소를 어휘부 등재 단위로 포함하고 있으며, 이들이 단어 형성에 참여한다고 파악한다는 점이다. 오직 채현식 (2007)만이 형태소를 등재 단위로 인정하지 않는다. 박진호(1994), 송원용 (1998, 2005가)에서 표층어휘부와 심층어휘부를 구분하고는 있지만 결국은 어휘부 내(심층어휘부)에 '통사원자가 아닌 형태소'와 '접사, 어근'을 저장한다.76)

　　그렇게 본다면 (44)의 국외 연구와 비교할 때 형태소를 등재 단위로 인정하는 (49) 대부분은 순수한 단어 기반 모형으로 보기 어렵다. 채현식 (2007)만이 Booij(2010)과 같은 온전한 단어 기반 모형으로 분류될 수 있을 것이다.

　　우리가 설정한 형성 기본 단위(39)와 등재 기본 단위(41)의 유형 분류에 따라 국내 형태론 연구를 정리하면 아래와 같다. 국내 연구의 분류에 있어서도 도출 과정의 인정 여부에 따라 (50가)와 (50나)가 구분된다.

---

76) "본고에서는 어휘부 내에 두 개의 목록이 존재한다고 가정한다. 하나는 통사원자들의 목록이고, 다른 하나는 통사원자가 아닌 형태소들의 목록이다. 전자는 통사부에 가시적 이라는 의미에서 표층어휘부라 할 수 있고, 후자는 통사부에서 직접적으로 참조할 수 없다는 의미에서 심층어휘부라고 할 수 있다." (박진호 1994: 18)
　　"심층 어휘부에는 단어 형성에만 참여할 뿐 통사 구성의 형성에 직접 참여할 수 없는 다양한 형태론적 단위가 저장된다." (송원용 2005가: 44)

(50) 국내 단어형성론의 형성 단위와 등재 단위 비교[77]

		형성 단위	모형	등재 단위	등재 입장
가	김성규(1987)	형태소	형태소 기반	형태소	최소 등재
	정원수(1992)	형태소 (단어)	절충적	형태소	최소 등재
	구본관(1990, 1998)	형태소, 단어	절충적	형태소, 복합어	완전 등재
	송철의(1992)	형태소, 단어	절충적	형태소, 복합어	완전 등재
	시정곤(1998, 2001)	형태소, 단어	절충적	형태소, 복합어	완전 등재
	황화상(2001)	형태소, 단어	절충적	형태소, 복합어	완전 등재
	정한데로(2009, 2010가)	형태소, 단어	절충적	형태소, 복합어 일부	절충적
나	박진호(1994)	(형태소) 단어	절충적	형태소(접사, 어근) / 단일어, 복합어 일부	절충적
	송원용(1998, 2005가)	(형태소) 단어	절충적	형태소(접사, 어근) / 단일어, 복합어 일부	절충적
	채현식(1994, 2003나)	(형태소) 단어	절충적	형태소, 복합어	완전 등재
	채현식(2007)	단어	단어 기반	단일어, 복합어	완전 등재

(50)의 국내 연구와 (44)의 국외 연구를 비교해 보자. 일단 김성규 (1987)과 Lieber(1981)은 형태소 기반 모형을 취하면서 형태소가 형성과 등재의 기본 단위가 된다는 점에서 공통적이다. 한편, 정원수(1992)는 형태소 기반 모형을 원칙으로 하면서 단어 기반 모형도 성립된다고 보고 있어 절충적 모형으로 분류되지만, 등재에 있어서는 단일어, 어근, 접사, 어휘화한 복합어 등만을 사전에 저장하는바 최소 등재로 분류한다((45가, 가) 참고). 이와 반대로, Selkirk(1982)는 형성에 있어서는 형태소가 어기로 적용되지만 다수의 형태소로 형성된 단어(multimorphemic word)를 사전에 등재하고 잉여 규칙을 인정하므로 완전 등재로 분류하였다.

---

77) 정원수(1992)의 '(단어)'는 해당 모형이 형태소를 중심으로 한 것임을 표시한 것이고, 박진호(1994), 채현식(1994, 2003나), 송원용(1998, 2005가)의 '(형태소)'는 계열관계를 통해 이들 단위가 포착된다는 점을 나타낸 것이다. 한편, 박진호(1994)와 송원용(1998, 2005가)의 '빗금(/)'은 심층어휘부(비활성어휘부)와 표층어휘부(활성어휘부)를 구분한 것이다.

채현식(2007)은 틀(schema)을 단어 형성 원리로 인정한 점, 형성과 등재의 기본 단위가 모두 단어라는 점에서 Booij(2010)과 유사하다. 엄밀한 의미에서 이 두 논의만이 단어 기반 모형에 해당된다고 할 수 있을 것이다. Aronoff(1976)처럼 규칙 내에 접사를 포함시켜 단어 어기만을 인정하는 국내 논의는 확인되지 않는다.

이렇게 보면, 정원수(1992)에서 정한데로(2010가)에 이르기까지 대부분의 국내 연구는 단어 형성에 참여하는 단위로 형태소와 단어를 모두 인정하는 절충적 입장에 있다고 보아야 한다. 국외 논의로는 Haspelmath & Sims(2010)이 이에 해당한다. 심층어휘부 내에 접사와 어근을 저장한 박진호(1994), 송원용(1998, 2005가) 등도 결국 단어 형성 과정에 심층어휘부 내 형태소가 참여하는 것이므로 절충적 입장에 있다고 판단된다. 등재에 관한 입장으로는 박진호(1994), 송원용(1998, 2005가), 정한데로(2009, 2010가)가 절충적 입장에 있다.[78]

2.3.2. '어휘부 - 형태부/통사부' 모형

이 글은 형태소와 단어를 형성의 기본 단위로 모두 인정한다는 점에서 형성 및 등재 차원에 있어서 절충적 입장에 있다. 이는 단어뿐만 아니라 어근이나 접사도 단어 형성 과정에 직접 참여하는 대상으로 인정한다는 것을 의미한다.[79] 단어와 형태소를 모두 등재 단위로 인정하는 우리의 입

---

78) 정한데로(2009, 2010가)는 형성 과정 내에 α를 포함하는 [-정합성] 구성이 형성 차원에서 등재되어야 하지만, α를 포함하지 않은 [+정합성] 구성은 (형성 차원에서) 등재될 필요가 없다고(즉, 등재가 필수적이지 않다고) 보는 절충적 입장에 있다. 한편, 후자의 [+정합성] 구성은 수행 차원에서 어휘 강도(lexical strength) 등에 의해 등재될 수도 있다. 이에 대해서는 3.2.1에서 구체적으로 논의한다.
79) 4.2.1.3의 임시어에서 어근이 단어 형성에 직접 참여한 예가 적지 않게 관찰된다. 특히 [말터 자료]를 정리한 (16)에서 [R-N] 구성이 126회의 상당히 높은 빈도를 보이는 것은 이들의 직접적인 단어 형성 참여의 결과를 보여주는 것이 아닌가 한다.

장은 Carstairs-McCarthy(1992: 25)에서 절충적 입장으로 소개한 바 있는 Di Sciullo & Williams(1987)과 동일하다(2.3.1.1. 참고). 이에 이 절에서는 Di Sciullo & Williams(1987)의 논의에 더해 우리의 입장을 분명히 하고자 한다.

Di Sciullo & Williams(1987: 14)은 다음과 같이 등재성 위계(a hierarchy of listedness)를 설정한다. 이는 각 단위의 위계('형태소 〉 단어 〉 합성어 〉 구 〉 문장')와도 깊은 관련이 있다.

(51) 모든 형태소가 등재된다.
     "대다수"의 단어가 등재된다.
     많은 수의 합성어가 등재된다.
     일부의 구가 등재된다.
     4~5개의 문장이 등재된다.

위계에 따라 등재성에 차이가 있기는 하지만, 형태소뿐만 아니라 합성어와 구, 문장까지도 어휘부에 등재될 수 있다고 파악한 점이 주목된다. 구성성분으로부터 얻을 수 없는 의미나 특정한 속성으로 인해 형태소보다 큰 단위인 합성어나 구도 등재된다고 본 것이다. 이는 형태부와 통사부를 각각 단어와 문장을 형성하는 두 부문으로 보고, 연속적 접근(continuum approach)에서 이들의 등재성에 파악하는 우리의 입장과 가장 가깝다.

특히, Di Sciullo & Williams(1987)이 '등재되지 않는 형태론적 대상'과 '등재되는 통사론적 대상'을 모두 인정한 점이 주목된다. 복합어라고 해서 무조건적으로 등재되거나 통사론적 구성이라고 해서 무조건 등재될 수 없는 것은 아니며, 각 (형태론적, 통사론적) 구성을 이루는 구성성분에 따라서 언어 내적 차원의 등재 여부가 달리 결정되는 것이다.[80]

---

80) 후술할 3.2.1.4에서 [+정합성], [+합성성]의 경우는 복합어를 등재할 필요 없이, 공시적인

그렇다면 이 글에서 인정하는 어휘부 등재 단위에 관해 살펴보기로 하자. 일단 앞에서 우리는 등재 단위를 논의하면서 형태소와 규칙적인 복합어를 모두 등재 단위로 인정하였다.

(52) 형태론적 단위의 등재소
　　가. 단일어
　　나. 복합어
　　다. 접사, 어근

(52가)의 단일어는 의심의 여지없이 등재소에 해당한다. 그리고 우리는 (52나)의 복합어 역시 실제 언어생활에서 쓰이는 대부분이 언어 내적·외적 기준에 따라서 등재된다고 파악한다(3.2.1. 참고). 끝으로 (52다)의 접사와 어근은 음운론적·형태론적으로 의존적인 형식이기는 하지만 이러한 의존성이 독자적 단위로서의 실재성까지 부정할 수는 없다고 보아 역시 등재 단위의 하나로 보고자 한다. 앞서 2.2.2.2에서 제시한 [X-꾼] 신어 가운데 이전의 사전 등재어와는 다른 의미로 형성된 예가 다수 관찰되었다. 이 경우, 기존 단어와의 연결에 기반한 계열관계만으로는 그 형성을 설명하기 어려웠다. 이는 곧 기존 근거 단어로부터의 '대치'가 아닌, 어기와 접사의 '결합'을 통해 새로운 단어가 형성될 수 있음을 보여주는 것이다. 또한 접사 '-꾼, -꾸러기' 등이 '꾼, 꾸러기'의 자립적인 명사로 재구조화(접사의 단어화)한 결과나, 어근이 복합어 형성에 직접 참여한 예 (4.2.1.3. 참고)에서도 형성적 측면에서 독자적인 단위로서의 접사와 어근의 위상을 확인할 수 있다. 결과적으로 형성의 입력 단위로 기능하는 접사와 어근 역시 형태론적 단위의 등재소로 분류한다.

연산을 통해 단어를 형성할 수 있다고 본다. 박진호(1994)의 임시 통사원자, 송원용(2005가)의 임시어 등의 대상이 이에 해당한다고 본다. 아울러 Aronoff(1976)에서 주목된 [X-ness] 복합어나 한국어의 파생접사 '-거라-, -대-'가 결합한 구성도 이에 해당한다.

한편, 통사론적 단위 중에서도 다음 단위들은 등재소로 인정할 수 있다.

(53) 통사론적 단위의 등재소
　　가. 연어 구성, 숙어 구성
　　나. 의존동사 구성, 의존명사 구성
　　다. 속담, 격언

'속이 보이다'의 연어 구성, '미역국을 먹다'의 숙어 구성은 선행 명사와 후행 용언의 긴밀한 관계가 인정된다. 특정 언어 형식과 높은 공기 관계를 보이거나 제3의 의미를 도출하는 점은 (53가)의 등재 가능성을 높여 준다. 또한 통사론적 구성의 형식을 통해 상이나 양태의 문법적 의미, 또는 특정한 어휘적 의미를 드러내는 (53나)의 의존동사 구성, 의존명사 구성도 그 전체가 기억의 대상이 되어야 한다. 마지막 (53다)의 속담이나 격언 등도 등재의 대상임이 분명하다.

　지금까지의 논의를 정리하면서, 이 글에서 다룰 형성 단위와 등재 단위를 제시하면 아래와 같다.

(54) 가. 형성 단위: 접사, 어근, 단일어, 복합어
　　나. 등재 단위:
　　　① 형태론적 단위 - 접사, 어근, 단일어, 복합어
　　　② 통사론적 단위 - 연어 구성, 숙어 구성, 의존동사 구성, 의존명사 구성

구체적으로는 아래와 같은 형식의 예가 주로 언급될 것이다.

(55) 가. 웃-, 풋-; -꾼, -꾸러기
　　나. 가마꾼, 시골스럽-; 종이배, 도둑글

(56) 가. 속이 보이-, 수포로 돌아가-; 미역국을 먹-, 시치미를 떼-

　　　나. -어 가-, -어 보-; -ㄴ 법이-, -는 것 같-

(55가)의 접사(접두사, 접미사), (55나)의 복합어(파생어, 합성어)가 형성 단위 및 (형태론적 구성의) 등재 단위로 다루어진다. 한편, (56가)의 연어 구성과 숙어 구성, (56나)의 의존동사 구성과 의존명사 구성 역시 형성의 결과이자 (통사론적 구성의) 등재 단위로서 꾸준히 우리가 관심을 보일 대상이다. 우리는 Di Sciullo & Williams(1987)과 유사한 관점에서 (55)와 (56)의 두 단위가 등재 정도상의 차이만 있을 뿐 절대적으로 경계를 확정 지을 수 있는 대상은 아니라는 점을 강조하고자 한다.

　　그렇다면 지금까지 논의한 형성 단위 및 등재 단위를 포함하여 앞서 제시한 (24)의 '어휘부 - 형태부/통사부' 모형을 구체화해 보기로 하자. 확장된 모형을 형식화하기 위해서 각각의 해당 단위를 특정 기호로 대체하였다. 먼저, 단일어와 복합어를 묶고 통사원자로서의 지위를 지니는 단어를 'X⁰'로 표시하기로 한다. 반면에 단어보다 작은 단위의 접사, 어근은 편의상 'X⁻¹'로 표시할 것이다.81) 한편, 등재 가능한 통사론적 단위는 'XP'로 표시한다.82) 물론 일반적인 통사론적 구성을 모두 어휘부 등재 단위로 보는 것은 아니며, 이 글에서는 연어 구성, 숙어 구성, 의존동사 구성, 의존명사 구성에 국한하여 논의한다.

---

81) 이때 'X⁻¹' 표기는 통사원자 'X⁰'보다 작은 단위를 표시하기 위한 방식일 뿐, 이 글이 '핵계층 형태론'을 수용하는 것은 아니라는 점을 명확히 하고자 한다. 형태론은 복합어 구성성분의 결합 과정에서 온전한 확대 투사가 불가능하다는 점에서 통사론과 동일한 원리로 설명되기 어렵다고 본다.

82) (56)의 예들은 단어보다 큰 단위이기는 하지만, 통사적으로 구를 이루지 않는 단위(의존동사 구성, 의존명사 구성)도 포함하기 때문에 엄밀한 기준에 따르면 XP로 표시하기 어렵다. 그럼에도 불구하고, 일반적인 통사론적 구성이 등재될 수 있다는 점을 강조하고자 일단 XP로 표시하기로 한다.

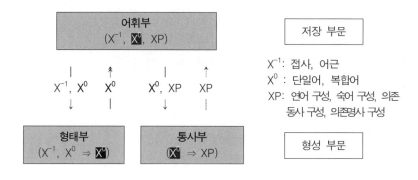

[그림 2-1] '어휘부 − 형태부/통사부' 모형

[그림 2-1]은 제2장에서 지금까지 단계적으로 밟아 온 우리의 입장을 문법 모형으로 종합한 결과이다. 우리는 2.2에서 형성 부문과 저장 부문을, 2.3에서 형성과 등재의 단위를 천착하면서 기존 논의와 우리의 입장 차이를 부각하고자 하였다. 그 결과 [그림 2-1]은 크게 형성 부문인 '형태부'와 '통사부', 저장 부문인 '어휘부'로 구성되었다. 단어 형성을 담당하는 형태부, 문장 형성을 담당하는 통사부, 그리고 단어와 문장의 저장을 담당하는 어휘부가 각각 독립적인 부문으로서 설정된 것이다.

나아가 각각의 부문은 그 내부의 구체적인 등재 단위 및 형성 과정을 내재하고 있다. 먼저, 접사, 어근, 단어를 재료로 '단어'(X^0)의 결과를 이끌어내는 형태부는 'X^{-1}, $X^0 \Rightarrow X^0$'의 단어 형성 과정을 포함한다. 한편, '단어'(X^0)를 재료로 하여 문장(XP)의 결과를 얻는 통사부는 '$X^0 \Rightarrow$ XP'의 문장 형성 과정을 포함한다. 이때 단어(X^0)는 형태부의 최대 형식이면서 이와 동시에 통사부의 최소 형식의 지위에 있다. 형태부의 목표가 'X^{-1}, X^0'를 사용하여 'X^0'를 도출($\Rightarrow$)하는 것이라면, 통사부의 목표는 'X^0'를 사용하여 'XP'를 도출($\Rightarrow$)하는 것으로 평행하다.

그리고 '어휘부'와 '형태부/통사부' 사이의 화살표는 각각의 단위가 상호 보완적인 입력과 출력 관계에 있음을 표상한 것이다. 일단 단어와 문장 형성에 필요한 입력 단위, 'X^{-1}, X^0, XP'는 어휘부에 저장되어 있으며 어휘부로부터 각각 출력된다고 본다. 형태부로는 'X⁻¹', X⁰'가, 통사부로는 'X⁰', XP'가 도입될 수 있다. 가령 형태부로 입력된 접사나 어근, 'X⁻¹'은 복합어 형성에 관여하며, 통사부로 입력된 연어 구성이나 숙어 구성, 'XP'는 특정 정보를 포함한 상태로 문장 구성에 직접 관여하게 된다.

반대로, 형태부와 통사부의 결과는 다시 어휘부로 입력될 수 있다. 일찍이 Halle(1973)에서 언급한 회송 장치(loop)를 떠올린다면 단어 형성의 결과가 다시 저장 부문인 어휘부로 입력되는 것은 그리 새로운 것이 아니다. 여기에 더하여 우리는 통사부의 결과물 역시 형태부와 평행한 방식으로 다시 어휘부로 저장될 수 있다고 본다. 지금까지 우리가 형태부와 통사부를 균형적 관점에서 꾸준하게 논의해 온 것은 이러한 문법 모형을 상정하기 위한 노력의 일환이다. (5)에서 정한데로(2011)을 통해 언급한 바와 같이 형태부와 통사부의 등재는 정도의 측면에서 이해될 수 있으며, 이 역시 형식적으로 표시하고자 하였다. 이에 형태부의 결과물(X⁰)은 적극적으로 어휘부로 등재되므로 '↑'로 표시한 반면에, 통사부의 결과물(XP)은 등재에 소극적이므로 '↑'의 점선 화살표로 차이를 두었다. [그림 2-1]의 네 화살표는 이러한 단위 간의 역동적인 양상을 보여준다.83)

2.4. 요약

종래의 어휘부 문법 모형은 단어의 형성과 그 등재를 중심으로 구성되었다. 반면 이 글은 형태론적 구성뿐만 아니라 통사론적 구성의 등재소까지 포함하여 이들을 하나의 문법 모형 내에서 설명하고자 하였다. 이를 위해 먼저 형성 부문으로서의 '형태부'와 '통사부', 그리고 저장 부문으로서

---

83) 한편, 형태부와 통사부 사이의 상호작용을 나타내기 위하여 [그림 2-1]의 두 형성 부문 사이에 양방향 화살표를 추가할 가능성도 있다. 그러나 이 글에서 아직 이에 대한 구체적인 논의를 마련하지 못했다는 점에서 일단은 표시하지 않았다.

의 '어휘부'를 확립하고 이들 간의 상호보완적인 관계를 상정하였다. 그리고 각 부문을 구성하는 형성 단위와 등재 단위에 관해서도 살펴보았다. 형성과 등재는 입력과 출력에 있어 밀접한 관계에 있으면서도 그 경계가 분명한 서로 다른 영역의 과정이다. 따라서 형성 측면에서 형태소 기반 모형도 등재 측면에서는 최소 등재는 물론 완전 등재, 절충적 등재가 모두 가능함을 주장하였다. 이러한 기본 입장에서 채현식(2003나)에서 제안된 등재의 유형을 비판적으로 검토하고, 우리의 기준에 의거하여 종래의 단어 형성 연구를 새로 분류하였다.

형태부가 접사와 단어를 활용해 단어를 형성하는 부문이라면, 통사부는 단어를 활용해 구 이상의 단위를 형성하는 부문이다. 각 형성의 결과가 어휘부를 중심으로 입력과 출력을 반복한다는 우리의 입장은 [그림 2-1]의 '어휘부 - 형태부/통사부' 모형으로 정리되었다. 그리고 제3장에서부터 본격적으로 논의할 본 연구의 주요 관심 대상을 한정하였다. 접사, 어근, 단일어, 복합어의 형태론적 단위, 그리고 연어 구성, 숙어 구성, 의존동사 구성, 의존명사 구성의 통사론적 단위가 그것이다.

제3장 등재 중심 문법의 탐색

3.1. 도입

등재가 문법의 연구 대상인가? 이러한 의문을 해소하기 위하여 이 장은 일반 언어 현상 가운데 '등재'로 해석해야 할 절차를 관찰하고, 그에 언어학적 의미를 부여함으로써 등재가 문법 내에서 탐구되어야 할 필요성을 밝히는 것을 목표로 삼는다. 인간은 언어 능력(linguistic competence)을 바탕으로 끊임없이 새로운 단위를 창조하는 한편, 언어 수행(linguistic performance) 과정에서 역동적으로 언어 변화를 촉발한다. 우리는 '등재'라는 중간 단계를 통하여 위 두 과정을 연결해 보고자 한다.

주지하듯이 한국어 문법 단위의 '형성' 및 '변화'에 관한 주제는 역사 문헌과 현대 언어 자료를 대상으로 오랜 시간에 걸쳐 여러 연구자들로부터 주목을 받아 왔다. 이때 변화에 앞서 형성의 절차가 마련되어야 한다는 것은 의심의 여지없이 모두가 인정하는 사실이다. 그렇다면 어떠한 중간 절차 없이 형성과 변화가 직접 연결되는 것일까? 우리는 형성이 지향하는 '도착점'이 무엇인지, 또 변화가 시작되는 '출발점'이 무엇인지에 관한 물음을 안고 논의를 시작한다. 특히, 형성과 등재의 상관관계, 그리고 형성과 변화의 상관관계를 중심으로 그 답을 모색하면서 '형성 → 등재 → 변화'라는 목표에 도달하게 될 것이다.

특히, 이 장에서는 등재의 1차 조건인 α 에 관해 소개하고, 함수를 활용한 [정합성]과 [합성성] 기준에 따라 등재 대상의 범위를 확정한다. 이는 형태론적 단위 및 통사론적 단위 전반에 걸쳐 적용 가능한 원리이다. 이에 대한 구체적인 현상은 제4장과 제5장에서 각각 제시될 것이다.

이 연구에서 우리가 관심 갖는 대상은 복합어(형태론적 단위)뿐 아니라 연어 구성과 의존동사 구성·의존명사 구성(통사론적 단위)을 모두 포함한다. 그러나 일단 이 장에서는 복합어를 중심으로 논의를 전개할 것이다.[1] 형성과 변화를 본격적으로 논의할 제4장과 제5장에서 밝혀지듯이, 이 장에서 확립된 체계적 양상은 형태론적 단위와 더불어 통사론적 단위에도 평행하게 적용된다.

3.2. 등재의 개념과 속성

3.2.1. 등재의 개념

3.2.1.1. 표현론적 동기와 α

단어 형성은 특정 개념이나 대상을 언어로 표현하는 방식의 하나이다. 그리고 지시 개념이나 대상을 언어화한 그 결과가 화자와 청자 간의 의사소통을 위한 일종의 도구로 쓰인다는 점에서, 결국 단어는 '표현'과 '소통'을 위한 기본적인 언어 단위이다.

새로운 단어의 형성은 대상이나 개념에 대한 명명의 필요에서 비롯되는데, 일반적으로 인간은 두 가지 방식으로 이에 대처한다(임지룡 1997가: 250). 하나는 이전에 없던 새로운 형식에 동기화된 개념을 적용하여 새로운 형태를 창조하는 것이다. 다른 하나는 이미 실재하는 언어 단위에 특

---

[1] 우리가 제시할 문법의 절차는 '형성'에 더하여 '등재'와 '변화'의 과정까지 포함한다. 이때, 변화와 등재의 적용 대상으로는 형태론적 단위인 복합어의 예가 연어 구성이나 의존동사 구성·의존명사 구성에 비해 상대적으로 훨씬 많다. 2.2.1의 (5)에서 언급한 바와 같이 형태론의 대상이 통사론의 대상에 비하여 등재에 있어 보다 적극적인 양상을 보이기 때문이다(정한데로 2011 참고).

정한 형태론적 작용을 적용하여 새로운 단어를 만들어내는 방식이다.[2] 그
중에서도 가장 일반적인 방식은 둘 이상의 단위를 '결합'하여 복합어를 형
성하는 것이다.[3]

    (1) 대상·개념의 언어화 과정

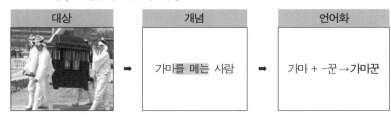

    (1)에 제시한 바와 같이, 대상을 명명하기 위한 동기에 따라 화자는 해
당 개념을 언어 형식으로 언어화한다. 그렇게 얻은 결과가 바로 복합어
'가마꾼'이다. 여기서 주목할 것은 새로 형성된 복합어가 '가마를 메는 사
람'이라는 개념에 대응함에도 불구하고, 사실상 그 형식에 있어서는 '가마'
와 '-꾼'의 두 구성성분만이 활용된다는 점이다.[4] '~(를) 메는'에 해당하는

---

2) 임지룡(1997가: 250-268)는 새로운 단어의 형성 방식을 형태론적 측면과 의미론적 측면
   에서 논의한다. 형태론적 측면에서는 '① 확장, ② 혼성, ③ 축약, ④ 파생, ⑤ 대치'로,
   의미론적 측면에서는 '① 다의어, ② 은어'로 구분된다. 특히, 임지룡(1997가)의 연구는
   최근에 형성된 신어를 대상으로 하였다는 점에서 의의가 있다고 판단되는데, 임지룡
   (1997가: 255)에 따르면, 형태론적 측면에서 '확장'의 방식으로 가장 생산적으로 단어가
   형성된다. 이는 둘 이상의 형태 '결합'을 통해 형성된 경우를 의미한다.
3) 단어 형성도 문장 형성과 마찬가지로 '통합관계(결합)'와 '계열관계(대치)'를 모두 활용하
   여 새로운 단위를 만들 수 있다. 이른바 '규칙-유추' 논쟁에서 전자는 '규칙'과, 후자는
   '유추'와도 깊이 관련되어 있는데, 이 둘 가운데 한 가지 원리만을 형성 원리로 인정할지
   에 대해서는 논의가 필요하다. 우리는 단어 형성 원리로서 결합과 대치를 모두 인정하
   는 입장에 있다(황화상 2010 참고).
4) 복합어 구성체의 의미가 구성성분 의미의 합만으로 온전하게 설명되기 어렵다는 점에
   대해서는 다수의 선행 연구에서 이미 언급된 바 있다. 최상진(1996, 1997, 2002), 김양
   진(1999), 황화상(2001: 148-152), 나은미(2009: 98-105) 참고. 최상진(1997, 2002)는 복
   합어 전체의 의미가 구성성분의 의미 합과 같지 않은 현상을 '유기체적 관계론'의 철학
   적 접근에서, 또 '게슈탈트(Gestalt)'의 인지언어학적 관점에서 논의하였다. 정한데로
   (2014나) 참고.

정보는 '가마꾼'이라는 복합어 구성성분에서 직접 도출되지 않지만, 음영의 해석은 해당 복합어가 지시하는 개념의 일부로 포함된다. 즉, '개념→ 언어 표현'의 과정에서 일부 개념이 언어 형식으로 드러나지 않더라도 해당 개념은 언어 내부에 포함되어 있는 것인데, 이는 단어 형성 현장에서의 상황 맥락(context)이 중요한 역할을 담당한다는 것을 보여준다(김광해 1982, 이재인 1991가, 임지룡 1997가, 1997나 참고). 결국 단어를 안다는 것은 단지 그것의 의미와 발음만을 아는 것이 아니라, 그 단어가 쓰인 맥락을 아는 것이다(Taylor 2012: 281).

복합어 구성성분 형식만으로 해당 개념 전체를 포괄하지 못하는 양상은 유사한 구성의 [X-꾼] 복합어를 비교할 때 더욱 명확하게 드러난다.

(2) 가. 마차꾼, 달구지꾼: X를 부리는 사람
    나. 가마꾼, 상여꾼: X를 메는 사람
    다. 나무꾼, 모꾼: X를 작업의 대상으로 하는 사람
    라. 마름꾼, 머슴꾼: X로서 일하는 사람
    마. 사냥꾼, 손수레꾼, 소리꾼: X를 직업으로 하는 사람
    바. 씨름꾼, 싸움꾼, 익살꾼, 돌팔매질꾼: X를 잘하는 사람

정한데로(2009: 17-18)

(2)의 [X-꾼] 복합어에서 각 단어가 안고 있는 음영의 개념은 비록 구성성분 형태로 드러나지는 않지만 해당 개념을 완성하는 데 있어서 중추적인 역할을 담당한다. 만약 음영 부분에 대한 해석이 명확하지 않다면 해당 단어의 의미는 지시 대상을 드러내는 데 적절하게 쓰일 수 없을 것이다. 따라서 해당 복합어가 대응 대상을 정확하게 지시하기 위해서는 복합어의 의미가 복합어 구성성분의 단순한 결합에 그치지 않고 실제 언어로 표현되지 않은 음영의 개념까지 포함하여 전체로서 기억되어야 한다.[5]

그렇다면 이러한 사실이 함의하는 바는 무엇인가? 이는 곧 (2)의 각 복

합어가 화자와 청자의 어휘부에 저장되어 기억된 대상이라는 것을 의미한다. 만약 청자의 어휘부에 '가마꾼'이 저장되어 있지 않다면 화자가 '가마꾼'이라는 단어를 대화에 활용하더라도 청자는 그것이 '가마를 메는 사람'을 지시하는지 아니면 '가마를 만드는 사람', 또는 '가마를 파는 사람'을 지시하는지 명확히 알기 어렵기 때문이다.

(3) 단어 명명 과정의 α 의미

구성성분 이외의 추가적인 관계 의미

예 '가마꾼' = 가마 + -꾼 + '~(를) 메는'

(3)에서 보듯 단어를 명명하는 과정에는 구성성분 사이의 관계를 지시하는 특정한 정보가 포함되기 마련이다. 이때의 음영 α 는 생성형태론적 측면에서 Allen(1978: 91-97)이 주장한 '변수 R 조건(variable R condition)'이나, 구성형태론(construction morphology)의 시각에 선 Booij(2010: 17)의 'R'과도 유사하게 해석될 수 있다.[6] 다만 Allen(1978)이 의미해석을 위

---

5) 단어의 의미가 지니는 전체적 속성(holistic property)과 관련하여 Booij(2010: 16-23), 정한데로(2012다) 등이 참고된다. 한편, Lehmann(2002: 3)에서는 '전체적 접근(holistic approach)'과 '분석적 접근(analytic approach)'을 구분하여 '어휘부(lexicon)'와 '문법(grammar)'을 각각 이에 대응시키고, 어휘부는 전체적이고 개체특이적(idiosyncratic)인 반면, 문법은 분석적이고 규칙적(regular)인 속성을 지닌다고 논의한 바 있다.

6) Booij(2010: 17)은 합성 명사의 틀을 아래와 같이 제시한다. Downing(1977), Aitchison (1987), Jackendoff(2009) 등도 동일한 관점에 있다.

$[[a]_{Xk} \ [b]_{Ni}]_{Nj} \leftrightarrow [SEM_i$ with relation R to $SEM_k]_j$

"R의 속성은 명세되어 있지 않으며, 합성어 구성성분의 의미, 백과사전적·맥락적 지식에 기초하여 개별 합성어에 따라 결정된다."

국내 논의로는 김광해(1982), 이재인(1991가), 임지룡(1997가, 1997나) 등이 주목되는데, 우리의 입장도 이와 같다. 다시 말해서, 표현론적 동기가 주어진 단어 형성 현장의 다양한 백과사전적·맥락적 지식이 복합어 의미를 결정하는 데 중요한 역할을 담당한다고 보는 것이다.

한 조건으로, Booij(2010)이 결과적 측면에서 틀을 구성하기 위해 이상의 주장을 하였다면, 우리는 형성의 관점에서 α 의 개념이 단어 형성과 함께 의미 정보로 부가된다고 파악한다.

그렇다면 이상의 과정은 (4)와 같이 형식화된다.

> (4) 가. 가마꾼 ← 가마 + -꾼 + '~(를) 메는'
>
> 나. C_{AB} ← A + B + α
>
> 다. f(A,B) = A + B + α

(4가)의 결합은 (4나)와 같이 구성성분 A와 B의 결합에 더해 α 라는 의미론적 추가 정보(~(를) 메는)를 포함하여 최종적으로 복합어 C_{AB}를 완성한다. 한 발 더 나아가, 이는 (4다)와 같은 함수로도 제시될 수 있다. 즉, 변항 A와 B가 상수 α 를 포함한 특정 함수를 구성함으로써 이들 변항에 따라 복합어 f(A,B) 값을 도출해 낼 수 있는 것이다.

이때 (2)의 각 복합어는 서로 다른 상수를 지닌 함수가 된다. A가 '가마'라면 '가마꾼'이, '상여'라면 '상여꾼'이 동일한 함수 내에서 그 결과값을 보일 것이다.

> (5) f(A,B) = A + B + α ('~(를) 메는')
>
> ① 가마꾼 = 가마 + -꾼 + '~(를) 메는'
>
> ② 상여꾼 = 상여 + -꾼 + '~(를) 메는'
>
> ③ 보교꾼 = 보교 + -꾼 + '~(를) 메는'

따라서 (5)의 '가마꾼, 상여꾼, 보교꾼'은 동일한 상수('~(를) 메는')를 포함한 함수로 설명 가능한 계열관계에 있다. 이때의 상수는 2.2.2.2에서 논의한 어휘부 조직 내 연결망을 구성하는 데 중요한 역할을 담당한다.[7]

3.2.1.2. 고정화 작용

화자의 머릿속에 단어가 기억된다는 것은 한 단어의 형식과 의미가 주어진 조건에 크게 기대지 않고 일관된 양상을 띠는 사실로부터 확인할 수 있다. 다시 말해, 단어를 기억한다는 것은 특정 단어와 관련한 (3)의 α 의미가 상황에 따라 유동적인 것이 아니라, 적어도 해당 단어에 대해서만큼은 일정한 결과로 고정되어 있어야 한다는 것으로 이해된다. 이렇듯 특정 단어가 해당 개념을 표현할 때에는 외현적으로 드러난 구성성분 형태 외에 α 요소가 기본적으로 내재되며, 그것이 고정된 의미로 쓰일 때에 비로소 단어가 기억의 대상으로서의 지위를 확보하게 된다.

한편, α 의 언어학적 의의는 단어 형성 측면뿐 아니라, 화자 · 청자 간의 의사소통 측면에서도 일종의 맥락 요소로서의 기능을 발휘한다.

(6) 화자 · 청자 의사소통 과정의 α 의미

구성성분 이외의 추가적인 관계 의미

예 ① 화자의 발화: '가마꾼' = 가마 + -꾼 + '~(를) 메는'

예 ② 청자의 이해: '가마꾼' = 가마 + -꾼 + '~(를) 메는'

화자 · 청자 사이의 완벽한 의사소통을 위해서는 화자가 발화한 단어 내부의 α 와 청자가 이해한 단어 내부의 α 가 동일해야 한다. 만약 청자의 α 가 '~(를) 만드는'이나 '~(를) 파는'을 지시한다면 이때의 대화는 기대와 다른 방향으로 전개될 것이다. 이는 곧 언어 공동체 내 구성원 간의 의사소통 측면에서 α 에 대한 규약이 필수적이라는 사실을 의미한다. 적어도 '가마꾼'에 대해서만큼은 '~(를) 메는'의 α 가 약속되어야만 '가마꾼'이 올

---

7) 또한 이때의 상수는 화자들로부터 특정 단위의 일부로 새롭게 분석되어 또 다른 형식으로 재구조화될 수도 있다. '헛-, 큰-, -꾼' 등의 접사가 형성된 것이나 '곶 〉 꽃'의 형태가 변화한 것이 대표적이다. 이에 대해서는 5.3.1에서 후술한다.

바른 언어 단위로서 기능할 수 있다는 것이다. 앞서 언급한 명명의 측면뿐 아니라 의사소통의 측면에서도 α 에 대한 해석이 필수적임을 알 수 있다(김광해 1982: 18-19 참고).

명명과 의사소통의 두 차원에서 복합어에 내재된 α 정보는 어떠한 언어학적 의의를 지닐 것인가? 앞서 살핀 [X-꾼]의 예에서는 주로 그 의미 해석에 초점을 두고 논의를 전개하였다. 여기서 우리는 α 의 역할을 더 확장하여, 개별 언어 단위가 어휘부에 등재될 때 동반되는 음운론적·형태론적·의미론적 정보를 α 로 이해한다.[8] 이러한 α 는 초기 단어 형성 과정에 부가된 추가 정보로서, 또 화자의 발화와 청자의 이해 과정에 필요한 정보로서 개별 언어 단위의 어휘 내항(lexical entry)에 필수 정보로 저장되어 있어야 한다. 이에 따라 우리는 언어 내적 차원에서 등재의 개념을 (7)과 같이 정의한다.

(7) 등재의 개념
    등재는 언어 단위(linguistic unit)의 어휘부 내 고정화(fixation) 작용, 또는
    그 작용의 결과이다.

등재 작용은 '가마꾼'과 같은 복합어보다 큰 단위인 통사론적 구성에도 동일하게 적용될 수 있다. 단어 경계(#)를 포함한 통사론적 구성도 형태소 경계(+)를 지닌 복합어와 비교할 때, 구성단위에 있어 차이가 있을 뿐이지 구성성분의 복합과 더불어 특정한 부가 정보를 포함한다는 점에서는 큰 차이가 없다(4.3. 참고). 따라서 통사론적 구성 역시 α 를 포함한 단위로 어휘부에 고정될 수 있다는 점에서 (7)의 등재 개념에 동일하게 적용된다. 결국 '언어 단위' 전반에 걸친 고정화 작용이 등재에 해당되는 것이다.[9]

---

8) 그렇지만 제4장, 제5장에서 함께 논의할 연어 구성, 숙어 구성, 의존동사 구성, 의존명사 구성은 통사론적 단위라는 점에서 사실상 음운론적·형태론적 수준의 α 를 논의하기가 어렵다. 이에 제4장, 제5장에서는 주로 의미론적 차원에서 논의를 진행할 것이다.

문법 연구에서 등재가 지니는 의의에 대한 고찰도 필요하다. 등재라는 과정이 단순히 '언어 단위에 대한 화자의 기억' 정도로 이해된다면 언어학적 연구 대상으로서 등재소가 지니는 위상은 축소 해석될 수밖에 없다. 그러나 각 언어 분야별로 언어 단위의 고정화 단계가 차지하는 역할이 보다 체계적으로 정리된다면, 언어학의 한 연구 주제로서 등재가 지닐 위상도 더욱 명확해지리라 판단된다.

그렇다면 등재의 문법적 위치는 어떻게 확보될 수 있는가? 이에 대하여 우리는 형성과 변화라는 두 가지 언어 현상의 틀을 이용하고자 한다.

(8) 등재의 문법적 위치
   가. 형성의 '도착점'
   나. 변화의 '출발점'

특정 단어가 애초의 명명 동기에서 시작하여 이를 형성한 개인의 어휘부를 거쳐 사회적 승인에 이르는 전체 과정을 밟는다고 본다면, 초기 화자의 어휘부 및 언어 공동체의 공인어 집합은 대다수의 임시어가 지향하는 지점이다.[10] "단어의 삶" 속에서 이들 단어의 1차적인 목표는 언어 공동체 내에서 각자 고정화된 단위(등재소)로서의 지위를 확보함으로써 인간의 언어 수행 내에서 지속적으로 쓰이는 것이다. 이렇게 본다면, 등재는 단어

---

9) '등재'는 과정적 개념(listing)과 상태적 개념(listedness)으로 동시에 쓰일 수 있다는 점에서 유의할 필요가 있다(Hohenhaus 2005: 356-357 참고). 즉, 특정 언어 단위가 '고정화'를 겪는 과정적 차원의 등재가 'listing' 정도로 번역된다면, 고정화 이후 이미 저장된 언어 단위의 상태를 지시하는 개념의 등재는 'listedness'에 대응될 것이다. 논의 전반에 걸쳐 이 둘을 따로 구분하여 부르지는 않고 '등재'의 용어를 주로 사용할 것이지만, 필요한 경우에는 전자를 '등재 과정' 또는 '고정화'의 용어로, 후자를 '등재 결과'로 구분할 것이다. 이렇게 볼 때, (7)의 개념은 과정적 개념('고정화' 작용)과 상태적 개념('고정화' 결과)을 모두 포괄한 기술이다.
10) '공인어(institutionalized word)'는 특정 언어 공동체 내 다른 화자들로부터 승인을 획득한 단어를 가리킨다(Bauer 1983: 48). 우리는 이때의 공인어를 체계 내에서 '사회등재어'로 바꾸어 부를 것이다. 이에 대해서는 3.3.3. 참고.

형성이 도달하고자 하는 목표의 '도착점'이라 할 수 있다.

한편, 변화의 측면에서 등재는 '출발점'이다. 주지하는 바와 같이, 변화라는 현상은 과정 전후의 양상을 대조함으로써 둘 간의 차이가 체계적으로 확인될 때 비로소 그 존재가 인정된다. 예컨대, 'A에서 B로의 변화'(A 〉 B)를 확인하기 위해서는 반드시 A에 관한 정확한 관찰이 전제될 때 A와 B 간의 차이점을 분석함으로써 변화의 결과를 포착할 수 있다. 만약 A가 존재하지 않거나 고정된 상태에 놓여 있지 않다면, 아무리 B를 관찰하더라도 해당 현상을 변화로 해석해 내기 어렵다.11) 이를 언어 변화에 대입한다면, 곧 언어 단위의 변화에도 A와 같은 고정화된 상태가 반드시 필요하다는 사실이 확인된다. 즉, 등재라는 고정화 작용은 단어 변화의 바탕이 되는 '출발점'에 위치해 있다.

요컨대, 본 연구는 '등재'의 외연을 단순히 심리 어휘부로의 기억 과정만으로 축소 해석하지 않는다. (8)에서 확인하였듯이 '등재'는 '형성'의 도착점이자 '변화'의 출발점으로서 형성과 변화라는 언어학의 주요한 연구 대상의 경계를 잇는 핵심적인 기제의 하나이다. Di Sciullo & Williams (1987: 4)에서 등재를 단순히 심리적 문제로 치환함으로써 이를 문법의 영역에서 배제하려고 하였다면, 우리는 등재를 다시 문법의 영역 한 가운데로 끌고 들어와, 형성과 변화의 두 현상과 연계된 체계적 관점에서 해석해 내고자 한다.

3.2.1.3. 언어 내적 등재와 언어 외적 등재

(7)처럼 특정 언어 단위의 어휘부 내 고정화 작용을 등재로 이해한다면, 그 과정에 항상 α 와 같은 정보가 전제되는 것일까? 우리는 정한데로

---

11) 정한데로(2012나)는 이러한 기본 전제를 바탕으로 하여, 조사와 어미가 결합한 복합형태 역시 융합과 같은 변화를 겪기 이전에 이미 등재소의 위치에 있었다고 보고 이른바 '규칙적인 굴절형의 등재 가능성'을 모색한 연구이다.

(2009, 2010가)에서 검토한 아래의 예를 통해 등재의 하위 유형을 더욱 구체화하고자 한다.

(9) 가. 달관(達觀)스럽-(1), 신성(神聖)스럽-(1), 혼동(混同)스럽-(1),
　　　천박(淺薄)스럽-(1)
　　나. 소녀(少女)스럽-(0), 남성(男性)스럽-(0), 시골스럽-(0), 짐승스럽-(1)

(9가, 나)의 [X-스럽-] 파생형용사는 각각 [추상명사+-스럽-], [구체명사+-스럽-] 구성의 예로서, 모두 국립국어연구원(2002)에서 비교적 낮은 빈도로 측정된 것들이다. 정한데로(2009: 4)는 (9가, 나)의 파생어가 각 어기의 속성에 따라 등재에 있어서 서로 다른 지위에 있다고 보았는데, 전자의 [추상명사(X)+-스럽-] 파생어는 접사 '-스럽-'에 의해 'X한 데가 있-'으로 비교적 의미가 투명하게 해석(송철의 1992: 204 참고)되는 데 반해, 후자의 [구체명사(X)+-스럽-] 파생어는 어기와 관련하여 연상되는 어떤 속성이나 특징 혹은 비유적 의미가 전체 파생어의 의미를 결정(송철의 1992: 202-203 참고)한다고 파악한 것이다. 예컨대, (9가)의 '달관스럽-'은 '달관한(= 사소한 사물이나 일에 얽매이지 않고 세속을 벗어나 활달한 식견이나 인생관에 이른) 데가 있-' 정도의 의미를 지니지만, 이와 달리 (9나)의 '시골스럽-'은 '시골의 풋풋한 느낌이 있-', '시골의 세련됨이 없이 어수룩한 데가 있-', '시골의 마음 편안하고 포근한 데가 있-'처럼 속성에 따라 다양한 의미 해석이 가능하다는 관점이다. 따라서 '시골스럽-'은 화자가 어떠한 명명 동기와 발화 맥락에서 단어를 형성하였느냐에 따라서 다양한 의미 가운데 하나로 결정되어 쓰일 수 있다.

이러한 (9가)와 (9나)의 상이한 의미론적 특징은 (4다)의 함수에 적용하였을 때, (10)과 같이 형식화된다.

(10) 가. (9가): f(A,B) = A + B

　　나. (9나): f(A,B) = A + B + α

(10)의 두 함수에서 확인되는 α 의 유무는 곧 (9가)와 (9나)의 파생어가 등재의 측면에서 상이하게 해석될 가능성이 있다는 것을 의미한다. 즉, (10나)는 단어 형성 현장에서 어기의 다양한 속성 가운데 특정한 하나의 의미가 α 로 도입되어 복합어 전체의 의미를 결정한 반면, (10가)는 그러한 추가적인 정보 부가 없이 비교적 투명하게 복합어 전체의 의미가 구성된 것이다. 그렇다면 일단 (9나)는 (5)의 [X-꾼] 명사와 마찬가지로 고정된 의미를 포함한 하나의 언어 단위로 어휘부 내에 등재될 수 있다. 정한데로(2009, 2010가, 2012나)는 이러한 방식의 등재를 문법적 차원의 등재 개념에 적용하여 '언어 내적 등재' 또는 '형성 차원의 등재'로 명명한 바 있다.

　그렇다면 (10가)처럼 α 없이 투명하게 해석 가능한 복합어는 등재되지 않는다고 보아야 하는가? 이와 관련하여 우리는 아래의 예도 함께 검토하고자 한다.

(11) 가. 자랑스럽-(83), 조심(操心)스럽-(70), 고통(苦痛)스럽-(54),

　　　　혼란(混亂)스럽-(14)

　　나. 촌(村)스럽-(16), 여성(女性)스럽-(8), 신령(神靈)스럽-(6), 바보스럽-(4)

(11)은 (9)와 비교할 때 상대적으로 높은 빈도를 보이는 [X-스럽-] 파생 형용사의 예로서, (11가, 나)는 (9가, 나)와 마찬가지로 각각 추상명사와 구체명사를 어기로 취한 것이다. 따라서 (11)의 복합어도 (10)과 같은 방식의 함수로 나타낼 수 있다.

(12) 가. (11가): f(A,B) = A + B

　　나. (11나): f(A,B) = A + B + α

　(11나)는 구체명사 어기의 특정한 속성을 복합어 의미의 일부로 포함함으로써 고정화된 의미로 쓰일 가능성이 높다. 그러나 추상명사 어기의 (11가)는 (12가)에서 보듯 α 가 부가되지 않으므로 언어 내적 차원에서 등재될 필요가 없다. 그렇다면 (11가)의 '자랑스럽-, 조심스럽-' 등의 단어가 화자의 어휘부에 등재될 필요 없이 발화 순간마다 공시적인 단어 형성 과정을 거친다는 것일까? 우리는 실제 언어 현실과 화자의 언어 사용을 고려할 때, (11가)의 복합어도 하나의 단위로 어휘부에 저장될 수 있다고 본다. (12나)처럼 α 를 포함한 구성은 아니더라도 특정 구성이 실제 수행 과정에서 높은 빈도로 쓰이거나 화자·청자에게 각인되어 언어 외적 이유로 높은 어휘 강도(lexical strength)를 확보한다면 이 역시 어휘부에 고정화될 수 있다고 보는 것이다(bybee 1985, 1988; 채현식 1994, 2003 등 참고). 정한데로(2009, 2010가, 2012나)는 이러한 측면의 등재를 가리켜 '언어 외적 등재', '수행 차원의 등재'라 부른 바 있다. 이는 전술한 '언어 내적 등재', '형성 차원의 등재' 개념과 대비된다.

　정리하자면, 1차적으로는 α 에 근거한 언어 내적 기준(형성 차원의 등재 기준)에 따라 등재 대상을 분류할 수 있으며, 2차적으로는 빈도 등의 어휘 강도에 근거한 언어 외적 기준(수행 차원의 등재 기준)을 통해 등재 대상이 분류된다. 등재에 관한 체계 분류는 Hohenhaus(2005: 353)에서도 확인되는데, 전자가 언어 능력(linguistic competence), 이상화(idealization)된 등재와, 후자가 언어 수행(linguistic performance), 사회학적(sociological), 심리학적(psychological) 등재와 관련한다고 논의한 Hohenhaus(2005) 역시 이 글의 두 가지 등재 기준과 동일한 관점에서 해석 가능하다.

　두 기준에 따른 등재 결과는 (13)으로 정리된다. 언어 내적 등재와 언어 외적 등재의 두 기준을 체계화한 아래의 표에서 (10가, 나), (12가, 나)의 각 함수가 등재 여부와 함께 제시되었다. α 를 포함한 (13가②, 13나②) 모두 언어 내적 등재 기준에 따라 '등재'의 영역에 표시되었으며, 고빈도 영역에 위치한 (13나①)은 어휘 강도에 따른 언어 외적 등재 기준에 따라 '등재' 대상으로 분류되었다.

(13) '언어 내적 등재'와 '언어 외적 등재'의 두 기준 (정한데로 2010가: 6)

		언어 내적 등재 기준	
		① f(A,B) = A + B	② f(A,B) = A + B + α
언어 외적 등재 기준	가. 저빈도	비등재(10가)	등재(10나)
	나. 고빈도	등재(12가)	등재(12나)

이는 Aronoff(1976)에서 제시한 [X-ity]와 [X-ness] 유형의 두 복합어가 보이는 생산성 및 저지 현상과도 연계하여 설명될 수 있다. Aronoff (1976: 44-45)에 따르면, 명사 'glory'에서 파생된 형용사 'glorious'로부터 *[glorious+-ity]의 파생명사는 형성될 수 없는 데 반해, [glorious+-ness]는 가능하다. 전자는 이미 어휘부에 등재되어 있는 'glory'에 의해 저지 (blocking)되는 반면, 후자는 생산적인 결합을 보이는 [X-ness] 구성이므로 등재될 필요가 없다고 파악한 것이다.

상이한 결합 양상을 보이는 두 복합어는 (14)의 세 측면에서 차이를 보인다.

(14) 접미사 '-ity'와 '-ness'의 특징 차이

	음운론적	형태론적	의미론적
-ity	curious([kjúəriəs]) curiosity([kjùeriɑ́səti])	simultane<u>ous</u> simultane<u>ity</u>	continuous : discontinuous ≠ continuity : discontinuity
-ness	curious([kjúəriəs]) curiousness([kjúəriəsnəs])	simultane<u>ous</u> simultane<u>ousness</u>	continuous : discontinuous = continuousness : discontinuousness

Aronoff(1976: 37-45)을 정리한 (14)에서 확인할 수 있듯이 [X-ity] 구성은

[X-ness] 구성과 달리 복합어 형성 과정에서 음운론적 강세 변환, 형태론적 절단, 의미론적 해석의 차이를 보인다. 이 결과가 함의하는 바는 무엇일까? 우리는 [X-ity] 구성에서 확인되는 다양한 유형의 속성을 복합어 내 추가 정보 α 로 해석할 수 있다고 본다. 이러한 접근은 [X-ity]와 [X-ness] 구성의 등재 여부 및 저지 현상의 차이를 우리의 이론 내에서 자연스럽게 설명할 수 있게 한다.

음운론적·형태론적·의미론적 α 를 포함한 [X-ity] 구성은 (13가②)에 해당하므로 우리의 체계 내에서 등재 단위로 해석되는바 '*gloriosity ([glorious+-ity])'를 형성한다고 할지라도 이는 동일한 의미의 등재소 'glory'와 충돌할 수밖에 없을 것이다.12) 반면, 형성 전후로 음운론적·형태론적·의미론적 변화를 보이지 않는 [X-ness] 구성은 (13가①)에 해당하는 단위로서 단발어와 같이 임시어로서 쉽게 만들어져 쓰이는 예에 해당한다. 이들은 기존 명사 'glory'에 구애받지 않고 이와 별개로 적극 형성될 수 있을 것이다.

(13)의 ①처럼 α 를 포함하지 않은 한국어의 예로는 (15), (16)이 있다 (정한데로 2010가: 10).

(15) 가. X+-거리-, X+-대-: 가닐거리다, 가동거리다; 가닐대다, 가동대다, …

나. X+-되-, X+-시키-: 가감되다, 가결되다; 교육시키다, 등록시키다, …

(16) 가. 非+X, 조+X, 맨+X: 비공식, 비경쟁; 불가능, 불균등; 맨발, 맨주먹, …

나. X+-性, X+-化, X+-님: 가능성, 가변성; 가속화, 가시화; 고모님, 보살님, …

---

12) 형성과 등재는 분리된 두 과정이라는 점에서 'gloriosity'의 형성 자체가 불가능한 것은 아니다. 다만 이미 형성되어 있는 'glory'로 인하여 이들 단어는 형성의 동기가 불분명하므로 굳이 형성될 필요가 없는 것이다. 한편, 'gloriosity'를 실재하지 않는 단어로 이해한 것은 생성형태론이 지닌 '가능어-실재어'의 전형적이 대립항을 적용하여 공인되지 않은 단어는 실재하지 않는다고 본 해석이라는 점에서 이 글의 입장과도 거리가 있다. 가능어의 실재성에 대해서는 3.3.1에서 다시 논의하기로 한다.

'가닐거리다'는 어기 '가닐'과 '-거라-'의 접미사 결합만으로 투명하게 해석된다는 점에서, (13가①)에 해당하는 전형적인 예이다. '가닐대-'도 이와 마찬가지이다.[13] '-되'와 '-시키-'처럼 용언에서 접사화한 예도 특정한 α 를 부가하지 않는 투명한 구성의 복합어를 형성한다는 점에서 (13가①)에 해당한다. (16)의 접두사 '非-, 不-; 맨-'과 접미사 '-性, -化; -님' 등도 동일한 특징을 보인다.[14]

물론 이러한 복합어도 언어 외적 요인에 의해서 등재될 가능성은 충분하다. 박진호(1994: 11-12)에서 제시한 (17가)의 예는 공시적으로 형성된 한자어 접두사 결합 구성으로서 매 형성 시마다 그 결과를 어휘부에 저장할 필요가 없다. 그러나 '親日, 反美' 등의 단어는 비교적 높은 출현빈도 등으로 인해 등재될 가능성이 있다고 보았다(박진호 1994: 12). (17나)의 예도 비교적 높은 빈도로 쓰이고 있는 단어들로서, 수행 차원에서 충분히 등재 가능한 구성이다.

(17) 가. 反옐친, 親러시아, 對보스니아

　　 나. 반민주(反民主), 반정부(反政府), 친서민(親庶民), 親나치, 대국민(對國民), 對테러

---

13) 가. '가닐거라-': ① 벌레가 기어가는 것처럼 살갗에 간지럽고 자릿한 느낌이 자꾸 들다. ② 보기에 매우 위태롭거나 치사하고 더러워 마음에 자린 느낌이 자꾸 들다.

　　 나. '가닐가닐': ① 벌레가 기어가는 것처럼 살갗이 자꾸 또는 매우 간지럽고 자릿한 느낌 ② 보기에 매우 위태롭거나 치사하고 더러워 마음이 자꾸 자린 느낌

　　 다. '-거라-' = (동작 또는 상태를 나타내는 일부 어근 뒤에 붙어) '그런 상태가 잇따라 계속됨'의 뜻을 더하고 동사를 만드는 접미사

　　 다'. '-대' = -거라

14) 송원용(2005가)에서 임시어의 지위를 부여한 접사들은 우리의 논의에서 α 를 포함하지 않은 예들과 동일한 대상인 것으로 판단된다. 송원용(2005가: 238-271)에서 고유어계 임시어 형성 접미사로 '-님, -이, -들'이, 한자어계 임시어 형성 접미사로 '-계(系), -어(語), -식(式); -가(家), -가(哥), -씨(氏)' 등이 제시되었으며, '대(對)-, 탈(脫)-, 반(反)-, 친(親)-' 등이 한자어계 임시어 형성 접두사로 제시되었다.

(18) 가. 김철수님, 도전자님, 무당님

　　　나. 태지님[15]), 선생님, 스승님

　　고유어 접미사의 경우도 마찬가지이다. (16나)의 접미사 '-님'은 (18가)
에서 보듯이 저빈도의 복합어 구성의 경우는 군이 등재할 필요 없이 공시
적인 결합만으로 충분하지만, (18나)와 같이 높은 빈도로 쓰이는 경우는
전체 복합어를 하나의 단위로 등재하는 것이 현실적이다. '-님'에 선행하
는 형식이 고유 명사, 한자어, 고유어일 때 모두 동등한 결과를 보인다.

　　송원용(2000: 9, 2005가: 227-241)에서는 임시어 식별 기준을 통해 '-님'
을 임시어 형성 접미사로 분류하고, '홍길동님, 젊은아빠님' 등과 같이 고
유명사와 '-님'이 결합한 구성은 임시어이므로 등재의 대상이 아니라고 파
악한다.[16]) 그러나 이들 단어 가운데에서도 (18나)의 '태지님'과 같은 고빈
도의 예는 충분히 특정 화자의 어휘부 등재소가 될 수 있다는 점에서 임
시어의 지위와 관련한 의문의 여지를 남긴다.[17]) 우리의 입장에서 해석한
다면, (17나), (18나)의 예는 (13나①)에서 보듯 α 를 포함한 구성이 아님
에도 불구하고 고빈도 복합어로서 등재된 유형으로 분류될 수 있을 것이다.

---

15) 서태지 팬 카페(http://cafe.daum.net/seo)에서 '태지님'을 검색해 보면, 1,000건 이상의
　　게시글이 확인된다. 적어도 이들 언어 공동체 내에서는 높은 빈도의 '태지+-님' 복합어
　　가 하나의 등재어로 인정받을 수 있다고 판단된다. 인명의 경우도 [N-님] 구성이 어휘부
　　에 등재될 수 있음을 보여주는 예이다.

16) 송원용(2005가: 226-236)에서 제시하고 있는 임시어 식별 기준은 '결합의 비통사성', '결
　　합 과정의 공시적 생산성', '결합체의 비등재성'이다.

17) 송원용(2005가: 277, 각주 285)에 따르면, 고빈도의 임시어는 표층어휘부에 저장된다.
　　송원용(2005가)에서 주장하는 임시어의 개념을 유지하면서 임시어 가운데 높은 빈도로
　　쓰인 단어들이 어휘부에 등재(송원용(1998)의 규약화)되었다고 본다면, 논의 내적으로
　　이들의 지위에 대해서도 추가적인 설명이 필요할 듯하다. 만약 고빈도의 임시어도 '통
　　사구성의 단어화'와 같은 방식으로 자주 쓰여 등재된다면, '공시적 단어 형성'으로 규정
　　한 임시어 가운데 일부는 '통시적 단어 형성'의 기제(규약화)를 통해 어휘부에 등재된다
　　는 결론을 맞이하기 때문이다. 임시어 식별 기준의 하나인 '비등재성'에 주목한다면 과
　　연 규약화된 임시어는 어느 위치에 분포한 뒤에 표층어휘부에 등재되는 것인지 궁금
　　하다.

한편, 2.3.1에서 언급한 선행 연구와 관련지어 설명한다면, 최소 등재의 입장은 음운론적·형태론적·의미론적 추가 정보를 포함한 단어의 등재 가능성도 부정한다는 점에서 (13)의 ②에 대한 고려가 부족한 것으로 판단된다. 완전 등재의 입장에서는 (13가①)의 단어도 모두 등재된 것으로 보아야 하겠지만 저빈도의 (15), (16) 구성이 등재될 필요가 없다는 점을 포착하지 않았다. 박진호(1994), 송원용(2000, 2005가)에서는 몇 가지 예에 임시 통사원자와 임시어라는 지위를 부여하는 작업이 이루어졌으나, 이들 대상의 고빈도 예까지 고려한다면 해당 개념의 단어가 지니는 지위와 관련하여 추가적인 설명이 필요하다. 결국 우리가 취하는 2가지 기준, 즉 언어 내적 기준과 언어 외적 기준을 구분하여 두 층위로 등재에 접근한다면, 앞선 연구에서 포착하지 못했던 등재 조건 및 빈도의 측면까지도 함께 포괄적으로 논의할 수 있다. 이는 Aronoff(1976)에서 제시된 [X-ity]와 [X-ness] 복합어의 상이한 특성과 등재 양상까지도 함께 설명 가능하다.

3.2.1.4. 정합성과 합성성

지금까지 우리는 복합어 형성 과정에 추가된 의미를 중심으로 α를 관찰해 왔다. 그러나 실제 복합어 형성 과정 내의 α는 음운론적·형태론적·의미론적 측면에서 다각적으로 확인된다(정한데로 2009: 21-23, 2010 나: 106-107).[18]

(19) 가. /산길/[산낄]   ← /산/[산] + /길/[길]([+경음성])

  나. 뱃노래   ← 배 + ㅅ + 노래

  다. '가마꾼'   ← '가마' + '~(를) 메는' + '사람'(-꾼)

---

18) 이는 [X-ity] 구성과 [X-ness]의 차이를 α 여부로 설명하였던 (14)와 함께 이해해 볼 수 있다. α를 포함한 구성은 언어 내적 차원에서 등재되어야 하는 대상이다.

복합어 '산길'의 실제 발음은 [산낄]과 같은 사잇소리 현상을 포함한다. 이러한 경음화는 '산'[산]과 '길'[길]의 두 복합어 결합만으로 설명되지 않는데, 우리의 일관된 관점에서 해석할 때, 이때의 [+경음성]은 복합어 형성 시 부가된 추가적인 정보로 파악할 수 있다. 가령 한국어가 익숙하지 않은 외국인 화자가 '산길'을 발음한다면 이들은 표면 형식에 기대어 [산길]로 소리낼 가능성이 높다. 이에 반해, 한국어를 모국어로 하는 화자라면 누구나 쉽게 이를 [산낄]로 발음할 것이다. 이 경우에, 화자는 [산낄]의 음운론적 정보를 이미 단어 '산길'의 어휘 내항에 등재하여 직접 인출한다고 볼 수 있다. 공시적으로 설명 가능한 언어 내적 원리를 포착해 내기가 쉽지 않기 때문이다.

'배'와 '노래' 사이에 추가된 'ㅅ' 형태도 두 구성성분 외의 요소라는 점에서 결합 과정에서 부가된 정보에 해당한다. 이 역시 복합어 형태를 결정짓는 추가 요소로서 화자의 어휘부에 함께 기억되어야 할 정보이므로 등재가 필수적이다. 주지하듯이 이때의 'ㅅ'은 이전 시기에 속격을 표시하던 문법 형태가 오늘날 명사 내부에 포함된 상태로 이어진 결과이다. 일견 합성명사 표지로 파악되기도 하나, 이들 형식의 대부분은 이전 시기에 구성되어 오늘날까지 쓰이는 것이고, 새롭게 형성된 합성명사의 경우도 경음화 여부와 같은 관습적 방식을 1차적 기준으로 삼아 사이시옷 표기를 결정한다는 점에서 볼 때 이미 등재된 단어로부터 큰 영향을 받는다고 할 수 있다. 이렇게 하여 (19다)의 α까지 포함한다면 음운론적·형태론적·의미론적 α가 다양한 방식으로 실제 복합어 형성 과정에 참여하는 것이 확인된다.

한편, (19)와 달리 공시적 결합 차원에서 해석 불가능한 예가 있어 주목된다(정한데로 2009: 63-79 참고).

(20) 가. 따님   ← /딸/ + /님/

      나. 그믐   ← 그믈 + -음

      다. 노름('도박')   ← '놀' + '-음'

이들은 Bauer(1983), 송철의(1992) 등에서 구체적으로 논의된 바 있는 음운론적·형태론적·의미론적 어휘화의 예이다. 먼저 '따님'은 치조음 앞에서 'ㄹ' 탈락의 음운규칙이 활발하게 적용되던 시기에 형성된 단어인바 오늘날에는 '딸'과 '-님'의 공시적인 결합으로 그 형성을 설명하기 어렵다. '그믐'의 경우는 어기 '그믈-'의 소실로 인하여 현재의 '그믈-+-음'의 결합으로 설명하기 어려운 예이며, 마지막 '노름'은 새로이 '도박'의 의미를 획득하였기에 '놀-'의 의미와 명사파생접사의 결합만으로 해당 의미를 도출해 내는 것이 불가능하다.

공시적인 형성 가능성의 차이에 따라서 (19), (20)의 두 유형은 다음 함수 관계로 형식화할 수 있다.[19]

    (21) 가. (19): $f(A,B) = A + B (+ \alpha)$
        나. (20): $f(A,B) \neq A + B (+ \alpha)$

(10), (12)에서 관찰한 'α 부가'에 따른 두 함수의 차이, 그리고 (21)에서 관찰한 '공시적 결합 가능성'에 따른 두 함수의 차이는 그 형식에서 보듯 분명 다른 성질의 것으로 분류해 논의할 필요가 있다. (10), (12), (21)의 함수를 종합하여 (22)로 정리해 보자.

    (22) 가. $f(A,B) = A + B$
        나. $f(A,B) = A + B + \alpha$
        다. $f(A,B) \neq A + B (+ \alpha)$

(22가)와 (22나)는 α 여부에 따른 차이인 데 반해, (22다)는 함수 자체

---

[19] 여기서 상수 α 의 여부는 크게 중요하지 않다. 이들 구성이 지니는 공시적인 함수 관계의 성립 가능성만을 살핀다면 (21나)는 그 함숫값이 도출되지 않는다는 점에서 (21가)와 큰 차이가 있다. 즉, (21나)는 결합 과정상의 추가 정보(α) 부가 여부를 판단하기 이전에 이미 공시적인 성립 자체가 불가능한 것이다.

의 성립이 불가능하다는 점에서 (22가, 나)와 다른 양상을 띤다. 정한데로
(2009: 18, 54)는 (22가)와 (22나)의 차이를 '정합성(coherence)'의 문제로,
(22가, 나)와 (22다)의 차이를 '합성성(compositionality)'의 문제로 구분하
여 논의하고, 언어 내적 차원에서 정합성과 합성성이 결여된 형식은 필수
적으로 어휘부에 등재되어야 한다고 주장하였다.[20][21]

> (23) 가. 정합성(coherence, 整合性)[22]
>
> : 특정 복합 구성에서 각 구성성분과 구성체의 일치 관계가 성립하
> 는 속성
>
> 나. 합성성(compositionality, 合成性)
>
> : 특정 복합 구성에서 각 구성성분과 구성체의 함수 관계가 성립하
> 는 속성

---

20) Cruse(2000: 66-81)에서 제시한 합성성의 원리(principle of compositionality)는 다음과
같다(밑줄은 필자 추가).

"문법적으로 복합적인 형태의 의미는 그것의 문법적 구성성분들이 지닌 의미들의
<u>합성적 함수(compositional function)</u>이다."

Cruse(2000)에서 밑줄 친 '합성적 함수'로 합성성을 파악하고 있는 것과 마찬가지로
우리도 '함수 관계의 성립 여부'를 기준으로 합성성을 판단할 것이다. 따라서 'α'의 여
부는 '함수 내에 상수가 존재하는가'의 차이일 뿐, 합성성을 판단하는 기준은 아니다.
결국 (22가, 22나) 모두 등호가 성립하므로 합성적인 구성에 해당하는 것이며, 반면 (22
다)는 비합성적인 예에 해당한다. 단어 형성과 의미 합성성의 문제는 정한데로(2014나)
참고.
21) 정한데로(2009: 18, 54)에서는 다음과 같이 '정합성'과 '합성성'을 기술하였다.
가. 정합성: 복합 이전과 이후의 음운론적・형태론적・의미론적 값이 완전하게 일치하는 속성
나. 합성성: 복합 이전과 이후의 음운론적・형태론적・의미론적 함수 관계가 인정되는 속성
22) 상수 α 없이 등호를 기준으로 좌우의 값이 '가지런하게 꼭 맞는다'(整合)면 정합적인
구성이라고 볼 수 있으며(22가), 상수 α 의 여부와 상관없이 '둘 이상의 것을 합쳐서
하나를 이룰 수 있다'(合成)면 합성적인 구성이 될 것이다(22가, 22나). ≪표준≫의 '정
합'과 '합성' 뜻풀이를 참고하면 다음과 같다. '정합(整合): ① 가지런히 꼭 맞음. / 합성
(合成): ① 둘 이상의 것을 합쳐서 하나를 이룸.'

(22가)는 상수 α를 포함하지 않기 때문에 A와 B의 값만으로 가지런히 함숫값 f(A,B)가 도출될 것이지만, (22나)는 상수 α로 인하여 구성성분 A와 B의 값만으로 완전한 함숫값 f(A,B)가 해석되지는 않는다. (22가)가 정합적인 것과 달리, (22나)는 비정합적인 구성이다. 한편, (22다)는 함숫값 자체가 도출되기 어렵다는 점에서 함수 관계가 성립되지 않는다. 이는 비합성적인 구성에 해당한다. 이에 비하면 (22가, 22나)는 합성적인 구성이다.

(24) 정합성과 합성성의 층위

① [합성성] 층위   [+합성성]   [−합성성]

② [정합성] 층위   [+정합성]   [−정합성]

정합성과 합성성은 (24)의 두 층위를 형성한다. 함수 관계의 성립 여부를 드러내는 [합성성]이 우선적인 기준이 되며, 정상적인 함숫값을 도출하는 [+합성성]의 경우에 상수 여부에 따라 [정합성]이 결정된다. [+합성성]의 대상은 그 구성 관계가 공시적으로 설명될 수 있는 데 반해, [−합성성]인 대상은 공시적인 함수 관계 해석이 불가능한바 통시적 해석이 보충되어야 한다.

(25) 함수 관계와 정합성·합성성 양상

	함수 관계	합성성	정합성	예
가	f(A,B) = A + B	+	+	달관스럽−, 신성스럽−
나	f(A,B) = A + B + α		−	시골스럽−, 소녀스럽−
다	f(A,B) ≠ A + B (+ α)	−		거추장스럽−, 뇌꼴스럽−

(22)의 함수를 '정합성', '합성성'과 관련하여 다시 정리하고, (9), (11)의

[X-스럽-] 파생형용사 일부와 '거추장스럽-, 뇌꼴스럽-'을 예로 제시하였다. '-스럽-'의 어기로 참여한 '거추장', '뇌꼴'은 현재 단어 또는 어근으로서의 지위가 불분명하다는 점에서 구성의 함수 관계를 인정하기 어렵다. (25가) 는 [+정합성]과 [+합성성]이 모두 충족된 구성이나, (25나)는 [-정합성], (25 다)는 [-합성성]이라는 점에서 정합성 또는 합성성이 결여된 결과를 보 인다.

(26) 등재의 대상 범위

　　가. [-합성성]의 복합 구성

　　　　[예] 따님, 그믐, 노름; 거추장스럽-, 뇌꼴스럽-

　　나. [-정합성]의 복합 구성

　　　　[예] 가마꾼, 종이배; 시골스럽-, 소녀스럽-

기존 연구에서 복합어의 어휘부 등재와 관련하여 가장 먼저 주목을 받 은 대상은 (26가)의 [-합성성]에 해당하는 항목들이다. 어휘화한 대상이나 불규칙적인 결합으로 구성된 단위들은 이른 시기부터 어휘부에 반드시 저 장되어야 하는 대상으로 평가되었다. 어휘부를 불규칙한 대상만을 위한 공간으로 이해한 Bloomfiled(1933), Di Sciullo & Williams(1987) 등이 이 에 해당하며, 국내 논의로는 김성규(1987)이 대표적이다.

이에 비하면, (26나)의 [-정합성] 대상은 그동안 등재의 대상으로 적극적 인 관심을 받지는 못하였다. 최소 등재의 관점에서는 어휘화한 단어와 비 교할 때에 상대적으로 그 의미가 투명하다고 여겨지는 '가마꾼'과 같은 예 는 등재될 필요가 없다고 보고, '가마'와 '-꾼'만을 어휘부 등재소로 인정하 였던 것이다. 그러나 앞서 우리는 이러한 시각이 (13②)를 도외시한 것으 로 판단하였다. 이 글에서 꾸준히 강조해 왔듯이 '가마꾼'도 '가마'와 '-꾼' 의 두 구성성분만으로는 전체 의미가 확정될 수 없다는 점에서 반드시 '~ (를) 메는'의 의미가 함께 해당 의미로 고정되어야 한다.

결국, [-합성성]의 단어뿐 아니라 [-정합성]의 단어도 고정된 양상으로 화자의 어휘부에 등재되어야 한다. 불규칙적인 복합어만 등재소가 된다고 본 연구에서는 [합성성]에 대한 고려만 있었을 뿐, [정합성]은 주목하지 않았던 것이다. 이에 정한데로(2009, 2010가)는 (25다)의 [-합성성] 구성과 더불어 (25나)의 [-정합성] 구성도 문법적 차원에서 등재의 대상이 되어야 한다고 주장하였다.

이는 '규칙성(regularity)'의 관점에서도 논의해 볼 수 있다. "불규칙적인 복합어는 등재된다."라는 일반적인 기술처럼 복합어의 '규칙성'은 등재 여부를 판단하는 주요 기준으로 언급되어 왔다. 이와 관련하여 우리는 (25나)가 [-정합성]이기는 하지만 변항 A, B에 따른 그 결과값이 '규칙적'이라는 점을 강조하고자 한다. 가령 자연수 x, y에 대해 'f(x,y) = x + y + 2'의 함수로 표현 가능한 f(x,y) = {4, 5, 6, 7, 8, …}의 집합도 각 원소 간의 규칙성이 포착된다. 하지만 상수를 포함한 이 함수는 규칙적일 수는 있어도 구성성분만으로 그 해석이 완성되는 정합적인 구성은 아니다.[23]

---

23) 황화상(2001: 148)은 "단어에서 의미의 합성성이 지켜지지 않는 것이 일반적"이라고 논의하였지만, 이는 다시 검토될 필요가 있다. 앞서 살핀 바와 같이 α 의 존재는 [정합성]을 떨어뜨릴 수는 있어도 [합성성]을 해치는 요소는 아니다. 황화상(2001: 148, 각주 82)에서도 합성성을 '함수 관계'로 파악하고 있는바, 상수의 존재가 함수 자체의 성립을 막는 것은 아니라는 점을 분명히 할 필요가 있다.

한편, 이와 관련하여 채현식(2013: 314-315)에서 쓰고 있는 '규칙성' 및 '합성성' 개념도 우리의 입장에서 다시 검토하고자 한다. 아래의 예는 채현식(2013)의 예 일부를 가져온 것이다(음영은 필자 추가).

　　가. 국그릇: 국을 담는 그릇
　　나. 돌그릇: 돌로 만든 그릇
　　다. 꽃그릇: 꽃이 그려져 있는 예쁜 그릇
　　라. 세수그릇: 세수할 때 쓰는 그릇

채현식(2013)은 위 합성명사의 의미가 구성성분의 의미만으로 "합성적으로 구성되지 않"으며, "선행 명사와 후행 명사의 의미 관계가 규칙적이지 않"다고 파악하고 있다. 그러나 우리의 입장에서 이는 달리 해석된다.

첫째, 채현식(2013)에서 전제하고 있는 '합성적'인 것의 외연이 어떠한지 분명치 않으나, Cruse(2000)의 합성성 개념을 바탕으로 할 때에 위 예들은 모두 구성성분이 변수로 참여한 함수 관계를 모두 충족하고 있다. 다만 이 글에서 α 로 기술하고 있는 '~을 담는', '~로 만든', '~이 그려져 있는 예쁜' 등이 상이한 상수로 함수에 참여하고 있을 정리하자면, '규칙성'은 [합성성] 판단 기준으로 쓰일 수는 있어도 [정합성] 판단에서는 유용한 기준일 수 없다. [+정합성]과 [-정합성] 모두 규칙성을 내재하고 있기 때문이다. 등재와 관련한 종래의 연구는 복합어 구성이 규칙적이냐 불규칙적이냐의 문제만을 기준으로 등재 여부에 대한 입장을 밝혀 온 듯하다. 그러나 '규칙성'만으로는 [-정합성]의 등재 단위를 제대로 포착해 낼 수 없는 한계가 분명하다.

우리는 '규칙적-불규칙적'의 이원적인 대립이 포착하지 못한 [-정합성] 단위를 더욱 명시적으로 드러내기 위해서 '투명성' 기준을 그 대안으로 제시하고자 한다(정한데로 2009: 84-89 참고).[24] 이러한 접근을 통해서 [정합성], [합성성]의 유형을 더욱 효과적으로 구분해 낼 수 있다.

(27) 규칙성과 투명성 대조

① 규칙성		
[+합성성]	[+정합성]	규칙
	[-정합성]	
[-합성성]		불규칙

② 투명성		
[+합성성]	[+정합성]	투명
	[-정합성]	반투명
[-합성성]		불투명

(27)은 '규칙성'과 '투명성'을 [합성성], [정합성] 기준으로 대조한 것이다.

뿐이다.

둘째, 채현식(2013)에서는 위 4가지 단어가 '규칙적'이지 않다는 점에서 규칙을 비판하고 있지만, 동일한 상수를 지닌, 즉 하나의 함수를 통해 성립 가능한 아래의 복합어를 관찰한다면 이들의 형성 과정은 충분히 규칙적이다. '~을 담는'의 상수를 지닌 동일한 함수 관계에 있는 규칙적인 단어들이다.

　　가. 국그릇: 국을 담는 그릇
　　나. 밥그릇: 밥을 담는 그릇
　　다. 김치그릇: 김치를 담는 그릇
　　라. 과일그릇: 과일을 담는 그릇

이상에 제시된 복합어의 예는 "A + B + α"와 같이 두 구성성분이 명확하게 포착되면서 추가 의미가 부가된 것이다. 이는 4.2.2.1의 (28)에서 '추가 α'로 소개될 것이다. 이밖에도 '선택 α', '비유 α'의 유형이 있다. 정한데로(2014나)도 참고된다.

24) 여기에서 제시하는 투명성 기준은 4.3.2.2와 5.3.2.2에서 다시 논의될 것이다. 투명성 기준을 통해서 복합어와 연어 구성의 유사성을 포착할 수 있다.

최소 등재의 관점에서는 종래의 '규칙성' 기준을 중심으로 불규칙적인 단어만 등재된다고 판단하였다. 이러한 입장에 서면 [정합성]은 그리 중요한 기준이 아니다. 반면에 완전 등재의 관점에서는 불규칙적인 대상뿐 아니라 규칙적인 대상도 모두 등재되므로 '규칙성' 기준 자체에 큰 관심을 두지 않았다.

[+합성성], [+정합성] 구성은 그 양상이 '투명'하게 해석되는바 형성 차원에서 등재될 필요가 없다. 이와 달리, [-합성성] 구성은 공시적인 결합이 불가능하므로 '불투명'한 대상으로서 등재되어야 한다. 이때 '투명성' 기준에서 새롭게 부각되는 지점은 [+합성성], [-정합성] 영역인데, 이들은 '규칙성' 기준만으로는 포착되지 않았던 대상이다. 우리는 '반투명'한 상태의 이들 구성을 조명함으로써 '반투명, 불투명' 구성이 등재의 대상이라고 보았다.

실제 단어 구성 내에 α 를 포함한 형식이 적지 않다는 점에 주목한다면 많은 수의 단어가 '반투명'의 상태로 등재를 지향하는 위치에 있다는 해석이 가능하다.[25] 최소 등재의 입장에서는 '나무꾼'을 규칙적인 구성으로 분류하여 등재의 대상에서 배제하기도 하지만, 우리의 입장에서 '나무꾼'은 투명하지 않은, 반투명한 대상이므로 등재 단위로 포함되어야 한다.

단어 형성 과정의 두 가지 속성 [합성성], [정합성]을 바탕으로 이상의 내용을 정리하면 아래와 같다.

(28) 정합성 · 합성성 기준에 따른 투명성과 등재성

결합적 속성		투명성	등재성
합성성	정합성		
+	+	투명	비등재/등재
		반투명	등재
−		불투명	등재

---

25) Aronoff(1976)이 일회용 규칙이라는 이론적 기제를 마련한 것은 이러한 언어적 실제를 반영하기 위한 태도로 판단된다.

공시적인 결합 가능성인 [합성성], α 부가 여부에 따른 [정합성]을 기준으로 하여 투명성의 정도를 (28)로 구분하였다. '반투명' 구성과 '불투명' 구성은 언어 내적 차원에서 등재되어야 할 대상에 포함된다. 한편, '투명' 구성은 언어 내적으로는 등재될 필요가 없다. 다만 어휘 강도에 따른 언어 외적 등재의 가능성은 열려 있다.

3.2.2. 등재 개념의 확장

지금까지 우리가 논의한 '등재' 개념은 기본적으로 개별 화자의 심리 어휘부(mental lexicon)를 대상으로 한 것이다. 인지적 관점에 기초한 인지 형태론(cognitive morphology)뿐 아니라 Halle(1973), Aronoff(1976)의 생성형태론식 어휘부 모형도 사실상 개별 화자의 심리 어휘부에 등재되는 단어에 관한 관심의 결과이다. 그러나 초기 생성형태론의 접근은 개별 화자의 단어 형성 원리로부터 시작하였음에도 불구하고, 그 대상의 실재성 및 어휘부(사전) 등재 판단에 있어서는 사회적 승인에 기대어 있었다는 점에서 한계가 있다(정한데로 2013가 참고, 3.3.2. 후술). 단어 형성 규칙을 통해 형성 가능한 단어도 사회적 승인이 확보되지 않으면 실재하지 않은 단어로 처리하는 태도를 취하였기 때문이다. 이는 형성과 등재에 있어서 미시적 층위와 거시적 층위를 혼동한 결과로 판단된다.

단어형성론 내 개인적·사회적 층위의 혼동 양상에 대한 비판은 송원용(1998)에서 지적된 바 있다. 송원용(1998: 25)에서는 박진호(1994)에서 정의된 '규약화'의 개념(임시 통사원자가 언중의 승인을 얻는 과정)을 검토하면서 '어휘화'와 마찬가지로 '규약화'도 화자의 심리 어휘부와 관련된 개념으로 수정되어야 한다고 주장하였다.[26] 보다 본격적인 입장은 송원

---

26) 송원용(1998: 26)의 어휘화는 '어휘부 밖에 존재했던 요소가 어휘부에 등재되는 현상'을 가리킨다. 1.2. 참고.

용(2002가)에서 체계화된 층위 구분을 통해 논의된다. 송원용(2002가:
170, 172)는 개념 규정의 두 수준(개념적·절대적, 실제적·상대적) 및 두
가지 해석 층위(거시적·사회적, 미시적·심리적)에 따라 다음과 같이 공
시태·통시태를 구분한다(밑줄은 필자 추가).

(29) 개념 규정의 수준에 따른 공시태·통시태 구분 - 거시적·사회적 차원
    가. 개념적·절대적 수준
      - 공시태: 특정 시각의 언어 상태
      - 통시태: 위와 같은 공시태 간의 언어 변화 양상
    나. 실제적·상대적 수준
      - 공시태: 언어 체계의 변화가 발견되지 않는 일정한 기간의 언어 상태
      - 통시태: 언어 체계의 변화 양상

(30) 개념 규정의 수준에 따른 공시태·통시태 구분 - 미시적·심리적 차원
    가. 개념적·절대적 수준
      - 공시태: 특정 시각에서의 화자의 언어 능력
      - 통시태: 시간의 흐름에 따라 화자의 언어 능력이 변화하는 양상
    나. 실제적·상대적 수준
      - 공시태: 체계적 변화가 발견되지 않는 일정 기간의, 화자의 언어 능력
      - 통시태: 화자의 언어 능력에서 발견된 체계적 변화의 양상

송원용(2002가)의 핵심은 단어 형성에 관한 연구가 거시적·사회적 차
원과 미시적·심리적 차원에서 모두 가능하지만, 화자의 단어 형성 능력
을 직접적인 연구 대상으로 삼은 연구라면 (29)가 아닌 (30)의 미시적·심
리적 차원에서 접근되어야 한다는 것이다. (29)에서는 사회적 승인 여부
라는 명확하지 않은 절차를 탐구해야 하는 한계가 있는 반면, (30)은 상대
적으로 그러한 모호성이 발견되지 않는 장점이 있다고 보았다(송원용

2002가: 184). 밑줄 친 부분에서도 확인되듯이 송원용(2002가)는 그 대상과 연구 수준에 있어 사회적 차원을 배제한 '화자의 언어 능력'에 초점이 있다. 그 중에서도 (30가)의 관점(미시적·심리적 차원, 개념적·절대적 수준)으로 단어 형성을 연구해야 한다고 보고, 미시 구조와 관련된 어휘 정보 표시에 관심을 둔다.

이상과 같이 심리 어휘부와 사회적 승인의 구분에 관한 문제 제기(송원용 1998), 그리고 (29), (30)의 두 층위에 대한 구분(송원용 2002가)을 계기로, 그간 국내 단어형성론에서 혼재되어 쓰여 온 '개별 화자의 단어 형성'과 '사회적으로 승인된 단어 형성'의 구분 문제는 보다 명확해진 것으로 판단된다.

한편, 파롤로서의 실재어를 강조하면서 임시어에 대한 연구가 단어형성론의 본령이 되어야 한다고 본 이상욱(2007)도 송원용(2002가)와 마찬가지로 미시적 차원의 단어 연구가 본격화되어야 함을 주장한다. 특히, '랑그로서의 실재어에 대한 반성'과 함께, 사회적 승인을 거친 단어만을 실재어로 인정해 온 종래의 관점을 비판적으로 살핀 것은 이상욱(2007)의 가장 핵심적인 사항이다. 실재어가 언중의 사회적 승인을 얻은 단어로 국한되어서는 안 되며, 단어형성론의 대상이 언어의 공시적 역동성을 살필 수 있는 파롤에까지 확대될 필요가 있다는 것이다(이상욱 2007: 51).

그렇다면 새로 형성된 단어가 화자의 어휘부에 등재되는 과정은 송원용(2002가)의 '미시적·개인적 차원', 이상욱(2007)의 '임시어, 파롤로서의 실재어' 등과 유사한 층위에서 '미시적 차원의 등재'로 명명될 수 있을 것이다.

(31) 미시적 차원의 등재
= 개인어휘부 등재 (화자의 심리 어휘부 등재)

(7)에서 제시한 본 연구의 등재 개념, '언어 단위의 어휘부 내 고정화 작용'

은 미시적 차원에서 접근하여 화자의 개인어휘부를 대상으로 한 기술이다. 이때의 고정화는 화자 내부의 작용이라는 점에서 미시적 차원의 문제에 해당한다.

한편, 정한데로(2011: 225-226)에서는 개별 화자의 머릿속 사전인 '개인어휘부'에 대응하는 개념으로 '사회어휘부'를 제안하였다. 이때의 사회어휘부는 특정 언어 공동체의 구성원 모두가 인정할 만한 공통의 어휘부를 지시하는 추상적 개념이다. 물론 사회어휘부의 경계 범위를 확정짓는 일은 간단한 작업이 아니며, 완벽한 수준의 사회어휘부를 상정하는 것은 불가능한 일일 수 있다. 그렇다면 단어형성론에서 관심 가져야 할 대상이 화자의 개인어휘부로만 한정되는 것인가? 실제 우리가 단어를 형성할 때 입력 단위로 쓰는 대상 대부분이 학습을 통해 사회어휘부로부터 개인어휘부로 가져온 것이라는 점에 주목한다면, 단어형성론에서 사회적 승인을 획득한 단어에 관한 논의를 소홀히 해서는 안 될 것이다(정한데로 2015나, 2015다).

이 글은 기본적으로 미시적 차원에서 특정 단어가 만들어지고 그것이 화자의 머릿속에 기억되는 과정에 관심이 있다. 따라서 공시적으로 형성된 임시어와 개인어휘부가 1차적인 우리의 연구 대상이다. 그러나 우리는 개인어휘부와 더불어 사회어휘부에 관한 연구가 병행될 때에 개인어휘부의 특성과 단어 형성에 관한 전반적인 체계적 양상이 더욱 명확하게 드러날 것으로 판단한다. 다만 특정 단어의 사회적 승인의 시점과 필요조건 등을 체계화하는 일은 이 글에서 함께 다룰 만한 간단한 작업이 아니라는 점에서 우리의 능력 밖에 있다. 이러한 한계를 인정하면서도, 우리는 미시적·개인적 수준의 어휘부에 국한하지 않고 거시적·사회적 수준에까지 어휘부 개념을 끌어와 체계적 관점에서 함께 논의하고자 한다. 특히 단어 형성의 실재성 및 공시성·통시성 문제는 미시적·거시적 측면의 종합적 시각이 필요하다는 사실을 분명하게 보여줄 것이다. 사회적 승인을 사회어휘부 체계의 변화로 이해한다면 이는 거시적 차원의 등재로 정리된다.

(32) 거시적 차원의 등재

= 사회어휘부 등재 (언어 공동체 내 사회적 승인)

개인어휘부 등재와 사회어휘부 등재의 체계적인 관계 설정을 통하여 형성 및 등재의 연구 대상과 접근 층위를 분명히 하는 태도가 필요하다. 가령 개인의 단어 형성 능력을 탐구하면서도 그 대상을 사회적으로 공인된 사회어휘부 등재소로만 한정한다면 이는 초기 생성형태론이 공인 이전 단어의 실재성을 인정하지 않았던 실수를 반복하는 것이기 때문이다.[27)]

요컨대, 우리는 미시적·거시적 층위의 등재를 균형적으로 탐색함으로써 이를 둘러싼 언어 대상의 형성과 변화를 탐구한다. 화자 내부로부터 형성된 단어가 개인어휘부에 등재되는 과정, 그리고 해당 언어 공동체에서 승인된 단어가 사회어휘부에 등재되는 과정 모두 우리의 관심 영역에 있다.

3.3. 형성과 등재 과정의 체계화

3.3.1. 가능어와 등재어

3.3.1.1. 생성형태론의 '가능어-실재어'

구조주의 언어학 이후, 생성 중심의 언어학적 흐름은 문장을 대상으로 한 통사론과 함께 단어를 대상으로 삼는 형태론 연구에도 많은 영향을 끼쳤다. 화자의 언어 능력에 기초해 생성 가능한 문장을 탐구하는 방식이

---

27) 이러한 이유로 우리는 제4장에서 임시어를 복합어 연구 대상에 포함하였다. 그러나 언어 구성, 의존동사 구성·의존명사 구성은 자료 수집 방법상의 어려움으로 인해 공인된 대상을 위주로 논의한 한계가 남아 있다.

생성형태론에도 그대로 적용되면서 일련의 규칙과 제약을 통해 단어 형성을 탐구하기에 이른다.

(33) Halle(1973)의 단어 형성 과정

형태소 목록 ➡	단어 형성 규칙 ➡	여과 장치 ➡	사전
가. friend	———————————————————→		O friend
나. boy 　 -hood	→ O boyhood	→ O	→ O boyhood
다. recite 　 -al	→ O recital	→ O[+특이성]	→ O recital
라. ignore 　 -ation	→ O ignoration	→ X[-어휘삽입]	
마. mountain 　 -al	→ X		

Halle(1973)은 생성형태론의 관점에 입각해 단어 형성을 논의한 가장 선구적인 연구라 할 수 있다. (33)은 Halle(1973)에서 제안한 기본 모형 '형태소 목록 → 단어 형성 규칙 → 여과 장치 → 사전'의 흐름에 맞추어, 각 예에 해당하는 대표 단어를 함께 제시한 Scalise(1984: 31)의 도표이다.

(33가)~(33마)의 각 단어를 중심으로 간단히 살펴보면, 먼저 (33가)의 'friend'는 단일어이므로 형태소 목록으로부터 도출되어 특별한 규칙의 적용 없이 곧바로 사전에 저장된다. 이를 제외한 (33나)~(33마)의 형태소 목록 내 두 구성성분은 서로 결합할 가능성이 열려 있다. (33나)의 'boyhood'는 두 형태소 'boy'와 '-hood'가 단어 형성 규칙을 적용받아 'boyhood'를 형성한 후 특별한 문제없이 '여과 장치'를 거쳐 사전에 저장된다. 한편, (33다)의 'recital'은 조금 다른 모습을 보인다. 'recite'와 '-al'의 두 형태소가 단어 형성 규칙을 통해 결합한 것은 (33나)와 동일하지만 여과 장치에서 [+특이성] 자질을 더함으로써 '독주회'라는 의미가 추가로 부여되었기 때문이다. 이는 구성성분 'recite'와 '-al'에서 도출되지 않는 비합

성적인 의미이므로 여과 장치에서 적용된다. 여과 장치의 영향을 받기는 했으나 사전에 저장되었다는 점에서는 (33다)도 (33가), (33나)와 동일하다.

반면, (33라)와 (33마)는 사전에까지 이르지 못했다는 점에서 동일한 지위에 있다. 물론 구체적인 내부 과정에서는 그 차이가 포착되는데, 먼저 (33라)는 단어 형성 규칙을 적용 받아 'ignore'와 '-ation'의 결합으로 'ignoration'을 형성하였으나, 여과 장치에서 [-어휘삽입]이라는 자질로 인해 사전에 이르지 못한 것이다. 이와 달리 (33마)는 단어 형성 규칙에서부터 이미 결합 불가능한 상태에 놓인다. 'mountain'과 '-al'은 어기 제약으로 인해 결합 불가능한 관계에 있기 때문이다.

우리는 사전 저장 여부에 따라 (33가, 나, 다)와 (33라, 마)의 두 부류가 구분되었다는 점, 그리고 이들을 구분하기 위해 Halle(1973)이나 Scalise (1984)가 도입한 기준이 단어의 실재 여부라는 점에 주목한다. 먼저, 두 부류의 대립은 곧 '가능어(potential words)'와 '실재어(actual words)' 대립이라는 큰 틀을 생성형태론에 도입함으로써 이후의 단어형성론 전반에 걸쳐 적지 않은 영향을 주었다. 생성음운론과 생성통사론에 적용되어 온 '규칙'과 '제약'의 도구를 생성형태론이라는 이름으로 단어 형성에까지 그대로 적용하는 과정에서 제약에 의한 비실재적인 대상을 탐색하게 되었고 그 결과 실재하지 않는 단어, 즉 비실재어의 범주를 논의하게 된 것이다.

그렇다면 초기 생성형태론에서 실재하지 않는 단어로 파악한 단위는 어떠한 것들일까? 이에 대한 답은 (33라), (33마)에서 찾아볼 수 있다. 첫째는 (33라)와 같이 단어 형성 규칙을 적용하는 과정에서는 특별한 제약이 없어 형성 가능한 단어이지만, 그럼에도 불구하고 실제 쓰이지 않는 단어의 경우이다. 둘째는 (33마)의 예처럼 일련의 제약으로 인해 규칙 자체를 적용 받지 못하는 경우이다.

하지만 여기서 (33라), (33마)를 사전에서 배제하게 된 기준에 대해 질문을 던져 볼 수 있다. 추측하건대 (33라)에 대해서는 해당 단어가 종이 사전에 등재되었는지 여부 혹은 사람들 사이에서 널리 쓰이고 있는지 여부가 판단 기준이 된 듯하다. 종이 사전에도 없고 사람들이 쓰지 않는 단어라면 실재하지 않는 것으로 판단하는 것이다. 그렇다면 (33마)는 어떠할까? (33마)에서 제시된 소위 제약이라는 것 역시 결국은 이미 사회적으로 승인된 단어들을 귀납하여 도출된 결과라는 점에서 볼 때, (33마)에 대한 선별 기준도 (33라)와 별반 다르지 않은 것으로 판단된다. 이를 종합해 본다면 (33)에서 사전에 도달하기 이전에 (33라)와 (33마)를 거르게 한 기준이라는 것이 결국은 사회적 승인 여부를 바탕으로 하며, (33)에서 전제하는 단어의 실재성이라는 것 역시 사회적 승인에 크게 기대어 있었음을 확인할 수 있다.

그러나 당장 다음과 같은 질문이 제기될 수 있다.

(34) 가. 종이사전 등재 여부로 단어의 실재성을 결정지을 수 있는가?
    나. 종이사전에는 없지만(즉, 공인되지는 않았지만) 이전 시기에 이미 사용된 예가 분명한 단어의 경우, 실재성이 없다고 할 수 있는가?

정한데로(2013가: 129)에서 언급한 바와 같이, (34가)와 관련하여 현재 OED(Oxford English Dictionary, http://oed.com)에 'ignoration'이 등재되어 있다는 점은 매우 흥미로운 사실이다. Scalise(1984)가 'ignoration'을 실재하지 않는 단어로 보았던 시기와 비교한다면, OED 편찬자에 의해 특정 시점에 이 단어가 실재성을 부여받았다고 보아야 할까? 또 (34나)와 관련해서도 OED가 17세기(1회)와 19세기(3회) 자료의 'ignoration' 용례를 제시하고 있다는 점에서 (33)과 같은 방식으로 'ignoration'에 제약을 가하는 것은 적절하지 않은 듯하다. 결국 (33)에서 [-어휘삽입]이라는 자질을 통해 여과 장치에서 해당 단어를 배제한 방식의 접근은 실재어에 대한 불분명한 기준으로 인해 그 타당성을 의심해 볼 수 있다. 무엇보다도 사회적 승인을 기준으로 실재어를 규정하는 것은 그 경계를 명확하게 표시할 수 없다는 점에서 근본적인 문제를 안고 있다.

3.3.1.2. '가능어-등재어' 기준

사회적 승인에 기초한 실재어 개념에서 도출된 '가능어-실재어'의 대립
은 Halle(1973)을 기점으로 하여 그간 형태론 연구에서 꾸준히 수용되어
왔다. Aronoff(1976: 17-19), Allen(1978: 195-196), Plag(2003: 45-47), Katamba
& Stonham(2006: 67), Haspelmath & Sims(2010: 71) 등의 국외 연구는 물론,
한국어 형태론 연구에서도 송철의(1992: 29), 구본관(1998: 31-32), 김인균
(2005: 16), 이광호(2009: 17) 등에서 생성형태론의 두 단어 개념이 도입되
었다. 그러나 3.3.1.1에서 언급한 바와 같이 '가능어-실재어'의 실재어 개
념이 사회적 승인을 전제한다는 점은 문제가 된다.
　이와 달리, 아래의 두 입장은 새로운 시각에서 실재어를 기술하고 있다
(정한데로 2013가: 131 참고).

　　(35) 가. 단어는 처음 만들어진 순간부터 실재어(existing word)이다(Bauer
　　　　　　 2001: 36).
　　　　　나. 글로 확인되거나 대화 중에 화자가 사용한 단어라면, 그리고 해당
　　　　　　 단어를 이해할 수 있는 다른 화자가 있다면, 이는 실재어(actual
　　　　　　 word)이다(Plag 2003: 47).

(35)의 두 입장은 사회적 승인과 같은 외적 절차와 상관없이 형성 자체에
초점 맞추어 단어의 실재성을 논하고 있다는 점에서 주목된다. Bauer
(2001)의 관점에서는 형성된 모든 단어가 실재어의 지위에 있다. 형성과
함께 곧바로 실재성을 확보하기 때문에 임시어도 곧 실재어에 해당한다.
Plag(2003)도 사회적 승인의 절차 없이 실재어를 인정하고 있다는 점에서
생성형태론 방식의 실재어 개념과 차이가 있다. 다만 (35가)는 전적으로

형성이라는 언어 내적 차원에서만 실재성을 기술한 반면, (35나)는 형성에 더해 특정 화자를 부가 조건으로 전제한다는 점에서 언어 외적 요인까지도 고려하고 있어 다소 상이하다. 우리는 이 두 가지 관점 가운데 전자의 입장에서 실재어를 바라보고자 한다. 언어 외적 조건을 고려할 필요 없이, 새로운 단어는 형성과 동시에 그 실재성을 인정받을 수 있다고 보는 것이다. 1회 출현한 단발어(hapax legomenon)라 할지라도 그것이 특정 화자로부터 표현된 언어 대상이라는 점에서 이는 분명 실재어로서 인정받아야 한다.

(36) 실재어 개념에 관한 두 입장

    가. 실재어①: 형성 이후에 사회적 승인을 거친 일부 단어

    나. 실재어②: 형성된 모든 단어

그렇다면 Halle(1973) 방식의 실재어 개념과 (35)의 실재어 개념은 (36)처럼 정리될 수 있을 것이다. (36가)는 언어 외적 요인을 끌어와 실재어 개념을 수립한 (33)과 같은 접근인 반면, (36나)는 Bauer(2001)과 같이 특정 화자에 의해 형성된 단어라면 모두 실재한다고 보는 입장이다. 앞서 우리는 불분명한 판단 기준으로 인해 (36가)의 '실재어①'에 문제가 있음을 확인하였다. 따라서 이 글은 대상 범위의 경계가 비교적 명확하며, '실재(實在)'의 본 의미에 더 부합하다고 판단되는 (36나)의 '실재어②' 입장에 선다.[28]

최근에는 한국어 형태론 연구에서도 Bauer(2001), Plag(2003) 등처럼 사회적 승인 이전의 단어, 즉 임시어의 실재성에 초점을 맞춘 연구가 활발히 진행되고 있다. 이상욱(2007, 2012), 김민국(2009), 정한데로(2009,

---

28) Bauer(2001)과 마찬가지로 '실재어②'의 개념으로 실재어를 사용한 논의가 다수 확인된다. Štekauer(2001, 2002, 2005a, 2005b), Benczes(2006: 10), Femández-Domínguez (2009: 88-91) 등 참고.

2010가, 2011, 2012다, 2013가, 2013나, 2014가, 2014다) 등이 이에 해당하는데, 특히 이상욱(2007)은 종래의 랑그 중심의 실재어 논의에 대한 반성과 함께 파롤로서의 임시어가 지니는 실재성에 주목한 본격적인 연구라 할 수 있다.[29] 이상욱(2007, 2012)는 다음과 같이 실재어를 분류한다.

(37) 실재어 　　- 정착어
　　　　　　　 - 임시어

(37)의 정착어(established word)는 Bauer(1983)의 '임시어 형성, 공인화, 어휘화'의 3단계 가운데 공인화나 어휘화 과정을 거친 단어를 가리킨다. 따라서 이상욱(2007, 2012)의 실재어는 사회적 승인 전후로 걸쳐져 있는 단어 전반, 즉 Bauer(1983)의 3단계에 해당하는 모든 단어를 지시한다는 점에서 (35가)의 Bauer(2001)과 마찬가지의 입장에 있다고 할 수 있다. 이 글도 사회적 승인 이후의 정착어뿐 아니라 그 이전 단계의 임시어 역시 특정 화자로부터 표현된 언어 단위라는 점에 기초해 실재어임을 분명히 하고자 한다.

한편, 화자의 언어 능력을 통해 형성 가능한 단어, 즉 가능어도 크게 두 가지 입장에서 쓰여 왔다.

(38) 가능어 개념에 관한 두 입장
　　　가. 가능어①: 형성 가능하나 실제 화자에 의해 표현되지는 않은 단어
　　　나. 가능어②: 형성 가능하며 특정 화자에 의해 표현된 단어

(38)의 두 '가능어'는 형성 가능한 언어 단위라는 점에서는 공통적이나

---

29) "실재어를, 언중의 사회적 승인을 얻은 단어에 국한하여 이해하는 것은 단어의 형성을 논의하는 데 적절하지 않다." (이상욱 2007: 50)

그 대상이 실제 형성된 결과인지의 여부에 그 차이가 있다. 전자는 표현 이전의 추상적 수준에서 가능어를 이해하고 있지만, 이에 반해 후자는 해당 단어가 이미 화자에 의해 표현된 실제적 수준에서 가능어를 판단한다. 이와 관련하여, 종래의 한국어 형태론 연구는 대체로 (38가)의 관점에서 가능어를 사용해 온 것으로 보인다. '가능어-실재어' 개념을 쓰고 있는 구본관(1998: 29-31), 이광호(2009: 17)의 논의 일부를 가져와 본다.[30]

(39) 구본관(1998)의 가능어, 임시어 (밑줄은 필자 추가)
　　가. 가능어: "실재어에 상대되는 개념으로 <u>실제로 사용되지는 않았지</u>
　　　　　　<u>만</u> 조어규칙에 의해 만들어질 수 있는 단어"
　　나. 임시어: ① 가능어 가운데 "특정 개인에 의해서라도 만들어진 적
　　　　　　이 있는 경우", ② "<u>임시어가 어휘부에 등재되면 실재어</u>
　　　　　　<u>의 지위</u>를 가지게 된다."

(40) 이광호(2009)의 실제어, 잠재어, 임시어 (밑줄은 필자 추가)
　　가. 실제어: "<u>어휘부에 등록되어 실제로 사용되는 단어</u>"로서 "<u>출간된</u>
　　　　　　<u>사전에 등록된 단어들이 실제어의 대표적인 예</u>"
　　나. 잠재어: "<u>실제로는 생성되어 사용되지는 않았지만</u> 어기와 접사의
　　　　　　결합을 통해 만들어질 수 있는 단어"
　　다. 임시어: "생산성 있는 접사가 만들어낸 단어"로서 "이후 지속적인
　　　　　　사용을 통해서 <u>어휘부에 등재되어 실제어가 될 수도 있</u>
　　　　　　<u>고</u> 또 사용되지 않아 발화 후 곧바로 사라질 수도 있는
　　　　　　단어"

---

30) 구본관(1998)의 '가능어(potential word)', '실재어(actual word)'는 이광호(2009)의 '잠재
　　어(possible word)', '실제어(actual word)'에 각각 대응된다. 혼란의 여지를 피하기 위해
　　구본관(1998)의 용어로 통일하여 기술한다.

밑줄 친 부분에서 확인되듯이 두 입장 모두 실제로 사용되지 않은 대상으로서 '가능어'를 이해한다. 즉, (38가)의 '가능어①'에 해당하는 개념으로 쓰는 것이다. 흥미로운 것은 (39), (40) 모두 '가능어-실재어'의 대립 외에 '임시어'의 개념도 함께 가져와 논의하고 있다는 점이다. 정한데로(2013가: 134)에서는 이상의 용어가 지니는 범위를 다음과 같이 도식화하였다.

(41) 구본관(1998), 이광호(2009)의 용어 개념

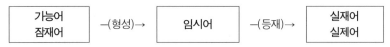

(41)을 참고한다면, '형성'을 기준으로 '가능어-임시어'가 대립되고, '등재'를 기준으로 '임시어-실재어'가 대립 양상을 띤다. 분명한 것은 중간에 자리한 '임시어'로 인해 (41)의 그림에서 '가능어-실재어'가 하나의 특정 기준에 따른 대립 관계를 상실했다는 사실이다. '형성'과 '등재'라는 두 가지 기준을 통해 종래의 '가능어-실재어' 관계가 해석된다는 점도 특징적인데, (41)의 도식처럼 과연 이들 셋을 동일한 층위의 개념으로 보아야 할 것인지, 또 형성되어 쓰이긴 했지만 실재하지는 않는 단어를 임시어로 이해한다는 것인지 등 각 개념의 복잡한 상관관계로 인해 혼란이 야기된다(정한데로 2013가: 134).

(39), (40)에서 실재어가 '어휘부에 등재(등록)된 임시어'로 규정되고 있다는 점에서 볼 때에 이때의 '실재어'는 Bauer(2001), 이상욱(2007) 등의 (36나) '실재어②'와 달리 해석되고 있음이 분명해 보인다. 그러나 (36가)의 '실재어①'과 일치한다고 보기도 어려울 듯한데, (39), (40)에서 상정하는 어휘부가 화자의 심리 어휘부로 판단된다는 점에서 명확한 규정이 쉽지 않기 때문이다. 더욱이 (40)에서는 종이 사전의 등재 기준까지 도입되어 있어 개별 화자와 사회적 승인 문제까지 얽혀 있는 듯하다.

이 글은 (36)에서 '실재어②'의 입장을 수용하였으므로 우리의 시각에서

'등재'는 실재어 기준과 무관하다. 그렇다면 '가능어'는 (38)의 두 입장 가운데 어떠한 관점에서 기술되는 것이 문법 체계를 수립하는 데에 더 적절할 것인가? 이를 위해 우리는 '단어 형성'과 '문장 형성'의 체계적 관계를 도움 삼아 그 답을 모색해 보고자 한다.

(42) '형성'의 두 문법 부문

	표현 동기	결과	연구 영역
가	개념 → 단어	'가능한 단어' 형성	형태론
나	사태 → 문장	'가능한 문장' 형성	통사론

2.2.1에서 논의하였듯이 우리는 형성을 담당하는 문법의 두 하위 부문으로서 '형태부'와 '통사부'를 평행하게 이해한다. 특정 상황을 표현하고자 하는 동기에 따라 이를 언어화한 결과로 형성된 명제는 '가능한 문장'으로 평가받는다. 그리고 통사론 연구자는 이들 가능한 문장을 연구 대상으로 삼아 화자의 언어 능력을 탐구한다. 이러한 관점은 형태론에도 그대로 도입될 수 있을 것이다. 특정 개념을 표현하고자 하는 동기에 따라 이를 언어화한 결과로 얻은 단어는 '가능한 단어'로 평가받을 수 있다. 형태론 연구자가 이들 가능한 단어를 연구 대상으로 삼아 화자의 언어 능력을 탐구한다고 본다면, 결국 가능한 단어, 즉 가능어는 이른바 문법성 판단을 위해 화자가 도출해 낸 문장과 평행한 실제 대상으로서 인정받아야 할 것이다. 이렇듯 형태론과 통사론의 관계를 고려한다면 (38)의 가능어 개념 역시 '가능어②'의 입장을 취할 때에 이 연구에서 전제한 문법 모형을 명확히 드러낼 수 있다.

지금까지의 논의를 정리한다면 이 글이 취하는 '실재어'와 '가능어'의 개념은 다음과 같다.

(43) 이 글의 '실재어'와 '가능어'

　　가. 실재어: 형성된 모든 단어 (=36나)

　　나. 가능어: 형성 가능하며 특정 화자에 의해 표현된 단어 (=38나)

(43)에서 분명히 드러나듯이 우리가 선택한 실재어, 가능어 개념은 생성 형태론에서의 대립적인 관계에 있지 않다. 가능어도 형성된 단어의 하나라는 점에서 실재어에 해당하기 때문이다. 우리는 단어형성론의 체계를 수립하고자 하는 목적에 따라 가능어의 대립 개념으로 실재어를 대신할 새로운 대상을 제안하고자 한다.

　(41)을 참고할 때, 단어형성론에 있어서 '형성'과 '등재'는 주요한 경계 지점이다. 단어의 '형성'이 지닌 외연을 어떻게 설정할 것이냐에 따라서 단어 형성의 공시태·통시태 논란이 야기되었다는 점에서 볼 때에도 그 중요성은 간과할 수 없다.[31] 우리가 주목하는 기준 역시 '형성'과 '등재'의 두 측면이다. 따라서 '형성' 이전과 이후, '등재' 이전과 이후의 단위가 지닌 각각의 문법적 지위를 달리 파악함으로써 그 체계를 수립하고자 한다. 이에 우리는 '형성'과 '등재'의 두 기준을 각각 '가능어'와 '등재어'를 구분 짓는 도구로 활용한다. 여기서 우리가 취하고자 하는 새로운 시각은 종래의 '가능어-실재어' 기준과 대조하여 관찰할 때에 더욱 명확하게 드러날 것이다. (44)는 종래의 '가능어-실재어' 대립쌍과 우리가 주장하는 '가능어-등재어' 대립쌍의 특징을 각각 정리한 것이다.

　(44) 가. '가능어-실재어' 기준

	가능어	실재어
기준	형성 여부	공인 여부
실재성	비실재	실재

---

31) 후술할 3.3.2.1의 (각주 34) 참고.

나. '가능어-등재어' 기준 ☞ **채택**

	가능어	등재어
기준	형성 여부	등재 여부
실재성	실재	실재

　(44가)와 (44나) 모두 '형성 여부'를 기준으로 가능어를 분류한다는 점에서 동일하다. 하지만 (44가)의 가능어는 표현되기 이전의 비실재적 단위인 데 반해, (44나)는 화자를 통해 표현된 실재적 단위에 해당하므로 사실상 (44가)와 (44나)의 가능어는 용어만 같을 뿐 그 외연에는 큰 차이가 있다. (44가)가 (38가)의 '가능어①'이라면, (44나)는 (38나)의 '가능어②'에 대응된다.

　요컨대, (44)의 두 대립 기준 가운데 우리는 (44나)의 '가능어-등재어' 기준을 채택한다. 실재하는 언어 대상으로서의 '가능어' 개념을 수용한 점에서, 또 '형성'과 '등재'라는 핵심적인 분류 기준이 반영된 체계라는 점에서 '가능어-등재어' 대립이 보다 적합한 기준이라고 판단되기 때문이다. 언어 단위의 체계를 확립하기 위한 본 연구의 첫 번째 기준은 바로 '형성·등재' 기준이다(정한데로 2011: 227).

　(45) 언어 단위의 체계 기준 ①
　　 형성·등재 기준: 가능어-등재어

3.3.2. 개인어와 사회어

3.3.2.1. 단어형성론의 '랑그-파롤'

　새로운 단어가 특정 화자로부터 만들어져 개인어휘부에 등재되는 현상, 그리고 그것이 점차 언어 공동체 내부로 확산되어 사회어휘부에 등재되는 일련의 현상은 단어 형성과 등재가 개인과 사회의 두 층위를 아우르는 긴밀한 관계에 있음을 보여준다. 거시적·미시적 기준의 복합적인 양상은 단어 등재의 사회적 승인 문제와 관련하여 '랑그-파롤'의 시각에서 논의된 바 있다.

(46) 가. 공시 언어학은 랑그, 즉 언어를 사용함에 있어 화자들에게 주어진 조건을 연구하는 학문이다. (중략) 통사 규칙에 어긋나게 단어들을 결합한다거나, 음소 배열 제약에 어긋나게 음소들을 결합한다거나, 그 언어에 존재하지 않는 음소를 발화한다거나, 그 언어에 존재하지 않는 단어를 사용한다면 해당 언어의 규범에서 벗어난 비문이 되므로 의사소통이 제대로 이루어질 수 없게 된다(박진호 1999: 321).

나. 어느 한 시점에서 랑그에 존재하는 음소들의 목록을 확정하여 음소 체계를 확립하는 것이 공시 음운론에 속하고, 새로운 음소가 생긴다든지 있던 음소가 없어진다든지 하여 음소 체계에 변화가 일어나는 것을 탐구하는 것이 통시 음운론에 속하듯이, 새로운 단어가 만들어져서 어휘 체계에 변화가 일어나는 것을 탐구하는 것은 통시 언어학에 속한다(박진호 1999: 321-322).

(46)의 기술에서 단어 형성의 문제를 랑그 차원에서 접근한 시각이 관찰된다(밑줄은 필자 추가). 특히 다음의 몇 가지 사항에 주목할 수 있다. 첫째, (46)이 단어의 형성 문제를 화자 간 의사소통의 문제로 직접 연결하고 있는 점에서 볼 때, 박진호(1999)는 단어 형성을 거시적 차원에서 접근하고 있다.[32] 그러나 박진호(1994, 1999)의 통사원자 형성과 어휘부 등재에 관한 논의는 모두 화자의 심리 어휘부를 대상으로 한다.[33] 이 지점에

---

32) 우리도 규범적 차원, 즉 사회적 승인 차원에서 단어의 등재 문제를 함께 다룰 것이다. 그러나 규범의 문제는 추상적인 언어 체계를 지시하는 랑그와 다른 층위의 문제로 보아야 한다는 입장에 있으므로 박진호(1999)와는 차이가 있다. 이에 대해서는 3.3.2.2. 참고.

서 우리는 박진호(1994, 1999)가 이해하는 단어 형성의 기준이 무엇인지 의문을 품게 된다. 그 기준이 심리 어휘부 등재인 것인지, 혹은 사회적 승인인 것인지 미시적·거시적 수준의 다소 혼란스러운 양상이 포착되기 때문이다(3.2.2. 참고). 비슷한 맥락에서 박진호(1994, 1999)의 '형성'이 등재를 포함한 개념인지, 미시적·거시적 층위를 모두 아우르는 관점에서 형성을 이해하는 것인지 등의 물음이 가능하다.[34]

둘째, 새로운 단어의 형성을 랑그에 존재하는 어휘 체계의 변화로 이해한 점은 사회적 승인을 완료한 단어만이 실재성을 지니는 것으로 판단한 결과가 아닌가 한다. 밑줄 친 '존재하지 않는 단어'라는 표현에서도 사회적 승인이라는 거시적 기준으로 단어의 실재성을 판단하고 있는 사실이 관찰된다.[35] 이러한 랑그 중심의 실재어에 대한 비판은 이상욱(2007)에서 이미 제기된 바 있다(밑줄은 필자 추가).

(47) 가. 소쉬르는 언어를 랑그와 파롤로 구분하고 규칙의 잠재적 체계, 언어표상의 사회적 총화로 규정된 랑그를 언어학의 이상적인 대상으로 삼았는데 기존 논의에서 가정되어 온 실재어의 개념은 바로

---

33) 박진호(1994: 19, 1999: 333)는 어휘부에 등재된 통사원자가 표층어휘부를 형성하고, 이들 통사원자가 반복되는 과정에서 화자들에게 인식된 파생접사와 어근이 심층어휘부를 형성한다고 언급하였다.

34) 아래 제시한 박진호(1994)의 기술에서 ①에서의 '형성'은 '등재'와 분리된 별개의 외연을 지니지만, ②에서의 '형성'은 '등재'를 포함한 채로 쓰인 듯하다. ①과 같이 '형성'과 '등재'를 분리한다면, 기본적으로 '등재'를 통시적 과정으로 이해하는 우리의 입장에서 ①에 의한 '통시적 현상'의 판단은 충분히 동의 가능한 것이다.
   "기존에 존재하지 않던 통사원자가 ①[새로이 형성되어 어휘부에 등재된다면] 이는 어휘부의 확장을 가져오며 이는 다시 문법의 변화를 의미한다. 따라서, ②[통사원자의 형성]이란 통시적 현상이지 공시적 문법의 일부가 아니다." (박진호 1994: 10 / 밑줄, 괄호 및 번호는 필자가 추가함)

35) 우리는 사회적 승인을 확보하지 않았더라도 특정 화자로부터 표현된 단어는 모두 실재성을 지닌다고 이해한다. 생성형태론이 구축한 '가능어-실재어'의 기준에 따라, 사회적 승인을 얻지 못한 단어는 실재하지 않는 단위로 처리하였던 기존의 입장이 3.3.1.1에서 비판적으로 논의되었다. 정한데로(2013가, 2013나)도 참고된다.

랑그로서의 단어인 것이다(이상욱 2007: 50).

　나. 이는 단어형성론의 대상이 추상화된 언어 산물인 랑그에 국한될 것이 아니라 언어의 공시적 역동성을 살필 수 있는 파롤에까지 확대될 필요가 있음을 뜻하는 것이다(이상욱 2007: 51).

이상욱(2007)은 종래의 단어형성론에서 실재어로 인정해 온 대상이 랑그로서의 단어에 국한되었던 점을 비판적으로 고찰하고, 파롤에까지 실재어의 영역을 확대함으로써 언어의 공시적 역동성을 살펴야 한다고 주장한다. 이러한 입장을 바탕으로, 임시어에 관한 연구가 단어형성론의 본령이 되어야 한다는 것이다.

임시어의 중요성을 강조한 이상욱(2007)의 접근은 분석이 아닌 형성 차원에서 단어 형성 원리를 밝히고자 하는 단어형성론의 목적에 보다 충실한 것이라고 판단된다. 오늘날 사회적 합의를 통해 규범화된 단어들은 500년 전, 100년 전, 50년 전 각 시기별 특정 화자에 의해 형성되어 오늘날까지 통용되고 있는 단어이므로, 온전한 의미에서는 단어 형성의 순수한 전체 결과로 보기는 어렵기 때문이다(정한데로 2013가, 2013나 참고).

그렇다면 박진호(1994)에서의 랑그 중심 접근, 그리고 이상욱(2007)에서 주목된 파롤에 대한 관심으로 단어형성론의 연구 대상 범위가 정리되었다고 볼 수 있을까? 이에 대해 우리는 '랑그-파롤'이라는 기준 자체에 다시 의문을 던져 보고자 한다. 앞서 살핀 (46)과 (47)이 구체적인 입장에서는 차이가 있었지만, 단어형성론의 연구 대상을 랑그와 파롤에 대입하여 논의한다는 점에서는 공통적이다. 전자는 랑그 차원에서, 후자는 랑그와 파롤을 아울러 단어형성론의 연구 대상을 설정하였기 때문이다.[36] 우리는 기본적으로 (47)의 태도를 수용하여 거시적 측면뿐 아니라 미시적 측

---

36) 이상욱(2007: 47, 51)은 임시어에 대한 탐구가 단어형성론의 본령이 되어야 한다고 파악하고 있다는 점에서 일차적으로는 파롤 수준의 실재어, 즉 임시어에 더 초점이 있다.

면에서도 단어 형성 문제를 고찰해야 한다고 본다. 그러나 Saussure의 '랑그'와 '파롤' 개념이 단어의 형성 논의를 위한 적절한 기준인지에 대해서는 추가적으로 검토하고자 한다.

(48) '랑그(langue)'와 '파롤(parole)'

- Saussure(1916/1972/최승언 역 1990: 13-28) 참고

랑그	파롤
개개인이 언어활동 능력을 발휘할 수 있도록 사회집단이 채택한 약정의 총체	구체적인 상황 속에서 개개의 사람들이 하는 말의 총합
파롤을 실행함으로써 동일한 공동체에 속하는 화자들 속에 저장된 보물. 모든 개인의 뇌 속에 잠재적으로 존재하는 문법 체계	말하는 사람의 의지에 의한 개인적 결합. 이 결합을 수행하는 데 필요한 의미적 발성 행위
추상적	구체적
본질적	부수적
사회적	개인적

Saussure(1916/1972)에 제시된 두 개념을 (48)에 대조하였다. '랑그'는 파롤을 실행함으로써 구체적으로 실현되는 잠재적인 문법 체계를, '파롤'은 구체적인 상황에서 각 화자가 발현한 표현적 실체를 지시한다. 주목되는 것은 파롤이 구체적 대상으로 분류된 것과 대조적으로 랑그는 추상적 대상으로 이해되고 있다는 점이다. 여기서 우리의 물음이 시작된다.

과연 박진호(1994)에서 언급한 "해당 언어의 규범"과 "의사소통"의 대상이 랑그 차원의 대상인가?[37] 또 이상욱(2007)에서 기술한 '랑그로서의 실재어'가 지시하는 것은 무엇인가? '추상적 언어 대상으로서의 실재어'라는 모순적인 의미로 이해될 여지가 있기 때문이다. 그렇다면 랑그와 파롤의 개념적 속성을 따져 보면서, 과연 사회적 승인이 '랑그'로 해석되는 것이 적절할 것인지 재고해 볼 필요가 있다. 사회적 승인과 특정 언어 공동체가

---

[37] 이상욱(2007: 50)에서도 '랑그'를 언중의 사회적 승인 문제와 연결하고 있다는 점에서 박진호(1994)와 동일한 판단을 취하고 있다.

지니는 추상적 언어 체계로서의 랑그는 엄연히 다른 차원의 문제로 판단
되기 때문이다(정한데로 2013가: 132). 이 글의 구체적인 입장은 3.3.2.2
에서 살펴보기로 하자.

3.3.2.2. '개인어-사회어' 기준

사회어휘부 등재, 곧 사회적 승인이 랑그에 적절히 대응될 수 없다는
문제로 인하여 그에 대응할 만한 수준의 새로운 개념을 모색하게 된다.
파롤처럼 구체적인 실체를 지니는 대상이면서도 화자의 개인적인 발화보
다는 사회적 측면이 강조된 중간 개념이 필요한 것이다. 이와 관련하여
우리는 아래의 Coseriu의 체계를 참고하고자 한다.

(49) Coseriu의 체계 - 허발 편역(1997: 53-62, 406-408)

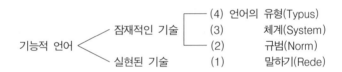

Coseriu(1978)은 언어를 '랑그-파롤'로 이분하여 접근한 Saussure(1916/
1972)와는 달리, 중간 개념으로서 '규범(norm)' 층위를 설정하였다.[38] 이
때의 규범은 랑그보다는 구체적이면서 파롤보다는 추상적인 단위로서 관
습에 의해 결정된 언어 대상을 지시한다. 결국 앞서 언급한 사회적 승인
의 절차에 정확히 대응되는 개념인 것이다.
'말하기' 층위의 단위는 '어휘적 변이체'로서 마치 음운론적 변이와 마찬
가지로 맥락이나 상황에 달려 있다(허발 편역 1997: 53). 한편, '규범'은

---

38) 허발 편역(1997)에서는 'norm'을 '관용'으로 번역하고 있으며, 연구자에 따라서 이를 '규
범', '표준' 등으로 함께 사용하고 있다. 우리는 '규범'을 채택하였다.

'사회적 제도'로서의 언어에 해당한다. 이미 '존재한' 것, 언어 전통 내에서 실현된 것 모두를 포함한다. 이에 반해, '체계'는 객관적으로 변별적인 모든 것을 가리킨다. 체계는 실현 가능성의 총체로서 아직 실현되지는 않았지만 잠재적으로 존재하는 것을 포괄한다(허발 편역 1997: 57).[39]

Coseriu의 '규범' 층위는 Lipka(1992a: 96, 1992b)에 수용되면서, 공인화 (institutionalization)와 어휘화(lexicalization)의 관점에서 조명된 바 있다.

> (50) 공인화 및 어휘화한 복합어는 (체계적 단어 형성 유형 상태의) 랑그와
>   (언어 체계를 기반한 특정 구체적 실현형 상태인) 파롤 그 어느 단계
>   에도 포함되지 않는다(Lipka 1992a: 96, 1992b: 8).

Lipka(1992a, 1992b)에서 수용하고 있는 규범은 사회적 승인을 확보한 규약화된 언어 대상을 의미하는 것이다. 공인화와 어휘화의 대상은 실제 구체적인 실현형이라는 점에서 추상적 언어 체계로서의 랑그와는 분명 구분되는 층위의 대상이다. 한편, 언어 공동체 내 합의를 통해 규약화된 대상이라는 점에서 볼 때에 화자 각각의 발화에 상응하는 파롤 수준에 있다고 보기도 어렵다(정한데로 2013가: 139).

우리는 Coseriu(1978)과 Lipka(1992a, 1992b)의 논의를 받아들여서 규범의 관점에서 공인화, 즉 사회적 승인의 절차를 이해하고자 한다. 이에 규범을 기준으로 삼아 그 이전과 이후로 분류해 볼 수 있다. 규범 이전의 대상이 사회적으로 합의되지 않은 규약화되지 않은 개별 화자의 언어라고

---

39) 특히 Coseriu(1978)에서 '규범'에 관한 몇 가지 사항이 언급되고 있어 주목을 끈다. 체계 안에 주어진 기호 내용이 제한을 받거나 고정(본 연구의 '등재'로 해석 가능하다.)될 때에 '규범'의 기능이 발생하며, 유의어 사이의 상대적인 사용 빈도나 상투적인 문구 역시 '규범'의 사실로 이해된다는 것이다(허발 편역 1997: 59-62 참고).
   우리가 주장하는 거시적 수준의 사회어휘부 등재가 '고정화' 과정으로서 규범으로 자리 잡는 단계라는 사실은 Coseriu의 입장과 평행한 것이다. 아울러 언어 외적 수준의 '빈도' 역시 사회적 승인에 있어서 주요한 기준임을 거듭 확인할 수 있다.

한다면, 규범 이후의 대상은 구성원 간의 약속을 통해 규약화된 수준의 언어 대상이다.

(51) 언어 단위의 체계 기준 ②
    미시적 · 거시적 접근 기준: 개인어-사회어

이는 앞서 논의한 '개인어휘부-사회어휘부', '미시적 차원의 등재-거시적 차원의 등재'와도 평행하게 해석된다. 이때의 개인어가 각기 다양한 화자의 개별 어휘를 지칭하는 개념으로 쓰인 것이라면, 사회어는 이들 개인들의 언어를 모두 포함한 상위의 거시적 측면의 어휘를 가리킨다.

(51)의 '사회어'는 Coseriu의 '규범'에 대입될 수 있고, (51)의 '개인어'는 Saussure의 '파롤'과 Coseriu의 '말하기'에 대응될 것이다. 그렇다면 Saussure의 '랑그'이자 Coseriu의 '체계'에 해당하는 층위는 본 연구에서 어떻게 해석될 것인가? 우리는 단어와 문장 형성 이전의 각 '형성 원리'를 '랑그'와 '체계'로 이해한다. '랑그는 파롤의 도구이자 산물이며, 랑그를 진화시키는 것은 파롤'(Saussure 1916/1972/최승언 역 1990: 27)이라는 점을 떠올려 보면, 형성의 원리가 실제 단어와 문장을 도출해 내는 것과 반대로 형성된 단어와 문장이 귀납화되어 형성의 원리를 수정 · 보완할 수도 있다. 이러한 일련의 과정은 다음 절에서 그림을 통해 다시 논의하기로 한다.

3.3.3. 체계의 확립

지금까지 우리는 두 가지 기준으로 단어의 체계를 구체화하고자 하였다. 첫째 기준은 '형성 · 등재' 여부에 따른 '가능어-등재어' 분류이다((45) 참고). 가능한 단어, 즉 가능어를 실재하는 대상으로 이해함으로써 형성 이전의 단어가 아닌, 형성 이후의 대상으로 그 지위를 명확히 하였다. 한편, 등재어는 형성된 단어 가운데 등재된 것만을 따로 추린 대상을 지시하는 개념으로 제안되었다. 둘째 기준은 '미시적・거시적 접근'에 따른 '개인어-사회어' 구분이다((51) 참고). 개별 화자가 쓰고 기억하는 사회적 승인 이전의 언어가 개인어라면, 사회어는 특정 언어 공동체 내 구성원들에 의해 합의된 대상을 가리킨다. 그 결과, 단어의 체계는 다음과 같이 정리된다.

(52) 단어의 체계

미시적・거시적 접근 ＼ 형성・등재	가능어	등재어
개인어	**개인가능어**	**개인등재어**
사회어	**사회가능어**	**사회등재어**

두 기준을 바탕으로 (52)와 같이 '개인가능어, 개인등재어, 사회가능어, 사회등재어' 총 4가지의 범주로 체계가 마련되었다. '형성・등재' 기준이 시간적 흐름에 따른 단어의 지위 변화를 보여준다면, '미시적・거시적 접근' 기준은 공간적 확장에 따른 단어의 지위 변화를 드러낸다. 따라서 (52)는 하나의 단어가 '탄생'한 후, 그것이 시간과 공간의 다각적 측면에서 어떠한 변화 양상을 겪는지 관찰하기 위한 체계적 발판이 된다.

정한데로(2011, 2013가)는 (52)의 체계 구성을 통해, 단어의 '탄생'에서부터 그 이후의 지위 변화에 이르기까지의 과정을 탐색하였다. 주지하듯이 오늘날 우리가 쓰는 모든 단어의 시작점은 한 화자가 해당 단어를 형성한 특정 순간이다. 현재 널리 쓰이고 있는 공인어도 한때 한 명의 화자에서부터 출발했으며, 그것이 점진적인 어휘 확산을 거쳐 공인에 이르게 되었다는 것은 자명한 사실이다. 그렇다면 (52)의 체계도 단어의 형성 방향을 고려하여 새롭게 구성해 볼 수 있지 않을까? 다소 이상적이기는 하지만, 우리는 특정 단어의 첫 형성 순간부터 공인 단계까지 추적해 보고자 한다. 그 과정은 (52)에서 마련한 체계를 바탕으로 진행될 것이다. 우선 단어가 '탄생'한 시점, 그 순간의 한 개인에서부터 논의를 시작해 보자.

(53) '개인가능어'와 '개인등재어'의 방향

(1)의 과정처럼 단어의 탄생은 대상이나 개념을 언어화하는 절차로 시작된다. (53)의 '개인가능어'는 개념을 언어화하려는 화자의 명명 동기의 결과로 형성된 초기의 '임시어'이다. 단어의 형성과 등재 과정을 분리하여 접근하는 이 글의 기본 태도에 입각하여, 우리는 새로이 형성된 단어라고 해서 그것이 필수적으로 등재를 동반한다고 보지는 않는다. 다시 말해서, 형성된 임시어 가운데에는 등재되는 것뿐만 아니라 등재되지 않는 것도 실재한다. 언어 내적으로 등재될 필요가 없는 (27)의 투명한 구성, 즉 [+합성성], [+정합성]의 단어는 등재될 필요 없는 개인가능어에 대응될 것이다.[40] 이후, 개인가능어는 '등재'라는 또 다른 기준을 통해 지위의 변화를 겪어 '개인등재어'에 이를 수 있는데, 이는 화자의 개인어휘부에 등재된 대상을 가리킨다. 이상의 과정은 (53)처럼 '개인가능어'에서 '개인등재어'의 방향으로 정리된다.

특정 화자 내부의 단어 형성·등재 과정인 (53)은 미시적 접근에 따른 '개인어' 차원의 절차이다. (52)에 따라 그 과정을 '사회어'의 수준에까지 확대 적용한다면 (54)와 같은 도식이 도출된다. 시간적 흐름은 (53)과 마찬가지로 '가능어'에서 '등재어'의 방향으로 구성된다.

(54) '사회가능어'와 '사회등재어'의 방향

갓 형성된 단어는 (53)의 미시적 수준에서 '개인가능어'의 지위를 부여

---

40) 이들 '투명'한 구성도 언어 외적 차원에서 등재될 수 있음을 앞서 논의하였다.

받았다. 그렇다면 그 단어는 거시적 수준에서 어떻게 해석될 것인가? 우리는 '신어의 형성'도 결국은 특정 개인으로부터 시작되었다는 점에 주목하여 거시적 수준에서의 단어 형성을 미시적 수준과 동일한 시점으로 이해한다. 접근 방식의 차이는 해석의 문제일 뿐, 특정 단어의 형성은 미시적이든 거시적이든 결국 같은 시점의 한 임시어로 동일하다.

새롭게 만들어진 단어가 한 개인을 넘어서 특정 청자에게 전달되고 그것이 규약화된 고정적 의미로 쓰이게 된다면, 그것은 개인등재어의 영역을 넘어선 수준에 든 것이다. 화자·청자가 관여하는 언어 공동체 내 승인의 단계에 진입한 것으로 보아야 하기 때문이다. 이때의 언어 공동체는 다양한 층위에서 설정될 수 있다. 넓게는 한국어를 사용하는 공동체로 보아 ≪표준≫과 같은 사전 표제어로 사회등재어를 규정할 수도 있고, 특정 방언 사용 지역을 언어 공동체로 보아 해당 방언을 대상으로 사회등재어가 수립될 수도 있다. 한편, 특정 분야의 전문가 집단에서 쓰이는 단어도 언어 공동체 내부에서 승인된 사회등재어로 인정될 수 있을 것이다. 이렇듯 언어 공동체의 기준이 지역별·분야별·세대별로 다양하게 설정 가능하다는 점은 (54)의 사회가능어와 사회등재어의 구분 지점이 상황에 따라 매우 역동적으로 달리 해석될 여지가 있음을 보여준다(정한데로 2015나 참고).

언어 공동체에 따라 그 등재의 기준이 달라질 수는 있어도, 사회등재어 이전의 사회가능어 범위가 새롭게 형성된 단어의 규약화 이전에 위치한다는 점은 분명하다. 이는 결국 사회가능어가 (53)의 개인가능어와 개인등재어를 더한 영역과 그 외연이 동일하다는 것을 의미하는바 (53), (54)의 두 그림은 아래의 (55)로 통합 가능하다.

(55) 개인어와 사회어의 상관관계

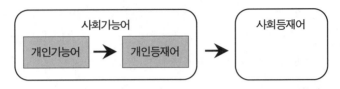

개인 내부의 미시적 과정인 '개인가능어 → 개인등재어'는 사회적 승인 이
전의 사회가능어에 포함되었다. 해당 단어가 개인어휘부에 등재되었다고
할지라도 그것이 고정화된 의미로 화자·청자 사이에서 쓰이기 전까지는
거시적 차원에서 가능어에 머문다고 보는 것이다. 그 결과, 위 그림과 같
이 단일한 방향으로 설정된 단어 형성의 시간적 흐름과 함께 그것의 공간
적 확대 과정을 도식화할 수 있다.

한편, 앞으로 거슬러 올라가서 이들 단어의 형성 이전 단계에까지 우리
의 관심을 확장해 볼 수 있다. 개인가능어가 특정한 형성 원리 없이 무조
건적으로 마구 만들어지는 것은 아니다. 해당 공시태 내에서 일정한 양상
을 바탕으로 규칙적인, 또는 불규칙적인 방식으로 단어가 형성된다. 그렇
다면 개인가능어 이전에는 '단어 형성 원리'가 제안될 수 있을 것이다.[41]
이때의 형성 원리는 Saussure의 '랑그'와 Coseriu의 '체계'에 대응된다
(3.3.2.2. 참고).

또한 새로운 단어 형성이 개인어휘부 또는 사회어휘부 내 등재소와 상
관없이 독자적으로 도출되는 것이 아니라는 점도 강조하고자 한다. 어휘
부 등재소 간에 맺어진 복잡한 어휘적 관계를 바탕으로 일정한 패턴이 구
성될 수 있으며, 단어의 일부 성분을 대치하는 방식의 단어 형성도 충분히
가능하다. 즉, 앞서 살펴본 '가능어 → 등재어'의 방향과 별개로 개인등재
어와 사회등재어에서 형성 원리로의 방향도 제시될 수 있는 것이다.

---

41) 단어 형성 원리에 대한 구체적인 논의는 4.3.1. 참고.

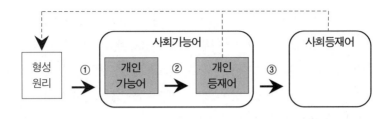

[그림 3-1] 단어의 '형성·등재' 과정

[그림 3-1]은 전술한 '형성 원리'와 '개인등재어·사회등재어에서 형성 원리로의 회귀 과정'을 덧붙여 보완한 것이다. 시간적 흐름을 표시한 ①~③을 통해 그 과정을 따라가 보자. ①은 단어의 명명 동기가 주어진 상황에서 특정한 형성 원리를 바탕으로 개인가능어가 만들어지는 과정에 해당한다. 새로 탄생한 임시어는 개인가능어임과 동시에 사회적 승인 이전의 사회가능어이기도 하다. 이후, ②의 방향으로 개인가능어가 화자의 개인 어휘부에 등재될 수 있다. 이 과정까지도 화자 내부에서 진행되므로 여전히 사회가능어의 지위에 있다. ③은 개인어(개인가능어+개인등재어)가 고정된 방식으로 사회적 승인을 확보하는 단계이다. 단 두 명의 화자가 쓰더라도 규약화된 언어 표현이라면 그것은 두 사람이 속한 언어 공동체 내에서 승인된 결과인바 이 역시 ③의 과정에 해당한다. 그리고 개인등재어와 사회등재어는 일정한 패턴 또는 창조적인 방식으로 형성 원리에 간접적인 영향을 미친다.

끝으로, 다양한 층위에서 달리 해석될 수 있는 '단어의 형성' 지점을 검토하고자 한다. '단어의 형성'은 이때의 단어가 가리키는 범위에 따라서 '임시어의 형성', '신어의 형성', '공인어의 형성' 등 다양한 접근이 가능하다. 임시어는 사회적 승인 이전의 단어, 신어는 임시어 가운데 비교적 최근에 사회적으로 승인된 단어에 해당한다. 공인어는 이미 오래전부터 쓰여 온 사전 등재어뿐 아니라 비교적 최근에 공인된 신어를 포함할 수도 있다. 그렇다면 이들 단어의 형성 시점은 [그림 3-1]에서 어디에 위치하는

가? 비록 용어와 그 공인의 시점 등이 복잡하게 나열되었지만, 우리는 이들 단어의 형성 모두 [그림 3-1]의 ①에 대응한다고 판단한다. '임시어의 형성'이든 '신어의 형성'이든 '사전 등재어의 형성'이든 특정 단어의 형성 시점은 항상 개인 화자를 출발점으로 하기 때문이다. 이후 등재의 수준과 시점에 따라서 '임시어', '신어', '공인어' 등이 달리 분류되는 것이다.

일견 '신어의 형성'을 사회적 승인과 연결지어 '개인어 → 사회어' 과정인 ③으로 이해할 수도 있다. 하지만 앞서 언급한 것처럼 ②와 ③은 각각 개인어휘부 등재, 사회어휘부 등재에 해당하는바 '형성'과는 구분되는 과정이며, 형성 자체는 미시적 · 거시적 접근과 상관없이 항상 ①의 절차로 해석해야 한다고 본다. 요컨대, ①은 개인적 차원의 임시어 형성 과정임과 동시에, 사회적 차원의 임시어 형성 과정인 것이다.[42]

3.4. 형성과 변화 과정의 체계화

3.4.1. 형성 연구와 변화 연구

3.4.1.1. 형성과 변화의 상관성

가능어와 등재어의 체계 수립을 통해, 앞서 우리는 형성과 등재의 두 기준을 완전하게 분리해 낸 바 있다. 단어 형성 과정에 다양한 정보가 부가될 수 있으며, 그 정보를 포함한 구성이 고정화된 상태를 등재로 이해한 것이다. 여기에서는 그 절차를 보다 구체적으로 논의하기로 한다.

---

42) 이러한 두 가지 수준의 임시어 개념에 대해서는 1.2. 참고. 정한데로(2014다, 2015라)도 참고된다.

(56) 형성의 과정

형성		등재
[A]+[B]+ α		[A+B+ α]
[A]+[B]+ α'	고정화 ➡	[A+B+ α']
[A]+[B]+ α''		[A+B+ α'']

다양한 상황 맥락에 따라서 각기 다른 α 가 도입될 수 있다. '맥락1'의 상황에서 α 를 포함한 구성 '[A]+[B]+ α '가 형성될 수 있으며, 동일한 방식으로 '맥락2'와 '맥락3'의 상황에서 α' , α'' 이 포함된 '[A]+[B]+ α' ', '[A]+[B]+ α'' ' 구성이 가능하다. (56)에서 형성 단계의 '[A]+[B]+ α ', '[A]+[B]+ α' ', '[A]+[B]+ α'' '은 완전하게 고정된 상태가 아니라, 맥락에 따라 달리 해석 가능한 공시상의 역동적인 변이 차원의 임시 구성이다.

그러나 형성 차원의 유동적인 의미가 고정화되면, 복합어 [A+B+ α], [A+B+ α'], [A+B+ α'']은 맥락에 의존하지 않고 독립적인 하나의 등재소로서 어휘부 내에 자리 잡게 된다.[43]

(57) 가. 방아꾼: ① 방아를 찧는 일을 직업으로 하는 사람

　　　　　　 ② 방아를 찧으러 방앗간에 온 사람

　　 나. 소리꾼: ① 판소리나 잡가 따위를 아주 잘하는 사람

　　　　　　 ② 소리하는 것을 직업으로 하는 사람

　　 다. 줄꾼: ① 가래질을 할 때, 줄을 잡아당기는 사람

　　　　　 ② 줄모를 심을 때, 줄을 대 주는 일꾼

동일한 구성성분 A, B로 형성된 복합어라 할지라도 [A+B+ α], [A+B

---

43) '[ ]'의 대괄호는 등재소 단위를 표시한 것이다. 따라서 '[A]+[B]+ α '와 '[A+B+ α]'는 다른 수준에 있는 대상이다. 전자는 [A]와 [B]가 각각 등재소이면서 그 복합 구성은 임시적 상태에 있는 반면, 후자는 복합 구성 전체가 단일한 등재소의 지위에 있다. 5.3에서도 이러한 기호를 사용하여 형성과 변화의 단계를 형식화할 것이다.

+ α'], [A+B+ α'']은 각기 다른 맥락을 포함하여 결합한 복합어이므로 서로 다른 의미로 저장될 것이다. (57)의 '방아꾼, 소리꾼, 줄꾼'은 A와 B가 동일함에도 불구하고 상황 맥락에 따라 다른 α 를 포함해 구성된 결과이다. 우리는 고정화 이후의 '등재' 상태를 명확히 함으로써, '형성'과 '등재'의 두 개념을 확실하게 분리하여 인식한다. 고정 이전의 동적 상태로서의 '형성'과, 고정 이후에 비교적 정적 상태에 머물러 있는 '등재'가 대립적으로 드러난다.

이상의 '형성' 과정과 마찬가지로, 우리는 '변화'의 측면에서도 고정화 단계 전후로 확인되는 내부 속성을 탐색해 볼 수 있다. 가장 먼저 제기되는 물음은 단어의 변화가 어떠한 방식으로 시작되는가 하는 것이다. 언어 변화가 언어의 체계 안에서 발생한다고 해도, 그 변화는 필연적으로 '개별 화자'의 행위 결과로 일어나는 일임에 틀림없다(Milroy 1992/정영인 외 역 1998: 249-303). 즉, 변화의 출발점은 특정 화자에게 주어진 것이다. 이에 (56)의 형성 과정이 개인어 차원의 접근인 것과 평행하게, 변화 연구도 개인어 차원에서 시작된다. 우리는 변화를 촉발하는 요인을 찾는 과정에 있어서도 단어 형성과 평행한 방식에서 접근하고자 한다. 단어 형성 과정의 다양한 상황 맥락 요소가 이들의 음운론적 · 형태론적 · 의미론적 정보로 참여하듯이, 단어 변화 과정에도 이러한 정보가 관여한다고 보는 것이다.

그렇다면 변화의 과정도 형성의 과정을 표현한 (56)처럼 형식화해 볼 수 있지 않을까? 그러나 당장 우리는 형성과 변화가 지니는 기본적인 속성에 큰 차이가 있음을 발견하게 된다.

　(58) 가. 형성 - 급진적 과정
　　　　나. 변화 - 점진적 과정

형성의 과정은 급진적(abrupt)이다. 화자가 표현론적 동기에 의거해 단어를 형성하는 과정은 특정 순간에 전개되며 어떠한 체계의 변화를 이끌지 않는다. 반면에 변화의 과정은 점진적(gradual)이다. 변화는 화자가 의도한다고 해서 특정 순간에 즉각적으로 전개되는 것이 아니라는 점에서 형성과 분명한 차이가 있다. 형성을 '점'에 비유한다면, 이와 달리 변화는 '선'으로 비유될 것이다.

변화의 과정은 '점'이 아닌 '선'이므로 분명 시작점과 끝점을 지닌다. 그렇다면 그 시작과 끝은 무엇일까? 우리는 그 출발점에 '변이'를 대입하고자 한다. 일단 변이와 변화는 개념적으로 명확히 구분된다. 구성 형성에 있어서 변이와 변화의 두 단계는 다음과 같은 속성적 차이가 있다(정한데로 2012가: 29).

(59) 변이와 변화의 속성

	변이	변화
공시성 · 통시성	공시적	통시적
의미 고정성	유동적	고정적
맥락관련성	맥락의존적	맥락자유적
등재성	비등재	등재

변이는 해당 조건에 따라 그 의미가 유동적이라는 점에서 맥락의존적이며 공시적인 양상을 띠는 데 반해, 변화는 특정 의미로 이미 고정이 완료된 상태로서 맥락으로부터 자유로운 통시적 결과를 드러낸다. 이상의 대조적인 특징은 이들의 등재성에 있어서도 극명한 차이를 보여 주는데, 등재를 어휘부 내 고정화 과정으로 정의한 본 연구의 관점에 따라 변이는 비등재적인 속성을 지니는 데 반해, 변화는 고정화의 결과로서 등재 상태에 있다.

이전에 쓰이던 단어가 특정한 상황 맥락에 맞추어 조금 다른 방식으로 실제 언어현장에 사용될 수 있다. 주어진 상황 내에서 해석 가능한 단계는 변이 차원에 머물지만, 해당 상태가 고정된 방식으로 등재된다면 이는 맥락에 크게 기대지 않고 독립된 양상을 보일 것이다.[44]

(60) 변화의 과정

변이		등재
[A]+ α →A' [A]+ α' →A'' [A]+ α'' →A'''	➡ 고정화	[A'] [A''] [A''']
변화		
[A] > [A'] [A] > [A''] [A] > [A''']		

다양한 상황 맥락에 따라 다른 α 가 도입될 수 있다. '맥락1'의 상황에서 α 를 포함한 단어 [A]가 'A''의 지위에 있을 수 있으며, 동일한 방식으로 '맥락2'와 '맥락3'의 상황에서 ' α' ', ' α'' '이 포함된 'A''', 'A''''이 가능하다. 변이 단계의 'A', A'', A''''은 고정된 상태가 아니며 맥락에 따라 달리 해석되므로 공시상에서 역동적인 양상을 띤다. 이후 고정화된 단위는 [A'], [A''], [A''']의 형식으로 등재 상태에 이른다.

새로이 등재된 [A'], [A''], [A''']은 고정되기 이전의 [A]와 체계적 관계를 형성한다. '[A] > [A']', '[A] > [A'']', '[A] > [A''']'은 각기 다른 맥락이 고정화된 단위가 이전 단위로부터 변화를 겪은 양상을 보인 것이다. 고정화 이전과 이후의 비교를 통해 그 결과를 확인해 볼 수 있다. 이때 변화 과정은 '변이에서 등재까지'의 연속적인 과정 전반을 아우른다. 형성과 달리 '선'의 모습을 하는 것이다.

한 가지 예를 살펴보기로 하자.

(61) 가. 벼락

① 공중의 전기와 땅 위의 물체에 흐르는 전기 사이에 방전 작용으로 일어나는 자연 현상

---

44) 5.2.1.1의 (8)에서 제시할 Heine(2002)의 도표도 참고된다.

② 매우 빠름을 비유적으로 이르는 말

나. 거품

　① 액체가 기체를 머금고 부풀어서 생긴, 속이 빈 방울

　② 현상 따위가 일시적으로 생겨 껍데기만 있고 실질적인 내용이 없는 상태를 비유적으로 이르는 말

(61)의 단어에서 각기 다른 맥락의 α 가 단어의 새로운 의미로 고정화되었고, 고정화된 의미가 이전 단어의 변화를 이끌었다. 해당 단어의 어휘 내항에 명세된 의미론적 정보가 '[A](①) 〉 [A](①, ②)'로 확장된 것이다. '벼락'과 '거품'은 지시적 의미로 ①만을 보유하고 있었으나, 특정 맥락에서 ②의 의미로 쓰이던 것이 '벼락'과 '거품'의 또 다른 의미로 고정화된 결과 의미 확장을 경험하였다. 어휘 내항에 기술된 이들의 의미론적 정보를 고려한다면, 분명 이는 각 단어의 의미 확장에 따른 변화로 볼 수 있다.

지금까지 논의한 형성과 변화의 특징을 다음과 같이 정리해 보자.

(62) 형성과 변화의 내부 속성

	기능어 →	등재어
형성	형성	등재
변화	변이	등재

(62)의 도식을 통해 형성과 변화의 내부 속성을 한 눈에 파악할 수 있게 되었다. 형성과 변이는 맥락적 정보(α)를 포함하여 공시상에 동적인 상태에 놓여 있지만, 등재로 고정화된 단계에 이르면 정적인 상태가 된다. 형성은 '점'으로서 과정의 출발점에 초점이 있지만, 변화는 '선'으로서 출발점인 변이와 도착점인 등재를 아우르는 과정 전반을 의미한다.[45]

---

45) (62)의 그림은 3.4.2에서 미시적·거시적 측면을 고려하여 더욱 구체화된다.

3.4.1.2. 형성·변화 연구와 등재

우리는 3.3.3의 [그림 3-1]에서 단어의 형성·등재 과정을 체계적 관점에서 조망하였다. 이를 통해 형성 이후의 '개인어휘부 내 고정화 과정(심리 어휘부 등재)', '사회어휘부 내 고정화 과정(사회적 승인)'을 시간적 흐름에 따라 정리하였다. 그렇다면 형성과 등재 과정 이후에 단어는 또 어떠한 과정을 겪게 될 것인가? 이제 우리는 그 다음 단계로 단어의 변화 과정을 살펴보고자 한다.

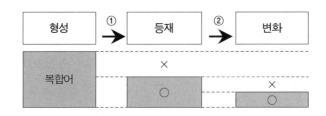

[그림 3-2] 단어의 '형성·등재·변화' 3단계

[그림 3-2]는 '형성 → 등재 → 변화'의 세 단계를 순차적인 과정으로 파악하고, 화자의 개인어휘부를 중심으로 형성과 어휘부 등재, 그리고 그 이후의 변화 과정까지 도식화한 것이다(정한데로 2009: 2, 2012나, 2013가). 먼저, '형성' 단계에서는 일반적인 단어 형성 원리에 따라 복합어가 만들어진다. 이후, 형성된 복합어 가운데 일부는 언어 내적 등재 조건과 언어 외적 등재 조건에 따라 등재(O로 표시)되는 반면, 다른 일부는 등재되지 않는다(X로 표시). 끝으로, 등재된 복합어 가운데 일부는 시간적 흐름에 따라 어휘화를 겪기도 하지만(O로 표시), 그 밖의 단어들은 특별한 변화 없이 이전 속성을 그대로 유지한다(X로 표시). 이러한 일련의 과정이 ①과 ②의 화살표를 통해 일방향적으로 전개된다.

[그림 3-2]에서 ①은 '등재'가 '형성의 도착점'임을 보여준다. 우리는 대

다수의 단어가 형성 과정에서 다양한 상황 정보를 포함하여 정합성을 상실하므로 언어 내적으로 등재를 지향하고 있으며, 정합적인 구성이라 할지라도 어휘 강도에 따라서 언어 외적으로도 등재될 수 있다고 보았다 (3.2.1.3. 참고). 한편, ②는 '등재'가 '변화의 출발점'임을 나타낸다. 어떠한 변화든 이전 시기의 고정된 양상을 전제하지 않으면 그것이 변화의 결과인지 해석 불가능하다는 점에 주목할 때, 등재는 변화를 위한 전제 조건이다. 현상의 시작과 끝을 대조함으로써 그 전체 과정을 변화라고 부를 수 있기 때문이다. Aronoff(1976: 43)의 의미 표류(semantic draft)도 어휘부에 등재된 대상 가운데 일부가 겪는 의미론적 변화라는 점에서, 변화 이전에 어휘부 등재를 전제하고 있음이 확인된다. 이때 변화의 출발점은 곧 '등재'이다.

[그림 3-2]의 ①, ②는 '단어 형성 → 단어 변화'의 전체 과정에서 '등재'가 중간적인 역할을 담당하고 있음을 명시적으로 드러낸다. 종래의 연구가 단어형성론과 어휘론의 서로 분리된 연구 분야에서 각각 단어 형성과 단어 변화의 문제를 다루어 왔다면, 우리는 '형성 → 등재 → 변화'의 세 과정을 단계화함으로써 이들 간의 유기적인 관계를 강조한다. 또한 '등재'가 문법적 차원에서 단어 연구의 한 영역으로 적용될 때에, '형성 연구'와 '변화 연구'에 있어서도 각 분야의 본유적인 특성이 더 분명히 드러날 것이다.

(63) 가. 임시어 형성(nonce formation)

나. 공인화(institutionalization)

다. 어휘화(lexicalization)

(63)은 널리 알려져 있는 Bauer(1983)의 '단어의 역사(history of a lexeme)'이다. 위 세 단계도 [그림 3-1]과 마찬가지로 '단어의 삶'을 순차적으로 제시한 것인데, 첫째 '임시어 형성'은 화자의 즉각적인 필요에 의해 순간적으로 새로운 복합어가 만들어지는 단계에 해당한다. 이후 임시어가

언어 공동체 내에서 수용되는(accepted) 단계가 '공인화'이며, 언어 체계상의 변화로 인해 공인된 단어가 생산적인 규칙을 더 이상 적용받지 못하게 되면 이는 '어휘화'한 것으로 판단한다(Bauer 1983: 45-50).

언뜻 보아 (63)의 세 단계는 '형성, 등재, 변화'의 각 과정에 대응되는 듯하다. 그러나 조금만 더 세밀하게 들여다보면, (63가~다)가 동등한 층위에서 해석되기 어렵다는 사실을 쉽게 발견하게 된다. '임시어 형성'은 화자 개인적 차원에서 시작되는 데 반해, '공인화'는 사회적 차원에서 논의되어야 할 것으로 그 층위가 단일하지 않다. 아울러 어휘화를 공인화 이후에 적용되는 단계로 보았다는 점에서 '어휘화' 역시 사회적 차원에서 해석한 것으로 판단되는데, 변화도 단어 형성과 마찬가지로 특정 화자에서 시작되었다는 점에 주목한다면 (63)과 같은 평면적인 접근은 적절해 보이지 않는다.

(63)의 Bauer(1983) 3단계와 비교한다면, [그림 3-1]은 (63가, 나)의 1, 2단계인 '임시어 형성'과 '공인화'를 더욱 구체화한 것이다. 시간적·공간적 두 층위를 구분하여 단어의 형성·등재 과정을 고찰하면 (63가, 나)는 각각 [그림 3-1]의 ①과 ③에 대응된다. ①은 형성 원리로부터 '개인가능어/사회가능어'의 형성에, ③은 사회적 차원의 공인화에 적용된다. 그렇다면 여기서 남는 물음은 (63)의 마지막 단계인 '어휘화' 과정은 [그림 3-1]에 어떠한 방식으로 적용될 수 있는가 하는 점이다. 이는 [그림 3-2]에서 '형성'과 '등재'에 이어 등장하는 단어의 '변화' 과정에 대한 물음과 일치한다.

그렇다면 [그림 3-1]과 [그림 3-2]를 종합하여 미시적·거시적 차원에서 '형성 → 등재 → 변화'의 단계를 체계화할 수 있지 않을까? 이러한 목표를 달성하기 위하여 우리는 Bauer(1983)과 조금 다른 관점에서 공인화와 어휘화를 논의한 Lipka(1992a)를 참고하여 그 방향을 모색해 보고자 한다.

(64) 가. 공인화란 특정한 형식과 의미를 지닌 어휘 항목이 일반적으로 수
용 가능한 새로운 단어로서 실재하는 어휘들(stock of words) 안

으로 통합되는 것이다.[46)

　　나. 어휘화는 이전에 형성된 복합어가 단일한 어휘적 단위(단일어)가
　　　　되려는 현상이다. 이는 자주 쓰이는(used frequently) 복합어를
　　　　대상으로 하며, 점진적인 통시적 과정(gradual diachronic process)
　　　　이다.

　(64가, 나)는 각각 공인화, 어휘화와 관련한 Lipka(1992a: 95-98)의 기술
을 정리한 것이다. 언뜻 보아 (64)의 내용은 Bauer(1983)과 크게 다르지
않은 듯하다. 그러나 Lipka(1992a, 1992b), Lipka et al.(2004)는 공인화와
어휘화 과정을 '(63나) → (63다)'와 같은 연속적인 관계로 파악하지 않는
다는 점에서 Bauer(1983)과 근본적으로 차이가 있다. Lipka(1992b: 8-9),
Lipka et al.(2004: 8-12)는 이 두 과정을 평행한 시각에서 각각 독립된 현
상으로 파악하고 이들이 교차분류(cross-classification)된다고 파악한다.
핵심적인 주장 몇 가지를 정리하면 아래와 같다.

　(65)　가. 어휘화와 공인화는 서로 독립적인 과정이다.
　　　　나. 어휘화와 공인화는 점진적인 역사적 과정이다.
　　　　다. 어휘화와 공인화는 언어 공동체의 지역, 사회, 문체 등에 의존적
　　　　　　이다.

　(65)를 통해 (63)과의 차이가 더욱 분명해진 듯하다. 무엇보다도 (63나)
와 (63다)의 두 과정을 순차적인 관계로 파악하지 않았다는 점이 주목된
다. 앞서 언급한 대로 Bauer(1983)식의 세 단계가 층위상 혼란스러운 결
과를 보인다는 점에서 우리는 Lipka(1992a, 1992b)가 주장하는 접근에서
해결의 가능성을 찾아보고자 한다. 그렇다면 이제 (65)를 도움 삼아 앞서

─────────────
46) 이는 Lipka(1992a)가 Bauer(1983)과 유사한 입장에서 공인화를 이해한 것이다.

제시한 [그림 3-1]과 [그림 3-2]가 어떠한 방식으로 종합될 수 있을지 살펴보자.

이 연구에서 우리는 공인화를 사회적 차원의 등재 개념으로 이해하였다. 이때의 공인화는 새롭게 형성된 단어의 사회어휘부 등재로 볼 수 있다. 그렇다면 어휘화는 이러한 확산의 문제와 별개의 언어 현상인 것일까? 우리는 '단어 형성' 과정의 '사회가능어(개인가능어 → 개인등재어) → 사회등재어' 흐름과 동일하게 '단어 변화'에 있어서도 동일한 절차를 가정해 볼 수 있으리라 판단한다. 임시어 형성뿐만 아니라 어휘화의 결과도 개인적 차원에서 시작하여 사회적 차원으로 확대된다는 점에 주목해 이들을 두 가지 층위로 구분해 볼 수 있다(정한데로 2013가: 141).

(66) 단어 연구의 두 방향

	미시적 · 개인적 차원	거시적 · 사회적 차원
단어 형성 연구	임시어 형성(=63가)	공인화(=63나)
단어 변화 연구	어휘화(=63다)	공인화(=63나)

(66)은 단어 형성과 변화의 두 과정을 서로 평행한 관점에서 동등하게 나열한 것이다. Bauer(1983)의 세 단계를 (66)의 미시적 · 개인적 차원, 거시적 · 사회적 차원의 기준에 맞게 배치한다면, 사실상 어휘화도 특정 개인으로부터 촉발된다는 점에서 미시적 · 개인적 차원에서 시작되어야 한다는 점을 확인할 수 있다. 그리고 변화한 형식으로 새롭게 쓰인 단어가 해당 언어 공동체에서 확산되어 공인화된다면, 이 역시 변화한 모습으로 꾸준히 공동체 내에서 쓰일 수 있을 것이다.

[그림 3-2]에서는 미시적 · 개인적 차원에서 '형성 → 등재 → 변화'의 관계를 도식화하였으며, (66)에서는 새롭게 확립한 체계 안에서 단어 형성과 단어 변화가 동등하게 해석될 수 있음을 확인하였다. 그렇다면 앞서 제시한 [그림 3-1]의 단어 형성 · 등재 과정에 이상의 변화 양상을 함께 통

합하여 도식화할 수 있을까? Bauer(1983)과 Lipka(1992a, 1992b)를 수정·보완한 우리의 관점에서는 충분히 가능하리라 판단된다.

[그림 3-1]은 '사회가능어(개인가능어 → 개인등재어) → 사회등재어'의 시간적·공간적 흐름의 복합물이었다. 미시적·개인적 차원의 [그림 3-2] 내 '형성 → 등재 → 변화'를 고려하면서 미시적·개인적/거시적·사회적 차원을 동시에 살핀 (52)의 체계를 적용한다면 우리는 다음과 같은 그림을 도출해 낼 수 있다(정한데로 2013가: 142).

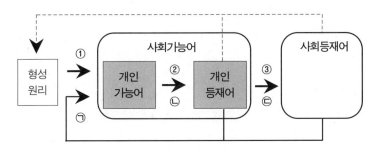

[그림 3-3] 단어의 '형성·등재·변화' 과정

새로운 단어, 즉 임시어가 특정 화자로부터 형성(①)되어 개인가능어 및 개인등재어의 지위(②)를 거친 뒤, 언어 공동체 전반으로 확산되어 가는 과정(③)과 평행한 방식으로 어휘화 과정이 전개된다. 'ㄱ~ㄷ'이 어휘화의 과정을 나타낸다. 임시어 형성과 달리 어휘화는 개인등재어 또는 사회등재어에서부터 시작한다. 이미 실재하는 단어를 특정 화자가 새로운 맥락에서 달리 쓰게 되었을 때 변이가 발생하며(ㄱ) 그것이 해당 화자의 어휘부에 등재(ㄴ)되어 고정된 양상을 보이면 변화가 완성된다. 이후 언어 공동체의 사회어휘부로까지 확산(ㄷ)된다면 이는 공인화를 완료하게 된다. ③과 ㄷ은 '단어 형성'과 '단어 변화'라는 대상만 달리 할 뿐, 거시적 차원의 공인화를 지시한다는 점에서 동일하다.

이렇게 본다면 (66)을 바탕으로 한 우리의 체계는 (65)의 방식과 또 다르다. Lipka(1992a, 1992b) 등은 어휘화와 공인화를 비교하였으나, (66)과 [그림 3-3]에서 우리는 형성과 변화(어휘화)가 모두 공인화의 대상이 된다고 보았다. [그림 3-3]을 놓고 본다면, Lipka(1992a, 1992b) 등이 'ㄱ~ㄷ으로서의 어휘화'와 '③으로서의 공인화'를 놓고 점진적 과정의 공통점을 주장한 반면, 우리는 'ㄱ, ㄴ으로서의 어휘화', 'ㄷ(=③)으로서의 공인화'로 정리한다.

3.4.2. 형성과 변화의 속성

3.4.2.1. 형성·변화 과정의 실재성

가능어를 실재어로 분류해야 한다고 주장하는 이 글의 관점에서 단어의 실재성은 앞서 제시한 [그림 3-1]에서 어떻게 표시될 수 있을까? 우리는 과정 전반에서 드러나는 특징적인 양상을 살핌으로써 가능어와 등재어의 전후 속성을 밝힐 것이다.

앞서 강조하였듯이 단어와 문장의 형성은 그 대상에 있어 차이가 있기는 하지만, 표현론적 동기에 의해 화자로부터 언어화된 결과라는 점에서 공통적이다. 제2장의 (2)에서 언급한 형태론과 통사론의 평행성을 다시 가져와 살펴보도록 하자.

(67) 형태론과 통사론의 평행성

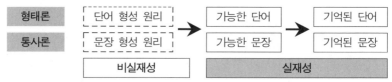

이때 이들 단위에 대한 실재성 판단이 가능하다. 우선, 가능한 문장은 화자의 표현 의도에 따라 공시적으로 형성된 결과를 보여주므로 실재하는

단위임이 분명하다. 또한 일부 문장은 화자의 머릿속에 기억되어 발화될 수 있다는 점에서 그 존재를 인정할 만하다. 이러한 문장 차원의 결과는 단어에도 그대로 적용된다. 표현론적 동기의 결과로 형성된 가능한 단어, 그리고 개별 화자의 머릿속에 기억되어 있는 단어 모두 실재 단위로서의 지위를 확보한다. 반면, 가능한 단어와 문장의 형성 이전 단계는 그 실재성을 인정하기 어렵다. 단어 형성 원리와 문장 형성 원리는 모두 표현되기 이전의 추상적 단계에 있으므로 비실재적 과정에 해당된다.

그렇다면 '변이'와 '변화'의 과정은 단어의 실재성과 관련하여 어떻게 기술될 것인가? '변화'는 고정화 이후의 등재된 결과라는 점에서 그 실재성을 의심할 필요가 없다. 검토의 대상이 되는 것은 '변이'의 과정이다.

(68) 단어 형성·변화의 속성 (1): 실재성　　　[(69)로 발전됨.]

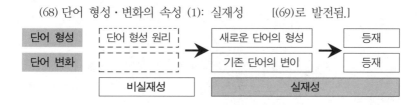

형성과 평행한 관점에서 변화에 대해서도 실재성 판단을 해 볼 수 있다. 앞서 우리는 새롭게 만들어진 가능한 단어의 실재성을 인정함으로써, 등재된 단어와 함께 이들을 실재어의 범주에 포함하였다. 이러한 양상을 단어 변화에도 그대로 적용해 볼 수 있을까? 고정화 이후 변화라는 정적인 상태에 놓인 단어는 이미 어휘부 체계의 변화를 이끌었을 만큼 그 실재성이 분명하다. 이뿐만 아니라 공시상의 동적 상태에 있는 기존 단어의 변이 역시 실재어의 범주에서 논의되어야 할 것이다. 각각의 변이 양상은 이들 단어의 실제적인 쓰임 속에서 포착 가능한 것이므로 이들의 실재성을 부정하기는 어렵다. 용법의 차이만 있을 뿐, 본질적인 이들의 존재 여부가 위협받는 것은 아니기 때문이다. 그렇다면 변이와 변화 모두 실재성의 경계 안으로 들어간다.

반면, 형성과 변화의 차이가 확인되기도 한다. (68)에서 보듯, 기존 단어의 변이 이전 단계에서는 비실재적인 대상이 발견되지 않는다. [그림 3-3]에서처럼 기존 단어로부터 변이가 시작되므로, 변화 과정은 형성과 달리 비실재적인 대상이 불필요하다.

그렇다면 개인어 수준의 (68)이 사회어로까지 확대되었을 때의 실재성 판단은 어떻게 이루어질 것인가? 이미 실재성을 확보한 개인어는 사회적 승인을 거쳐 언어 공동체 내로 확대되는 과정에서도 여전히 본연의 실재성을 인정받을 수 있다. 형성이든 변화이든지에 상관없이 형성 원리 이후의 개인어와 사회어는 모두 실재하는 언어 단위이다. 거시적 층위까지 고려한 첫 번째 속성, 실재성은 (69)로 정리된다.

(69) 단어 형성 · 변화의 속성 (1): 실재성 (미시적 · 거시적 차원)

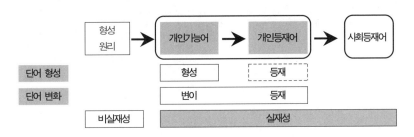

3.4.2.2. 형성 · 변화 과정의 공시성 · 통시성

단어 형성과 변화의 공시성 · 통시성 문제는 형태론 연구에서 중요하게 다루어 온 주제 가운데 하나이다. 이는 박진호(1994)에서부터 본격화되었다고 할 수 있다(밑줄은 필자 추가).

(70) 가. 기존에 존재하지 않던 통사원자가 새로이 형성되어 어휘부에 등재된다면 이는 어휘부의 확장을 가져오며 이는 다시 문법의 변화를 의미한다. 따라서 통사원자의 형성이란 통시적 현상이지 공시

적 문법의 일부가 아니다(박진호 1994: 10).

나. 어느 한 시점에서 랑그에 존재하는 음소들의 목록을 확정하여 음
소 체계를 확립하는 것이 공시 음운론에 속하고, 새로운 음소가
생긴다든지 있던 음소가 없어진다든지 하여 음소 체계에 변화가
일어나는 것을 탐구하는 것이 통시 음운론에 속하듯이, <u>새로운
단어가 만들어져서 어휘 체계에 변화가 일어나는 것을 탐구하는
것은 통시 언어학에 속한다</u>(박진호 1999: 321-322).

(70)의 논의대로 새로운 단어가 어휘부에 등재되는 과정은 어휘부의 확
장과 함께 문법의 변화를 불러오므로, 이를 통시적 과정으로 보는 데에는
연구자들 사이에 큰 이견이 없는 듯하다. 다만 위 기술에서 '형성'의 개념
은 다소 조심스럽게 해석할 필요가 있다. 필자의 판단으로는 (70가)의 밑
줄 친 '형성'이 지시하는 개념의 외연이 등재 과정을 포함한 것으로 해석
되는데, 체계적 변화를 초래하는 등재로 인하여 통사원자의 형성(등재 포
함)을 통시적 현상으로 분류한 듯하다.[47] 랑그 차원에서 접근한 것이기는
하지만, (70나) 역시 등재를 포함한 차원의 형성 개념으로 이해되므로 체
계의 변화를 인정하는 데에는 문제가 없을 것이다. 다만 우리는 '형성'과
'등재'를 구분하는 입장에 있으므로, 이상의 통시성을 '등재'의 측면에 국한
하여 인정하고자 한다.

(71) 단어 형성·변화의 속성 (2): 공시성·통시성　　　[(75)로 발전됨.]

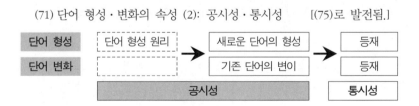

---

47) 3.3.2.1의 (각주 34) 참고. 이호승(2001), 황화상(2010) 참고.

등재의 과정을 통시적 단계로 보아 단어 형성과 변화의 두 측면을 (71)로 도식화하였다. 단어 형성 원리, 그리고 맥락의존적인 가능어(형성, 변이)는 공시적 연구 대상임이 분명하다. 반면, 고정화 단계의 등재는 체계의 변화를 전제하는바 통시성을 지닌다고 본다.

그러나 (70)의 접근은 앞서 언급한 바와 같이 랑그 차원의 논의이므로, 이를 미시적 단계에까지 확대 적용한다면 (71)의 도식은 다소 조정될 필요가 있다. 어휘부와 체계의 변화를 기술하는 데 있어서 미시적·거시적 차원의 문제를 명시적으로 구분하지는 않은 박진호(1994)와 달리, 송원용(2002가)에서는 미시적·심리적 차원과 거시적·사회적 차원의 기준을 확립하여 단어형성론에 필요한 공시태·통시태 개념 구분을 새로이 제시하였다(3.2.2의 (29), (30) 참고).

사회적 승인과 관련한 거시적·사회적 차원의 개념 규정을 제외하고, 송원용(2002가)에서 집중적으로 탐구하는 것은 미시적·심리적 차원의 개념이다. 그 가운데에서도 송원용(2002가)는 개념적·절대적 수준으로 공시태·통시태를 이해하는 것이 단어형성론에서 취해야 할 관점인 것으로 파악한다. 그러나 우리는 미시적·심리적 차원에서 진행되어야 할 심리 어휘부 연구가 개념적·절대적 수준이어야 하는지 의문이다. 심리 어휘부의 특징과 관련한 아래의 내용을 참고한다면 어휘부의 실제 모습은 개념적·절대적 속성과는 거리가 있어 보이기 때문이다(밑줄은 필자 추가).

(72) 가. 물론 특정 단어가 형성되기 직전과 직후 시간의 <u>어휘부</u>로 규정된 공시태는 실제로 연구되기 쉽지 않다. <u>화자의 언어 능력</u>은 시간적 흐름에 따라 학습, 유추와 같은 인지 과정을 겪으면서 <u>끊임없이 변화</u>하기 때문이다.[48] 그러나 언어 현상을 관찰하고 그에 근

---

48) 송원용(2005가)는 단어형성부를 따로 두지 않고 어휘부를 형성 부문으로 파악한다. 이러한 점에서 볼 때, 밑줄 친 '화자의 언어 능력'은 어휘부에서 실현되는 것으로 볼 수 있다.

거한 이론적 체계화를 위해서는 위와 같은 개념적 구분이 필요하다(송원용 2005가: 25, 각주 15).

  나. 어휘부의 변화를 통시적 변화로 규정하면 엄밀한 의미에서 공시태는 존재하지 않는다고 할 수 있다. 왜냐 하면 <u>어휘부는</u> 새로운 단어의 학습, 학습했던 단어의 망각 등으로 인해 <u>끊임없이 변화</u>하기 때문이다. 그러나 이론적 차원에서라도 공시태를 위와 같이 구분하는 것은 잃는 것보다는 얻는 것이 더 많은 처리 방식이다(송원용 2005가: 63, 각주 45).

(73) 가. <u>어휘부는</u> 단어들의 연결망으로 이루어진 <u>복잡계</u>이고, 단어의 구조에 대한 지식이나 단어형성능력은 단어들의 자기조직화 과정에서 창발된다(채현식 2007: 141-142).

  나. <u>복잡계 이론</u>의 관점에서 볼 때, 세상은 <u>역동적이고 복잡</u>하다. 역동적이라 함은 <u>구성원들이 끊임없이 상호작용</u>한다는 것이고, 복잡하다는 것은 상호작용의 <u>종류가 다양</u>하고 주고받는 영향력의 <u>정도도 변한다</u>는 것이다(채현식 2007: 133).

(72), (73)에서 공통적으로 확인되는 사항은 이들 어휘부가 '끊임없이 변화'하며 '역동적'이면서 또 '복잡한' 양상을 띤다는 점이다. 이 글의 개인 어휘부도 이상의 두 입장과 마찬가지로 끊임없이 변화하는 역동적인 대상이다. 여기서 우리는 실제 화자의 심리 어휘부를 연구하여 그것의 실제적인 특성을 탐구하고자 하는 목적에 따라, 역동적으로 변화하는 개인어휘부를 '실제적·상대적 수준'으로 접근하는 태도를 취하고자 한다.

(74) 가. 이 글은 개인적·미시적 차원의 등재 과정이 사회적·거시적 차원의 등재 과정인 공인화와 달리 <u>공시성을</u> 내재하고 있음을 강조하고자 한다. 임시어 형성 이후 빈도가 배제된 등재 과정이 보이

는 '수의성'과 '역동성'을 간과할 수 없으므로 이를 체계의 변화로
보기 어렵다는 판단 때문이다(정한데로 2011: 233-234).

나. 이 글은 '실제적·상대적' 수준에서 '공시상의 역동적인 어휘부'를
<u>연구하는 것이 실제 어휘부의 성격을 밝히고, 언어 현실을 제대</u>
로 보여주는 방법이라는 입장에 있다(정한데로 2011: 234, 각주
33).

(74)는 화자가 공시적으로 형성한 단어가 화자의 개인어휘부에 등재된
상태를 체계의 변화로 인정하기 어렵다는 입장이 강조된 것이다(밑줄은
필자 추가). '가능어 → 등재어'의 일방향적 과정을 가정한 상태에서 개인
어휘부 등재의 수의성과 역동성을 고려할 때, 이를 본격적인 체계의 변화
로 보기 어렵다는 판단 때문이다. 결국, 우리는 수의적이고 역동적인 개인
어의 속성에 초점을 맞추어 '실제적·상대적' 수준에서 '공시상의 역동적
인 어휘부'를 탐색하는 것이 화자의 심리 어휘부를 연구하는 바람직한 접
근이라고 본다.

따라서 개인어의 공시성을 강조한 단어의 형성·변화 속성은 다음과
같이 수정될 것이다.

(75) 단어 형성·변화의 속성 (2): 공시성·통시성 (미시적·거시적 차원)

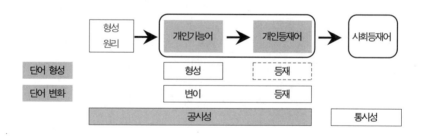

(71)이 미시적 차원으로까지 확대 적용된다면 (75)처럼 개인가능어와 개
인등재어는 공시성의 영역에 포함될 것이며, 사회등재어로의 언어 공동체

내 확산 과정만 통시성을 지니게 된다. 이는 형성 연구뿐만 아니라 변화 연구에도 동일하게 적용된다. 특정 맥락에서 변이적 특징을 보이던 기존 단어의 특징이 개인어휘부에 순간적으로 완전하게 고정되기를 기대하기란 어렵다. 정리하자면, 일방향적인 과정에서 확인되는 등재 여부의 수의성과 역동성을 고려할 때 개인등재어는 공시적 대상으로 분류되며, 이렇게 고정화한 대상이 화자 외부로 확대되는 과정은 통시적 영역으로 파악한다.

지금까지 논의한 단어 형성·변화 과정의 실재성과 공시성·통시성은 다음과 같이 종합된다.

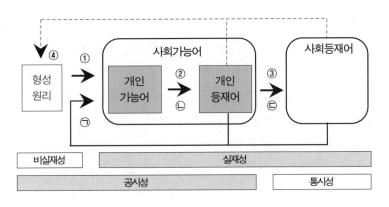

[그림 3-4] 단어의 '형성·등재·변화' 과정과 그 속성

①은 특정한 표현론적 동기에 의해 단어가 형성되는 시점을 나타내므로, 이를 전후로 단어의 실재성이 구분될 수 있다. 표현론적 동기 이전 상태에 위치한 단어의 형성 원리 자체는 비실재적인 부분으로 분류된다. 이는 일반 화자의 언어 능력과 특정 언어 공동체가 지니고 있는 랑그로서의 추상적 언어 체계를 모두 지시한다고 할 수 있다. 선험적으로 화자가 내재한 결합·대치 등의 단어 형성 능력과 더불어, 개인등재어와 사회등재어 간의 어휘적 관계를 통해 귀납된 다양한 속성 역시 ④의 방향에 따라

단어 형성 원리의 하나로 자리할 수 있다. 한편, 변화는 개인등재어 또는 사회등재어로부터 도출된 기존 단어가 그 출발점이므로 그 과정의 대상은 항상 실재성을 확보한다. 따라서 변이 이후 개인등재어로의 고정화 및 사회등재어로의 승인 과정 모두 실재성이 인정된다.

①의 형성, ㉠의 변이와 동시에 개인가능어는 실재어로서의 위상을 갖는다. 해당 단어가 화자의 어휘부에 등재된 대상인지, 혹은 그것이 사회적 승인을 확보한 단어인지 여부는 실재성 판단에 있어서 중요한 기준이 아니다. 화자로부터 표현된 대상이라는 것만으로 그것은 실재성을 확보하는 것이다. 이후 개인가능어가 개인어휘부에 등재되어 개인등재어가 되는 과정(②, ㉡)은 물론, 화자 내부의 개인어가 외부로 전달되어 점차 사회등재어가 되는 과정(③, ㉢)까지도 모두 실재어의 범위에 포함된다.

한편, 형성 원리로부터 새로이 임시어가 만들어지는 과정(①), 이때의 개인가능어가 개인어휘부에 등재되는 과정(②)은 공시상에서 포착 가능하다. 변화의 경우도, 기존 단어가 특정한 맥락에서 변이 수준에서 달리 해석되는 과정(㉠), 이때의 개인가능어가 개인어휘부에 등재되는 과정(㉡) 모두 공시적 단계로 이해한다. 특히, '개인가능어 → 개인등재어'의 과정(②, ㉡)은 체계의 변화를 고려할 만한 등재에 해당함에도 불구하고, 이들의 수의성과 역동성을 이유로 공시적 단계로 해석하고자 하였다. ②와 ㉡의 점선 화살표(⋯→)는 이러한 수의적이고 역동적인 속성을 의미한다.

그러나 그 이후의 공인화 과정(③, ㉢)은 공동체 구성원들의 합의가 필요한 단계라는 점에서 시간의 흐름이 전제된 통시적 과정임이 분명하다. 특정 화자에 의해 새롭게 만들어져 기억된 개인등재어나 상황에 기대어 변이의 수준에서 달리 해석되어 기억된 개인등재어가 언어 공동체 전반으로 확산되어 거시적 차원의 사회어휘부로 등재되는 과정은 분명 사회 전체의 단어 체계에 영향을 미치는바 통시적 과정으로 보아야 할 것이다(박진호 1994, 송원용 2002가, 2005가 참고).

3.5. 요약

심리언어학의 인지 실험 방법을 중심으로, 언어 단위의 기억에 관한 과학적 접근이 국내 형태론 연구에서도 최근 주목을 받고 있다. 그러나 이러한 심리적·인지적 측면이 강조될수록 등재는 문법 연구의 주변으로 밀려날 수밖에 없으며, 끝내는 등재가 문법론 밖의 문제로 귀결될지도 모른다. 우리는 '기억'이라는 등재 속성을 실증적으로 탐구하는 실험 연구의 필요성을 인정하면서도, 문법적 차원에서 등재가 어떠한 의의를 지니는지 탐색하는 데에 목적을 두고 논의를 진행하였다.

'등재'가 문법 연구의 대상인가? 이 물음의 답을 모색하기 위하여 우리가 취한 접근은 '형성'과 '변화'라는 문법의 주요한 두 현상을 가져와 '등재'의 역할을 조명하는 것이었다. 종래에 형성 및 변화 연구에서 주변적으로 언급되거나 크게 주목받지 못했던 '고정화 과정'을 명시적으로 '등재' 단계로 규정하고, '등재'는 형성의 '도착점'이자 변화의 '출발점'이라는 인식에서 '형성→등재→변화'의 단계적인 상관관계를 확립하였다. 아울러 [그림 3-2]와 [그림 3-4]를 통해 그 과정적 속성을 체계화하고자 하였다.

등재를 '언어 단위의 어휘부 내 고정화 작용'으로 정의하는 과정에서, 'f(A,B) = A + B + α'의 함수를 통해 복합 구성의 형성을 형식화하였다. 복합 당시에 부가된 구성성분 외의 요소(α)가 핵심적인 등재의 근거가 된다고 보았다. 한편, 몇 가지 기준에 따라 등재의 유형을 구분하였다. 크게 '언어 내적 등재'와 '언어 외적 등재'로 나누어 논의하였다. 언어 내적 차원에서는 [정합성], [합성성]의 두 속성을 기준으로 유형을 구분하고, [-합성성]은 물론 [-정합성]의 복합 구성까지도 등재의 대상이 된다고 보았다. 이때 [-정합성]의 대상은 기존 연구에서 크게 주목받지 못한 것이다. 아울러 [+정합성]의 복합 구성도 언어 외적 차원에서 출현빈도와 같은 어휘 강도에 따라 충분히 등재소가 될 수 있다.

새로 확립한 '가능어-등재어', '개인어-사회어' 층위 구분을 통해 미시적·거시적 수준에서 '형성 → 등재 → 변화' 과정을 체계화하였다. '사회가능어(개인가능어 → 개인등재어) → 사회등재어'의 층위별 방향을 조직화하고, Bauer(1983)식의 '임시어 형성 → 공인화 → 어휘화'와 달리 '형성 → 공인화' 및 '변화 → 공인화'라는 평행한 접근이 시도되었다. 이상의 과정을 정리한 [그림 3-4]를 통해서 단계별로 상이하게 나타나는 실재성 및 공시성·통시성 특징을 확인하였다.

제4장 **등재소의 형성**

4.1. 도입

둘 이상의 언어 단위가 특정한 원리를 적용받아 더 큰 단위를 구성하는
과정은 형태와 통사를 아우르는 기본적인 문법 현상이다. 제3장에서 체계
화한 '형성 → 등재 → 변화' 과정에서 '형성'은 언어 단위가 '등재'와 '변화'
에 도달하기 위한 첫 단계에 놓인다.

이 장에서 우리는 ① 복합어, ② 연어 구성, ③ 의존동사 구성·의존명
사 구성의 '형성'에 관해 논의한다. 이들 대상은 구성성분의 지위 및 형성
방식의 차이로 인해 그동안 '단어형성론', '연어 구성 연구', '통사론' 등 별
개의 영역에서 독자적으로 연구되어 왔다. 그러나 이들은 다양한 문법 단
위 가운데에서도 화자가 기억하는 대상으로 주목되어 왔다는 점에서 우리
의 관심을 끈다.[1] 물론 세부적으로는 연구자마다 입장 차이가 있지만 ①

---

[1] 복합어의 등재에 관한 선행 연구는 이 글의 제2장을 참고하기 바란다. 연어 구성을 어
휘부 등재 단위로 파악한 논의로는 채현식(2003나), 이동혁(2004), 송원용(2005가), 안
소진(2012가) 등이 있다. 다만 연어 구성의 등재 기준 등을 전면에서 다룬 국내 논의는
아직 확인되지 않는다. 한편, 숙어 구성을 어휘부 등재 단위로 본 논의로 구본관(1990),
최경봉(1993, 1994), 채현식(1994), 황화상(2011, 2014) 등이 참고된다. 이와 달리, 이상
억(1993)은 어휘부 밖에서 '관용의미 해석장치'를 통해 숙어 구성의 의미를 포착하고자
하였다.
한편, 의존동사 구성과 의존명사 구성이 등재소임을 명시적으로 밝히고 있는 연구도
많지 않다. 그러나 문법 변화 과정에서 특정 의존동사 구성과 의존명사 구성이 화자들
로부터 형태론적 구성으로 인식되기 시작한다고 본 권재일(1986가, 1987)이나, 문법화
이전의 재구조화(재분석)를 설정한 안주호(1996), 이승욱(2001), 이지양(2003) 등의 연
구에서 '형태론적 구성으로 인식'되거나 '재구조화'되는 과정은 사실상 문법 단계 가운데

복합어뿐만 아니라, ② 연어 구성, ③ 의존동사 구성・의존명사 구성 모두 화자의 어휘부에 등재되는 대상으로 분류 가능하다. 무엇보다도 제3장에서 체계화한 '등재 → 변화' 단계를 고려할 때, 위 대상들이 비교적 '변화'에 적극 참여한다는 점도 우리가 이들에 주목하는 이유이다.

제3장에서 우리는 화자가 특정 개념과 대상을 표현하고자 하는 명명 동기에 따라 구성성분 이외의 상황 맥락 정보를 단어 의미에 부가한다고 보고, 이때의 부가 정보를 α 로 형식화하였다. 이때의 상황 맥락 정보는 복합어 형성뿐만 아니라, 우리가 관심 갖는 대상 전반에 적용될 수 있을 것으로 믿는다. 연어 구성의 형성 현장, 의존동사 구성・의존명사 구성의 형성 현장에서 α 로 보아야 할 것들을 논의하면서, 4.3에서 대상별 자료를 관찰할 것이다.

보다 비중 있게 논의할 대상은 복합어이다. 이에 4.2는 복합어를 중심으로 구성된다. 특히 표현론적 접근에서 사회적 승인 이전의 임시어를 대상으로 공시적인 단어 형성의 역동적인 양상을 관찰하고, 이들 구성 내 α 의 실현 방식을 확인할 것이다. 아울러 통합관계와 계열관계의 두 방식 가운데 실제 단어 형성에 크게 관여하는 방식이 무엇인지 탐색하는 절이 마련된다.

연어 구성도 비교적 최근에 형성된 것으로 보이는 예가 일부 관찰되기는 하나(문금현 1996 참고), 이전에 형성되어 이미 공인화한 것으로 판단되는 예가 대부분이다. 한편, 의존동사 구성・의존명사 구성은 형성 과정에 문법적 속성이 포함되는 등 그 적용 대상이 복합어나 연어 구성에 비해 훨씬 제약적이다. 따라서 새로이 형성된 공시적 자료를 제시하기란 쉽지 않다. 이에 연어 구성 및 의존동사 구성・의존명사 구성에 대해서는 공인된 자료를 중심으로 α 의 관점에서 이들을 해석하는 데에 중점을 둘 것이다.

'등재'에 적용 가능한 절차이다. 정한데로(2012가)는 보다 적극적인 관점에서 의존동사 (보조용언) 구성의 등재를 인정한 연구이다.

4.2. 형성 과정의 공시성

복합 구성의 형성 과정에서 포착되는 기본적인 속성은 무엇일까? 우리
는 형성 과정에 역동적으로 관여하는 상황 맥락을 확인하면서, 형성의 공
시성을 강조하고자 한다. 특히, 표현의 동기가 있을 때 즉각적으로 실현되
는 형성의 실제 양상을 관찰하기 위하여, 공시적으로 만들어진 임시어 자
료에 주목한다.

4.2.1. 임시어 형성의 실제

이 절에서 우리는 임시어의 실제 구성 양상을 관찰할 것이다. 특히, [설
문 자료]와 [말터 자료]에서 포착되는 구성 유형을 분석하는 데에 초점을
둔다. 그리고 분석된 자료를 바탕으로 이들 구성 유형의 빈도별 순위를
확인하고, 수집된 자료의 예도 관찰하고자 한다. 본격적인 자료 확인에 앞
서, 임시어가 단어형성론 연구에서 어떠한 의의를 지니는지에 대하여 살
펴보기로 하자.

4.2.1.1. 임시어의 단어형성론적 의의

단어형성론의 핵심 목표인 '단어의 형성 원리는 무엇인가?'라는 근본적
인 물음에 답하기 위해 우리는 두 가지 접근에서 연구 대상을 선정할 수
있다. 첫째는 사회적 승인을 확보한 사전 등재어를 연구 대상으로 삼는
것으로, 한정된 대상에 관한 객관적인 분류 기준을 설정하기에 용이하다.
둘째는 공시적으로 형성된 임시어를 연구 대상으로 삼는 것으로, 이때의
임시어는 사회적 승인과 상관없이 화자가 표현하고자 한 의도에 따라 얻
은 즉각적인 결과이다.

종래의 단어 형성 연구는 위 두 가지 접근 방식 가운데 전자를 위주로

전개되어 왔다. 사회적 승인 이전의 사전 미등재어에 실재어의 지위를 부여하는 데 주저하였기 때문이다. 그러나 이 글은 사회적 승인 이전의 임시어를 실재어로 인정하는바 우리의 입장에서 임시어의 실재성은 문제가 되지 않는다(3.3.3. 참고). 이 절에서는 후자의 입장에서 단어형성론의 대상에 관해 살필 것이다. 먼저, 전자의 관점과 관련하여 몇 가지 질문을 던지며 논의를 시작해 보자.

(1) 선정한 연구 대상이,

　　가. 동일한 시기에 형성된 자료로서 형성 원리를 일반화하기에 적절한가?

　　나. 화자의 공시적 언어 능력을 탐구하는 목적에 부합하는가?

　　다. 단어 형성의 온전한 결과가 맞는가? 언어 외적인 영향 등으로, 실제 현상의 일부만을 관찰한 결과는 아닌가?

아래의 [X-꾼] 복합어를 중심으로 (1)의 물음을 검토해 보자. (2)는 일부 [X-꾼] 복합어와 그 뜻풀이를 가져온 것이다.

(2) [X-꾼] 복합어

　　가. 상두꾼: = 상여꾼(상여를 메는 사람)

　　나. 노름꾼: 노름을 일삼는 사람

　　다. 장꾼: 장에서 물건을 사고파는 사람. 또는 그 무리

　　라. 누리꾼: 사이버 공간에서 활동하는 사람 = 네티즌

현재의 시점(時點)에서 우리는 (2)의 네 단어를 한눈에 들여다볼 수 있으며, 이들 복합어에서 포착되는 일반적인 특징을 형식화하는 방식으로 단어의 형성 원리를 탐구할 수 있다. 복합어 사이의 '-꾼'이라는 형태적 유사성과 '사람, 무리' 등의 의미적 유사성을 통해 (2)로부터 [X-꾼] 복합어의 형태와 의미에 관한 일반화가 가능하다.

그러나 (2)의 각 단어는 서로 다른 시기에 만들어진 결과라는 점에서 단순한 일반화만으로 이들의 형성 원리를 밝히기는 쉽지 않아 보인다. 사실상 이들은 그간 형성되었던 다수의 [X-꾼] 형식 가운데, 끈질긴 생명력으로 현재까지 생존한 일부 단어에 해당한다. 같은 시기에 이들과 함께 만들어졌다가 사라져 버리고 만 다른 단어들까지 고려한다면, 과연 이들이 당시의 형성 전반을 보여주는 자료인지 질문해 볼 수 있다.

(3) 가. 샹도ㅅ군: 扛擡軍 샹도ㅅ군 〈역어유해(1775) 28a〉

나. 노름군: 노름군 耍軍 〈한불자전(1880) 290〉

다. 장쑨: 문밧게 나오랴닛가 장쑨들이 와글와글한다 〈靑春(1927) 77〉

라. 누리꾼: 1300여 누리꾼이 참여하여 좋은 의견을 올려 주었다. 〈한겨레 2004.10.5.〉

(3가~라)는 각 단어들이 출현한 초기 자료를 가져온 것인데, 이들은 세기를 달리하여 서로 다른 시기에 형성되었으며 형성 당시의 형태도 지금과 상이한 모습을 보인다. '샹도ㅅ군'과 '노름군'은 접사 '-꾼'의 기원형인 '軍'과 더 밀접한 양상을 보인다는 점에서 통사론적인 관형 구성 또는 합성 명사 형성의 결과로 보아야 할 것이다. '장쑨'도 현재의 '-꾼'과는 형태적으로 차이가 있다. 이렇듯 실제 문헌에서 확인되는 각 단어의 이전 모습을 고려한다면, 과연 이들을 현재의 관점에 치우쳐 [X-꾼] 파생의 결과로 볼 수 있을지 하는 문제가 남는다. (1가)의 물음이 이에 해당한다.

그렇다면 우리의 물음은 자연스럽게 (1나)로 연결된다. 각기 다른 시기에 형성된 (3)의 단어들은 각 시기별 특정 화자의 언어 능력을 통해 형성된 결과이므로, (2)에 대한 현 시점의 일반화만으로 이들의 실제 형성 과정을 논의하는 것은 '단어의 형성 원리는 무엇인가?'라는 단어형성론의 목표에 어긋난다. 현재의 공시적인 분석적 접근에서는 '샹도ㅅ군 〉 상두꾼', '노름군 〉 노름꾼', '장쑨 〉 장꾼'의 변화에 대한 고려가 부족하며, 실제로는 파생이 아닌 합성이나 통사론적 방식으로 이들이 형성되었을 가능성을 배제하고 있기 때문이다. 그렇다면 사실상 이들은 [X-꾼] 복합어를 대상으로 한 형성 당시 화자의 공시적 언어 능력을 탐구하는 데에 적절한 연구 대상이 아닐 수 있다.

종이 사전에 등재되어 있는 단어를 연구 대상으로 삼는다면 (1다)의 물음도 주목할 필요가 있다. 특정한 상황에서 표현론적 동기에 따라 화자가 형성한 단어가 있을 때, 이들이 항상 사회적 승인을 얻어 사전에 수록되는 것은 아니다. 소규모 언어 공동체(지역 방언, 특정 계층, 친족 관계 등)에서만 잠깐 쓰이고 사라진 단어도 적지 않다. 이렇게 본다면 현재의 사전 등재어는 실제 인간이 만들어 낸 수많은 단어 가운데 일부만이 추려져 수집된 결과일 뿐이다. 만약 수 세기에 걸쳐 한 번이라도 표현된 적이 있는 단어를 모두 수집한다면 그 수는 현재의 사전 등재어보다 훨씬 많은 양을 차지할 것이다. (2)의 [X-꾼] 복합어가 실제 형성된 단어 가운데 사회적 승인을 얻어 오늘날까지 유지되고 있는 일부 단어라는 점은 분명하기 때문이다. 따라서 사전 등재어가 실제 단어 형성 원리를 대표할 것이라는 판단에 대해서는 신중할 필요가 있다.

물론 (1)의 세 가지 물음에도 불구하고, 사전 등재어가 단어 형성을 연구하는 데 있어서 중요한 대상임은 분명하다. 새로운 단어를 형성할 때에 화자의 어휘부에 등재되어 있는 수많은 단어들이 직접적인 영향을 주기 때문이다. (2)의 '상두꾼, 노름꾼, 장꾼, 누리꾼'이 각기 다른 시기에 각기 다른 방식으로 형성된 단어임에도 불구하고, 현재의 화자는 이들 간의 관계를 일반화하여 [X-꾼]의 틀을 추상화하거나 'X+-꾼'의 결합으로 새로운 단어를 만들 수 있다.

요컨대, 현재의 사회등재어는 공시적 관점에서 개별 단어의 각 형성 과정을 탐구하기 위한 최선의 연구 대상은 아니다. '상두꾼, 노름꾼, 장꾼, 누리꾼'을 일괄적으로 현재의 관점에서 [X-꾼] 파생의 결과로 잘못 이해할 수 있기 때문이다. 대신 사회등재어는 현재 화자가 공시적으로 단어를 형

성할 때에 참고되는 자료로서, 일반화와 추상화를 위한 도구로서 단어형
성론적 의의를 지닌다. 현 시점에 '상두꾼, 노름꾼, 장꾼, 누리꾼'으로부터
일반화한 패턴을 통해 새로운 단어를 형성하기 때문이다.

그렇다면 공시적으로 형성된 단어를 탐색하기 위해 우리가 접근할 수
있는 대상에는 어떠한 것들이 있을까? 우리의 판단으로는 현 시점에 활발
하게 형성되는 단어, 즉 임시어가 단어형성론의 본격적인 연구 대상이 되
어야 한다(고재설 1994, 이상욱 2007, 2012, 김민국 2009, 정한데로 2011,
2013가, 2013나 참고). 형성 이후 이들의 지속성 여부는 사실상 형성 연구
의 영역이 아닐지 모른다. 임시어가 각 화자들의 심리 어휘부에 등재되는
지, 사회적 승인을 얻어 종이 사전에 등재되는지의 문제는 등재 연구의 영
역이기 때문이다. 따라서 단어형성론에서는 화자로부터 새롭게 표현된 단
어의 결과 자체에 관심을 기울여야 할 것이다.

이 연구에서는 공시적으로 형성된 단어인 임시어에 집중하여 단어 형
성 원리에 접근한다. (3)처럼 각기 다른 시기에 상이한 방식으로 만들어져
오늘날 남아 있는 단어가 아닌, 현재 화자의 표현 동기에 따라 즉각적으로
형성된 단어들에 관심을 갖는 것이다. 임시어를 중심으로 한 단어 형성
연구는 (1)의 3가지 물음에 대해 모두 긍정적인 답을 얻을 수 있다.

그러나 단어는 문장과 달리 어휘부 등재에 적극적인 속성을 보인다는
점에서 공시적으로 형성된 결과를 찾기 어렵다. 또한 단어는 학습을 통해
서도 어휘부에 등재될 수 있기에 실제 화자가 형성한 단어가 아닐지라도
배워서 발화할 수 있다.[2] 이러한 이유로, 화자의 일상 발화에서 포착된
자료로 공시적인 언어 능력을 탐구하는 일은 적지 않은 현실적 한계에 부
딪힌다. 그렇다면 이를 어떻게 극복할 것인가? 우리는 단어 형성 과정이
곧 '개념의 언어화'라는 점에 주목하여, 표현론적 동기가 부여된 상황을 찾

---

2) 문장에 비해 새로운 단어의 형성 빈도가 낮기는 하지만, 특정 시점의 표현론적 동기에
   따라 화자로부터 형성되었다는 점에서 단어가 문장과 평행한 양상을 보이는 것은 분명
   한 사실이다.

아 이때 발생한 개념의 언어화를 수집하고, 그 결과로 얻은 임시어를 탐구 대상으로 삼는다.

한편, 사전 등재어와 임시어의 관계는 생산성 개념에 관한 기존 연구와 도 함께 비교해 볼 수 있다.

(4) 가. Aronoff(1976)의 생산성 측정

$$P= \frac{실재어(actual\ word)\ 수}{가능어(possible\ word)\ 수}$$

나. Baayyen(1989)의 생산성 측정

$$P= \frac{n_1}{N}$$

(P는 생산성 수치, n_1은 단발어 수, N은 항목(token)수)

Aronoff(1976: 36)의 생산성 측정 방식은 가능어 수가 무한하게 측정될 수 있다는 점도 문제가 되지만, 무엇보다도 (4가)의 실재어 범위가 서로 다른 시기에 형성된 단어들을 모두 포괄한다는 점에서 실제 공시적인 생산성 측정과는 거리가 있다. (2)의 [X-꾼]처럼 '상도꾼, 노름꾼, 장꾼, 누리꾼'을 모두 실재어라는 하나의 기준에 맞추어 생산성을 측정하고자 한 것이다.

반면, Baayyen(1989)는 (4가)의 한계를 보완하고자 조사 대상 자료 가운데 한 번만 나타나는 단어(단발어)의 수를 활용하여 생산성을 측정한다. 단발어라고 해서 그것이 모두 공시적으로 형성된 것만은 아니나, (4가)와 비교한다면 공시적인 생산성을 보여주는 데 보다 적절한 방식임이 분명하다. 생산성 연구에서 단발어가 지니는 의의와 마찬가지로, 이 글에서도 사회등재어 전반이 아닌 임시어에 초점을 맞추어 공시적 단어 형성 양상을 관찰한다.3)

---

3) Taylor(2012)에서는 말뭉치 자료 외에도 인터넷(구글 검색) 자료도 적극적으로 활용한다. 인터넷 자료의 신뢰도에 대해서는 보다 조심스럽게 접근할 필요가 있겠지만, Taylor

4.2.1.2. 설문 자료와 말터 자료

공시적으로 즉시 형성되었다가 사라지는 등 역동적인 양상을 보이는 임시어가 단어형성론의 본령이 되어야 한다는 입장에서(고재설 1994, 이상욱 2007, 정한데로 2011 등), 우리는 두 가지 방법에 따라 임시어를 수집한다.

(5) 가. 설문 자료 수집
    나. 말터 자료 수집

(5가)는 연구자가 직접 설문 조사지를 배포하여 피설문자로부터 관련 자료를 수집하는 방식이다. 그리고 (5나)는 국립국어원에서 운영하는 우리말 다듬기 누리집인 말터(http://malteo.korean.go.kr)에서 관련 자료를 수집한다. 이 두 가지 모두 특정한 표현론적 동기를 유발하여, 화자로 하여금 즉각적으로 단어를 형성하도록 하는 방식을 취한다. (5가)의 설문 자료 방식은 정한데로(2013나)에서, (5나)의 말터 자료 방식은 정한데로(2011, 2013가)에서 각각 논의된 바 있다. 여기에서는 정한데로(2011, 2013가, 2013나)의 연구 결과를 함께 다루면서 두 자료가 보여 주는 일반성을 찾고자 할 것이다.

① 설문 자료

(2012: 17-18)는 인터넷 자료를 반대하는 몇 가지 입장을 소개하는 한편, 이들 자료의 장점을 강조한다. 반대 입장에서는 인터넷 자료가 말뭉치와 달리 여러 요인들에 의해 제대로 통제되지 않았다는 문제, 빈도 측정의 문제, 비모국어 화자의 자료를 포함하는 문제 등을 지적한다. 그러나 Taylor(2012)는 통제되지 않은 이러한 비전형적인 양상을 오히려 인터넷 자료의 큰 장점으로 이해하고 있어 흥미롭다. Kilgarriff & Grefenstettet (2003: 345)의 표현을 가져와 인터넷을 "언어학자들의 멋진 놀이터(fabulous linguists' playground)"로 빗대어 소개한 대목도 주목된다.

주변에서 흔히 접할 수 있는 대상임에도 불구하고 이름이 분명하지 않은 예가 있다. 그렇다면 이들 대상의 이름을 짓는 과정에서 즉각적으로 형성된 단어를 관찰할 수 있지 않을까? 특정 개념을 언어로 표현하고자 한 동기에 따라 명명 과정이 실현되기 때문이다(3.2.1.1. 참고).

우리는 설문 조사를 활용하여, 명명 과정에서 포착되는 화자의 다양한 단어 형성의 결과를 수집하였다. 목표 대상의 개념 정보가 화자의 언어 능력을 통해 언어화되는 과정, 즉 개념의 언어화로 단어가 형성된다.

(6) 설문 조사 방법 개괄

　　가. 설문 대상: 한국어 20대 화자 217명

　　나. 조사 시기: 2012년 10월~2012년 12월 (총 4회)

　　다. 조사 방식: 설문지 내 목표 대상 사진을 보고, 적절한 이름을 작성함.

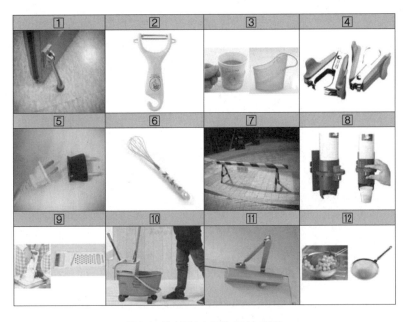

[표 4-1] [설문 자료] 조사 대상

설문 조사는 (6)의 방법으로 진행되었다. 피설문자가 설문지에 제시된 [표 4-1]의 총 12가지 사물을 보고, 각각에 해당하는 이름을 작성하는 과정에서 다수의 임시어가 관찰된다. 수집된 응답 가운데 일단 띄어쓰기가 중간에 표시된 자료는 배제하였으며, '단어로 볼 수 없는 구성, 목표 대상과 상관없는 단어, 복합의 결과로 볼 수 없는 단일어, 사회등재어로 인정되는 단어'를 제외한 후에 본격적인 연구 대상을 선정하였다.[4] 전체 단어의 출현빈도는 2,682회, 유형빈도는 1,491회이다. 목표 대상별 빈도 값은 아래와 같다.

대상	1	2	3	4	5	6	7	8	9	10	11	12	합
유형빈도	114	95	129	125	130	86	155	143	114	145	145	110	1491
백분율	7.65	6.37	8.65	8.38	8.72	5.77	10.40	9.59	7.65	9.73	9.73	7.38	100
순위	8	11	6	7	5	12	1	4	8	2	2	10	
출현빈도	314	280	274	203	189	125	245	228	182	263	197	182	2682
백분율	11,71	10.44	10.22	7.57	7.05	4.66	9.13	8.50	6.79	9.81	7.35	6.79	100
순위	1	2	3	7	9	12	5	6	10	4	8	10	

[표 4-2] [설문 자료] 대상별 빈도 및 백분율

비교적 쉽게 단어를 형성할 수 있는 경우는 높은 출현빈도를 보였지만, 그렇지 않은 경우도 확인된다. 6은 출현빈도와 유형빈도가 모두 높지 않다.[5]

---

4) 구체적인 사항에 대해서는 정한데로(2013나) 참고.

삭제 유형	유형빈도	출현빈도	예
① 단어로 볼 수 없는 구성	56	57	종이컵빼는거(8), 문기만히있어(11)
② 목표 대상과 상관없는 단어	5	7	병따개(2), 거미손(11)
③ 단일어	22	141	이빨(4), 체/채(12)
④ 사회등재어로 인정 가능한 단어	30	297	거품기(6), 돼지코(5), 갈갈이(9)
총계	113	502	

5) 통계적 방법을 활용하지 않은 이 글에서 이때의 대상별 출현빈도와 백분율이 큰 의미를 지니는 것은 아니다. [표 4-2]는 수집 자료의 전반적인 현황을 보이기 위한 것임을 밝혀 둔다.

각 목표 대상별 출현빈도 상위 10위까지의 임시어는 다음과 같다.

①순위	임시어	출현빈도	②순위	임시어	출현빈도	③순위	임시어	출현빈도
1	문고정기	29	1	껍질깎이/껍질깍이	40	1	종이컵홀더	22
2	문막이	25	2	감자깎이/감자깍이	34	2	컵받침	22
3	문고정대	17	3	껍질까개	20	3	컵집이	18
4	문걸이	14	4	감자깎기/감자깍기	15	4	종이컵받침	15
5	문받	14	5	껍질깎기/껍질깍기	14	5	종이컵손잡이	11
6	문지지대	13	6	껍질칼	12	6	컵손잡이	11
7	문받이	12	7	껍질벗기개	10	7	컵홀더	10
8	문다리	11	8	껍질제거기	9	8	컵받침대	7
9	문받침대	11	9	야채깎이	6	9	종이컵받침대	5
10	문받침	8	10	채소깎이	6	10	컵받이	5

④순위	임시어	출현빈도	⑤순위	임시어	출현빈도	⑥순위	임시어	출현빈도
1	스테이플러제거기/스템플러제거기 등	17	1	전압변환기	22	1	석개/석게	11
2	스테이플러뽑개/스테이플러뽑개 등	14	2	콘센트변환기	15	2	휘젓기/휘젖기	7
3	심제거기	9	3	변환콘센트	5	3	거품생성기	5
4	심빼기	6	4	변압콘센트	4	4	거품막대	3
5	뽑개	5	5	보조콘센트	4	5	거품체/거품채	3
6	악어이빨	5	6	변전콘센트	3	6	풀개	3
7	스테이플러뽑기/스템플러뽑기	4	7	볼트변환기	3	7	거품개/거품게	2
8	스테이플러심제거기/스템플러심제거기	4	8	볼트변환잭	2	8	거품내기	2
9	스테플러집게/스템플러집게	3	9	전기변환기	2	9	거품만들기	2
10	클립집개	3	10	전류변환기	2	10	거품메이커	2

⑦순위	임시어	출현빈도	⑧순위	임시어	출현빈도	⑨순위	임시어	출현빈도
1	치막이	19	1	컵뽑기	10	1	갈개	19
2	주차금지대	11	2	컵뽑이	9	2	갈판	15
3	주차금지기둥	8	3	종이컵자판기	8	3	무갈이	6
4	주차막이	7	4	종이컵홀더	7	4	수동믹서기	5
5	길막이	6	5	종이컵뽑개	6	5	야채갈이	5
6	주차금지막대	4	6	컵자판기	6	6	채썰개/채썰개	4
7	진입금지바	4	7	종이컵뽑기	5	7	채썰이	4
8	차단대	4	8	종이컵보관대	4	8	갈기	3
9	금지바	3	9	종이컵보관함	4	9	무썰개	3
10	주차금지	3	10	종이컵분배기	4	10	무채칼	3

⑩순위	임시어	출현빈도	⑪순위	임시어	출현빈도	⑫순위	임시어	출현빈도
1	걸레짜개/걸레짜게	35	1	문소음방지기	6	1	거름체/거름채	8
2	대걸레짜개/대걸레짜게	15	2	문고정기	5	2	물빼개/물빼게	8
3	걸레짜기	9	3	문조절기	5	3	거름망	7
4	걸레통	8	4	문닫개	4	4	물빼기	7

5	걸레빨이	6	5	문닫이	4	5	물빠짐체/ 물빠짐채	5
6	물짜개	6	6	문닫힘조절기	4	6	물털개	5
7	걸레탈수기	5	7	문속도조절기	4	7	물털이	5
8	걸레차	4	8	문안전장치	4	8	과일체	4
9	걸레받이	3	9	문홀더	4	9	물체/물채	4
10	걸레빨이통	3	10	자동문닫이	4	10	거르개	3

[표 4-3] [설문 자료] 대상별 임시어 및 출현빈도 (상위 1~10위)

목표 대상별로 다양한 방식의 임시어가 형성되었다. ②의 '껍질깎이/껍
질깍이', ⑩의 '걸레짜개/걸레짜게'의 경우는 40회, 35회로 비교적 높은 출
현빈도가 확인된다. 반면, ⑪의 '문소음방지기', ⑫의 '거름체/거름채'는
부류 내에서 가장 높은 출현빈도를 보이고 있지만 그 값은 6회, 8회로 ②
와 ⑩에 비해 그리 높은 수치는 아니다. ⑪, ⑫와 비교할 때, 피설문자들
이 ②, ⑩에 대해서 유사한 패턴의 단어를 많이 형성하였음을 알 수 있
다.6)

② 말터 자료

국립국어원에서 운영하는 우리말 다듬기 누리집인 '말터'에서는 매달
'다듬을 말(순화 대상어)'을 2~3개 선정하고, 이를 대신할 '다듬은 말' 후
보를 누리꾼들로부터 제안 받는다.7) 그리고 한국어 화자라면 누구나 아무
런 제약 없이 다듬은 말을 추천할 수 있다. (7)은 공모 내용의 일부이다
(밑줄은 필자 추가).

---

6) 수집된 임시어의 다양한 구성적 특징에 대해서는 4.2.1.3에서 살피기로 한다.
7) '말터'에서 진행되는 '우리말 다듬기'와 관련한 사항은 심지연(2006: 169)에서도 언급된
   바 있다.

(7) '다듬은 말' 공개 모집 예시

'포커페이스(poker face)'를 대신할 우리말을 찾아 주세요!

(보기 1) 김 감독은 좀처럼 속을 예측하기 어렵게 <u>포커페이스</u>를 유지했다.
(보기 2) <u>포커페이스</u>에 능한 범인은 끝까지 자백하지 않았다.

(중략) 어떤 사람은 자신의 심정이 얼굴에 고스란히 나타나는 사람이 있는 반면 포커페이스를 유지한 채 도통 그 속을 알 수 없는 사람도 있습니다. <u>'포커페이스'란 속마음을 나타내지 않고 무표정하게 있는 얼굴을 말합니다.</u> 이 말은 포커를 할 때에, <u>자신이 가진 패의 좋고 나쁨을 상대편이 눈치 채지 못하도록 표정을 드러내지 않는 데서 유래했습니다.</u> (중략)
이처럼 속마음을 나타내지 않고 무표정하게 있는 얼굴을 가리키는 '포커페이스'를 대신할 우리말로 어떤 것이 좋을까요? 더 알기 쉽고 부르기 쉬운 우리말을 제안해 주십시오.

---

(7)과 같이 '포커페이스'라는 단어의 의미와 함께, 그 예시를 보기로 제시함으로써 제안자들은 외래어를 단순히 번역하는 것이 아니라 해당 개념을 표현하는 방식으로 단어를 형성하게 된다.

(8) '포커페이스'의 '다듬은 말' 선정 과정 (말터 누리집 참고)

① 제안어 공모	② 후보 선정	③ 투표	④ 최종 선정
618건 수집	– 가면얼굴 – 감춘낯 – 무표정 – 시치미얼굴	일반인 1,666명 참가	**무표정: 816명(48%)** 가면얼굴: 408명(24%) 감춘낯: 256명(15%) 시치미얼굴: 186명(11%)

말터에서의 다듬은 말 선정 과정은 (8)의 순서로 진행된다. ① 공모를 통해 다수의 제안어를 수집한 후에, ② 국립국어원에서 일부 후보를 선정하고, ③ 이를 대상으로 다시 일반 한국어 화자들의 투표를 거쳐 ④ 최종 다듬은 말을 선정한다.[8] '포커페이스'의 경우, 총 618건의 단어가 제안되

---

8) 2011년 12월부터는 제안어 공모만 일반 누리꾼을 대상으로 수집하고, 투표 없이 '말다듬기위원회'에서 최종 다듬은 말을 선정하고 있다. 말다듬기위원회는 국립국어원 담당자, 학계 연구자, 방송인, 문학가 등을 중심으로 구성된다.
(http://malteo.korean.go.kr/jsp/malteo/malteo07.jsp 참고)

었고 그 가운데 '가면얼굴, 감춘낯, 무표정, 시치미얼굴'이 투표 대상 후보
가 되었다. 그리고 누리꾼 투표를 통해 '무표정'이 '포커페이스'를 대신할
우리말로 최종 선정되었다.

우리의 관심 대상은 '① 제안어 공모' 단계에 있는 단어들이다. ④에서
최종 선정된 단어뿐만 아니라, ②의 후보 단어들도 이미 전문가의 선택을
통해 한 번씩 걸러지고 남은 단어들이다. '사회적 승인 가능성'이라는 전
문가들의 언어 외적인 평가 기준을 만족시키는 대상으로 분류된 것이기
때문이다. 반면, ①의 단어는 어떠한 승인의 절차 없이 한국어 화자들이
형성한 '때 묻지 않은, 살아 있는' 단어의 지위에 있다는 점에서 단어 형성
의 순수한 결과물이다(정한데로 2011). 사회적 승인 이전의 임시어에 초
점을 두고 있는 이 글의 목표에 부합하는 대상은 ①의 제안어 자료이다.

우리는 아래 [표 4-4]에 제시된 5개의 목표 다듬을 말을 선정하였다.

①	②	③	④	⑤
포커페이스	다크서클	핫이슈	S라인	프리사이즈

[표 4-4] [말터 자료] 조사 대상

'포커페이스, 다크서클, 핫이슈, S라인, 프리사이즈' 다섯 단어를 대신하
여 다듬은 말 후보로 제시된 제안어를 정리하였다. 설문 자료와 마찬가지
로 띄어쓰기가 들어간 단어는 제외하였으며, 단일어의 경우도 단어 형성
의 결과가 아니라는 점에서 배제하였다.

대상	①	②	③	④	⑤	합
유형빈도	399	308	419	433	401	1960
백분율	20.36	15.71	21.38	22.09	20.46	100
순위	4	5	2	1	3	
출현빈도	525	420	465	511	559	2480
백분율	21.17	16.94	18.75	20.60	22.54	100
순위	2	5	4	3	1	

[표 4-5] [말터 자료] 대상별 빈도 및 백분율

순위	① 임시어	출현빈도	순위	② 임시어	출현빈도	순위	③ 임시어	출현빈도
1	무표정얼굴	14	1	눈밑그늘	28	1	으뜸소리	4
2	기면얼굴	10	2	눈그늘	19	2	뜨거운심사	3
3	거짓얼굴	6	3	눈그림자	13	3	뜨거운소식	3
4	표정숨기기	6	4	눈밑그림자	10	4	불꽃쟁점	3
5	김촌얼굴	5	5	눈밑어둠	5	5	불꽃화제	3
6	표정감추기	5	6	눈가그늘	4	6	중요쟁점	3
7	감정숨기기	4	7	눈아랫그늘	4	7	관심주제	2
8	감정숨김얼굴	4	8	눈밑검정	3	8	급관심사	2
9	무감정얼굴	4	9	눈밑기미	3	9	논쟁거리	2
10	표정가림	4	10	눈밑먹구름	3	10	눈길몰이거리	2

순위	④ 임시어	출현빈도	순위	⑤ 임시어	출현빈도
1	몸맵시	6	1	자유치수	11
2	건강몸매	5	2	두루치수	9
3	곡선몸매	4	3	공용치수	7
4	굴곡몸매	4	4	누구나치수	6
5	균형몸매	4	5	평균치수	6
6	리을몸매 (ㄹ몸매)	4	6	공통치수	5
7	호리병몸매	4	7	넉넉치수	5
8	고운몸매선	3	8	두루품	5
9	고운산맵시	3	9	맞춤치수	5
10	날씬몸매	3	10	모든치수	5

[표 4-6] [말터 자료] 대상별 임시어 및 출현빈도 (상위 1~10위)

설문 자료와 마찬가지로 말터 자료에서도 목표 대상별로 다양한 구성의 임시어가 관찰되었다. '다크서클'을 대신할 임시어로 '눈밑그늘'이 28회의 비교적 높은 출현빈도를 보였다. 반면, '핫이슈'와 'S라인'을 대신할 다듬을 말로 '으뜸소리', '몸맵시'가 각각 4회와 6회 나타났다. 이들 임시어의 다양한 구성적 특징은 절을 달리하여 살펴보기로 하자.

4.2.1.3. 구성적 다양성

설문 조사와 말터 누리집을 통해 수집한 임시어는 어떠한 구성 방식으로 형성되었을까? 우리는 이들 구성을 분석하여 일반적인 경향성을 확인함으로써 화자의 표현론적 동기에 의해 공시적으로 만들어진 단어들의 형성 양상을 관찰할 것이다.[9]

본격적인 임시어 확인에 앞서, 이들 단어의 구성성분 분석 방식에 대한 기준이 필요할 듯하다. 기준은 크게 두 가지가 제시될 수 있다. 하나는 전통적인 IC 분석 방식대로 대상 임시어를 형태소 단위로 나누는 '형태소 분석' 방식이다. 다른 하나는 실제 화자의 단어 형성 과정을 고려하여 복합 과정에 도입되었을 단위를 기준으로 하는 '등재소 분석' 방식이다. 설문 자료의 예를 통해 그 구체적인 양상을 살펴보기로 하자.

(9) 가. 형태소 분석: 대+걸레+짜-+-기+돕-+-음+-이

[N+N+V+af+V+af+af]

나. 등재소 분석: 대걸레+짜-+-기+도우미

[N+V+af+N]

[설문 자료] ⑩에 대한 응답 가운데 비교적 많은 수의 형태소로 구성된 단어, '대걸레짜기도우미'가 확인된다. 총 7개의 형태소가 결합한 구성이다. 이는 IC 분석에 따라 (9가)와 같이 '대+걸레+짜-+-기+돕-+-음+-이'의 [N+N+V+af+V+af+af]으로 형태소 분석될 수 있다. 그러나 실제 화자의 공시적 단어 형성 과정을 탐구하고자 하는 이 글의 목적에 초점을 맞춘다면, (9가)의 형태소 분석 방식은 적절하지 않다. 복합어의 어휘부 등재를 인정하는 관점에서는 복합어 자체가 하나의 등재소로서 단어 형성 과정에 직접 참여한다고 보기 때문이다. 따라서 어휘부로부터 형태부로 입력 가능한 단위에 초점을 둔 (9나)의 '등재소 분석' 방식에서는 '대걸레+짜-+-기+도우미'의 [N+V+af+N]으로 결과가 도출된다.[10]

---

9) [설문 자료]의 구성 유형별 출현빈도는 정한데로(2013나)에서 제시된 바 있으며, 여기에서는 동일한 방식으로 [말터 자료]의 출현빈도까지 정리하였다. 따라서 이 글에서는 두 자료의 공통점과 차이점을 대비하는 작업도 가능하다. 일단 이 절에서는 수집된 자료를 대상으로 그 현상을 관찰하는 데에 초점을 두고, 각 자료의 구체적인 형성 원리에 대해서는 4.2.2와 4.3.1에서 보다 구체적으로 논의하기로 한다.

10) '대걸레'와 '도우미'는 《표준》 등재어이기도 하다.

가. 대-걸래: 긴 막대 자루가 달린 걸레. 바닥을 닦는 데 쓴다.

우리는 (9)의 두 가지 방식 가운데 '등재소 분석'의 입장에서 관련 임시어를 검토할 것이다(정한데로 2013나 참고). 물론 구성성분에 대한 화자의 어휘부 등재 여부를 명확히 판단하기란 쉽지 않다.[11] 이러한 한계에도 불구하고, 여기에서는 ≪표준≫과 '신어 자료집' 등을 참고하여 사회등재어로 판단되는 구성은 하나의 등재소 단위로 파악하고 논의를 진행할 것이다.

① 설문 자료

설문 조사에서 수집된 임시어를 구성 유형별로 분류하여 출현빈도를 측정하였다.

연번	유형	빈도	백분율	연번	유형	빈도	백분율	연번	유형	빈도	백분율
1	N-N	775	28.90	23	N-V-af-N-N	7	0.26	45	R-V-af	1	0.04
2	N-V-af	679	25.32	24	N-af-N	7	0.26	46	R-N-N-af	1	0.04
3	N-N-N	288	10.74	25	V-af-N-N	6	0.22	47	R-N-af	1	0.04
4	N-N-af	255	9.51	26	R-af	6	0.22	48	N-V-af-V-af-af	1	0.04
5	V-af	79	2.95	27	N-V-af-N-af	6	0.22	49	N-R-N-af-V-af	1	0.04
6	N-V-af-N	68	2.54	28	N-N-V-af-N	5	0.19	50	N-R	1	0.04
7	통사론적 구성의 단어화	66	2.46	29	N-N-af-N	5	0.19	51	N-N-V-af-V-N	1	0.04
8	N-N-V-af	59	2.20	30	N-af-V-af	5	0.19	52	N-N-af-N	1	0.04
9	V-af-N	43	1.60	31	N-Adv	5	0.19	53	N-N-N-N-V-af	1	0.04
10	Adv-af	36	1.34	32	af-N	5	0.19	54	N-N-N-N-af	1	0.04
11	N-af	35	1.30	33	Adv-N	5	0.19	55	N-N-af-N-N	1	0.04
12	N-V-af-af	34	1.27	34	N-N-V-af	4	0.15	56	N-af-V-N	1	0.04
13	기타	32	1.19	35	R-N-N	4	0.15	57	N-af-af	1	0.04
14	N-N-N-af	25	0.93	36	N-V-N-af	2	0.07	58	N-Adv-V-af	1	0.04
15	V-N	25	0.93	37	N-V-N-N	2	0.07	59	N-Adv-N	1	0.04
16	N-af-N-N	15	0.56	38	N-V-af-V-af	2	0.07	60	af-V-af	1	0.04
17	N-V-N	14	0.52	39	N-R-af	2	0.07	61	af-N-N-V-af-af	1	0.04
18	N-N-N-N	14	0.52	40	N-Adv-N-af	2	0.07	62	Adv-V-af-af	1	0.04
19	V-af-af	12	0.45	41	af-N-N-V-af	2	0.07	63	Adv-N-N-N	1	0.04
20	N-Adv-af	8	0.30	42	Adv-V-af	2	0.07	64	Adv-N-N-af	1	0.04
21	V-af-V-af	7	0.26	43	V-af-N-af-N	1	0.04				
22	V-af-N-af	7	0.26	44	V-af-af-N-af	1	0.04				
총계										2682	100

[표 4-7] [설문 자료] 구성 유형별 출현빈도

나. 도우미: 행사 안내를 맡거나, 남에게 봉사하는 요원. 1993년 대전 엑스포에서 처음 쓴 말이다.

11) 정한데로(2013나)에서 언급한 대로, 등재소 분석 방식은 화자의 어휘부 등재 여부를 판단할 수 있는 실제적인 방법이 병행되어야 한다. 따라서 보다 정밀한 연구를 위해서는 심리언어학적 실험이 뒷받침되어야 할 것이다. 그러나 현재로서는 이 글의 한계를 인정하고 논의를 진행하기로 한다.

[표 4-7]과 같이 총 64개 유형의 구성이 확인된다. 가장 높은 빈도를 차지
한 [N-N]의 뒤를 이어 [N-V-af], [N-N-N], [N-N-af], [V-af] 등의 순으로 복합
어 임시어가 형성되었다. 1~5위까지의 단어가 전체의 77.42%를 차지하
고 있어, 일부 구성이 유형 전반을 이끌고 있음이 확인된다. 해당 예의 일
부를 확인해 보자.

(10) [설문 자료] 구성 유형별 임시어 (1위~5위)

연번	유형	예
1	N-N	1 문발, 문다리, 방지발, …; 2 껍질칼, 안전칼, 채소칼, …; 3 컵덮개, 보조컵, 컵옷, …; 4 클립집개, 스테플러집게, 이빨기계, …; 5 콘센트집, 변압코드, 연결코드, …; 6 거품주걱, 거품봉, 채우자, …; 7 금지바, 안전기둥, 정지봉, …; 8 종이컵대, 컵기계, 컵보관함, …; 9 가루판, 껍질도마, 분쇄판, …; 10 걸레차, 청소통, 청소수레, …; 11 문고리, 안전쇠, 여유문, …; 12 건조채, 과일망, 망그릇, …
2	N-V-af	1 문열개, 문걸개, 문잡개, …; 2 감자깎개, 껍질벗개, 껍질까개, …; 3 종이컵끼우개, 컵들개, …; 4 스테이플러뽑개, 심뽑개, 철풀개, …; 5 코드고치개, 플러그꽂개, …; 6 반죽섞개, 계란풀개, 거품만들개, …; 7 차막개, 차멈추개, …; 8 컵뽑개, 컵빼개, 종이컵내리개, …; 9 야채갈개, 무갈개, 채소갈개, …; 10 물짜개, 걸레조리개, 걸레빨개, …; 11 안전닫개, 자동닫개, 문느리개, …; 12 물털개, 물거르개, 체받개, …
3	N-N-N	1 문고정발, 고무문판, 문고정턱, …; 2 껍질제거칼, 채소박피기계, …; 3 밑컵받침, 손조심컵, 열보호컵, …; 4 심제거집게, 집개착출도구, 클립제거집게, …; 5 수동전류변환기, 볼트변환코드, 전류증가기구, …; 6 거품생성기구, 손믹서채, …; 7 차량통제대, 주차통제바, 보호철대, …; 8 컵공급틀, 컵보관통, 컵저장함, …; 9 별구멍채 10 다용도걸레함, 회전걸레통, 멀티걸레통, …; 11 안전문장치, 문연결기구, 자동문보조장치, …; 12 물기제거망, 물기제거채, 물방출대, 야채탈수망, …
4	N-N-af	1 문고정개, 문지탱기, …; 2 껍질제거기, …; 3 종이컵보호기, 종이컵받침이, …; 4 칩분리개, 스페이플러해방기, 호치키스분리개, …; 5 전압변경기, 콘센트진화기, 플러그보충기, …; 6 거품생성기, 재료합성기, …; 7 차통제기, 차량통제물, 통행제한기, …; 8 컵보호기, 잔공급기, 컵배급기, …; 9 조각해체기, …; 10 걸레보조기, 물기제거기, 청소운반기, …; 11 문고정개, 문정지기, 틈고정기, …; 12 수분제거기, …
5	V-af	2 긁개, 밀개, 벗기기, 갈이, 깎이, …; 4 빼기, 뽑이, 뽑개, …; 5 꽂개, …; 6 섞개, 풀개, 젓기, …; 7 멈추기, 가로막이, …; 9 갈개, 갉개, 빻개, 갈이, 문질이, …; 10 짜개, …; 12 거르개, …

가장 높은 출현빈도를 보인 구성은 [N-N] 합성명사이다. 뒤를 이어

[N-V-af] 구성, [N-N-N] 구성, [N-N-af] 구성 등의 예가 관찰된다. (10)에서도 확인되듯이 이들 단어 형성의 결과는 매우 역동적이고 다양하다(4.2.2., 4.3.1. 참고). 기존 단어와 유사한 구성을 보이는 예도 있지만, 대부분은 결합을 통해 새로운 구성을 형성한 것으로 판단된다. [V-af] 구성으로도 활발하게 임시어가 형성되는데, 이들 구성은 기존 단어와의 어휘적 관련성을 활용한 계열관계보다는, 동사와 접사가 직접 결합한 통합관계로 설명하는 것이 더 자연스러울 듯하다(4.3.1. 참고).

한편, 통사론적 구성이 관여한 것으로 보이는 아래의 예도 우리의 관심을 끈다.

(11) [설문 자료] '통사론적 구성의 단어화' 관련 구성

유형	예
어미	① 닫지마, 문멈춰, …; ② 감자깎는칼, 껍질깎는손, …; ③ 기울어진컵, 뜨거운컵보호개, …; ④ 스테인풀러풀러, …; ⑥ 다섞어, 저어요, 젓는봉, 풀어주는체, …; ⑦ 길막는벌, 차막는의자, …; ⑧ 눌러라, 컵눌러, …; ⑨ 갈아버려, 다밀어, 가는칼, 가는판, 무가는칼, 무채써는칼, 박박문질러기, …; ⑩ 꾹꾹걸레짜, 걸레짜는통, 걸레빠는통, …; ⑪ 천천히닫히기, …; ⑫ 물빠지는체반, 물빼는그릇, 물터는망, 손잡이달린체, …
	③ 앗뜨거방지대; ⑧ 나와라종이컵, 당겨바, 컵내려기; ⑩ 쭉짜줘기; ⑫ 걸러요망, 긴손잡이체, 물걸러채
조사	③ 제2의컵; ⑪ 문의여유, 위의문고리, ⑫ 물만빠지기

조사된 전체 자료 가운데 통사론적 구성의 단어화와 관련한 예가 총 66개 확인된다. 그 가운데 일부를 (11)에 제시하였다. 크게는 형성 과정에 어미와 조사가 참여한 구성으로 분류되는데, 이들 구성을 보다 세분하면 (12)로 정리된다.

(12) 가. 기울어진컵(③), 긴손잡이체(⑫), 손잡이달린체(⑫)

나. 걸레짤이(⑩), 걸레짤통(⑩), 짤통(⑩), 뜰것(⑫)

다. 풀어주는체(⑥), 갈아버려(⑨)

라. 문멈춰(①), 다섞어(⑥), 컵눌러(⑧), 다밀어(⑨)

마.　앗뜨거방지대(③), 컵내려기(⑧), 쭉짜줘기(⑩), 걸러요망(⑫), 물
　　　걸러채(⑫)

　바.　제2의컵(③), 위의문고리(⑪), 물만빠지기(⑫)

　(12가)와 (12나)는 관형사형어미 '-ㄴ'과 '-ㄹ'이 참여한 예이다. (12다)는
연결어미 '-어'가 참여한 구성이며, (12라)는 종결어미('-어')가 결합한 구성
이다. 한편, (11)에 따로 분류한 것처럼 통사론적 구성이 단어화한 후에
그 구성이 다시 복합어 구성성분으로 참여한 예도 관찰된다.[12] (12마)는
종결어미가 결합한 통사론적 구성이 단어화한 후 접사나 명사가 다시 덧
붙은 예이다. (12바)처럼 조사가 단어 형성에 참여한 예는 그 수가 많지
않다. 이때 주목할 사항은 (12)에 제시한 임시어가 (13)의 ≪표준≫ 등재
어와 비교할 때에 구조상 특별한 차이를 보이지 않는다는 점이다. 우리는
(12)의 임시어도 사회적 승인만 더해진다면 (13)과 마찬가지로 사전 등재
어가 될 수 있다고 본다.

　(13)　가.　고인돌, 굳은살, 고운체, 진흙

　　　　나.　건널목, 길짐승, 땔감, 디딜방아

　　　　다.　넘겨주다, 물려주다, 쓸어버리다, 잃어버리다

　　　　라.　섰다, 심봤다, 싸구려

　　　　마.　받들어총, 섞어찌개, 먹자골목, 먹자판

　　　　바.　남의눈, 닭의똥, 별의별

　(13)의 사회등재어는 초기 통사론적 구성에서 점차 굳어져 하나의 단어
가 되었을 가능성이 있다.[13] 그러나 우리는 (13)의 단어들도 (12)와 마찬

---

12) 우리는 이들 예의 형성 과정을 '재구조화'로 설명하고자 한다. 구체적인 논의는 4.3.1.2.
　　참고.
13) 이른바 통시적 차원의 '통사론적 구성의 단어화'가 이러한 입장이다. '통사론적 구성의

가지로 초기 형성 현장에서 표현 동기에 따라 공시적으로 형성되었을 가능성이 높다고 판단한다. 물론 각기 다른 시기에 형성된 이들 사회등재어의 실제 형성 과정을 밝히기란 쉽지 않다. 이는 사회등재어를 연구 대상으로 했을 때 우리가 인정해야 할 한계점이기도 하다. 이러한 점에서 (12)의 임시어는 통사론적 구성의 단어가 만들어진 초기 형성 현장을 추정해 볼 수 있는 자료로서 우리에게 시사하는 바가 적지 않다.

마지막으로 살펴볼 것은 기타 구성의 예이다. 그 형성 과정이 다소 불규칙하기는 하지만 화자의 형성 의도를 고려할 때, 일정 수준의 경향성은 포착 가능하다.

(14) [설문 자료] 기타 구성

예
① 문이쇠; ② 면피기, …; ③ 뚜르개, 푸개, …; ④ 뺀칭기, 뾱이, 심발이, 핀도리, …; ⑤ 변전압, 콘뚜; ⑥ (없음); ⑦ (없음); ⑧ 정컵기, 출잔기, 컵돌이, 컵분기, …; ⑨ 갈갈이친구, 갈갈이판, 무나체, 삭삭이, …; ⑩ 물졸이개, 짤순이, …; ⑪ 문꿈치, 문살, 문살게, ; ⑫ 털랭이, 푹슉채, …

(15) 가. 면피기(②), 심발이(④)

　　나. 콘뚜(⑤), 문살(⑪), 문살게(⑪)

　　다. 정컵기(⑧), 문꿈치(⑪), 털랭이(⑫)

(15가)는 한자에 대한 화자의 인식이 단어 형성에 관여한 것이다. '면피기(面皮機)'는 '탈피(脫皮)'와 관련해 '면피(面皮)'가 참여한 구성이고, '심발이'는 '심을 뽑는 도구'라는 의미에서 '발(拔)'과 관련이 있을 것으로 보인다. (15나)는 절단과 생략의 방식을 활용한 단어인데, '콘뚜'는 '콘(센트)+뚜(껑)'으로, '문살'은 '문(을)+살(짝) (닫는 도구)'로, '문살게'는 '문+살(짝)+-게(=-개)'로 구성되었다. (15다)는 불규칙한 방식으로 특정 음절을 대치함

단어화'에 대한 기존 논의와 이 글의 입장은 4.3.1.2에서 후술된다.

으로써 단어를 형성한 경우이다. '정컵기'는 '정수기(淨水器)'와, '문꿈치'는 '발꿈치, 팔꿈치'와 관련이 있는 듯하다. '털랭이'에 대해서는 명확한 판단이 어려우나 비자립적인 '-랭이'의 쓰임을 고려할 때 'X랭이'에서 동사 '털'이 대치된 것으로 볼 수 있다(4.3.1.2. 참고).

② 말터 자료

말터 수집 자료를 각각의 구성 유형별로 분류하여, 출현빈도를 측정한 값은 아래와 같다.

연번	유형	빈도	백분율	연번	유형	빈도	백분율	연번	유형	빈도	백분율
1	N-N	1064	42.90	20	N-N-af	10	0.40	39	R-R-N	2	0.08
2	통사론적 구성의 단어화	391	15.77	21	N-N-N-af	10	0.40	40	R-V-af	2	0.08
3	N-N-N	303	12.22	22	Adv-V-af	9	0.36	41	V-af	2	0.08
4	R-N	126	5.08	23	N-N-R	9	0.36	42	V-af-R	2	0.08
5	Adv-N	77	3.10	24	N-af	7	0.28	43	Adv-Adv-N	1	0.04
6	N-V-af	64	2.58	25	N-N-R-N	7	0.28	44	af-N-af-N	1	0.04
7	V-af-N	64	2.58	26	N-N-V-af	7	0.28	45	af-V-af	1	0.04
8	N-V-af-N	48	1.94	27	N-N-V-N	6	0.24	46	Mod-N-V-af	1	0.04
9	기타	45	1.81	28	N-N-V-N	6	0.24	47	N-Adv-V-af	1	0.04
10	V-N	34	1.37	29	N-V-N	6	0.24	48	N-af-N-N	1	0.04
11	R-N-N	26	1.05	30	R-af	6	0.24	49	N-N-Adv-af	1	0.04
12	Mod-N	21	0.85	31	N-R	4	0.16	50	N-N-N-N	1	0.04
13	N-N-N-N	19	0.77	32	N-R-N	4	0.16	51	N-N-R-V-af	1	0.04
14	Adv-V-af-N	13	0.52	33	N-V-af-af	4	0.16	52	N-N-V-af-af	1	0.04
15	af-N-N	12	0.48	34	R-N-af	3	0.12	53	N-N-V-V-af	1	0.04
16	Adv-N-N	11	0.44	35	V-af-N-N	3	0.12	54	N-V-af-N-N	1	0.04
17	af-N	11	0.44	36	V-N-N	3	0.12	55	R-R	1	0.04
18	Mod-N-N	10	0.40	37	N-N-af-N	2	0.08	56	R-R-N-N	1	0.04
19	N-af-N	10	0.40	38	N-R-af	2	0.08	57	V-af-af	1	0.04
총계										2480	100

[표 4-8] [말터 자료] 구성 유형별 출현빈도

[표 4-8]처럼 총 57개 유형의 구성이 확인되었다. [설문 자료]와 마찬가지로 [N-N] 구성이 가장 높은 출현빈도를 보였다. 흥미로운 점은 '통사론적 구성의 단어화' 관련 예가 두 번째로 높은 비율을 차지한다는 점이다. 이는 [설문 자료]와 대비되는 특징인데, 5개 목표 단어마다 어미를 포함한 특정 표현이 높은 빈도로 만들어진 결과 때문인 듯하다. 가령 '다크서클'에서는 '검은(검-+-ㄴ)' 구성이, '핫이슈'에서는 '열띤(열띠-+-ㄴ), 뜨거운(뜨

겁(겁-+-ㄴ), 큰(크-+-ㄴ), 뜬(뜨-+-ㄴ)' 구성이, 'S라인'에서는 '고운(곱-+-ㄴ)', '프리사이즈'는 '열린(열리-+-ㄴ)', '편한(편하-+-ㄴ)' 구성 등이 형성 과정에 다수 참여하였다.[14)]

[설문 자료]에서 1위~5위까지의 구성 유형이 77.42%를 차지한 것과 유사한 비율로 [말터 자료]도 1위~5위의 구성 유형이 전체의 79.07%를 차지하였다. 일부 구성이 단어 형성 방식 전반을 이끌고 있다는 점에서 공통적이다.

(16) [말터 자료] 구성 유형별 임시어 (1위~5위)

연번	유형	예
1	N-N	① 가짜얼굴, 거짓얼굴, 고정낮, 내숭얼굴, 무표정얼굴, 비밀표정, 안개표정, 얼음낮, 얼음표정, 인형표정, 일관표정, 정색얼굴, 철판낮, 철판얼굴, 취면얼굴, …; ② 걱정그늘, 그늘눈, 그늘띠, 눈가그늘, 눈가얼룩, 눈거미, 눈그늘, 눈그림자, 눈멍, 눈어스름, 눈얼룩, 멍울그늘, 반달그늘, 팬더눈, 피로그림자, …; ③ 경탄거리, 공공논점, 관심도가니, 관심마루, 꽃불쟁점, 냄비쟁점, 눈길거리, 대중말거리, 도가니말, 벼락관심사, 불티화제, 열중거리, 으뜸거리, 으뜸쟁점, 중심말, 중심화두, 풍문거리, …; ④ 가슴허리선, 감각몸매, 건강몸매, 곡선맵시, 굴곡몸매, 균형몸매, 꽈배기몸매, 높은음자리표몸매, 매력선, 매혹곡선, 매혹굴곡, 몸매곡선, 버선몸매, 옆맵시, 예술몸매, 육감굴곡, 으뜸맵시, 절구통몸매, 조롱박곡선, 조롱박몸매, 호리병맵시, …; ⑤ 나름치수, 누리치수, 다중치수, 대략치수, 두루치기치수, 모두치수, 모듬치수, 모듬크기, 모범치수, 무한치수, 무한크기, 물통치수, 변형치수, 보통치수, 보편둘레, 보편치수, 선택치수, 수렴치수, 어림맵시, 어림치수, 어림품, 임의치수, 자연크기, 자유치수, 적당치수, 편리치수, …
2	통사론적 구성의 단어화	① 가린표정, 감춘낮, 감춘표정, 감춘얼굴, 굳은얼굴, 굳은표정, 냉정한얼굴, 다스린표정, 닫힌얼굴, 멈춘얼굴, 명한표정, 빈낯, 속맘몰라얼굴, 숨긴낯짝, 아리송해얼굴, …; ② 검은그늘, 검은눈밑, 검은둘레, 검은얼룩, 검은자국, 그늘진눈, 까만그늘, 눈가검은멍, 눈밑검은띠, 눈밑검은점, 눈밑의그늘, 눈의그늘, 둥근그늘, 어둑한눈밑, 짙은눈그늘, …; ③ 끊는논쟁, 끓는말, 달군쟁점, 도드란소식, 뜨거운관심사, 뜨는소식, 뜬말거리, 붙은말, 빨간소식, 쏠린

---

14) 이 중에서 '검은, 열린'류는 다듬을 말을 번역하는 과정에서 형성된 것으로 볼 가능성이 있다. 그러나 설령 이들이 번역의 영향을 입은 예라 할지라도, 우리는 그것이 단어의 형성 원리를 설명하는 데 있어서 큰 문제가 되지는 않는다고 본다. '검X, 열리X'가 아닌, '검은X, 열린X'의 방식으로 관형사형어미를 포함한 채 복합어가 형성되었다는 사실은 번역 여부와 상관없이 단어 형성의 한 방식을 보여주는 것이다.

		말거리, 열띤관심사, 열띤논쟁, 열띤쟁점, 열띤화제, 주된화제, 최고의화제, 큰관심사, 큰눈길거리, 화제의소리, …; ④ 결고운몸매, 고운결몸매, 고운맵시, 고운몸선, 굴곡진몸매, 꿈의몸매, 꿈의물결곡선, 날선몸선, 바른맵시, 선고운몸매, 아리딴몸매, 알찬몸태, 예쁜굴곡, 예쁜맵시, 유혹의선, 참바른몸선, 호리한몸매, 활같은허리선, …; ⑤ 고른크기, 너른치수, 넉넉한치수, 네멋대로해라치수, 누구나치수, 누구나품, 모든이치수, 쉬운치수, 아리송한치수, 열린치수, 열린품, 임의의치수, 편한치수, 풍성한치수, 하나로치수, …
3	N-N-N	① 감정자제얼굴, 감정조절낯, 얼굴밑마음, 예측불가표정, 표정관리전문가, …; ② 눈흑자국, 눈그늘띠, 눈그늘테, 눈먹테, 눈밑거미, 눈밑검정, 눈밑그늘, 눈밑그림자, 눈밑그을음, 눈밑기미, 눈밑띠, 눈밑어둠, 눈아래테, 눈어둠테, …; ③ 관심집중거리, 누리관심화제, 말밭거리, 선풍화제거리, 엄지논쟁거리, 열꽃이야기, 으뜸수닷말, 으뜸쟁점거리, 중심논쟁거리, 핵가십거리, 화산눈길거리, 활끈이야기, …; ④ 갈고리몸선, 건강미인선, 꽃띠몸선, 매력강조선, 매력체형미, 물결몸선, 선맵시몸매, 으뜸몸선, 조각몸선, 조롱박몸맵시, 팔자몸매, 호리병체형선, …; ⑤ 너나치수, 대강어림품, 모두크기치수, 임의자유치수, 자유어림치수, 자유조절치수, 조절가능치수, 평균품치수, 표준조절치수, …
4	R-N	① 난처얼굴, 냉정얼굴, 냉철얼굴, 밋밋얼굴, 뻔뻔얼굴, 시큰둥표정, 아리송얼굴, 침착표정, …; ② 거뭇반달; ③ 갑작주목, 갑작화제, 노닥거리, 떠들썩거리, 떠들썩관심사, 떠들썩화제, 뜨끈소식, 술긋걸, 술긋말, …; ④ 날씬몸매, 날씬선, 날씬체형, 늘씬몸매, 늘씬선, 도다몸꼴, 도담몸매, 매끈선, 미끈몸매, 아람맵시, 아름곡선, 아름선, 풍만몸매, 풍만체형, 호리곡선, 호리선, 훤칠몸매, …; ⑤ 낙낙치수, 너끈치수, 넉넉둘레, 넉넉치수, 넉넉품, 두루뭉술치수, 아리송치수, 어지간치, 적절크기, 평범크기, 푼푼치수, 헐렁치수, …
5	Adv-N	① 그대로얼굴, 그대로표정, 알쏭달쏭낯빛, 알쏭달쏭얼굴, 알쏭달쏭표정; ② (없음); ③ 깜짝소식, 두루화제, 들썩거리, 들썩말, 반짝소식, 방방거리, 북적야기, 불끈거리, 불끈쟁점, 화끈거리, 화끈소식, 화끈화제, …; ④ 들쑥날쑥맵시, 들쑥날쑥몸매, 빵빵몸매, 아찔곡선, 아찔몸매, 잘록맵시, 잘록몸매, 잘록몸씨, 하늘하늘체형, 호리호리몸매, …; ⑤ 대충치수, 두루너비, 두루치수, 두루크기, 막치수, 맘대로치수, 멋대로치수, 아울러치수, 얼추치수, 이럭저럭크기, 쥐락펴락치수, 휘뚜루품, …

가장 높은 출현빈도를 보인 구성은 [N-N] 합성명사로서 이는 [설문 자료]와 [말터 자료]의 공통된 결과이다. 뒤를 이어 '통사론적 구성의 단어화' 관련 구성, [N-N-N] 구성, [R-N] 구성, [Adv-N] 구성 순으로 높은 빈도를 보였다. [설문 자료]와 비교할 때에 어근과 부사가 직접 참여한 [R-N], [Adv-N] 예가 높은 비율을 차지한 점이 특징적이다. 어근이 구성성분으로 직접 참여한 것은 이들이 독자적인 등재소로서 어휘부 내에 실재할 가능성을 보여주는 것으로 판단된다. 반면, [N-V-af] 구성은 비교적 적게 관찰

되었다. 이는 [설문 자료]의 목표 대상이 주로 행위를 표현하는 도구 명사였던 것과 관련한 것으로 보인다.

(11)의 [설문 자료]와 마찬가지로 '통사론적 구성의 단어화'와 관련한 예 일부를 따로 제시한다.

(17) [말터 자료] '통사론적 구성의 단어화' 관련 구성

	예
어미	① 굳은얼굴, 굳은표정, 감정숨긴얼굴, 감춘낯, 감춘얼굴, 나쁜표정, 냉정한얼굴, 마음가린얼굴, 멈춘얼굴, 모를얼굴, 빈낯, 속내가린얼굴, 속모를표정, 숨겨진얼굴, 숨긴낯짝, 숨은얼굴, 아리송한얼굴, 지은얼굴, 찬얼굴, 탈쓴낯, …; ② 검은그늘, 검은그림자, 검은눈밑, 검은띠, 검은자국, 그늘진눈, 까만그늘, 눈밑검은띠, 눈밑검은자국, 눈밑검은점, 둥근그늘, 어두운띠, 어둑한눈밑, 짙은눈그늘, …; ③ 끊는기름, 끓는논쟁, 나눌거리, 놀랄소식, 눈길끌거리, 달군화제, 뜨거운논점, 뜨거운쟁점, 뜨는소식, 열띤쟁점, 열띤화제, 큰관심, …; ④ 결고운몸매, 고운맵시, 고운몸선, 고운체형, 굴곡진몸매, 바른맵시, 알찬몸태, 예쁜맵시, 참고운몸선, 참바른몸선, 참한몸맵시, 호리한몸매, …; ⑤ 고른치수, 너른치수, 너른품, 다맞는치수, 모든품, 쉬운치수, 열린치수, 열린크기, 편한둘레, 편한조절, 편한품치수, …
	① 속맘몰라얼굴, 아리송해얼굴; ⑤ 네멋대로해라치수, 다모아크기, 다좋아치수
조사	① 천의표정, ② 눈밑의그늘, 눈의그늘; ③ 최고의화제, 화제의소리; ④ 매력의선; ⑤ 임의의치수

[말터 자료]에서는 통사론적 구성의 단어화와 관련한 구성이 총 391개 확인되었는데, 이는 비율상 [설문 자료]에 비해 훨씬 높은 수치이다.

(18) 가. 굳은얼굴(①), 그늘진눈(②), 끓는논쟁(③), 바른맵시(④), 고른치수(⑤)

나. 모를얼굴(①), 나눌거리(③), 놀랄소식(③)

다. 감춰진얼굴표정(①)

라. 다좋아(⑤)

마. 속맘몰라얼굴(①), 아리송해얼굴(①), 네멋대로해라치수(⑤), 다모아크기(⑤), 다좋아치수(⑤)

바. 천의표정(①), 눈의그늘(②), 화제의소리(③), 임의의치수(⑤)

(12)의 [설문 자료]와 같이 유형별로 분류하였다. (18)의 [말터 자료]도 (13)의 사전 등재어에 그대로 대응된다. (18가)와 (18나)는 관형사형어미 '-ㄴ', '-ㄹ'이 참여한 예이다. (18다)는 연결어미 '-어'가 참여한 구성이며, (18라)는 종결어미('-어')가 결합한 구성, (18마)는 종결어미가 결합한 구성 뒤에 명사가 다시 덧붙은 것이다. 마지막 (18바)는 조사 '-의'가 참여한 구성이다. (13)의 공인어와 같은 유형의 자료가 [설문 자료](12), [말터 자료](18)에서 고르게 관찰된다는 사실이 흥미롭다.

끝으로 [말터 자료]의 기타 구성도 관찰해 보자.

(19) [말터 자료] 기타 구성

예
① 무정얼굴, 무뚝표정, 아리면, 표감, 노얼변, 무면(無面), 석면(石面), …; ② 검생이, 피로반검, 눈밑흑영(黑影), …; ③ 주논거리, 깨비거리, 깨비소식, 깨비알림말, 열논거리, …; ④ 쭉빵몸매, 쭉빵맵시 ⑤ 가하크기, 가이폼, 다춤치수, 무정(無定)치수, 전정(全正)치수, …

(20) 가. 무면(無面)①, 석면(石面)①, 눈밑흑영(黑影)②, 무정(無定)치수⑤

나. 표감①, 노얼변①, 피로반검②, 깨비소식③, 쭉빵몸매 ④, 다춤치수⑤

다. 아리면①, 가하크기⑤

(20가)는 한자에 관한 화자의 인식이 단어 형성에 관여한 것이다. '포커페이스'에 대해 '무면(無面), 석면(石面)'이 관찰되며, '눈밑흑영(黑影)'은 '다크서클'에, '무정(無定)치수'는 '프리사이즈'에 대응된다. 한편, (20나)는 절단과 생략의 방식을 활용한 단어로서 '표(정)+감(추기)', '노(=No)+얼(굴)+변(화)'은 '포커페이스'에, '피로+반(달)+검(정)'은 '다크서클'에, '(도)깨비+소식'은 '핫이슈'에, '쭉(쭉)+빵(빵)+몸매'는 'S라인'에, '다+(맞)춤+치수'는 '프리사이즈'에 각각 대응된다. 끝으로 (20다)는 그 밖의 다른 형성 방식이다. '아리면'은 '아리송'에 '면(面)'을 대치한 결과로, '가하크기'는 '가(에서부터)+하(까지)+크기'를 의미한다(4.3.1.2. 참고).

4.2.2. 화용적 맥락의 기능

형성 과정의 공시성을 가장 명확하게 드러내는 것은 상황에 따라 역동적으로 해석되는 맥락적 정보이다. 표현론적 동기가 주어졌을 때, 화자는 구성성분으로 포착되지 않는 정보까지도 언어화된 형식 내에 포함하여 해당 언어 단위를 형성한다. 이는 형태론적 구성뿐만 아니라 통사론적 구성에도 동일하게 적용되는 원리이다. 먼저 형태론적 구성인 복합어를 중심으로 논의를 시작하기로 한다. 이후, 4.3.2와 4.3.3에서 통사론적 구성에까지 이러한 해석을 확대 적용할 것이다.

4.2.2.1. 상황 맥락 정보 α

단어의 형성 과정에 부가되는 정보에는 어떠한 것들이 있을까? 3.2.1에서 우리는 복합어 내부의 α에 주목하고, 구성성분 이외의 α 정보에 따라 복합어의 정합성에 차이가 있음을 확인하였다. 여기에서는 단어 형성 과정에 부가되는 α에 대해 더욱 구체적으로 살펴보기로 한다.

일찍이 김광해(1982)는 '호박마차'와 같은 예를 통해 새로이 형성된 합성명사가 다양한 의미로 해석될 수 있다고 보았다(밑줄은 필자 추가).

(21) 호박마차
: 호박같이 생긴 마차, 호박을 실은 마차, 호박 속에서 나온 (동화 속의) 작은 마차, 호박을 재료로 만든 모형 마차, 호박의 표면에 그려져 있는 마차, 문에 호박을 그린 마차 등

복합어 '호박마차'는 사실상 (21)과 같이 다양한 의미로 해석될 수 있는 단어이지만, 그 중에서 '요정이 호박에다 마술을 부려서 만든 마차'의 의미로 쓰인다(김광해 1982: 9). 다양한 의미 가능성 가운데 특정 의미가 고정되

어 쓰이게 된 것은 초기 '호박마차'의 형성 현장(동화 신데렐라)에 이러한 개념이 우선적으로 제시되었고 이를 명명하고자 하는 동기가 있었기 때문이다. 그리고 화자가 표현하고자 한 의미는 상황 차원에서 부여된 의미로 인해 비로소 청자의 해석 의미와도 일치를 이룰 수 있다(김광해 1982: 18-19, 이재인 1991가 참고).

합성명사 형성 과정에 부가되는 이러한 상황 맥락 의미는 형성 현장과 밀접한 언어 외적 요소로 백과사전적(encyclopedic) 지식에 해당한다(Downing 1977, Aitchison 1987, Jackendoff 2009: 110, Booij 2010: 17). 이는 합성어뿐만 아니라 3.2.1에서 언급한 파생어 '가마꾼'에도 그대로 적용 가능한 것이다. 초기 개념을 지시하고자 하는 맥락적 요소가 파생어의 의미 내부로 도입되었기 때문이다.15) 이때의 상황 맥락 정보는 앞서 등재의 첫 번째 조건으로 파악한 α와 다르지 않다. 단어를 알고 쓸 수 있다는 것은 α, 즉 그 단어가 포함하고 있는 맥락 정보를 알고 있다는 것이다(Taylor 2012: 281).16)

황화상(2001: 30-35)에서 논의한 파생어와 합성어의 형태 구조 비교를 시작으로 복합어 내부의 α 정보를 탐색해 보자.

---

15) 황화상(2001: 148-152)에서도 형태로 드러나지 않은 구성성분 외의 부가적인 의미에 주목하였다. 다만 이때의 부가 의미를 형성 현장의 맥락으로 이해한 우리의 입장과 달리, 황화상(2001)에서는 언어 내적인 '추론'을 통해 부가 의미를 해석한 점에서 차이가 있다.

16) 한편, 최상진(1996, 1997, 2002)에서는 합성어 형성 과정에서 구성성분의 의미 결합 관계를 유기체적 세계관에 근거하여 접근하였는데, 전체 구성은 구성성분 간의 유기적 관계로 인해 그 기능이 구성성분의 합과 같지 않으며 구성성분의 합보다 크다고 파악하는 것이다. 그리고 이러한 구성성분 간의 상호보완적 속성을 인지언어학의 게슈탈트(Gestalt)적 관점에서 접근하였다. 이러한 시각도 구성성분 이외의 요소에 주목한 결과 유기체 또는 게슈탈트의 접근 가능성을 마련한 것이다. 다만 최상진(1997, 2002)에서 합성어 구성성분을 분리될 수 없는 전체에 의한 부분으로 파악한 것과 달리, 우리는 α로 부르는 상황 맥락 정보를 보다 구체화함으로써 구성 전체의 의미가 고정화되는 양상에 천착하고자 한다.

(22) 복합명사의 형태 구조 (1) (황화상 2001: 31)

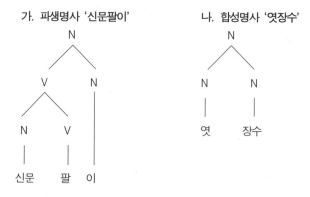

가. 파생명사 '신문팔이'　　　나. 합성명사 '엿장수'

(22)에서 보듯이 '신문팔이'와 '엿장수'는 각각 접사와 명사를 핵으로 하는 상이한 형태 구조의 복합어이다. (22가)는 구성 내에 동사 '팔'이 참여하지만, (22나)는 명사의 복합만으로 구성된다. 황화상(2001: 31)은 두 복합어가 형태 구조면에서는 차이가 있으나, 이들의 의미 해석이 〈Y를 Z하는 X〉로 동일하다는 점에 주목하여 파생어와 합성어의 의미적 유사성을 강조하였다. 즉, 〈신문을 파는 사람〉, 〈엿을 파는 사람〉으로 동일한 해석이 가능한 것이다. 다만 차이가 있다면 (22가)는 '팔'이 'Z'에 대응하는 반면, (22나)는 '파는 사람'을 뜻하는 명사 '장수'가 'Z'의 서술 의미까지도 포괄한다.

(23) 복합명사의 형태 구조 (2) (황화상 2001: 32)

합성명사 '산사람'

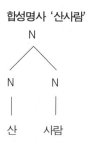

한편, (23)은 황화상(2001)에서 제시된 또 다른 형태 구조의 예이다. 위 구조는 (22)와 달리 구성 내에 서술 의미가 포함되어 있지 않다. 다시 말해, 〈산에 사는 사람〉을 의미하는 합성어 '산사람'은 'Z'에 대응하는 서술 의미, '~에 사는'의 의미가 구성성분 '산'과 '사람' 내에서 확인되지 않는 것이다. 이는 (22가, 나)의 두 예와 분명히 구분되는 특징이다. 그렇다면 이때의 서술 의미 '살-'은 어떻게 복합어 의미의 일부로 해석 가능한 것일까? 황화상(2001: 151-152)에서는 이른바 '의미와 형태의 대응 관계(3)'을 근거로 '산'과 '사람'의 두 구성성분을 통해 '~에 사는'의 의미가 '추론'된다고 보는 입장을 취하였다.[17]

그러나 우리는 (21)의 '호박마차'를 놓고 언급한 바와 같이, '산사람'이 형성된 초기 현장의 상황이 '산사람'의 의미를 결정하는 데 깊이 관여한다고 본다. 개념('산에 사는 사람')을 표현하는 과정에서 두 구성성분(산, 사람)으로 충족되지 않는 상황 의미 '살-'이 추가적인 정보로 부가된다고 보는 관점이다. 추가된 서술어의 유형에 따라서 선행 명사도 다른 방식으로 해석될 것이다. 예컨대, '산사람'의 '산'은 대상역(theme)이 아닌 처소역(location)으로 해석되었기 때문에, 서술 의미 '팔-'의 대상역으로 해석된 (22)의 '신문, 엿'과는 또 다른 결과를 보인다.

우리는 '산사람' 구성 내에 포함되어 있는 의미 '~에 사는'과 같이 단어 형성 과정에 부가된 의미를 α 로 표시하고자 한다(3.2.1. 참고).[18]

---

17) 그러나 경우에 따라서는 추론하기 힘든 단어도 발견되며, '의미와 형태의 대응 관계(3)'이 모든 복합어에서 성립하는 관계는 아니고 단지 일반적인 경향일 수 있다는 점도 함께 밝히고 있다(황화상 2001: 152 참고). 이는 언어 내적 차원이나 화자의 언어 능력에 초점을 둔 입장에서 부담해야 하는 문제이다.

18) 3.2.1의 (19)에서 살펴보았듯이 이러한 부가 정보는 등재의 조건으로 기능하며, 음운론적·형태론적·의미론적 측면에서 고르게 적용 가능하다. 다만 여기에서는 의미론적 해석을 보다 중점적으로 다룬다.

(24) 복합 구성 내 α

: 복합 구성을 이루는 구성성분 외의 부가적인 정보

$$f(A,B) = A + B + α$$

'산사람' 내 '~에 사는'의 의미는 구성성분 이외의 서술 의미를 지시하므로 α 로 표시된다. '가마꾼'이 '가마를 메는 사람'으로 해석됨으로써 '마차꾼(마차를 부리는 사람)', '나무꾼(나무를 작업의 대상으로 하는 사람)'과 또 다른 의미의 복합어가 된 것은 α 에 의한 차이 때문이다. 각기 다른 상황에서 복합어 형성이 시작된 것이다.

(25) 형태 구조와 의미 구조의 대응

	형태 구조	의미 구조
가	신문 + 팔- + -이	신문을 파는 사람 <Y(를) Z(하는) X> 신문　　팔-　　-이
나	엿 + 장수	엿을 파는 사람 <Y(를) Z(하는) X> 엿　　　　장수
다	산 + 사람	산에서 사는 사람 <Y(에서) Z(하는) X> 산　　α　　사람

앞서 논의한 3가지 복합어의 형태 구조와 의미 구조를 (25)와 같이 정리해 보자. (25가)는 'Z'가 '팔-'이라는 개별 구성성분으로 해석되는 반면, (25나)는 'Z'가 구성성분 '장수' 내에서 함께 해석되는 점에서 차이가 있다. 그러나 (25가, 나) 모두 서술 의미가 구성성분 내에서 해석된다는 점에서는 동일하다. 반면, (25다)는 'Z'가 구성성분 이외의 요소, 즉 α 를 통해 해석 가능하다는 점에서 (25가, 나)와 차이가 분명하다.

그렇다면 단어 형성의 α 는 기본적인 서술 의미만으로 한정될 것인가? 다음 복합어는 또 다른 성격의 α 가 실재할 가능성을 보여준다.

(26)

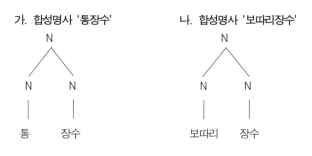

| 가. 합성명사 '통장수' | 나. 합성명사 '보따리장수' |

'통장수'는 '① 통을 파는 사람, ② (물건을) 통에 넣고 돌아다니며 파는 사람'의 두 가지 의미를 지닌다.[19] ① 의미는 (22나)의 '엿장수'와 마찬가지로 일반적인 〈Y를 Z하는 X〉 해석이 가능하지만, ②의 의미는 구성성분에서 포착되지 않는 '넣고 돌아다니며'의 정보가 관찰된다. 앞서 살펴보았듯이 '장수'는 이미 '팔-'의 서술 의미를 포함하고 있는 명사인바 (23)의 '산사람'처럼 a 를 필요로 하는 대상은 아니다. 그렇다면 '통장수②'의 '넣고 돌아다니며'의 정체는 무엇일까? 우리는 이때의 '넣고 돌아다니며'도 구성성분 외 추가 정보로 보아 a 로 이해한다. 이는 '통장수②'의 초기 형성 현장의 맥락과 깊이 관련되어 있다. 당시 화자는 '(물건을) 통에 넣고 돌아다니며 파는 사람'을 지칭하기 위한 상황에서 '넣고 돌아다니는'의 개념을 모두 포함한 상태로 복합어 '통장수'를 형성하였기 때문이다. 형태상 2개의 구성성분, '통'과 '장수'만으로 해당 단어를 완성하였지만 의미상으로는 복합어 '통장수②' 내에 '넣고 돌아다니는'의 개념이 모두 포함되었으므로, 이때 구성성분 외의 부가된 상황 맥락 정보도 a 에 해당한다. '통장수②'에서 포착되는 현상은 (26나)의 '보따리장수'에서도 동일하게 관찰되는데,

---

19) 《표준》과 《고려대 한국어대사전》(이하, 《고려대》)를 참고한다면, '통장수②'의 의미는 '젓갈을 통에 넣어 가지고 다니며 파는 사람'이다. 초기 '통장수②'의 형성 현장에 '젓갈'을 파는 상인의 상황 맥락이 관여하였기 때문이다. 일단 여기에서는 편의상 '젓갈'과 관련한 정보는 배제하고 논의할 것이다. 《연세 한국어 사전》(이하, 《연세》)에서는 표제어 '통장수'가 확인되지 않는다.

'(물건을) 보따리에 넣고 돌아다니며 파는 사람' 내부의 '넣고 돌아다니며'는 구성성분만으로 포착되지 않는다.

이렇듯 기본적인 서술 의미가 충족된 복합어라 할지라도 형성 현장에 따라 다양한 상황 맥락 정보가 부가될 수 있다. 그렇다면 α가 부가된 '통장수, 보따리장수'도 (25)와 동일한 방식의 형태 구조와 의미 구조로 표시해 볼 수 있을까? 구성성분 외에 추가된 α는 (27)에서 명시적으로 드러난다.

(27) 형태 구조와 의미 구조의 대응

	형태 구조	의미 구조
가	통 + 장수	① 통을 <u>파는</u> 사람 <Y(을) <u>Z(하는)</u> X> 통　　　　장수 ② (물건을) 통에 <u>넣고 돌아다니며</u> <u>파는</u> 사람 <Y(에)　　　　　　　<u>Z(하는)</u> X> 통　　　α　　　장수
나	보따리 + 장수	(물건을) 보따리에 <u>넣고 돌아다니며</u> <u>파는</u> 사람 <Y(에)　　　　　　　<u>Z(하는)</u> X> 보따리　　　α　　　장수

(27)은 복합어의 기본 서술 정보가 이미 충족된 [X-장수] 합성어도 추가적으로 부가 의미를 포함할 수 있다는 사실을 보여준다. '넣고 돌아다니며'의 의미는 '산사람'의 α와는 또 다른 정보로 추가된 것이며, 초기 명명의 표현적 동기에 따라 '통장수, 보따리장수'가 형성되는 현장에서 상황에 맞게 부가된 정보이다.

α는 그 유형에 따라 더 세부적인 분류가 가능하다. 정한데로(2009: 23-37)는 단어 형성 과정에 참여하는 α의 특징에 따라 '복합어 등재'의 유형을 3가지로 구분하였다. '의미 추가 등재', '의미 선택 등재', '의미 비유 등재'가 그것인데, 이때 제시한 α의 세 유형은 단어 형성 과정의 상황

맥락적인 정보와도 깊은 관계가 있다. 먼저, 정한데로(2009)와 관련지어 '의미 추가 등재', '의미 선택 등재', '의미 비유 등재'를 간단히 살펴보고 해당되는 복합어의 예를 확인해 보자.

(28) ① 추가 α
　　가. '구두닦이': 구두 닦는 일을 직업적으로 하는 사람
　　나. '때밀이': 때 미는 일을 직업적으로 하는 사람

송철의(1992: 129-130) 참고

송철의(1992: 129-130)에서는 (28)의 '구두닦이'와 '때밀이'가 단순히 '구두를 닦는 사람'이나 '때를 미는 사람'을 의미하는 것이 아니라, '직업적으로' 이 일을 하는 사람을 가리킨다고 언급한 바 있다. 이때의 '직업적으로'를 단어 형성 과정에 특수하게 주어진 의미로 파악한 점이 주목된다. 우리는 이를 (28)의 음영에 적용하여 '추가 α'로 이해한다. '직업적으로'의 의미는 특정 대상을 지칭할 표현론적 동기가 주어진 형성 당시의 상황 맥락 정보로 볼 수 있기 때문이다.

(29) ② 선택 α
　　가. 떨다: ① 붙었던 것을 흔들거나 손으로 털어서 떨어지게 하다.
　　　　　　② 어떠한 속에서 얼마나 덜어낸다.
　　　　　　③ 주어야 할 셈 속에서 받을 셈을 빼다.
　　　　　　④ 팔다 남은 것을 몽땅 팔거나 사다.
　　　　　　⑤ 어떠한 성질이나 행동을 겉으로 나타내어 부리다.
　　나. 떨이:　팔다가 조금 남은 것을 다 떨어서 싸게 파는 물건

송철의(1985: 197) 참고

한편, 송철의(1985: 197)는 파생어 형성 과정에 어기의 다양한 의미 가

운데 하나가 선택되어 형성에 참여한다고 논의하였다(음영은 필자 추가).[20] '떨-+-이→떨이'의 복합어 형성 과정에 어기 '떨-'의 5가지 의미 가운데 ④번 의미만이 복합어 '떨이'를 형성하는 데 참여하였다. 당시 '떨이'의 형성 현장을 추정해 본다면, 아마도 화자는 '마지막에 몽땅 사거나 판 물건'을 지칭하기 위한 표현 동기로 고민을 하다가, 관련 동사 '떨-'을 고르고 접사 '-이'를 더하여 임시어를 형성하였을 것이다. 이때 5가지 의미 가운데 유독 ④번 의미를 선택하게 된 것은 단어 형성 현장의 맥락에 따른 결과인바이 역시 α 의 하나로 볼 수 있다.[21]

(30) ③ 비유 α

　가. 총알택시: (주로 밤늦게) 과속으로 달리는 택시

　나. '가위질': ① 가위로 자르거나 오리는 일

　　　　　② 언론 기사나 영화 작품 따위를 검열하여 그 일부분을 삭제하는 일을 비유적으로 이르는 말

---

20) 송철의(1985)에서는 어기의 기본의미가 파생어 의미에 참여하는 것이 일반적인 것으로 보고, (29)와 같이 기본의미가 아닌 확장의미가 파생어 의미를 형성한 것은 예외로 파악하였다. 이에 반해 김진해(1997)은 (29)를 예외로 보지 않고 일반적으로 가능한 현상의 하나로 보았다. 우리의 기본적인 입장은 김진해(1997)와 같다. 임지룡(1997가: 242-243), 구본관(2002), 이광호(2008) 등도 참고된다.

21) 최상진(1997: 161)에서 제시한 합성어의 예도 (29)와 동일하게 '선택 α'에 의한 단어 형성의 결과이다. '꽃밭①'이 '꽃①'과 '밭①'의 결합을 통해 형성된 것이라면, '꽃밭②'는 '꽃③'과 '꽃②'의 결합의 결과로 형성된 합성어이다.

　가. 꽃: ① 종자식물의 유성생식 기관.

　　　② 아름답고 화려한 것을 비유하여 이르는 말.

　　　③ 아름다운 여자를 비유하여 이르는 말.

　　　④ 누구나 되고 싶어 하는 인기 있는 것.

　　　⑤ 홍역 따위를 앓을 때 살갗에 좁쌀처럼 불긋불긋하게 내돋는 것.

　나. 밭: ① 물을 대지 않고 작물을 심어 가꾸는 땅.

　　　② 무엇이 가득 들어찬 땅.

　　　③ 장기나 윷놀이 따위에서 말이 머무는 자리.

　다. 꽃밭: ① 꽃을 많이 심은 곳 또는 많은 꽃이 핀 꽃.

　　　② 아름다운 여자들이 많이 모여 있는 곳을 비유하여 이르는 말.

끝으로 단어 형성 과정의 비유 정보도 α 에 포함될 수 있다. '총알택시'에서 '총알'은 '몹시 빠른'의 비유 의미로 쓰인 것이다. 초기 형성 현장에서 '몹시 빨리 달리는 택시'를 표현하기 위한 표현 동기에 따라 순간 '총알'의 '빠른' 속성이 은유로 표현되어 '총알택시'를 형성하였을 것이다.[22] 이때의 비유 의미를 표현하기 위해 도입된 '총알'의 속성 역시 당시 맥락인 α 에 따른 해석이다. '가위질'도 이와 다르지 않다. 다만 '가위질'은 ① 가위로 자르거나 오리는 일'의 복합어 의미 전체가 은유적으로 쓰여 특정한 상황 내에서 '② 언론 기사나 영화 작품 따위를 검열하여 그 일부분을 삭제하는 일을 비유적으로 이르는 말로 쓰인다. 이때 '가위질'의 새로운 의미도 α 해석의 결과이다.[23]

이상의 3가지 α 는 (31)과 같이 역동적인 양상으로 실현될 수 있다.[24]

(31) '복합어'에서의 3가지 α 유형

유형	함수	예
① 추가 α	$f(A,B) = A + B + \alpha$	구두닦이, 때밀이, 종이배
② 선택 α	ⓐ $f(A,B) = A + B$	주름투성이, 고무신, 물방아
	ⓑ $f(A,B) = A + B$	대짜배기, 빗질, 보리차
	ⓒ $f(A,B) = A + B$	놀이, 떨이, 가죽집, 돌다리
③ 비유 α	ⓐ $f(A,B) = A + B$	도둑글, 색시비, 총알택시
	ⓑ $f(A,B) = A + B$	귀동냥, 눈요기
	ⓒ $f(A,B) = A + B$	사발농사, 입씨름, 공주병
	ⓓ $f(A,B) = A + B$	가시밭, 가위질, 이름값, 쥐구멍

---

22) 주지하듯이 복합어 형성 과정에 은유, 환유와 같은 다양한 비유 기제가 도입될 수 있다. 임지룡(1997가, 1997나), 최지훈(1999), 김은혜(2001) 등 참고.

23) 송철의(1992: 44)는 (30나)의 ②와 같이 '삭제'의 의미로 쓰인 '가위질'을 의미론적으로 어휘화한 대상으로 보지 않았다. 비유의 결과인 '삭제'의 의미가 구성성분들로부터 예측될 수 있는 의미를 그대로 유지하고 있기 때문이다. 송철의(1992)의 이러한 접근은 '복합어의 어휘화'를 '공시적 비유에 의한 임시적 관용의미가 고정화(등재)를 거쳐 탈맥락화한 결과'로 보는 우리의 관점과 직접적으로 연결된다. 5.3.2.1 참고.

24) (31)과 같이 α 의 유형별로 다양한 형성 가능성을 제시하였으나, 이때의 α 내적 특성을 밝히는 일은 우리의 관심 사항이 아니다. 우리가 주목하는 것은 (31)처럼 다양한 방식으로 α 가 단어 형성에 참여하고 있음을 보이는 것이다. 임시어의 형성 과정도 이와 다르지 않다. 이에 대해서는 4.2.2.2에서 따로 후술할 것이다.

첫째, '추가 α'가 관여한 복합어는 구성성분과 상관없이 해석되는 서술 의미 또는 추가적인 상황 맥락 의미가 부가된 경우이다. '종이배'의 '종이를 접어서 만든 배' 내 '~(를) 접어서 만든'의 의미 또는 '구두닦이' 내 '직업적으로 하는'의 의미가 이에 해당한다.

둘째, '선택 α'가 관여한 복합어는 다의어 구성성분의 여러 의미 가운데 하나가 선택되어 복합어 구성 의미를 형성하는 경우이다. 이때 선택되는 방식은 매우 역동적인데, 가령 선행 구성성분 A만 '선택 α'를 적용받을 수도 있고, 후행 구성성분 B만 적용될 수도 있으며, A와 B 모두 '선택 α'의 영향을 받을 수도 있다.

셋째, '비유 α'가 관여한 복합어는 구성이 형성된 초기 상황에서 특정한 비유에 의해 구성 전체 의미를 형성하는 경우이다. '선택 α'와 마찬가지로 '비유 α'도 다양한 가능성이 있다. A에만 비유가 적용된 경우, B에만 비유가 적용된 경우, A와 B에 각각 비유가 적용된 경우, 끝으로 A와 B의 결합으로 형성된 복합어 자체가 특정한 비유적 의미로 쓰인 경우가 가능하다.

여기서 우리는 한 가지 중요한 문제에 봉착하게 된다. 비유 의미가 이미 확장의미로 등재되어 있는 다의어가 복합어 형성에 참여하는 경우에는 '선택 α'와 '비유 α'의 판단이 어렵기 때문이다. 가령 '벼락부자'가 다의어 '벼락'의 확장의미를 '선택'하여 형성된 결과인지, 혹은 형성 과정에 '비유'의 의미가 직접 참여한 것인지 명확히 알기 어렵다. 특히 이미 오래 전에 형성되어 공인화된 단어라면 그 판단은 불가능할 것이다. 물론 임시어의 경우라 할지라도 특정 단어가 '선택 α'와 '비유 α' 가운데 어떠한 방식을 거쳐 형성되었는지 확신하기 어려운 경우도 있다.[25] 일단 우리는

---

25) 황화상(2010: 66, 각주 10)에서는 단어 형성 과정에 화자가 실제 겪었을 심리적 과정을 찾아 밝히는 일이 현실적으로 불가능할 뿐만 아니라 문법적으로 유의미한 것이 아니라고 논의하였다. 단어 형성 연구의 목적이 인간의 언어 능력을 설명하는 데에 있다고 볼 때에 충분히 타당한 기술이다. 그러나 우리는 이와 다소 다른 입장에 있다. 둘 이상의

이러한 방법상의 한계를 인정하면서, 대신 간접적인 방식으로 '선택 α'와 '비유 α'를 추정하고자 한다. 가령 특정 구성성분이 동일한 비유 의미로 다수의 복합어 형성에 참여한다면 이는 상대적으로 확장의미의 '선택'일 가능성이 높을 것이다. 반대로 관련 계열의 다른 복합어가 전혀 없는 비유 의미로 복합어가 형성되었다면 '비유'의 결과일 가능성이 높으리라 판단한다.[26)]

(32) '복합어' 형성에 참여하는 α

① 추가 α	O
② 선택 α	O
③ 비유 α	O

정리하자면, 복합어 형성 과정에 참여하는 α는 (32)와 같이 '추가 α', '선택 α', '비유 α'의 세 유형이 모두 가능하다. 4.3.2와 4.3.3에서 우리는 연어 구성, 의존동사 구성·의존명사 구성이 어떠한 유형의 α로 형성되는지도 함께 살펴볼 것이다. 이에 앞서 임시어 자료에서 α가 어떠한 방식으로 실현되는지 검토하기로 한다.

4.2.2.2. 임시어 자료의 α 해석

앞에서 관찰한 대상은 모두 사전에 등재되어 있는 사회등재어의 예이다. 그렇다면 공시적으로 즉각 형성된 임시어 자료는 어떠한 특징을 보일

언어 단위를 재료로 삼아 이를 결합하거나, 부분적으로 대치하거나, 혹은 절단과 같은 형태론적 조작을 행하는 것 등은 인간이 지닌 언어 능력을 통해 실현 가능한 것이 분명하다. 하지만 특정 개념이 언어화되는 과정에서 부가되는 맥락적 요소의 문제는 언어 능력으로 해결 가능한 영역이 아니라고 본다. 우리는 언어 수행의 측면도 단어 형성에 핵심적으로 관여한다고 판단하며, 전술한 α가 이러한 수행적 측면을 형식화한 것이었음을 재차 강조하고자 한다. 즉, 단어 형성은 언어 능력 차원의 형성 원리와 더불어 언어 수행 차원의 맥락적 요소가 복합적으로 그 결과를 도출한다.

26) 이러한 한계는 연어 구성의 형성 과정에서도 동일하게 확인될 것이다. 4.3.2. 참고.

것인가? 흥미롭게도 앞서 살펴본 세 가지 유형의 α 가 임시어 형성의 결과에서도 그대로 나타나는 것을 관찰할 수 있다.[27]

1️⃣ 추가 α

(33) f(A,B) = A + B + α

자료 유형	형태	의미
설문 자료	문발(1️⃣)	문(을) 고정하는 발
	껍질칼(2️⃣)	껍질(을) 깎는 칼
	고리컵(3️⃣)	고리가 달린 컵
	스테플러집게(4️⃣)	스테플러(를) 제거하는 집게
	거품주걱(6️⃣)	거품(을) 만드는 주걱
	컵기계(8️⃣)	컵(이) 나오는 기계
	가루판(9️⃣)	가루(로) 만드는 판
	대걸레틀(🔟)	대걸레(를) 짜는 틀
	과일망(1️⃣2️⃣)	과일(을) 담는 망
	구멍그릇(1️⃣2️⃣)	구멍(이) 있는 그릇
말터 자료	속표정(1️⃣)	속(을) 감춘 표정
	비밀표정(1️⃣)	비밀(을) 간직한 표정
	눈길거리(3️⃣)	눈길(을) 끄는 거리
	건강몸매(4️⃣)	건강(하게) 보이는 몸매
	태극몸매(4️⃣)	태극 모양의 몸매
	매력몸매(4️⃣)	매력(적인) 속성을 지닌 몸매
	광범위치수(5️⃣)	광범위(하게) 입을 수 있는 치수
	만인치수(5️⃣)	만인(이) 입을 수 있는 치수
	모두치수(5️⃣)	모두(가) 입을 수 있는 치수

(33)과 같이 구성성분 외의 추가적인 서술 의미나 상황 맥락 정보로 기능하는 α 가 확인된다. 일반 화자들의 즉각적인 설문, 말 다듬기 결과에

---

27) 임시어 자료에서 '추가 α', '선택 α', '비유 α'의 예가 통계적으로 어떠한 빈도 분포를 보이는지에 대해서는 따로 논의하지 않을 것이다. 물론 이에 대한 구체적인 경향성을 파악하는 작업도 하나의 연구 주제가 될 수 있다. 그러나 이 연구에서 이를 모두 다루기에는 역부족이다. 일단 여기에서는 실제 자료 관찰을 통해 3가지 유형의 임시적 해석이 가능함을 확인하는 데에서 그 의의를 찾고자 한다.

서도 해당 개념 가운데 중심이 되는 일부 형태만이 복합어 구성성분으로 직접 표현된다. 예컨대, '문발'이라는 임시어에서 '~(를) 고정하는'의 의미는 구성성분 '문'이나 '발'만으로 포착되지 않는 서술 정보이다. 이는 형성 과정에서 단어를 만든 화자의 명명 의도가 상황 맥락에 맞게 단어 내부에 포함된 것이다. 이러한 유형의 복합어는 서술성 명사를 포함하지 않은 [N-N] 구성에서 주로 관찰되는데, 서술 의미가 α 로서 복합어 내에서 맥락 정보로 포함된다는 점에서 공통적이다.

② 선택 α

다의어 구성성분의 여러 의미 가운데 특정 의미가 선택을 받아 전체 의미 형성에 관여하기도 한다. 구체적인 모습은 선행 성분과 후행 성분별로 다양한 방식으로 나타날 수 있다.

(34) ⓐ f(A,B) = A + B

자료 유형	예시
설문 자료	깎개(②)), 긁개(②), 뽑개(④), 돌림막대(⑥), 갈개(⑨), 갈대(⑨), 그물채(⑫), …
말터 자료	벼락관심사(③), 거품논점(③), 거품쟁점(③), 가늘몸(④), …

(35) ⓑ f(A,B) = A + B

자료 유형	예시
설문 자료	고정쇠(①), 종이컵집(③), 물컵집(③), 컵집(③), 코드머리(⑤), 플러그머리(⑤), 주차다리(⑦), 통행벽(⑦), 안전기둥(⑦), 걸레집(⑨), …
말터 자료	무관심얼굴(①), 무덤덤얼굴(①), 무표정얼굴(①), 속임낯(①), 속임얼굴(①), 눈그늘(②), 눈그림자(②), 눈아래그림자(②), 피로그림자(②), …

(36) ⓒ f(A,B) = 　A　 + 　B　

자료 유형	예시
설문 자료	문기둥(①), 구멍그릇(⑫), …
말터 자료	그림자얼굴(①), 속얼굴(①), 반달그늘(②), …

(34)는 선행 성분이, (35)는 후행 성분이 다의어인 경우이며, (36)은 두 구성성분 모두 다의어인 예이다.28) (29)의 '떨이'와 유사한 방식으로 다의어가 단어 형성에 참여하는 경우에는 다의어의 여러 의미 가운데 하나가 선택된다. (34)의 '벼락관심사③', '거품논점(③)'과 같이 이미 복합어 형성에 활발하게 참여하는 '벼락, 거품'은 단어 형성 과정에 비유적으로 쓰였다기보다는 이미 '벼락, 거품'이 지닌 의의 가운데 일부가 직접적으로 형성에 참여한 것으로 볼 수 있다.

③ 비유 α

즉각적인 비유 수준에서 구성성분이 복합어 형성에 참여한 예도 관찰된다.

(37) ⓐ f(A,B) = 　A　 + B

자료 유형	예시
설문 자료	귀족컵대(③), 물결컵(③), 변기컵(③), 엄마컵(③), 드라큘라집개(④), 악어칼(④), 악어제침기(④), 이빨기계(④), 이빨집게(④),

---

28) 앞서 언급한 대로 '선택 α'와 '의미 α'는 명확한 기준을 제시하는 데 한계가 있다. 또한 실제 화자가 형성 시 다의어를 명확히 인식하고 이들을 형성하였을 것이라고 단언하기도 어렵다. 그러나 단어 형성 과정에 화자가 이러한 절차를 통해 단어를 형성할 가능성 자체를 부정하기는 어려울 것이다. 우리 논의의 초점은 단어 형성 과정에 '추가 α', '선택 α', '비유 α'가 관여한 다양한 공시적 해석이 가능하다는 것을 확인하는 데에 있다.

	매미컵([6]), 열기구믹서([6]), 풍선거품기([6]), 회오리국자([6]), 곰보갈이([9]), …
말터 자료	얼음표정([1]), 안개얼굴([1]), 백지얼굴([1]), 바위표정([1]), 도둑얼굴([1]), 어둠얼굴([1]) 돌심보([1]), 팬더눈([2]), 칼거리([3]), 불꽃화제([3]), 도가니논쟁([3]), 냄비쟁점([3]), 열탕거리([3]), 우물말([3]), 봇물초점([3]), 화산눈길거리([3]), 호리병몸매([4]), 호리병맵시([4]), 호리병녀([4]), 항아리몸매([4]), 버선몸매([4]), 처마몸매([4]), 물결선([4]), 물결맵시([4]), 한반도몸매([4]), 황금옆태([4]), 황금선([4]), 꽈배기몸매([4]), 고무줄치수([5]), …

(38) ⓑ f(A,B) = A + [B]

자료 유형	예시
설문 자료	문고정굽([1]), 문꼬랑지([1]), 문꼬리([1]), 문말뚝([1]), 문말발굽([1]), 문지팡이([1]), 감자면도기([2]), 컵옷([2]), 종이컵갑옷([3]), 낱장갈고리([4]), 스템플러장도리([4]), 클립이빨([4]), 전압껍질([5]), 전환코([5]), 콘센트가발([5]), 콘센트가면([5]), 콘센트모자([5]), 종이컵미끄럼틀([6]), 차막이허들([7]), 통행벽([7]), 김장손([9]), 걸레욕조([10]), 청소썰매([10]), 청소유모차([10]), …
말터 자료	거짓탈([1]), 감정가리개([1]), 마음가리개([1]), 얼굴가면([1]), 무표정가면([1]), 거뭇반달([2]), 눈가먹구름([2]), 눈구름([2]), 눈먹물([2]), 눈밑구름([2]), 눈밑숲([2]), 눈웅덩([2]), 논쟁불씨([3]), 갑작바람([3]), …

(39) ⓒ f(A,B) = [A] + [B]

자료 유형	예시
설문 자료	(없음)
말터 자료	안개탈([1]), 불똥별([3]), …

(40) ⓓ f(A,B) = [A + B]

자료 유형	예시
설문 자료	말발굽([1]), 돼지발톱([4]), 마귀손([4]), 마귀입([4]), 상어이빨([4]), 악어이빨([4]), 호랑이발톱([4]), …
말터 자료	철가면([1]), 눈치작전([1]), 불판기름([3]), 처마선([4]), …

(37)~(40)에 제시된 예와 같이 구성성분의 비유적 용법이 다수 관찰된다. 선행 성분과 후행 성분이 다양한 방식의 비유(은유, 환유)로 과정에 참여하는데, 목표 대상이 지닌 모양, 용도, 색상 등이 임시적 해석에 관여한다. '물결컵(③)'은 모양, '감자면도기(②)'는 용도, '눈먹물(②)'은 색상을 비유적으로 표현한 결과이다. '비유 α'에서는 '선택 α'와 달리 복합어 전체가 비유적으로 쓰이는 경우가 있다. (30나)의 '가위질'에서 확인한 ②의 비유 의미가 이에 해당하는 것이다. 특히, (40)과 같은 유형의 단어는 형성 당시의 맥락에서 벗어나기만 하면 쉽게 어휘화한 결과로 발달한다.[29)]

4.3. 형성의 유형

형태론적 구성인 '복합어', 그리고 통사론적 구성인 '연어 구성, 의존동사 구성·의존명사 구성' 모두 우리의 관심 대상에 해당한다. 여기에서 우리는 크게 3가지 형성의 유형을 나누어 살필 것이다. 그 가운데 복합어는 이미 4.2.2에서 '상황 맥락 정보 α'를 통해 그 형성 유형을 일부 논의하였다. 이 절에서는 복합어의 형성 원리를 구체화하고, 앞서 논의한 세 유형의 α를 연어 구성, 의존동사 구성·의존명사 구성에 평행한 방식으로 적용한다.

4.3.1. 복합어의 형성

복합어 형성에 관여하는 상황 맥락 정보 외에도 단어형성론에서 논의

---

29) 복합어의 관용의미가 탈맥락화하여 '어휘화'의 결과로 이해되는 과정은 5.3.2.1에서 구체적으로 논의할 것이다. 또한 (40)의 방식은 '연어 구성의 숙어화'에도 그대로 적용된다.

해야 할 사항들이 몇 가지 확인된다. 통합관계를 주축으로 하는 통사론적 구성(연어 구성, 의존동사 구성·의존명사 구성)과 비교할 때, 형태론적 구성은 결합 외의 다양한 방식이 형성 원리로 적용 가능하다. 등재에 적극적인 대상이라는 점에서 이미 어휘부에 실재하는 단위들 간의 어휘적 관련성을 토대로 단어가 형성될 수도 있으며, 재구조화와 같은 원리를 적용받아 새로운 단위를 만들 수도 있는 것이다. 4.3.1에서는 단어 형성의 세부 원리를 살핀다.

4.3.1.1. 통합관계와 계열관계

제2장에서 Haspelmath & Sims(2010)의 '연쇄적 패턴 구성'과 '비연쇄적 패턴 구성'의 대비를 통해 형태소 기반 모형과 단어 기반 모형의 차이를 확인하였다(2.3.1. 참고). 앞서 언급했듯이 연쇄적 패턴 구성이 구성성분의 '통합관계'에 초점이 있다면, 비연쇄적 패턴 구성을 강조하는 입장에서는 형태론의 최대 단위인 단어를 기본 단위로 삼아 어휘부 내 등재소 간의 어휘적 관련성을 바탕으로 '계열관계'에 집중한다.

각각 통합관계와 계열관계에 기초한 두 시각은 입력물 중심의 '규칙'과 결과물 중심의 '틀'에 대응될 수 있다. 제2장의 (35)에서 제시한 형태소 기반 모형과 단어 기반 모형의 [X-꾼] 형성 과정을 다시 가져와 각각 통합관계와 계열관계에 적용해 보자.

(41) 가. $[X]_N + [-꾼]_{af} \rightarrow [X꾼]_N$: 통합관계 중심의 단어 형성
    나. $[[X]_N꾼]_N$: 계열관계 중심의 단어 형성

(41가)는 형태소의 통합관계에 따라 [X]와 [-꾼]의 결합으로 복합어를 형성한 반면, (41나)는 단어 [X-꾼]이라는 틀 내의 'X'를 대치하는 방식으로 계열관계에 기반하여 단어를 형성한다.

(41)의 두 유형은 한국어 단어형성론에서도 '결합'과 '대치'의 방식을 활용한 논의로 전개되어 왔다.[30] '규칙'의 기제를 활용하여 단어의 형성 과정을 설명하고자 한 연구(송철의 1992, 정원수 1992, 김창섭 1996, 시정곤 1998 등)는 주로 (41가)와 같은 형태소 결합 방식으로 단어 형성 규칙을 상정한다. 특히 규칙 중심의 초기 연구에서는 '제약'을 활용하여 과잉생성된 형성의 결과를 제한하는 방식의 접근이 관찰된다. 반면, 등재된 단어들의 어휘적 관련성에 기초한 단어 형성 연구(박진호 1994, 채현식 1994, 2003가, 2003나, 송원용 1998, 2002가, 2002나, 2005가 등)는 다수의 복합어로부터 추상화된 틀 중심의 (41나) 입장과 가깝다. (41나)의 '꾼'은 단어 형성에 참여하는 독자적인 입력 단위가 아닌, 틀의 일부로 해석된다.[31]

　특히, 어휘부 등재소 간의 계열관계를 강조한 입장은 국내 단어형성론에서 '유추' 중심의 연구로 대표된다(송원용 1998, 2002가, 2002나, 2005가, 채현식 1999, 2003가, 2003나 등). 유추가 적용될 임시적인 가설로 틀이 활용되기 때문이다. 이른바 '인지형태론'으로 일컬어지는(송원용 2002나 참고) '유추적 단어 형성'의 입장에서는 표적(target)과 근거 단어(source word)의 유사성에 기초한 추론을 통하여 새로운 복합어가 형성된다는 것이 핵심이다. 또한 개별 단어들 간의 상관성에서 더 나아가 '유추적 틀' 자체가 근거 단어를 대신할 사상(mapping)의 근거가 된다(채현식 2003나: 119).

　이 절에서는 유추적 단어 형성에서 주장하는 몇 가지 논점을 살펴보고, 통합관계 및 계열관계의 두 단어 형성 방식을 간략하게 논의하고자 한다. 일단, 계열관계 중심의 국내 단어 형성 논의를 살펴보기 위한 일환으로 채현식(2003나)에서 소개한 유추적 단어 형성의 과정을 일부 검토해 보자.

---

30) '대치'에 의한 구체적인 단어 형성 논의는 채현식(2003가, 2003나) 참고.
31) 제2장에서 논의한 바와 같이, 계열관계를 통해 포착되는 '꾼'의 형식을 심층어휘부에 저장하는 방식(박진호 1994, 송원용 1998, 2005가 등)과 달리 채현식(2007)은 틀만을 인정하고 있다는 점에서 차이가 있다.

(42) 유추에 의한 단어 형성 과정 (채현식 2003나: 117)

　가. 표적(target)의 확인: 어떤 개념을 나타내는 새로운 단어(표적)를 만들겠다고 확인한다.

　나. 근거 단어(source word)의 탐색: 어휘부에서 표적의 문제를 해결하는 데 근거로 이용될 수 있는 단어(들)를 찾는다.

　다. 근거 단어와 표적의 비교 · 정렬: 근거 단어의 '개념 : 형식'과 표적의 '개념 : 형식(X)'을 비교 · 정렬해서 근거 단어와 표적 사이의 공통성을 포착한다.

　라. 근거 단어의 구조적 관계를 표적에 사상(寫像, mapping): 근거 단어로부터 추상된 구조적인 관계를 표적에 사상한다.

　(42)는 표적 개념을 언어화하고자 한 동기에 따라 근거 단어와의 공통성을 중심으로 새로운 단어가 형성되는 과정이다. 일단 (42가)의 표적 확인 절차는 본 연구에서 제시한 표현론적 동기에 따른 형성의 초기 절차와 크게 다르지 않다(3.2의 (1) 참고). 모든 단어의 시작이 '개념의 언어화'에 있다고 본다면 (42가)는 단어 형성 원리에 관한 기본 입장에 상관없이 단어 형성 과정이라면 반드시 필요한 절차일 것이다. 이후의 근거 단어 탐색 단계(42나), 근거 단어와 표적 비교 단계(42다), 사상 단계(42라)는 대상의 유사성에 기초하여 단어를 형성하는 유추 기제가 갖는 개별 특징이다. 그 가운데 유추적 틀에 의한 단어 형성은 (42나)의 근거 단어 대신 틀이 유추를 위한 가설을 담당한다는 것이다. 아래의 분류를 참고해 보자.

(43) 유추에 의한 단어 형성의 분류 (채현식 2003나: 110)

```
┌─ 표면적 유사성에 기초한 유추 ── 불규칙하고 고립적인 유추
└─ 구조적 유사성에 기초한 유추 ┌─ 개별 단어에 의한 유추
                               └─ 유추의 틀에 의한 유추
```

유추적 단어 형성의 하위 유형은 (43)으로 체계화된다. 각각에 해당하는 채현식(2003나)의 예는 다음과 같다. (44)는 표면적 유사성에 기초한 유추, (45)는 구조적 유사성에 기초한 유추의 예이다.

(44) 가. 눈 : 눈치 = 코 : X   ⇒ X = 코치

　　나. 신(新) : 신세대 = 쉰 : X ⇒ X = 쉰세대

(45) 가. 팔 : 팔찌 = 귀 : X   ⇒ X = 귀찌, 목찌

　　나. 계란빵, 단팥빵, 모카빵, … ⇒ $[[X]_{N(X=재료)}\text{-}빵]_N$

　　(43)의 분류 방식에 따르면, (44가, 나)의 '코치, 쉰세대'는 표면적 유사성에 기초하여 근거 단어 '눈치, 신세대'로부터 유추된 결과이다. 이때의 '코치, 쉰세대'를 (43)의 '불규칙하고 고립적인 유추' 과정의 결과로 인정하는 데에는 이견이 없을 듯하다. 유추의 결과로 얻은 단어의 수가 지극히 제한적이기 때문이다. 그렇다면 (45)의 예는 어떠할까? (43)에서 '구조적 유사성에 기초한 유추'는 '개별 단어에 의한 유추'와 '유추의 틀에 의한 유추'로 하위유형이 분류되었다. 채현식(2003나)에 따르면, 근거 단어 '팔찌'로부터 '귀찌, 목찌'가 형성된 (45가)의 과정은 구조적 유사성 중에서도 개별 단어에 의한 유추에 해당하는 반면, (45나)의 과정은 구조적 유사성 중에서 '유추의 틀' $[[X]_{N(X=재료)}\text{-}빵]_N$로부터 관련 단어를 형성한 결과이다. 특히, 후자의 방식은 '계란빵, 단팥빵, 모카빵, …'처럼 근거 단어가 다수인 경우에 임시적으로 형성된 유추의 틀에 기반하여 새로운 단어가 형성된다

고 본다.

여기서 우리는 (43)의 분류 방식에 대해 한 가지 큰 의문을 갖게 된다. 일견 (44가, 나)에서 불규칙하고 고립적인 유추의 결과로 제시된 예와 (45가)의 개별 단어에 의한 유추의 예가 상당히 유사한 특징을 보이기 때문이다. (44)의 '코치'와 '쉰세대'의 형성이 일반적이지 않은 방식으로 분석된 후 만들어진 것은 사실이나, 그 과정에서도 화자가 [눈-치]:[코-치]와 [신-세대]:[쉰-세대]라는 구조적 유사성을 거쳐 해당 단어를 형성했다고 볼 가능성이 충분하다. 사실상 (45가)도 관련 예가 많지 않으며 '-찌'에 접사와 같은 명확한 문법적 지위를 주기 어렵다는 점에서(황화상 2010 참고), 관점에 따라서는 (45가)도 불규칙하고 고립적인 유추로 볼 가능성이 높다.

우리는 (44), (45)의 자료를 해석하는 데에 있어서, '표면적 유사성-구조적 유사성'의 기준보다 '개별 차원-일반화 차원'의 기준이 더 우선시된다고 파악한다. 일단 (44가, 나), (45가)는 비례식으로 얻은 결과인 반면, (45)는 일반화·추상화된 '틀'을 통해 얻은 결과라는 점에서 형성 방식에 있어서 본질적인 차이가 분명하기 때문이다. 이때 유추의 틀에 의한 유추 과정에서는 틀이 근거 단어의 역할을 담당한다. 채현식(2003나: 119)에 따르면, (45나)의 단어 형성 과정은 계열체로부터 추상된 틀이 이미 존재하는바 개별 단어의 내부 구조로부터 틀을 추상화하는 노력 없이 직접 틀에 표적을 사상한다. 그렇다면 (44), (45)는 유추 적용을 위한 근거 대상(개별 단어 또는 틀)이 무엇이냐에 따라 재분류될 수 있을 것이다. (44가, 나)와 (45가)는 '비례식에 의한 유추'로, (45나)는 '틀에 의한 유추'로 정리된다. 전자는 개별 단어와의 직접적인 유사성 탐색을 통해 전개되지만, 후자는 이미 계열체에 형성되어 있는 추상적 틀을 통해 과정이 진행된다는 점에서 상이한 절차가 적용된다.

이렇게 본다면, (44가, 나), (45가)의 '코치, 쉰세대, 귀찌' 형성은 크게 새로운 것이 아니다. 불규칙적이고 개별적인 단어 형성을 설명하기 위한 방식으로 이전부터 쓰여 온 비례식에 기댄 유추로 충분히 설명되기 때문이다. 주지하듯이 비례 유추(proportional analogy)를 통해 전개되는 이른 바 '계열적 단어 형성(paradigmatic word formation)'은 대치를 통해 진행되는 불규칙한 형성 과정으로 이전부터 주목받아온 단어 형성 방식이다 (Spencer 1991: 413-417, 김창섭 1996: 17 참고).

이렇듯 종래의 비례식을 활용한 유추로 (44가, 나), (45가)를 해결하고 나면, 우리는 또 다른 물음에 직면하게 된다. (45나)의 '유추의 틀에 의한 유추' 과정에서 '유추'가 어떠한 방식으로 작동하는지에 대한 의문이 여전히 남아 있기 때문이다. 먼저 '유추의 틀'이라는 용어에 주목해 보자. 앞서 언급한 Booij(2010)의 '틀' [[X]ₙ꾼]ₙ과 채현식(2003나)의 '유추의 틀' [[X]ₙ₍ₓ₌재료₎-뱅]ₙ은 계열관계에 기반하고 있다는 점에서 일견 유사한 기제로 판단된다. 실제 채현식(2003나: 120-121)에서도 '유추의 틀'은 귀납적 일반화의 결과라는 점에서 앞서 언급한 '틀'과 큰 차이가 없다.[32] '유추의 틀'이 유추의 과정으로 형성된 틀을 의미하는 것이 아니라 유추가 적용될 틀을 지시한다는 점에서, 이때의 틀은 단어의 계열관계를 통해 이미 추상화된 결과로서 Booij(2010)의 '틀'과 동질의 대상인 것이다.[33] 다만 '틀'이 구성된 이후에 단어를 형성하는 본격적인 과정을 채현식(2003나)에서는 '유추' 작용으로 파악한 데 반해, Booij(2010: 2)은 'unification'으로, Haspelmath & Sims(2010: 46-51)은 '형태론적 규칙(morphological rule)의 적용'으로 보

---

32) 채현식(2012: 213)에서는 '단어틀(word-schema)'이라는 용어를 쓰면서, Haspelmath (2002: 47)에서 이 용어를 가져왔음을 밝히고 있다. 흥미로운 점은 Haspelmath(2002)에서 '단어틀'이 형태론적 규칙(morphological rule)의 일종으로 분류되고 있다는 사실이다. Haspelmath(2002)는 형태소 기반 모형의 연쇄적 패턴 구성과 단어 기반 모형의 비연쇄적 패턴 구성을 모두 넓은 차원에서 규칙(rule)으로 파악하고 있으며, 그 가운데 후자의 접근에서 '단어틀'을 활용한다. 따라서 Haspelmath(2002)의 '단어틀'은 채현식(2003가, 2003나)에서 쓰인 '유추'와 직접적으로 닿아 있는 개념이 아니다.

33) '유추의 틀'이라는 용어가 주는 혼란의 여지가 있는 듯하다. '유추를 통해 형성된 틀'인지 '유추가 적용될 틀'인지에 대한 혼동 때문이다. 채현식(2003나: 117-119)에서는 후자로 설명하고 있다. 계열체로부터 추상된 유추의 틀이 형성된 이후에 마지막 단계인 사상 과정이 전개되기 때문이다. 정리하자면 채현식(2003나)의 '유추의 틀'은 추상화 과정을 통해 형성되며, 유추가 적용될 사상의 근거 대상이다.

았다는 점에서 차이가 있다.

여기서 본격적으로 제기되는 궁금증은 틀에 단어를 사상하는 과정이 과연 '유추'인가 하는 점이다. 유추는 일종의 귀추적(歸追的) 추론(abductive inference)[34]으로서, 비슷한 패턴을 보이는 기존 사례를 찾아 그 사례로부터 이끌어낸 임시적인 가설을 새로운 사례에 적용하는 과정이다(채현식 2003가: 9). 이러한 유추 개념에 따르면 개별 단어의 '비례식에 의한 유추'는 충분히 귀추적 추론 과정에 해당한다. 개별 단어를 형성할 때마다 (44가, 나), (45가)의 비례식이 일종의 임시적인 가설로서 구성되기 때문이다. 그러나 틀에 표적을 사상하는 과정은 개별 사례가 아닌 이미 추상화된 틀에 접근한다는 점에서 상이한 절차로 판단된다. 나아가 틀에 직접 사상하는 과정을 과연 추론으로 볼 수 있을지 의심스럽다.

'규칙'과 '유추의 틀'은 귀납적 일반화의 결과라는 점에서 유사하지만(시정곤 1999: 277-281, 채현식 2003나: 120-121), 채현식(2003나)에서는 '규칙'과 '유추의 틀'이 개념적으로 구분되어야 함을 강조한다. 그러나 정작 채현식(2003나: 120-125)에서 다루고 있는 사항은 '규칙-(유추의) 틀'의 관계가 아닌, '규칙-개별적인 단어에 기초한 유추'이다.[35] 규칙적(regular)이고 일반화된 표상으로서의 '규칙'과 불규칙적(irregular)이고 고립된 추론 과정으로서의 '유추'의 차이점은 이전 시기의 비례식 차원에서도 이미 명확히 드러나는 사실이다. 따라서 단어 형성 기제로서의 '규칙'과 '유추'를 비교하고자 한다면 '유추의 틀'이 '규칙'과 대비되어야 할 것이지만, 채현식(2003나)에서는 개별 차원의 유추 개념만이 강조되었을 뿐, 틀로부터 전개되는 유추 과정에 대한 설명은 충분히 제공되지 못한 양상이다.[36]

---

34) 기존의 사례로부터 이끌어낸 임시적인 가설을 새로운 사례에 적용한다는 점에서 귀추(abduction)를 가설적 추론(假說的 推論)이라고 부른다(채현식 2003가: 9 참고).

35) Booij(2010)은 '규칙'과 '틀'을 대립되는 관계로 설정한다. 규칙은 통합관계에 따른 'A+B'의 과정으로, 틀은 계열관계에 기반한 단어 형성에 적용될 '[AB]'로 파악한다.

36) 채현식(2003가, 2003나) 이후의 연구에서는 '유추'라는 기제보다는 주로 '틀'이라는 단어 기반 모형에 초점을 맞춘 접근이 중심을 이루고 있는 듯하다(채현식 2006가, 2007,

정리하자면, 우리는 (45나)와 같은 틀 형성 과정이 사실상 '계란빵, 단팥빵, 모카빵' 등 등재소의 어휘적 관련성에 기반한 일반적인 추상화일 뿐, 유추 작용과는 별개의 과정인 것으로 이해한다. 그리고 유추를 지시하는 '귀추적 추론' 개념에 보다 충실하고자 한다면 '유추'라는 단어 형성 원리는 (44가, 나), (45가)와 같은 개별 현상을 설명하기 위한 기제로 한정되어야 한다고 본다. 즉, '틀'을 통한 계열관계의 단어 형성이 있을 수는 있어도, '틀'에 유추가 적용된다고 보는 '유추의 틀'이라는 용어 자체에 의문을 던지는 것이다.

통합관계를 중심으로 한 추상화 과정인 규칙까지 포함한다면, '유추, 규칙, 틀'의 관계는 다음과 같이 정리된다.[37]

(46) '유추, 규칙, 틀'의 관계

유추(analogy)		불규칙적(irregular) 개체	
규칙(rule)	틀(schema)	규칙적(regular) 패턴	일반화 추상화
A+B	[AB]		↓

'규칙'과 '틀'이 등재소 사이의 관계로부터 전개되는 일반화·추상화의 결과라면, '유추'는 표적과 근거 단어 사이에 작동하는 개별적인 형태론적 작용이다. Booij(2010: 89)의 언급대로 '유추적 모형'에서는 실재하는 단어가

2012, 2013 참고). 우리의 입장에서 보건대, 이른바 '유추론'이라고 불린 제 연구의 핵심은 '유추'보다는 '틀, 단어 기반, 계열관계'에 있다고 판단된다. '유추론'에서의 '유추'라는 가설적 추론은 사실상 개별 차원의 접근에 있을 때 유효한 방식으로 보이는바 이는 비례식을 활용한 종래의 계열적 단어 형성과 크게 다르지 않아 보이기 때문이다. 그렇다면 '규칙론-유추론 논쟁'이라는 표현 역시 '형태소 기반 형태론-단어 기반 형태론 논쟁'으로 수정되어야 할지 모른다.

37) Booij(2010: 90)에서는 유추적 단어 형성(analogical word formation)이 추상적 패턴(=틀)으로 발전한 예로 영어의 [X-gate]를 제시하고 있다. 'watergate'에서 시작된 유추적 단어 형성의 결과가 아래와 같은 틀로 일반화되었다고 보는 것이다. 개별 차원의 '유추'와 일반 차원의 '틀'이 구분되고 있다는 점이 핵심이다.

$[[x]_{Ni} \ [gate]_{Nj}]_{Nj} \leftrightarrow [political \ scandal \ pertaining \ to \ SEM_i]_j$

새로운 단어를 형성하기 위한 '예시'로 기능하는 반면, '규칙 또는 틀 기반 모형'에서는 단어가 '추상적인 패턴'으로부터 형성된다는 점에서 차이가 분명하다.

(46)의 규칙과 틀은 각각 통합관계와 계열관계를 표상하는 추상화된 패턴으로 작용한다. 우리는 기본적으로 공시적 단어 형성 과정이 두 가지 방식을 모두 활용하여 전개될 수 있다고 보지만, 통합관계를 활용한 방식이 문장 형성과 단어 형성에 있어서 가장 1차적인 방식이라고 파악한다. 또한 각 개체별로 작용하는 불규칙적인 과정으로서의 유추 과정도 충분히 가능하리라 본다. 물론 그 가운데 어떠한 방식이 단어 형성에 보다 적극적으로 관여할 것인지에 대해서는 실제 자료를 바탕으로 검토해 보아야 할 것이다. 이에 우리는 앞서 제시한 임시어 자료([설문 자료], [말터 자료])를 대상으로 통합관계를 활용한 '결합' 과정, 계열관계를 활용한 '대치' 과정 등의 실현 양상을 구체적으로 살필 것이다.

4.3.1.2. 단어 형성 원리

단어는 어떠한 원리로 형성되는가? 이에 대한 답을 모색하기 위하여 우리는 [설문 자료], [말터 자료]의 임시어를 대상으로 그 형성 방식에 관해 논의한다. 먼저, 앞서 언급한 통합관계 및 계열관계에 각각 대응하는 '결합'과 '대치'의 형성 양상을 차례로 살핀다.[38] 이후에 '재구조화'로 보아야 할 공시적 단어 형성의 예도 확인할 것이다.

---

38) 우리는 단어 형성 원리로서 '규칙'이라는 용어를 가급적 피하고, 통합관계를 중심으로 한 '결합', 계열관계를 중심으로 한 '대치'를 쓰고자 한다. 황화상(2010: 61)은 '어떤 사물이나 개념이 갖는 속성에 직접적으로 기초해서 단어를 만드는, 화자의 심리적 과정을 형식화한 것'으로 '규칙'을 규정하고 있는데, 황화상(2010)에서의 '규칙'이 일반화된 패턴을 전제한 것은 아니라는 점에서 우리의 '결합'과 유사한 지위에 있다고 볼 수 있다.

① 결합

특정 개념을 언어화하는 과정에서 일정한 부가 정보가 복합어에 포함될 수 있다는 점은 이 글 전반에 걸쳐 꾸준히 강조되고 있는 사항이다. '가마꾼'이 '~(을) 메는'의 α 의미를 포함할 때에 비로소 그 의미가 완성된다는 점, '상황 맥락 정보 α'로 구체화된 부가 정보가 역동적인 방식으로 복합어의 의미를 구성한다는 점이 앞서 논의되었다. 이러한 입장에서는 복합어 형성 과정이 기본적으로 기존 단어와의 관계보다는 단어 형성 현장의 상황적·맥락적 요인에 크게 기대고 있다고 본다(김광해 1982, 이재인 1991가, 임지룡 1997가, 1997나, 정한데로 2009, 2010가, 2012가, Downing 1977, Aitchison 1987, Jackendoff 2009, Booij 2010). 만약 기존 단어와의 어휘적 관계로만 국한하여 단어 형성을 연구한다면, 다양한 상황의 해석 가능성을 내재한 단어 형성 과정이 이미 실재하는 단어의 수준으로만 한정되는 결과를 초래할 것이다. 그러나 우리가 관찰한 임시어의 결과는 훨씬 역동적인 모습을 보여준다. 이는 통합관계에 기반한 '결합' 과정을 1차적인 단어 형성 원리로 파악하고자 하는 우리의 입장을 뒷받침한다.

4.2.2의 (33)~(40) 자료를 통해, 구성성분의 통합 과정에서 '상황 맥락 정보 α'가 '추가, 선택, 비유'의 방법으로 선후 구성성분에 영향을 미치는 현상을 관찰하였다. 우리가 검토한 임시어 자료에서 α 는 특정 근거 단어를 전제한 결과라기보다는 결합 과정상에 발생하는 임시적 의미로 해석되는 것이 대부분이었다. 오히려, 다양한 구성과 의미를 지닌 임시어를 대상으로 각각에 해당하는 근거 단어를 찾는 작업이 훨씬 어려운 일이다. 이는 임시어뿐 아니라 사전에 등재된 단어의 경우도 마찬가지일 듯하다.

[설문 자료]에서 총 64개, [말터 자료]에서 총 57개의 구성 유형이 관찰되었다([표 4-7], [표 4-8] 참고). 그 가운데 2~3개의 등재소로 형성된 단어가 전체 유형의 대부분을 차지하기는 했으나, 4개 이상의 등재소로 이루

어진 단어가 관찰된다는 사실도 주목해야 한다.

(47) 4~6개의 등재소로 구성된 단어

		[설문 자료]		[말터 자료]
4개	V-af-N-af	묶음해제기, 끼임방지기, 닫힘완화기, 뜨거움방지기	N-N-N-af	눈밑검정이, 눈밑어둠증
	N-V-af-N	감자깎이칼, 감자깎기칼, 문버팀쇠, 손데임보호, 차막이봉, 무갈이판	N-N-Adv-af	눈밑깜깜이
	N-N-N-af	문사이연결체, 문소음방지개, 종이컵자동분출기	N-V-af-N	감정감춤낯, 눈길몰이거리, 공용맞춤치수
	N-N-V-af	문고정걸이, 문발걸이, 야채껍질깎기, 종이심풀개, 자동컵뽑기	V-af-N-N	숨김마음얼굴, 맞춤조절치수
5개	N-V-af-V-af	문닫힘막이, 발걸이막이	N-N-N-N-N	눈아랫부위어둠테
	N-V-af-N-N	문닫힘방지쇠, 손데임방지컵	N-N-V-af-af	눈밑푸름이
	N-N-V-af-af	야채채썰이기, 문안전닫힘개, 오뎅컵뽑기개	N-V-af-N-N	눈길모임논쟁거리
	N-N-V-af-N	마포걸레빨이통, 소음방지이음대, 과일물받이채		
6개	N-N-V-af-N-af	고속문닫힘방지물		(없음)
	N-R-N-af-V-af	물흥건방지용털이		
	N-N-N-N-V-af	바닥오염방지물짜기		

4~6개의 등재소로 구성된 (47)의 단어처럼 다수의 등재소가 참여한 단어에는 어떠한 형태론적 원리가 적용되었을까? 결합(통합관계)과 대치(계열관계)의 두 가능성을 놓고 비교한다면, 당연히 결합이 훨씬 더 수월한 형성 방식일 것으로 판단된다. '묶음해제기, 문닫힘막이, 눈밑검정이, 숨김마음얼굴' 등의 단어가 특정 복합어로부터 일부 구성성분을 대치하여 형성되었다고 가정해 보자. 이들 임시어를 계열관계에 기반한 방식으로 형성하려면 이 단어들과 구조적으로 유사한 형식의 단어가 적어도 하나쯤은

어휘부에 등재되어 있어야 한다. 그러나 (47)의 임시어에 대응할 만한 어휘부 등재소를 찾는 일이 쉽지는 않다. 또한 (47)처럼 복잡한 구성의 임시어를 형성하고자 한다면, 어휘부 내 관련 단어를 탐색하기보다는 목표 개념에 대응되는 어휘부 개별 등재소를 직접 가져와 결합의 방식으로 하나씩 통합하는 것이 훨씬 간편하다.[39]

그렇다면 그보다 적은 2~3개의 등재소로 구성된 임시어는 어떠할 것인가? 구체적인 자료를 관찰하기 위해, [설문 자료] ②의 일부를 가져와 제시한다.

(48) [설문 자료] ② 예시

N-N	껍질칼, 안전칼, 양파칼, 채칼, 겉칼, …
V-af	갈이, 긁개, 깎개, 밀개, 벗기기, …
N-V-af	껍질밀개, 감자벗기개, 오이깎개, 감자긁개, …
V-N	깎기구
N-V-N	껍질벗기칼
Adv-af	돌돌이, 박박이, 사각이, 슥슥이, 쓱쓱이

(48)에서 합성어와 파생어가 모두 관찰된다. 이들 자료는 어떠한 단어 형성 원리를 적용하여 얻은 결과일까? 일단 결합과 대치의 두 가지 가능성이 있다. [N-N]의 '껍질칼'을 예로 든다면 결합은 '껍질+칼' 방식의 통합 관계로 단어를 형성한 것이며, 대치는 [X-칼]의 기존 단어에 근거하여 'X' 자리에 '껍질'을 대치함으로써 [껍질칼]을 형성한 것이다. 이 가운데 후자의 입장이 타당성을 확보하기 위해서는 [X-칼]류의 기존 단어, 즉 '껍질'을 대체할 만한 'X'가 구성성분으로 참여한 근거 단어를 확인할 수 있어야 한다.

---

39) 황화상(2010: 69-70)은 '스님자장, 버섯자장, 다람쥐택시, 개구리 관광' 등의 단어가 근거 단어를 고려한 유추 과정보다는 직접적인 결합(황화상 2010의 '규칙')에 의해 형성되었을 가능성이 높다고 보았다. 또한 최초 근거 단어의 형성 문제도 유추에 의한 단어 형성의 한계로 지적된 바 있다(시정곤 1999, 황화상 2010 등).

채현식(2003나: 114)는 (49)처럼 어휘부 내 계열체를 이루는 복합어를 바탕으로 형성된 틀을 통해 '재료'와 '형상'을 지시하는 명사(X)가 단어 형성에 참여한다고 파악하였다.

(49) 가. 계란빵, 단팥빵, 모카빵, 옥수수빵, … ⇒ $[[X]_{N(X=재료)}-빵]_N$

　　나. 곰보빵, 국화빵, 바나나빵, 붕어빵, … ⇒ $[[X]_{N(X=형상)}-빵]_N$

이때 (48)의 '껍질칼'도 (49)와 같은 틀에 의해 형성되었다고 보아야 할까? 채현식(2003나)에서 제시한 (49)의 예는 [X-빵]의 'X'에 다양한 변수가 적용될 수 있지만, 일견 '껍질칼'은 관련 계열관계의 단어를 찾는 일이 쉽지 않아 보인다. 그렇다면 '껍질'과 함께 [X-칼]을 형성한 '안전칼, 양파칼, 채칼, 겉칼' 등은 어떠한가? 그러나 이들 역시 후행하는 칼과 함께 나타난 결과로서 유사할 뿐, 이들 사이에서 그렇다 할 관계가 포착되지는 않는다. 이들 복합어는 아래와 같은 역동적인 결합 관계를 통해 형성된 것으로 볼 수 있기 때문이다.

(50) 가. 껍질칼 ⇒ 껍질(을)[X] + 깎는 + 칼　　　　　(X=위치)

　　나. 안전칼 ⇒ 안전(하게)[X] + 깎는 + 칼　　　　(X=방식)

　　다. 양파칼 ⇒ 양파(껍질을)[X] + 깎는 + 칼　　　(X=대상)

　　라. 채칼 ⇒ 채(로)[X] + 깎는 + 칼　　　　　　　(X=결과물)

(50)에서 보듯 이들 구성은 다양한 유형의 'X'로 형성된다. '껍질'은 칼로 깎을 대상의 위치를, '안전'은 방식을, '양파'는 대상을, '채'는 결과물을 지시한다는 점에서 선행 성분과 후행 성분의 의미 관계는 매우 역동적이다. '껍질칼, 안전칼' 등이 대치에 의해 형성되었다고 본다면, 화자의 어휘부 내 어떠한 단어들로부터 이들이 형성되었는지 우선적으로 해명해야 할 것이다. 그러나 선뜻 이들의 근거 단어를 제시하기란 쉽지 않다. 이러한

형성의 역동성을 고려한다면 이들 임시어는 기존 단어를 고려한 대치보다는 단순 결합의 결과로 형성되었다고 보는 것이 효과적이다(황화상 2010 참고). 결합 과정에 참여한 두 구성성분과 '상황 맥락 정보 α'를 통해 복합어 의미가 완성된 것으로 보는 것이다.

'껍질칼, 안전칼, 양파칼, 채칼'과 마찬가지로 [V-af] 구성의 '갈이, 긁개, 깎개, 밀개, 벗기기', [N-V-af] 구성의 '껍질밀개, 감자벗기개, 오이깎개, 감자긁개', [Adv-af] 구성의 '돌돌이, 박박이, 사각이, 슥슥이, 쓱쓱이'도 대치의 방식으로 형성되었다고 보기에는 한계가 적지 않다. [V-N]의 '깎기구', [N-V-N]의 '껍질벗기칼'은 동사 어간과 명사가 직접 결합한 구성으로서 기존 단어에서 쉽게 관찰되는 구성이 아니라는 점에서 더욱 그러하다.

요컨대, 이 글의 [설문 자료], [말터 자료]에서 확인되는 임시어 유형을 관찰해 보면, 대치의 방식으로 그 형성을 설명하기 어려운 예가 적지 않다. 공인화 이전의, 즉 사람들의 선호에 따라 걸러지기 이전 단계의 임시어는 그 형성 방식에서 역동적인 양상을 관찰할 수 있는데, 각각의 임시어를 위한 근거 단어를 설정한다는 것이 쉽지 않았다. 이러한 임시어 결과물의 실재성을 부정하지 않는 한 분명 (48)의 결과물에 대한 단어 형성 원리도 실재할 것이다. 우리는 단어 형성 원리로서 '결합'이 가장 기본적인 방식임을 주장하면서 (50)과 같이 상황 맥락적인 정보가 구성성분 결합 과정에 다양한 방식으로 적극 참여할 수 있다고 보았다. 각 임시어와 연결된 계열체를 활성화하여 이들을 통해 추상적인 틀을 마련한 후 단어를 형성하는 것보다는 통합관계에 기초한 (50)이 훨씬 화자에게 직관적이며 수월한 방식으로 판단된다.[40] 한편, (47)처럼 다수의 등재소가 참여한 결과 역시 대치로는 설명되기 어렵다는 사실을 확인하였다.

---

40) 임지룡(1997가: 255)에서도 '결합'이 가장 생산적인 단어 형성 방식임을 언급한 바 있다.

[2] 대치

만약 이 글에서 주목하고 있는 임시어 다수를 결합의 원리로 설명하고자 한다면, 계열관계에 기초한 대치의 예는 확인되지 않는 것일까? 본 연구에서 수집한 자료 내에서는 결합이 아닌 대치로 형성되었다고 볼 만한 적극적인 예가 활발히 나타나지는 않았다. (10), (16)에서 관찰되듯이 실제 단어의 형성은 선행 성분과 후행 성분 간의 의미 관계가 역동적인 양상을 띠기 때문이다.

물론 일부 임시어는 대치를 통한 접근으로 설명해 볼 수 있다.

(51) 대치에 의한 단어 형성

	[설문 자료]	[말터 자료]
가	컵꽂이([3]), 컵꽂이([6]) 문잡이([1]), 컵잡이([3]), 문잡이([11])	
나	정컵기([8]), 문꿈치([11])	
다	핀도리([4]), 털랭이([12])	아리면([1])

(51가)의 '컵꽂이, 문잡이, 컵잡이' 등은 채현식(1999, 2002, 2003나) 등에서 언급한 종합합성어의 유형으로 해석될 가능성이 있다. 즉 [X-꽂이], [X-잡이]의 틀에 맞추어 해당 단어를 형성하였다고 보는 접근이다. 다만 이들은 '컵+꽂-+-이', '문+잡-+-이' 등의 결합을 통해서도 설명 가능하다는 점에서 (51가)의 자료가 계열관계에 기반한 형성의 적극적인 예라고 보기에는 무리가 따른다.

반면, (51나, 다)의 예는 결합으로 설명하기 어려운 현상으로, 불규칙적인 대치를 통해 형성된 임시어로 볼 수밖에 없다. '정컵기', '문꿈치'를 해당 대상물의 용도와 관련지어 살펴본다면, 이들 단어가 일종의 비례적 유추를 통해 형성되었음을 확인할 수 있다.

(52) 가. 수(水) : 정수기 = 컵 : X   ⇒ X = 정컵기

　　나. 발 : 발꿈치 = 문 : X   ⇒ X = 문꿈치

[설문 자료] ⑧의 대상이 주로 정수기 옆에 설치되어 있다는 점이 (52가)의
비례식에 관여하였을 것으로 판단된다. 물을 따라 마시기 위한 용도로 쓰
이는 정수기의 '수(水)'를 '컵'으로 대치함으로써 '컵을 뽑는 기계'의 의미를
완성한 것이다. (52나)도 마찬가지로 구성 내 일부 단위가 대치된 경우이
다. '발꿈치'를 근거 단어로 삼아 '발'과 '문'을 대치함으로써 최종적으로
'문꿈치'가 완성되었다.

(53) 가. 장 : 장도리 = 핀 : X   ⇒ 핀도리

　　나. 송 : 아리송 = 면(面) : X ⇒ 아리면(面)

　　다. 헐 : 헐랭이 = 털- : X   ⇒ 털랭이

　　(53)은 (52)에 비해 더 불규칙하고 고립적인 경우의 예로 (44)에 대응될
수 있다. 근거 단어의 일부를 떼어 내고 그 자리에 목표 대상과 관련된
형식을 대치함으로써 단어를 완성한 것인데, 경우에 따라서는 비례식의
성립 여부 자체를 의심해 볼 수도 있다. (53가)에서 화자는 '장도리'를 독
창적으로 '장-도리'로 분석한 후, '장'의 자리에 '핀'을 대치시켜 '핀을 뽑을
때 쓰는 장도리' 정도의 의미로 '핀도리'를 완성하였다. (53나) '아리송'의
경우에도 화자의 독창적인 분석에 따라 '아리-송'으로 분리된 구성 내부의
'송' 자리에 '면(面)'을 대치함으로써 '알 수 없는 얼굴[面]' 정도로 해석되는
'아리면'이 완성된 것으로 보인다. (53다)의 임시어 '털랭이'는 음성적으로
유사한 '헐랭이' 정도로 근거 단어를 추정해 볼 수 있을 듯하다. 동사 '털-'
과 관련한 것으로 판단되는 점에서 'X랭이'의 X 자리에 '털'이 불규칙적으
로 대치된 것이다.

　　이상의 논의를 정리하면 임시어 자료 분석 결과, 대치로 형성되었다고

볼 적극적인 예를 찾기는 쉽지 않았다. 간혹 [X-꽂이], [X-잡이]와 같이 종합성어 유형의 예도 관찰되기는 하지만, 이들이 대치의 결과라는 사실을 확언할 수는 없다. 간혹 불규칙한 방식으로 형성된 임시어도 관찰되었다. 이들 예는 등재소 결합의 방식으로는 설명이 어려우며, 개별적 차원에서 불규칙하고 고립적인 방식의 대치가 적용된 것으로 보아야 한다.

③ 재구조화

[표 4-7], [표 4-8]의 구성 유형별 출현빈도에서 '통사론적 구성의 단어화'가 비교적 높은 순위에 있다는 점이 주목되었다. 이들 가운데 일부를 다시 가져와 정리해 보자.

(54) 재구조화에 의한 '통사론적 구성의 단어화' 관련 구성

	《표준》	[설문 자료]	[말터 자료]
가	고인돌, 굳은살, 고운체, 진흙	기울어진컵([3]), 긴손잡이체([12]), 손잡이달린체([12])	굳은얼굴([1]), 그늘진눈([2]), 끓는논쟁([3]), 바른맵시([4]), 고른치수([5])
나	건널목, 길짐승, 땔감, 디딜방아	걸래짤이([10]), 걸래짤통([10]), 짤통([10]), 뜰것([12])	모를얼굴([1]), 나눌거리([3]), 놀랄소식([3])
다	넘겨주다, 물려주다, 쓸어버리다, 잃어버리다	풀어주는체([6]), 갈아버려([9])	감춰진얼굴표정([1])
라	섰다, 심봤다, 싸구려	문멈춰([1]), 다섞어([6]), 컵눌러([8]), 다밀어([9])	다좋아([5])
마	받들어총, 섞어찌개, 먹자골목, 먹자판	앗뜨거방지대([3]), 컵내려기([8]), 쭉짜줘기([10]), 걸러요망([12]), 물걸러채([12])	속맘몰라얼굴([1]), 아리송해얼굴([1]), 네멋대로해라치수([5]), 다모아크기([5]), 다좋아치수([5])
바	남의눈, 닭의똥, 별의별	제2의컵([3]), 위의문고리([11]), 물만빠지기([12])	천의표정([1]), 눈의그늘([2]), 화제의소리([3]), 임의의치수([5])

[설문 자료], [말터 자료] 임시어 가운데 통사론적 구성의 형식을 하고

있으나 내부에 별다른 휴지(띄어쓰기) 없이 하나의 어절 단위로 구성된 단어가 활발하게 관찰된다. 이들은 특정 개념의 명명을 목적으로 얻은 결과라는 점에서 하나의 단어로 인정하는 데 크게 무리가 없다.

이러한 통사론적 구성의 단어는 이미 사회적 승인을 확보하여 널리 쓰이는 단어에서도 쉽게 관찰된다. (54)에 제시한 ≪표준≫의 예는 [설문 자료], [말터 자료]의 구성과 유사한 구조적 패턴을 지닌 것들로서, 사회적 승인만 확보한다면 이들 임시어도 충분히 사회등재어의 지위에 오를 수 있다는 가능성을 보여준다.

(54)에서 ≪표준≫에 등재된 단어들의 형성 방식은 그동안 크게 두 가지 흐름으로 설명되어 왔다. 하나는 통시적 단어 형성의 입장으로, 통사론적 구성이 자주 쓰이면서 한 단어로 굳어졌다고 보는 시각이다(구본관 1992, 박진호 1994, 최형용 2003나, 송원용 2005가 참고).[41] 다른 하나는 공시적 단어 형성의 입장으로, 공시적 차원에서 통사론적 구성이 단어화하였다고 보는 입장이다(김창섭 1996, 김인균 2005, 이상욱 2004, 2007, 오규환 2008가, 정한데로 2011, 2012다, 2013가, 2013나 참고).[42] 우리는 통사적 구성이 빈도에 의해 점차 단어로 인식될 가능성을 부정하지 않으며, 이 역시 일반적인 단어 형성의 한 과정으로 볼 수 있다고 본다. 그러나 실제 수집된 (54)의 [설문 자료], [말터 자료]에 주목한다면, 공시적 차원의 '통사론적 구성의 단어화'를 보다 적극적인 관점에서 단어 형성의 한 방식으로 볼 수 있을 듯하다. 통사부에서 형성된 단위(XP)가 특정 시점에

---

41) 각 논의에서 쓰이는 용어는 조금씩 다른 모습을 보인다. 구본관(1992)는 '통사적 구성의 어휘화', 박진호(1994)는 '통사적 구성의 원자화', 최형용(2003나)는 '통사적 구성의 단어화', 송원용(2005가)는 '통사구성의 단어화'로 기술하고 있다.

42) 공시적 차원의 '통사론적 구성의 단어화'도 세부적인 형성 방식과 용어에서 조금씩 차이를 보인다. 김창섭(1996)은 '구의 공시적 단어화'를, 오규환(2008가)는 '통사적 구성의 단어화'를 쓰고 있다. 한편, 이상욱(2004, 2007)의 '통사론적 구성의 단어화'는 이 글이 취하고 있는 '통사론적 구성의 단어화'와 용어는 같으나 실제 그 기제는 상이한 것으로 판단된다. 우리는 '통사론적 구성의 단어화'를 재구조화의 일종으로 파악하고 있다.

'재구조화'를 거쳐 단어(X^0)의 지위를 확보하게 된다고 상정하는 것이다.[43)]

단어 형성 원리로서의 재구조화는 통사론적 구성이 형태론적 단위인 단어로 급진적인 차원에서 전환되는 과정이다. 정한데로(2011: 216-217)에서는 Di Sciullo & Williams(1987: 78-88)의 '단어 창조 규칙(word-creating rule)'에 주목하여, 재구조화의 측면에서 공시적 차원의 '통사론적 구성의 단어화'를 주장한 바 있다.[44)45)] Di Sciullo & Williams(1987)에서는 단어 창조 규칙을 "형태론적 법칙의 관점에서 유표적인 규칙"으로 보고 "'명령'에 의해서 구에서 단어를 창조(create)한다."라고 논의하였는데, 우

---

43) 단어보다 큰 단위(XP) 또는 단어보다 작은 단위(X^{-1})가 공시적 차원에서 단어(X^0)의 지위를 확보하게 되는 과정을 일종의 재구조화로 이해하는 입장이다. 이는 김인균(2005)의 '어사화'와 맥을 같이 한다. 김인균(2005: 46)에서 '어사소구(X^{-1})의 어사화'와 '파생접사(X^{-1})의 어사화'가 제시된 바 있다. 1.2의 '재구조화' 개념 참고.

44) 로망스어 합성어에서 다음과 같은 구조의 단어가 관찰된다.

　　가. $[V+N]_N$, $[V+A]_N$, $[V+Adv]_N$, $[V+P]_N$
　　나. $N \rightarrow VP$
　　다. $N \rightarrow XP$ ($N \rightarrow VP$ / $N \rightarrow AP$ / $N \rightarrow NP$ / $N \rightarrow PP$)

　　Di Sciullo & Williams(1987)은 왼쪽핵 구성의 VP가 (나)와 같은 규칙을 통해 (가)처럼 N, 즉 X^0가 되었다고 파악한다. (다)는 이를 일반화한 '단어 창조 규칙'이다.

45) 이러한 입장에 대한 비판적 논의가 Spencer(1991: 426-427), 황화상(2001: 158-161)에서 제시된 바 있다. 황화상(2001)에서는 '사랑의 전화, 스승의 날' 등의 명사가 일반적인 'N+의 N' 구성의 의미 관계로 설명될 수 없다는 점을 이유로 이들이 통사적 구에서 형성되었다고 보기 어렵다고 논의하였다. 그러나 우리는 두 가지 의문을 가져볼 수 있을 듯하다. 첫째는 황화상(2001)이 최현배(1937/1971)에서 제시된 'N+의 N' 구성의 의미 유형에 크게 기대고 있다는 점이다. 통사적 구 구성으로서 '사랑의 전화, 스승의 날'이 불가능하다는 입장에 대한 보다 적극적인 근거가 필요할 듯하다. 더 나아가, 통사적 구의 의미 관계가 과연 통사론적 구성의 단어화에 있어서 중요한 기준인가 하는 두 번째 의문도 제기된다. 우리는 의미적 측면보다는 특정 단어가 통사론적 형성 원리에 기대어 형성되었다는 형식적 측면에 더 초점을 두고자 한다. 만약 '통시적 차원'의 통사론적 구성의 단어화를 주장한다면 대응하는 통사적 구성이 단어화 이전에 구 차원에서 의미 관계를 준수하며 쓰였다는 사실이 중요할 수 있다. 그러나 우리가 주장하는 '공시적 차원'의 통사론적 구성의 단어화에서는 의미 관계보다 통사적 형성 가능성이 더욱 중요한 기준이다.

리도 이와 유사한 관점에서 '재구조화'가 '결합'과 '대치'에 비해 유표적이기는 하나 독자적인 단어 형성의 원리가 될 수 있다고 파악한다.[46]

특히 (54마)에 제시한 아래의 단어는 공시적인 차원의 재구조화를 인정하지 않고서는 설명하기 어려운 예로 판단된다.

(55) 가. 먹자골목, 섞어찌개, 받들어총　　　≪표준≫
　　　나. 앗뜨거방지대, 걸러요망, 물걸러채　　[설문 자료]
　　　다. 속맘몰라얼굴, 다모아크기, 다좋아치수　[말터 자료]

(55가)의 ≪표준≫ 등재어와 (55나, 다)의 [설문 자료], [말터 자료] 임시어에서 선행 성분 '먹자, 섞어, 앗뜨거, 걸러요, 속맘몰라, 다모아' 등은 모두 어미를 포함한 구성이라는 점에서 통사론적 구성에서 온 것이 분명해 보인다. 그렇다면 이들은 통사론적 구성에서 단어화한 대상이 후행 명사 '골목, 찌개, 방지대, 망, 얼굴, 크기' 등과 한 번 더 결합한 것으로 볼 수 있다.

(55)의 단어 형성에 통사론적 구성의 단어화가 참여하였다면, 이들에 대해서도 앞서 언급한 두 가지 차원의 통사론적 구성의 단어화가 설명의 방식으로 거론될 수 있을 것이다. 그러나 당장 통시적 차원의 통사론적 구성의 단어화는 (55)의 예를 설명하기에 부적절한 방식임을 확인할 수 있다. 빈도를 전제하는 통시적 차원의 접근으로는 (55)의 구성성분 '먹자, 섞어, 앗뜨거, 걸러요, 속맘몰라, 다모아'가 단어화하여 후행하는 '골목, 찌개, 방지대, 망, 얼굴, 크기'와 결합한 과정을 설명하기 어렵기 때문이다.[47]

---

46) 시정곤(1998: 50, 377-384)은 (54)와 같은 예를 통사부에서 형성한다는 점에서 우리와 동일한 입장에 있다. 그러나 시정곤(1998)은 통사부 내에서 통사적 접사(-ㄴ, -ㄹ, -어)가 직접 통사적 단어 형성에 참여하며, 핵 이동을 형성 원리로 파악한다는 점에서 이 글과의 차이가 분명하다. 기본적으로 우리는 통사적 접사나 통사부에서의 단어 형성을 인정하지 않는 입장에 있다. (54)의 단어는 통사부에서 형성된 통사론적 구성이 통사부 밖에서 "명령"에 의해 단어로 재구조화하였다고 파악한다.

47) 최형용(2003나: 89-95)에서 어미가 포함된 통사론적 구성의 단어화(최형용(2003나)의

더욱이 (55나, 다)는 즉각적인 형성의 결과라는 점에서 공시적 차원의 접근을 뒷받침하는 적극적인 자료가 된다.

결국 명명의 동기가 부여된 공시적 상황에서 선행 구성성분에 해당하는 통사론적 구성의 단어화가 진행되고, 곧바로 후행 성분 '골목, 찌개, 방지대, 망, 얼굴, 크기' 등이 결합한 것으로 볼 때에 충분한 설명이 가능하다. '먹자, 섞어, 앗뜨거, 걸러요, 속맘몰라, 다모아' 등은 공시적 상황에서 재구조화를 겪은 명사(N)로서 복합어 형성에 참여한 것이다.[48]

한편, (54)의 예에서 관찰되는 '-ㄴ, -ㄹ, -어' 등의 형식을 어미가 아닌 형태 결합 차원의 개재 접사로 파악할 가능성도 있다. 황화상(2001: 168-179, 2002)는 형태 연결 원리를 통해 두 형태를 연결하기 위한 요소로서 중간에 접사가 삽입된다고 보았다.[49] 그러나 정한데로(2013나: 389)에서 언급한 대로 아래와 같이 '-느-' 형식이 참여한 구성을 고려한다면 이들은 통사론적 구성으로 파악하는 것이 수월할 것으로 판단된다.

(56) 가. 감자깎는칼②, 젖는봉⑥, 가는칼⑨, 물터는망⑫

　　　나. 맺는말, 먹는장사, 씹는담배, 우는소리, 죽는시늉

(56가)는 [설문 자료], (56나)는 ≪표준≫ 등재어를 제시한 것이다. 만약

'통사적 구성의 단어화')의 예로 '섰다판, 싸구려판, 떴다방, 먹자골목, 먹자판'이 제시되었다. '섰다, 싸구려'가 개별 단어로 실재한다고 보아 '섰다판, 싸구려판'은 이미 통시적으로 형성된 통사론적 구성의 단어에 다시 명사 '판'이 결합하였다고 볼 가능성이 있다. 그러나 '떴다, 먹자'라는 독립된 단어가 실재하지 않는 이상 '떴다방, 먹자골목, 먹자판'은 통시적 차원에서 그 형성을 설명하기 어렵다. (55나, 다)에도 동일한 문제가 적용될 수 있다.

48) 이에 정한데로(2011: 216-217)은 Di Sciullo & Williams(1987: 78-88)의 '단어 창조 규칙'을 공시적 차원의 통사론적 구성의 단어화와 유사하게 이해하고, (55)의 '먹자, 섞어' 등을 'N→CP'의 재구조화를 활용한 공시적 차원의 '통사론적 구성의 단어화'로 설명하였다.

49) 황화상(2001, 2002)의 삽입 접사는 일견 시정곤(1998)의 통사적 접사와 유사하게 보일 수 있다. 그러나 시정곤(1998: 49-51)의 통사적 단어가 통사부에서 형성되는 것과 달리, 황화상(2001: 69)의 통사적 단어는 어휘부에서 만들어진다는 점에서 차이가 크다.

황화상(2001, 2002)의 입장에 따라 (56)의 'ㄴ'을 개재 접사로 파악한다면, 이들 구성 내에 참여한 'ㄴ' 역시 개재 접사로 추가 설정해야 하는 부담이 따른다. 또한 (55)의 경우에까지 이를 적용한다면, '자, 어요(또는 '요')' 등도 개재 접사가 되어야 할 것이다. 이러한 부담을 안는 것보다는 이들을 동일한 형식의 어미로 파악하여 통사론적 구성이 단어화한 것으로 보는 것이 경제적이라고 판단된다. (56나)의 ≪표준≫ 등재어도 통시적 차원에서 통사론적 구성이 단어화하였을 가능성이 충분하나, 일단 우리는 (56가)와 평행한 관점에서 (56나)도 초기 형성 현장에서는 공시적 차원에서 즉각적인 재구조화를 겪은 것으로 이해하고자 한다.

우리가 주목하고 있는 공시적 차원의 통사론적 구성의 단어화는 일찍이 앞선 연구에서 '구의 단어화', '어사(소)구의 어사화' 등의 용어로 논의되었다.

(57) 가. 스승의 날, 학생의 날, 국군의 날, 사랑의 전화

나. [스승의 날]$_{NP}$ → [[스승의 날]$_{NP}$]$_N$

김창섭(1996: 26)은 비교적 최근에 형성된 (57가)의 예가 구 구조를 가진 채 하나의 어휘항목으로 형성되었다는 점에 주목하여 이들을 '구의 공시적 단어화'로 명명한 바 있다. 그리고 이들 구성은 (57나)의 방식으로 재분석(이 글의 재구조화)에 의한 공시적 단어화의 절차를 통해 명사의 지위를 확보한다고 파악한다. 김인균(2005: 46)에서 논의된 '어사(소)구의 어사화'도 공시적으로 일어나는 통사 범주의 층위 변화 현상을 포함한다는 점에서 '구의 공시적 단어화'와 상통한다.[50)]

재분석에 따른 김창섭(1996)의 '구의 공시적 단어화'와 품사 층위 변화

---

50) 김창섭(1996: 26)에서 '구의 통시적 단어화'와 '구의 공시적 단어화'를 모두 인정하듯이, 김인균(2005)의 '어사(소)구의 어사화'는 공시적 층위 변화뿐 아니라, 통시적 차원의 층위 변화도 포함하고 있다.

에 따른 김인균(2005)의 '어사(소)구의 어사화'와 유사한 접근에서, 이 글도 공시적 차원의 '통사론적 구성의 단어화'를 인정한다. 그리고 이를 Di Sciullo & Williams(1987)의 '단어 창조 규칙'과 유사한 재구조화의 관점에서 접근한다. 기본적인 형성 원리는 통사부 내의 통사 규칙에 바탕을 두고 있으나, 재구조화를 거쳐 단어의 지위를 확보하게 된다고 파악하는 것이다.

요컨대, 이 글에서 다루는 임시어는 특정 개념의 표현 동기에 따라 화자가 즉각적으로 형성한 단어가 분명하다. 화자들은 통사론적 원리로부터 형성된 단위를 즉각적으로 단어로 해석함으로써 이를 명명 단위로 이해하였다. 어미, 조사와 같은 문법적 단어가 참여한 구성이라는 점에서 이들이 통사부에서 형성된 결과임은 분명해 보인다. 그러나 이들이 명명 단위로서 통사원자의 지위를 지니게 되었다면 그 중간에 특정한 기제가 필요할 것이다. 그것이 바로 재구조화로서의 단어 형성 절차이다.

4.3.2. 연어 구성의 형성[51]

연어 구성은 둘 이상의 통사원자로 구성된 통사적 결합체이지만, 구성 성분이 지닌 긴밀한 관계를 근거로 어휘부에서 처리하려는 시도가 꾸준히 이어져 왔다(채현식 2003가, 2003나, 송원용 2005가, 이동혁 2004, 안소진 2012가).[52] 연어 구성에서 관찰되는 특정 구성성분 간의 긴밀한 관계, 그

---

51) 'collocation'에 관한 국내 번역어로는 '연어, 연어 관계, 연어 구성' 등이 쓰이고 있다. 이 글은 'node(대상어)'와 'collocate(연어)' 간의 관계적 측면에서 'collocation'을 이해하는 입장에 있으므로, '연어 관계, 연어 구성' 등의 용어를 채택한다. 특히 구성적 측면에서 자료에 접근하는 경우가 많기에 '연어 구성'의 술어를 주로 활용할 것이다. 이동혁(2004: 36)에서는 연어 관계에 있는 어휘소의 연쇄체를 '연어 표현'으로 정의하기도 하였다. 한영균(2002: 143), 이동혁(2004: 26-36), 김진해(2007: 230) 등 참고.
52) 이동혁(2004: 43-53)에서는 연어 관계를 '저장부(이 글의 어휘부) 어휘관계'로 파악함으로써, 이를 '운용부 어휘관계'에 속하는 일반적인 통사 구성과 구별하였다.

리고 구성 내에서 포착되는 의미 해석 문제는 일반적인 통사론적 접근만으로는 해결되기 어렵기 때문이다. 이에 따라 특정 구성성분과 공기하는 한정된 성분의 언어 관계를 어휘적 선택 제약(selectional restriction)으로 설명하는 방식을 중심으로 연어 연구가 전개되어 왔다.[53] 그러나 여기서 우리는 제약이 아닌 형성의 관점에서 이들 관계에 주목하고자 한다. 즉, 연어 구성이 발생하게 된 초기 형성 현장의 상황을 추정해 보고 어떠한 요인을 근거로 이들이 긴밀한 관계에 놓이게 되었는지에 관해 천착하고자 하는 것이다.

연어 구성의 특징 가운데 가장 주목할 만한 사항은 구성성분이 의미변이를 적용받아 확장된 의미로 쓰인다는 점이다.

(58) 가. 속이 보이다
나. 맛이 가다

(58가) '속이 보이다'의 선행 성분 '속'은 '품고 있는 마음이나 생각'의 다의적 용법으로 쓰여 구성 전체 의미를 완성한다. 한편, (58나)의 '맛이 가다'에서 후행 성분 '가-' 역시 '원래의 상태를 잃고 상하거나 변질되다'의 확장 의미로 쓰인 것을 확인할 수 있다. (58)의 두 구성은 구성성분의 합으로 구성 의미가 포착된다는 점에서 일단 의미론적 합성성을 준수하며 두 구성성분 모두 전체 의미를 만드는 데 관여하고 있다는 점에서 공통적이다.

이때 '속'과 '가-'는 어떠한 방식으로 연어 구성 내에서 확장의미로 쓰이게 된 것일까? 앞서 복합어를 대상으로 논의한 '상황 맥락 정보 α'를 떠올린다면 이에 대한 답도 충분히 모색해 볼 수 있을 것이다. 마치 복합어 형성 과정에 한 구성성분이 '비유 α'를 적용받아 복합어 구성 의미를 형

---

53) 이희자(1995), 김진해(2000), 임홍빈(2002), 임근석(2002, 2010), 박진희(2005) 등이 대표적이다.

성하듯이, (58)의 예도 특정 구성 내에서 '비유 α '에 따라 '속'과 '가'가 확장된 의미로 연어 구성의 의미를 완성한다고 보는 것이다. 이러한 접근은 α 를 포함한 연어 구성이 [-정합성]의 구성으로서 언어 내적 차원에서 등재되어야 한다는 사실까지도 함께 포착할 수 있다는 점에서 무척 흥미로운 현상이 아닐 수 없다.

이 절에서는 제3장에서 논의한 α 의 해석과 기능, [정합성], 등재의 문제 등을 연어 구성에 적용하는 데에 집중할 것이다. 특히, 복합어와 평행한 시각에서 연어 구성에 접근한다는 점을 강조하고자 한다.[54] 이를 통해 어휘부 등재소로서의 연어 구성이 지닌 속성을 하나씩 밝혀나갈 수 있을 것으로 믿는다. 연어 구성 중에서도 우리가 연구 대상으로 삼는 것은 (58)과 같은 '명사+동사' 구성의 어휘적 연어이다.[55]

4.3.2.1. α 와 공시적 변이

관용 표현은 이미 만들어져 기억된 제한적인(혹은 고정적인) 단어들의 조합을 의미한다(이동혁 2007: 32).[56] 이때의 '제한적, 고정적' 속성은 3.2.1에서 논의한 어휘부 등재 작용으로서의 고정화(fixation)와 동일한 관점에서 이해할 수 있다. 특정한 기준에 따라서 둘 이상의 성분으로 구성된 구성체가 어휘부 내 등재소로 저장된다는 점은 관용 표현과 복합어가

---

54) 김진해(2003: 24)도 관용어(이 글의 숙어 구성)의 직설의미와 관용의미 간의 관계를 논의하면서, "단어(word)가 다양한 조건(결합 조건의 확장, 은유·환유적 적용 확대 등)에 의해 의미 확장하는 것과 매우 유사하며, 따라서 관용 표현을 해석하는 데 동원되는 기제가 다른 일반 표현을 해석하는 데 동원되는 것과 특별히 다르지 않다고 가정한다."라고 언급한 바 있다.

55) 연구자에 따라 입장 차이는 있으나, 일반적으로 연어는 크게 어휘적 연어와 문법적 연어로 구분될 수 있다. 문법 형태를 포함한 '-에 대하여', '-ㄹ 것이-' 등의 구성이 문법적 연어에 해당한다.

56) 이 글은 '연어 구성'과 '숙어 구성'이 모두 관습적인(conventional) 성질을 지니는 단위라는 입장에서, 이들의 상위 개념을 지시하는 용어로 '관용 표현'을 쓰기로 한다. 이에 관한 구체적인 내용은 후술할 것이다.

공통적으로 보이는 모습이다. 연어 구성 역시 둘 이상의 단어가 고정화된 쓰임을 보인다는 점에서 관용 표현의 하나로 이해할 수 있다.

관습성(conventionality)의 관점에서 관용 표현에 접근할 수도 있다. 박진호(2003: 364)은 의미의 관습성(conventionality of meaning), 결합의 관습성(conventionality of combination), 사용의 관습성(conventionality of use)을 구분하면서, 이들 세 부류를 각각 '숙어(idiom)', '연어(collocation)', '화용론적 관용 표현'에 대응시킨다. 그 가운데 숙어와 연어는 '의미론적 관용 표현'으로 묶일 수 있다는 점에서 화용론적 관용 표현과는 다른 층위로 구분된다.[57]

이동혁(2007)의 '고정성', 박진호(2003)의 '관습성'은 본 연구에서 제시한 등재 조건(언어 내적 등재, 언어 외적 등재)과 관련지어 생각해 볼 만하다. 표현론적 동기에 근거하여 단어 형성 과정에 부가된 정보 α 는 화청자 사이의 원활한 의사소통을 위해 수반되어야 할 구성 내적 정보임을 앞서 확인하였다. 단어 형성 과정에 부가된 이러한 '상황 맥락 정보 α '는 연어 구성의 형성 과정에도 그대로 적용될 수 있다. 관용 표현도 단어 형성과 마찬가지로 형성 단계에 주어진 상황 맥락 정보가 더해짐으로써 전

---

57) 박진호(2003)과 이동혁(2007)의 관용 표현 체계는 아래와 같다. 연구자에 따라서 'idiom'을 위한 번역어로 '관용어'를 취하기도 하나 이 글에서는 통사론적 구성이 제3의 의미로 쓰이는 경우를 가리켜 '숙어 구성'으로 기술하기로 한다. '관용 표현'은 관습적으로 굳어진 표현이라는 넓은 의미로 쓸 것이다.

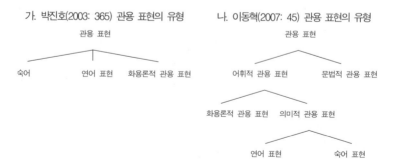

가. 박진호(2003: 365) 관용 표현의 유형   나. 이동혁(2007: 45) 관용 표현의 유형

체 구성이 고정되고, 이들 구성이 등재소의 지위를 획득하는 데 α 가 결정적인 역할을 담당한다고 보는 것이다. 먼저, 연어 구성에 적용될 '상황 맥락 정보 α'에 관해 구체적으로 살펴보도록 하자.

앞서 언급한 대로 연어 구성은 둘 이상의 어휘적 단어가 결합한 통사 구성이지만 마치 하나의 단위처럼 고정적으로 쓰인다는 점에서 복합어와 유사한 특징을 보인다. 일반적인 통사 구성, 즉 자유결합 상태의 '명사+동사' 구성이라면 '공을 던지-'와 같이 공시적인 결합으로부터 도출된 의미는 투명하게 해석될 것이다. 그러나 (59)의 연어 구성은 그렇지 않다.

(59) 가. 속이 보이다, 뒤를 캐다, 앞뒤를 재다, 수포로 돌아가다
    나. 애가 서다, 목이 잠기다, 풀을 먹이다, 화장이 잘 먹다, 죄를 벗다
    다. 입이 무겁다, 속을 태우다, 속이 썩다
    라. 미역국을 먹다, 손을 잡다, 파리를 날리다, 바가지를 긁다

(59)는 이희자(1995), 강현화(1998)에서 제시된 연어 구성의 예를 일부 가져온 것이다(밑줄은 필자 추가). (59가~라)는 연어 구성 내에 비유적인 의미로 해석되는 영역의 분포에 따라 각기 다른 유형으로 분류된다.

(59가)는 선행 명사가 비유적 의미로 쓰인 경우로서, '속'은 '의도하는 마음', '뒤'는 '배후', '앞뒤'는 '이해득실', '수포'는 '헛된 일' 등으로 해석된다. (59나)는 후행 동사가 비유적 의미로 쓰인 경우이다. '서-'는 '뱃속에 생기-', '잠기-'는 '쉬거나 약간 막혀 소리가 제대로 나지 않-', '먹이-'는 '배어들게 하-', '먹-'은 '스며들-', '벗'은 '씻어 없애-'로 해석된다. 한편, (59다)는 선행 명사와 후행 동사가 모두 비유적으로 쓰여, '입이 무겁-'은 '말이 신중하고 조심스럽-'[58], '속을 태우-'는 '마음이 몹시 달-', '속이 썩-'은 '마음이

---

58) '무겁-'의 이러한 의미는 ≪표준≫에 등재되어 있지 않다. 한편, ≪고려대≫에는 '(언행이) 신중하고 조심스럽-'의 뜻풀이가 등재되어 있어 ≪표준≫과 차이를 보인다.

몹시 <u>괴로운 상태가 되</u>'의 의미로 풀이된다. 마지막 (59라)는 구성 전체가 비유적으로 쓰인 예이다.59) '미역국을 먹-'은 '시험에서 떨어지-', '손을 잡-' 은 '서로 힘을 합쳐 협력하-', '파리를 날리-'는 '영업이나 사업 따위가 잘 안되어 한가하-', '바가지를 긁-'은 '주로 아내가 남편에게 생활의 어려움에 서 오는 불평과 잔소리를 심하게 하-'로 해석된다. (59라)는 구성 전체의 의미가 구성성분과 동떨어진 제3의 의미로 해석된다는 점에서 대대수의 선행 연구에서 숙어 구성으로 분류되어 왔다. 그러나 일단 우리는 연어 구성의 1차적인 기준을 공기성으로 보고 (59라)도 연어 구성의 하나로 포 함하고자 한다(강현화 1998 참고).60) 이들의 숙어적 의미도 사실상 연어 구성 전체의 비유로부터 시작하였다고 보는 것이다.61)

Mel'čuk(1995: 182, 1998: 28-31)에서는 어휘 함수(lexical function) 개 념에 기반하여 연어를 정의하고, 몇 가지 유형으로 연어의 부류를 제시하 였다. 어휘소 A와 어휘소 B로 구성된 연어 AB의 기의 X를 'X'='A⊕C'로 표상함으로써, 어휘소 B가 어휘소 A라는 특정한 조건 환경에서 (contingent) 'C'의 의미로 나타난다고 본 것이다. 따라서 어휘소 A에 관한

---

59) 강현화(1998: 204-205)에서는 명사와 동사구 전체가 비유적으로 쓰인 연어 구성과 숙어 구성을 각각 따로 제시하였지만 우리는 숙어 구성만을 (59라)에 가져왔다. 강현화(1998: 204)에서 구성 전체가 비유적으로 쓰인 연어 구성 가운데, '고사를 지내-'(술잔의 술을 오랫동안 마시지 않다. ≪표준≫), '자리를 잡-'(① 일정한 지위나 공간을 차지하다. ② 생각이 마음속에 뿌리를 박은 듯 계속 남아 있다. ≪표준≫) 등은 숙어 구성으로 볼 수 도 있다는 점에서 이 둘을 명확히 가르기는 어려워 보인다. 5.3.2.2에서 후술하듯이 우 리는 구성 전체가 비유적으로 쓰인 연어 구성과 숙어 구성에 큰 차이가 없다고 본다. 이는 숙어 구성이 지닌 동음이의적 특징(이상억 1993: 336-337, 이희자 1995: 416, 문금 현 1999: 37 등)에서도 드러나는 현상이다.

60) 숙어 구성을 연어 구성의 하위 부류로 파악한 국내 논의로는 강현화(1998)이 대표적이 다. 그러나 대부분의 연구에서는 (각주 57)에 제시한 것처럼 숙어 구성을 연어 구성과 동등한 층위로 파악한다. 김진해(2000: 133)은 숙어 구성을 연어 구성의 하위 부류에 포함한 강현화(1998)의 태도가 연어 구성과 숙어 구성의 본질적 차이를 묵과하는 결과 는 낳는다고 비판하였지만, 이는 김진해(2000)이 규정한 연어 개념을 수용할 때에 뒷받 침되는 비판이다. 두 구성성분의 공기 관계를 연어 구성의 1차적인 기준으로 삼는다면 숙어 구성도 연어 관계를 형성하는 것이 분명하다.

61) '연어 구성의 숙어화'에 대해서는 5.3.2에서 논의할 것이다.

어휘소 B의 의존적 속성이 강조된다.[62]

여기서 어휘소 B가 어휘소 A의 환경 내에서 'C' 의미로 실현된 것은 A
와 B의 결합관계 내에서 포착되는 현상이다. 즉, 'C'는 연어 AB가 형성된
현장에서 공시적으로 적용된 어휘소 B의 변이 양상을 드러내는 것이며,
이때 어휘소 A는 어휘소 B의 변이를 위한 특정 환경으로 기능한다. 그렇
게 본다면 이때 어휘소 B에 반영된 변이적 속성은 앞서 언급한 '상황 맥락
정보 α'와 다르지 않다. 'C' 의미는 곧, 'A+B' 결합 과정상의 'B+ α'로
해석된 결과이다.

상황에 기댄 어휘소 B의 속성은 '임시적 해석(nonce readings)'의 시각
에서도 접근 가능하다.[63] 특정 맥락 내에서만 유효한 임시적 해석을 받기
위해 구성성분이 비유적으로 쓰인 구성을 연어로 분류한 박만규(2003:
327-328)이 대표적이다. 또한 어휘소 B가 어휘소 A와의 결합관계를 통해
서 부여받은 의미 'C'를 (인접한 특정 어휘 환경에서) '의미가 분절된 요소'
로 파악하여 연어를 규정한 이동혁(2003: 155, 2004: 83), 이때의 'C'를 특
정 환경에서의 '해석 의미'로 파악한 조은영(2009: 42) 역시 유사한 시각에
있다. 이상의 '임시적 해석', '의미가 분절된 요소', '해석 의미' 모두 이 글
의 '상황 맥락 정보 α'가 부가된 언어 단위와 연결된다.

   (60) 가. f(A,B) = A + B

---

62) 임홍빈(2002: 293), 임근석(2010: 3장) 등에서는 연어 관계를 '이항적인 어휘적 의존 관
   계'로 보아 선택의 주체가 되는 요소를 '연어핵'으로, 선택의 대상이 되는 요소를 '연어
   변'이라고 하였다. 이동혁(2004: 82-83)는 임홍빈(2002)의 두 개념에 대해 비판적으로 논
   의하고 있다. 연어 관계에서는 투사의 문제가 개입하지 않기 때문에 상위 절점의 정체
   가 중요한 기준이 되는 통사적 지배 관계와는 다르며 연어핵과 연어변의 설정은 그다지
   의미가 없다고 보았다. 아울러 의미상 중심적인 것과 그렇지 않은 것에 대한 기준에 대
   해서도 의문을 제기하였다.
63) 어휘부 내에 독자적인 등재소의 위상을 지니지는 않지만 은유나 환유 같은 의미 확장의
   책략을 통해 생성되거나 해석되는 것들은 '임시적 해석'으로 이해할 수 있다. Cruse
   (2000: 221)/임지룡·김동환 역(2003: 351) 참고.

나. f(A,B) = A + B

다. f(A,B) = A + B

라. f(A,B) = A + B

그렇다면 복합어와 동일한 접근에서 연어 구성도 (60)의 함수로 설명 가능하다. (59)를 참고한다면 '상황 맥락 정보 α'는 선행 성분(60가), 후행 성분(60나), 선행 성분과 후행 성분 각각(60다)에 적용될 수 있으며, 구성 전체(60라)에 적용될 가능성도 열려 있다.

4.3.2.2. 구성 의미의 고정화

복합어 형성과 마찬가지로, 형성 현장에서 비유적 용법을 활용한 변이 차원의 공시적 해석이 연어를 형성하는 데 중요한 역할을 담당한다는 사실을 확인하였다. 그리고 우리의 관점에서 그것은 복합어 형성 과정의 '상황 맥락 정보 α'와 평행하게 해석되었다.

(59)의 연어 구성이 '상황 맥락 정보 α'에 의한 복합어 형성 과정과 유사하다는 점에서, 우리는 α를 중심으로 복합어와 연어 구성의 평행한 양상을 구체화하고자 한다. (31)의 '상황 맥락 정보 α'의 세 유형을 가져와 다음에 적용해 보자.[64)]

(61) '연어 구성'에서의 3가지 α 유형

유형	함수	예
① 추가 α	f(A,B) = A + B + α	(없음)

---

64) 복합어의 경우에는 표현론적 동기에 의해 즉각적으로 형성된 임시어([설문 자료], [말터 자료])를 연구 대상에 포함하였지만, 연어 구성은 이러한 방법의 접근이 불가능하다. 이에 우리는 이미 사회적 승인을 확보한 대상을 위주로 논의할 것이다. 이 연구에서 본격적으로 다루지는 않지만 새로운 관용 표현(연어 구성, 숙어 구성)도 꾸준히 형성되고 있다(문금현 1996 참고).

② 선택 α	ⓐ f(A,B) = A + B ⓑ f(A,B) = A + B ⓒ f(A,B) = A + B	속이 보이- 죄를 벗- 속을 태우-
③ 비유 α	ⓐ f(A,B) = A + B ⓑ f(A,B) = A + B ⓒ f(A,B) = A + B ⓓ f(A,B) = A + B	앞뒤를 재- 애가 서- 입이 무겁- 미역국을 먹-

연어 구성은 앞서 제시한 세 가지 α 유형 가운데 무엇에 적용 가능할 것인가? 일단, 통사론적 구성인 연어 구성은 복합어와 달리 의미를 더하고자 할 때에 부사어를 직접 활용할 수 있다. 따라서 '추가 α'는 연어 구성의 직접적인 형성 동기가 되지 않는다. 가령, '공을 던지다'의 통사 구성에 부사 '계속'만 추가하면 '공을 계속 던지다'와 같은 '추가 α'의 상황적 해석이 가능하기 때문에, 추가되는 요소가 '공을 던지다'의 결합 관계를 공고히 하여 이를 연어 구성으로 만드는 역할을 하지는 않는 것이다. 결국 남는 가능성은 이를 제외한 '선택 α'와 '비유 α'이다.

그러나 곧바로 우리는 4.2.2의 복합어 논의에서 맞닥뜨렸던 문제를 다시 직면하게 된다. '선택 α'와 '비유 α'의 해당 예를 찾는 작업에서 '선택'과 '비유'의 분명한 경계를 찾기 어려웠던 문제가 반복되는 것이다. 일단 (59)에서는 '속이 보이-'의 '속'이 선택을 통해 연어 구성에 참여한다고 해석하였지만, 이때 '속'의 비유적 의미인 '마음'이 다의어 '속'의 확장의미로부터 선택된 것인지(선택 α), 아니면 '보이-'의 결합 과정에서 비유적 의미로 전이된 것인지(비유 α) 확신하기 어렵다.[65]

---

65) 이는 복합어 연구에서 임시어가 지니는 의의와도 연결된다. 실제 언어 사실에 맞는 정확한 결과를 얻고자 한다면 시간을 거슬러 과거로 돌아가 공시적으로 '속이 보이-' 구성이 형성되었을 초기 현장을 관찰하는 수밖에 없다. 이미 다의어가 된 '속'의 확장의미가 '선택 α'를 통해 연어 구성을 형성하는지, 아니면 처음 '비유 α'를 적용 받아 형성된 '속이 보이-' 구성에서 '마음'의 변이 의미가 생성되었는지 지금으로서는 장담할 수 없다.

이전 시기에 형성된 구성의 초기 형성 방식을 추정할 수밖에 없는 한계는 복합어나 연어 구성을 대상으로 한 등재소 형성 연구가 지닌 한계점이다. 이러한 한계를 인정하면서도, 우리는 연어 구성 내 특정 구성성분이 결합하는 다른 성분의 유형빈도를 통해 이 둘을 구분하고자 한다.

(62) ② '선택 α'

@ f(A,B) = A + B	속이 보이-	예 속이 검-, 속을 털어놓-, 속이 후련하-, 속을 드러내-, 속이 터지-
ⓑ f(A,B) = A + B	죄를 벗-	예 누명을 벗-, 혐의를 벗-
ⓒ f(A,B) = A + B	속을 태우-	예 속이 검-, 속을 털어놓-, 속이 후련하-, 속을 드러내-, 속이 터지-
		예 애간장을 태우-, 가슴을 태우-, 마음을 태우-

연어를 구성하는 A라는 구성성분이 B 이외의 다른 단위와도 비교적 폭넓게 공기한다면, 즉 구성성분 A가 참여하는 연어의 유형빈도가 높다면, 이는 '선택 α'로 볼 가능성이 높다. (62)의 '속', '벗', '태우'는 비교적 다양한 동사 및 명사와 결합하는 모습을 보여준다. 초기에 어떠한 현장에서 '속', '벗-', '태우-'가 확장의미를 지니게 되었는지 확인하기는 어렵지만, (62)의 예는 이미 고정화된 비유의 확장의미가 선택되어 다수의 연어 구성을 형성하였음을 방증하는 것으로 판단된다.66)

(63) ③ '비유 α'

@ f(A,B) = A + B	앞뒤를 재-
ⓑ f(A,B) = A + B	애가 서-
ⓒ f(A,B) = A + B	입이 무겁-
ⓓ f(A,B) = A + B	미역국을 먹-

---

66) 5.3.1 내 연어 구성의 분석을 통한 '의미의 확장'에서 이러한 다의 과정에 관해 후술할 것이다.

그러나 (63)의 연어 구성은 (62)와 달리 관련 예가 많지 않다. 구성 내한 성분이 그 밖의 다른 단위와 공기하는 일 없이 (63)의 연어 구성으로만 고정적으로 쓰인다는 점이 (62)와 차이나는 지점이다. 이렇게 본다면 (63) 의 연어 구성은 비유적 해석을 통해 형성된 초기 모습을 보여주는 것이 아닌가 한다. '비유 α'가 형성의 동기로 직접 관여한 것이다.

한편, (64)는 (59)와 달리 비유적인 의미 해석이 관여하지 않았다는 점에서 또 다른 유형으로 분류된다.

(64) 가. 결원이 생기다, 대미를 장식하다, 녹이 슬다, 관심을 쏟다
    나. 물구나무를 서다, 깍지를 끼다
    다. 똥을 누다, 입을 다물다, 개가 짖다

(64가)는 두 구성성분이 특정한 의미론적 · 제약적 관계를 지니지 않음에도 말뭉치 자료에서 높은 빈도의 공기 관계를 보이는 연어 구성이며(강현화 1998: 203), (64나)는 어휘 본유적으로 대상이 작용할 수 있는 폭이 극히 제한된 상태로 연어 구성을 이루는 경우이다(이희자 1995: 425, 강현화 1998: 200, 이동혁 2003: 155). (64다)는 어휘 자체가 지닌 개념 구조에 따라서 공기 가능한 어휘를 하위 명세하는 구성으로 볼 수 있는 예이다(이희자 1995: 424, 강현화 1998: 203, 김진해 2000: 71).[67]

(59)와 달리 (64)의 연어 구성은 특정한 부가 정보를 포함하지 않는다. 이들은 높은 공기 빈도에 따라 긴밀한 관계를 획득한 연어 구성이거나, 어

---

[67] 김진해(2000)에서는 (64다)와 같은 연어 구성을 '전제적 연어'로 명명하였다. '누, 다물' 등의 동사가 지닌 개념 구조 자체가 특정 명사 '똥, 입' 등과 긴밀히 연결되어 있으며, 이들에서는 의미 전이가 발생하지 않는다고 본 것이다. 반면, 전제적 연어처럼 어휘개념구조로 포착하기 힘들며, 해당 사회가 세계를 언어화하는 과정에서 습관적으로 특정 어휘와 긴밀하게 결합하는 구성을 '관습적 연어'로 명명한다(김진해 2000: 121). 따라서 김진해(2000)의 '관습적 연어'에는 의미전이를 보인 (59가~다)((59라)의 숙어 구성 제외)와 (64가, 나)를 모두 포함하는바 이 글에서 제시한 유형 구분과는 상이한 양상이다.

휘 자체의 특성으로 인해 아주 제한적인 공기 관계만 보이므로 맥락이 개입할 여지가 없는 것이다(이동혁 2003: 156). 그렇다면 (64)는 (59)의 연어 구성과는 다른 함수 양상을 보일 것으로 예측된다. 즉, α 가 부가되지 않은 정합적인 구성으로 분류되는 것이다.

(65) '연어 구성'의 함수 관계와 정합성 양상

	함수 관계	합성성	정합성	예
가	f(A,B) = A + B	+	+	대미를 장식하- 물구나무를 서-
나	f(A,B) = A + B + α		−	속이 보이-, 죄를 벗-, 입이 무겁-, 미역국을 먹-

(59)와 (64)의 두 부류는 (65)로 정리된다. (59=65나)가 α 부가에 따른 정합성 결여로 인해 언어 내적 요인으로 등재된다면, (64=65가)는 정합적인 구성임에도 불구하고 언어 외적 요인, 즉 높은 공기 빈도라는 어휘 강도(lexical strength)에 의해 등재된 예로 볼 수 있는 것이다.[68] 이는 3.2.1에서 논의한 복합어의 두 가지 등재 조건과도 정확하게 일치한다.

지금까지 우리는 복합어와 평행한 시각에서 연어 구성을 탐구해 보았다. 정리하자면, 형성 측면에서는 형성 현장의 '상황 맥락 정보 α '가 임시적 해석을 통해 구성을 형성하였다. 특히, 연어 구성의 형성 과정에 부가된 α 는 (66)의 양상을 보여 주었는데, 결과적으로 '선택 α '와 '비유 α '가 가능하였다. 이때 부가된 α 로 인한 [-정합성] 양상은 언어 내적 차원의 등재를, 또 정합적인 구성이라 하더라도 공기 빈도라는 조건이 언어 외적 차원의 등재 기준이 될 수 있음을 확인하였다.

---

68) 이는 제3장 (11)의 복합어 '자랑스럽-, 조심스럽-', (17나, 18나)의 '반민주, 선생님'이 언어 외적 요인에 의해 등재된 것과 유사한 해석이다.

(66) '연어 구성' 형성에 참여하는 α

① 추가 α	X
② 선택 α	O
③ 비유 α	O

한편 이에 더하여, 연어 구성을 둘러싼 두 가지 논점에 관한 우리의 입장도 분명히 하고자 한다. 첫째는 연어 구성의 범위에 관한 문제로서, 구성 내 특정한 선택 관계가 포착되지 않으며 의미론적으로 투명한 구성의 공기어도 연어 구성으로 포함할 것인가 하는 문제이다. 둘째는 연어 구성과 숙어 구성의 관계에 관한 것인데, 이 두 구성이 동일한 층위에 있는 대상인지 혹은 연어 구성이 숙어 구성을 포괄하는 상위 개념인지에 관한 문제이다.

첫 번째 문제부터 살펴보기로 한다. 먼저, 연어 구성의 범위와 관련하여 아래 임근석(2010)의 체계를 살펴보자.

(67) 연어의 범주적 위치 - 임근석(2010: 64)

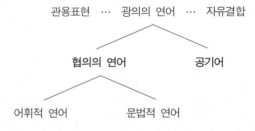

(67)과 같이 '광의의 연어'와 '협의의 연어' 개념이 구분될 수 있다. 어휘소 간의 특정한 선택 관계나 의미변이 양상이 드러나지 않더라도 높은 공기성을 보이는 구성을 연어 구성으로 인정할 것인가에 따라 연어 구성의 외연이 달라질 수 있다. 김진해(2000), 임근석(2005가, 2010) 등은 이러한 두 가지 측면의 연어 개념을 모두 인정하면서도, 협의의 연어를 중심으로 한 연구이다.[69]

이에 반해, 강현화(1998), 한영균(2002), 서상규(2002), 김진해(2007)은 연어의 1차적인 속성을 '공기성'에 두고 (67)의 '광의의 연어' 범위로 연어 개념을 설정한다. 의미론적 투명성이나 선택 관계 등에 관한 것은 연어 구성의 전체 중 일부일 뿐이라는 접근이다. 이러한 시각은 주로 말뭉치 자료상의 출현빈도를 고려한 통계적 방법론을 바탕으로 한다는 공통점이 있다. 연어 구성에 관한 연구는 구성성분 간의 언어 내적 관계뿐 아니라 언어 외적 요인까지도 총체적으로 고려해야 한다는 것으로 정리된다.

언어 내적 요인을 강조한 김진해(2000), 임홍빈(2002), 임근석(2005가, 2010) 등의 입장, 그리고 언어 외적 요인까지 모두 고려한 강현화(1998), 한영균(2002) 등의 논의는 복합어를 대상으로 논의한 3.2.1.3의 '언어 내적 등재'와 '언어 외적 등재' 논의와도 정확하게 일치한다.

(68) '복합어'와 '연어 구성'의 투명성과 등재성 [(69)로 발전됨.]

	복합어	연어 구성	정합성	투명성	등재성
가	달관스럽–	결원이 생기–	[+정합성]	투명	비등재/등재
나	시골스럽–	속이 보이–	[–정합성]	반투명	등재

---

69) 그러나 "연어를 '광의의 연어'와 '협의의 연어'로 구분하였다면 두 연어를 포괄하는 연어 전체의 개념 정의가 이루어져야 하며, 두 연어 유형의 차이는 어떻게 나타나는지가 밝혀졌어야 한다."라고 기술한 강현화(2003: 421)의 논의를 되새긴다면, 이러한 분류적 관점이 극복해야 할 문제는 여전히 남아 있는 것으로 판단된다. 우리는 광의와 협의의 연어 개념을 따로 구분하지 않고, 광의의 개념에서만 연어를 쓰기로 한다.
김진해(2000: 36), 임근석(2010: 64)의 연어 개념은 아래와 같다.

김진해 (2000)	광의의 연어	통사 · 의미론적으로 관련을 맺고 있는 어휘가 동일한 문맥에서 동시에 나타나는 어휘들의 공기 관계
	협의의 연어	특정 어휘가 다른 어휘를 요구함으로 발생하는 어휘소들 간의 제한적 공기 관계
임근석 (2010)	광의의 연어	특정 언어 단위를 중심으로 다른 언어 단위가 인접하거나 특정 문맥 안에서 공기하는 경우
	협의의 연어	어휘요소 상호간 또는 어휘요소와 문법요소 간의 긴밀한 통사적 결합 구성으로, 선택의 주체(연어핵)가 되는 어휘요소가 선택의 대상이 되는 어휘요소나 문법요소(연어변)를 선호(preference)하여 선택한다.

(68가)는 '상황 맥락 정보 α'가 도입되지 않은, 임시적 해석 없이 '투명'하게 파악되는 예인 반면, (68나)는 α가 개입된 구성으로서 구성성분 가운데 일부가 명세된 속성이나 비유를 통해 추가·확장된 의미로 해석되어 '반투명'하게 파악되는 예이다.[70] 후자는 언어 내적 차원에서 등재의 대상이 되는 반면, 전자는 언어 내적 차원에서는 등재될 필요가 없지만 출현빈도 등 어휘 강도에 따라 등재 가능한 것이다. 공기 관계를 1차적 기준으로 삼은 넓은 수준의 연어 구성 개념을 취할 때 복합어와의 통일된 설명을 추구할 수 있다는 점이 확인된다. (68가, 나) 범위에 드는 투명·반투명 단어를 모두 복합어로 파악하듯이, 연어 구성도 투명·반투명 단위를 모두 연어 구성으로 이해하는 것이다.

다음으로, 연어 구성과 숙어 구성의 관계 설정에 관한 두 번째 문제를 살펴보기로 하자. 앞에서 우리는 (59라)의 숙어 구성도 연어 구성의 하나로 파악하였다. (59가~라)가 서로 간에 단계성(fuzziness)을 가지고 나타날 뿐 그 경계를 나누는 일이 쉽지 않다고 판단되기 때문이다(강현화 1998: 193 참고). 우리는 숙어 구성을 연어 구성의 일종으로 파악하고, 연어 구성 전체가 비유적으로 쓰인 예 가운데 초기 의미변이 현장의 상황과 분리된 채, 즉 공시적 차원의 [합성성]을 유지하지 못한 경우에 '숙어화(idiomaticization)'하였다고 본다(5.3.2.2. 참고). 복합어의 어휘화와 마찬가지로 숙어 구성도 탈맥락화에 의한 통시적 변화로 이해하는 것이다.

(69) '복합어'와 '연어 구성'의 투명성과 등재성

	복합어	연어 구성	합성성	정합성	투명성	등재성
가	달관스럽-	결원이 생기-	[+합성성]	[+정합성]	투명	비등재/등재
나	시골스럽-	속이 보아-		[-정합성]	반투명	등재
다	거추장스럽-	미역국을 먹-	[-합성성]		불투명	등재

---

70) (68가)는 (64)의 예가, (68나)는 (59)의 예가 적용될 수 있다. (65) 참고.

이러한 관점에서 (69다)의 복합어와 연어 구성을 관찰해 보자. [-합성성]의 어휘화한 복합어도 상위 범주인 복합어의 부분이듯 [-합성성]의 숙어화한 연어 구성도 이전 범주인 연어 구성의 일종으로 볼 수 있다. 따라서 (69다)의 두 구성은 '불투명한' 비합성적 구성으로서 반드시 등재되어야 하는 대상으로 분류된다. 이 글이 취하고 있는 숙어화에 관한 구체적인 논의는 5.3.2.2에서 후술할 것이다.

4.3.3. 의존동사 구성과 의존명사 구성의 형성

4.3.2의 '명사+동사' 연어 구성이 두 어휘적 단어의 결합이었다면 의존동사 구성과 의존명사 구성은 어휘적 단어와 문법적 단어가 모두 참여한 구성이다.71) 우리는 이들 구성도 초기 형성 과정에 부가된 α 정보가 구성 전체의 의미를 형성하는 데 중요한 역할을 담당한다고 봄으로써 복합어, 연어 구성의 형성 과정과 평행한 시각에서 접근할 것이다. α 를 포함한 의존동사 구성과 의존명사 구성도 구성성분의 합만으로 전체 의미가 해석되지 않는다는 점에서 비정합적이며, 이러한 속성이 등재의 조건이 된다고 보는 것이다.72)

---

71) 4.3.3에서 다룰 의존명사 구성의 일부는 연어 연구에서 '형태적 연어'(이희자 1995), '형태·통사적 연어'(김진해 2000), '문법적 연어'(임근석 2005가, 2010 등)의 하나로 논의되기도 하였다. '-는 길에, -는 김에, '-ㄹ 것이-', '-ㄹ 노릇이-' 등이 이에 해당한다. 한편, 이동혁(2003: 135-138)은 고정 표현과 연어 표현의 개념 구분을 강조하며, 문법적 연어 표현을 다른 범주로 설정하는 것이 바람직할 것이라는 입장을 취하고 있다.

72) 의존동사 구성과 의존명사 구성은 단어 경계를 포함한 통사론적 구성이지만, 우리는 기본적으로 '-어 보-'나 '-ㄹ 것이-'와 같은 구성이 등재소의 지위에 있다고 본다. 그렇다면 이때 의존동사 구성과 의존명사 구성을 포함한 전체 문장을 복문으로 볼 것인가 혹은 단문으로 볼 것인가 하는 통사론적 구조의 문제가 논란이 될 수 있다. '-어도 보-, -어는 보-'와 같은 보조사 삽입 현상을 볼 때 내적인 통사 구조를 지닌 복문의 성격을 보이지만, 한편으로는 '-어 잇 〉 -엣 〉 -었'의 통시적 변화를 고려하여 단문으로 파악해야 하는 문제가 공존하기 때문이다.
  이에 대하여 우리는 두 가지 가능성을 모두 인정하는 입장에 선다. '-었'의 문법화 과정을 참고할 때, 종래의 '-어 잇' 구성이 오늘날까지 '-어 있'의 구성으로 유지되는

4.3.3.1. a 와 공시적 변이

(70)과 같이 보조 용언 구성에 쓰인 '-어 가'는 선행하는 명제에 대하여
행위가 '진행'되거나 상태가 '지속'됨을 의미한다.

(70) 가. 영희가 책을 다 읽<u>어 갔</u>다.   [진행성]

　　나. 방이 식<u>어 가</u>는데 불 좀 올려라.   [지속성]

이때 '-어 가' 구성의 동사 '가-'는 이동 동사로서의 기본의미로 해석되기
보다는, 행위의 [진행성]과 상태의 [지속성]이라는 추상적인 의미를 도출하
는 역할을 한다.

　여기서 '가-'의 의미는 어떠한 방식으로 구성에 참여하는 것일까? 대다
수의 문법화 연구에서 구성 내부의 '가-'와 같은 어휘적 단어가 겪는 '의미
탈색(semantic bleaching)'을 문법화의 한 과정으로 논의해 왔다.[73] 그러
나 우리는 이에 대해 두 가지 의문을 제기하고자 한다.

　　것과 별개로 '-었-'의 문법화가 진행되었듯이 일종의 '분화'(5.2.1.2. 참고)의 측면에서 두
　가지 구조적 가능성을 모두 인정하는 것이다. 그러나 내적인 통사 구조를 어떻게 볼 것
　인가의 문제와 해당 단위를 등재소로 볼 것인가의 문제는 다른 차원이라는 점에서 복문
　구조로 보든 단문 구조로 보든 의존동사 구성과 의존명사 구성을 등재소로 보는 데에는
　문제가 없다. '미역국을 많이 먹-'(부사 삽입 현상)과 같이 통사 구조를 지닌 채 숙어 구
　성이 어휘부에 등재되는 것과 마찬가지의 문제이기 때문이다.
　　한편, 통사론 연구에서도 의존동사(보조용언) 구성이 포함된 문장을 단문으로 보고자
　한 시도가 일부 확인된다(최웅환 1995, 1998). 최웅환(1995)는 이른바 보조용언이라고
　불러 온 개념 자체를 재고할 필요가 있으며, 보조용언은 종단요소로 볼 수 없고 어형성
　측면에서 선행 용언에 접미되는 형태로 보아야 한다고 주장하였다. 최웅환(1998)에서
　는 보조용언이 범주적으로는 용언이지만 참여항 실현의 역할을 하지 못하고 기능범주
　적 특성을 가진다는 점에서 단문으로 해석되어야 한다고 논의하였다.

73) 안주호(1997: 39)은 문법화 과정의 큰 틀을 "자립적 어휘소 〉 의존적 어휘소 〉 접어 〉
　　어미·조사·접미사"로 설정하면서 3단계 과정을 제시한다. 그 가운데 1단계가 '본동사 〉
　　보조동사, '자립명사 〉 의존명사'의 변화이다. 그러나 의존성의 문제는 문법성의 문제와
　　는 달리 판단되어야 할 것으로 보인다. 이러한 비판적 시각은 이지양(1998나, 2003), 남
　　미정(2010), 정한데로(2012가) 참고.

(71) 가. '-어 가' 의존동사 구성의 형성이 문법화의 결과인가?

　　　나. '가'의 의미 탈색이 과연 문법화의 동인이 되었는가?

　(71가)는 의존동사 구성의 형성 자체를 문법화로 보아야 할 것인가에 관한 물음이고, (71나)는 이때 특정 구성성분에서 포착되는 의미 탈색이 문법화를 촉발하는 현상인가 하는 물음이다. 두 물음에 대한 우리의 입장은 부정적이다. 의존동사 구성은 변화(문법화) 단계가 아닌 그 이전의 등재(고정화) 단계에서 논의되어야 할 대상이며(정한데로 2012가), 의미 탈색은 문법화뿐 아니라 언어 변화 전반(의미 확장, 어휘화, 문법화)에 걸쳐 나타나는 현상이므로 문법화를 촉발하는 변화의 동인으로 보기는 어렵다는 판단이다(이지양 2003, 남미정 2010, 정한데로 2012가).

　이 글은 의존동사 구성 형성의 시작 지점을 공시적 변이의 차원에서 접근한다. 복합어 형성, 연어 구성의 형성과 마찬가지로 의존동사 구성과 의존명사 구성도 특정 상황에서 부가된 '상황 맥락 정보 α'가 구성 전체를 등재하도록 이끄는 [-정합성]의 요인이 된다고 파악하는 것이다. 이에 대한 자세한 논의는 후술하기로 하고, 일단 여기에서는 동사 '가-'의 의미(기본의미, 확장의미)와 의존동사 구성 '-어 가'의 의미가 보이는 상관관계에 초점을 맞춘다. (71나)의 물음에 대한 궁금증을 해결해 가면서 전반적인 논의의 실마리를 찾아가 보자.

(72) 가. 아버지는 아침 일찍 서울로 가셨다.

　　　나. 오늘 만난 여자에게 무척 호감이 간다.

　　　다. 복지 국가로 가는 길은 아직 멀고 험하다.

　　　라. 검사 결과는 내일에 가서야 나온대.

　(72)는 동사 '가-'의 다양한 용법을 보여준다. (72가)는 '한 곳에서 다른 곳으로 장소를 이동하다'의 기본의미로 '가-'가 쓰인 예이고, (72나)는 '관

심이나 눈길 따위가 쏠리다'로 확장되어 '관심, 눈길'과 같은 추상 명사의 이동으로도 '가-'가 해석될 수 있음을 보여준다. (72다)에서는 '가-'가 '어떤 상태나 상황을 향하여 나아가다'로 쓰여 역시 '상태, 상황'과 같은 추상적 차원의 이동 양상을 확인할 수 있으며, (72라)에서는 '일정한 시간이 되거나 일정한 곳에 이르다'의 의미로서 공간적 차원이 아닌 시간적 차원에서도 '가-'가 쓰인다.

이렇듯 동사 '가-'가 다양한 환경에서 폭넓게 쓰이고 있음을 확인한 뒤에 (70)의 '-어 가-' 구성을 다시 관찰해 보면, 이때의 '가-'도 (72)의 일반 동사 '가-'와 유사한 시각에서 해석해 볼 수 있다. 즉, '-어 가-' 형성이 구성 내 '가-'의 의미 추상화로부터 시작한다고 볼 근거를 찾기 어려운 것이다. '가-'의 의미 탈색은 (72)와 같은 일반적인 동사의 쓰임에서도 충분히 확인되며, 현재에도 '가-'는 '-어 가-' 구성과는 별개로 자신의 의미를 꾸준히 확장해 가고 있다.74)

이상의 관점은 (71가)에 대한 답도 함께 던져 준다. '가-'의 의미 탈색이 문법화의 결과나 촉발 동인이 아니라는 점에서 (70)의 '-어 가-' 구성을 문법화가 적용된 대상으로 파악하는 것 역시 재고의 여지가 있는 것이다. 그러나 의존동사 구성이 문법화와 관련이 없다면, '-어 가-'의 [진행상], [지속성]의 상적 의미는 어떻게 보아야 할 것인가? 우리는 이를 형성 과정에 공시적으로 부가된 의미, α 로 파악한다.

(73) 가. [V-어 잇-] 〉 [V-엣-] 〉 [V-었-]

　　　나. [V-게 ㅎ엿-] 〉 [V-게엿-] 〉 [V-겟-]

(73)의 '-었-'과 '-겠-'은 문법화를 겪은 대표적인 선어말어미이다. 주지하

---

74) 가령, ≪표준≫에서 '⑤③ 기계 따위가 제대로 작동하다.'(예 싸구려 시계가 잘 간다.), '⑤⑤ 전기 따위가 꺼지거나 통하지 않다.'(예 전깃불이 가서 들어오지 않는다.) 등의 '가-' 확장의미는 기계, 전기 등의 명사와 함께 쓰이면서 확장된 의미이므로 비교적 최근에 형성된 것임을 쉽게 추정해 볼 수 있다.

듯이 이들 구성은 각각 '-어 잇-'과 '-게 ᄒ엿-'의 우언적 구성에서 시작되었다. 이전 시기의 통사론적 구성이 (73)의 절차에 따라 형태 및 기능 변화를 겪어 '-었-', '-겠-'의 단일한 형태소로 완성된 것이다. 여기서 우리가 주목할 것은 초기의 '-어 잇-'과 '-게 ᄒ엿-' 구성 자체는 변화의 시작이지 그 결과가 아니라는 점이다(정한데로 2012가). 흥미롭게도 변화의 출발점에 위치한 '-어 잇-'과 '-게 ᄒ엿-' 구성이 일반적인 통사 구성과는 달리 특정한 의미를 내재하고 있음이 앞선 연구를 통해 충분히 논의되어 왔다. 문법화 이전에 이미 '-어 잇-' 구성은 [결과상태생]의 상적 의미를, '-게 ᄒ엿-' 구성은 [예정] 또는 [작정]의 특정한 의미를 지녔던 것이다.[75]

(73)의 '-어 잇-'과 '-게 ᄒ엿-' 구성이 문법화의 결과가 아닌 문법화의 '출발점'에 위치하듯이, 우리는 (70)의 '-어 가-' 역시 문법화의 시작 단계에 있다고 본다. 그 출발점은 본 연구에서 고정화 단계로 파악한 '등재' 지점이다.[76] 그리고 '-어 잇-'이 [결과상태생]을, '-게 ᄒ엿-'이 [예정], [작정]의 특정 의미를 포함한 채로 하나의 구성으로 재구조화되었듯, (70)의 '-어 가-'도 [진행생], [지속생]의 특정 의미를 포함한 등재 단위의 위상을 지닌다. 그리고 각 구성의 특정 의미는 구성의 형성 현장에서 부가된 α 의 결과인 것이다.

---

75) '-어 잇-' 구성의 경우는 한동완(1986: 235-237)의 논의가 주목된다. '과거 사건+현재 상태'라는 합성적 수준의 의미 산출을 보이던 '-어 잇-' 구성에, 단지 더욱 추상적인 문법적 의미기능을 더하여 '완료상(perfect)' 내지 '결과상태상(resultative)'을 담당하는 하나의 통사·의미 단위가 만들어졌다고 본 것이다. 그리고 이후에 구조적으로 [V-어잇]으로 가정된 이 단위가 '-엇- 〉 -었-'의 문법화를 유발하였다고 논의한다. '-어 잇-' 구성의 형성은 본격적인 문법화 이전에 진행된 구조적 차원의 변화 및 상적 의미의 추가 정도로 볼 수 있을 듯하다.

한편, 임동훈(2001: 134-139)에서는 '-게 ᄒ엿-' 구성이 '-게 되어 있-', 즉 [예정]의 의미를 지닌다고 보았으며, 고광모(2002: 34-39)에서는 [작정]을 '-게 ᄒ엿-'의 기원적 의미로 파악하였다.

76) 3.2.1.2의 (8)에서 언급한 바와 같이 '등재'는 '형성의 도착점'이자, '변화의 출발점'으로서의 문법적 의의를 지닌다. 변화의 한 유형인 문법화 역시 등재라는 고정화 단계를 출발점으로 삼는 것이다.

한편, 아래의 의존명사 구성도 우리의 관심 대상에 해당한다.

(74) 가. 죄를 지으면 누구나 벌을 받는 법이다.
　　　 나. 신입생은 원래 부지런한 법이다.

의존명사 '법'이 참여한 '-ㄴ 법이-' 구성은 (74)와 같이 앞말의 동작이나 상태가 당연함을 나타낸다. 이때 '-ㄴ 법이-' 구성이 표현하는 [당위]의 양태 의미는 구성 전체로부터 도출된 결과라는 점에서 문법화의 결과로 해석될 수 있을지 모른다. 그러나 '-ㄴ 법이-' 구성도 의존명사 '법' 자체의 다양한 의미를 검토해 보면 구성의 [당위] 의미가 개별 명사에서 포착되고 있음을 알 수 있다.

(75) 가. 그는 항상 법을 어기고 살았다.
　　　 나. 공부하는 법을 알고 싶어요.
　　　 다. 그는 아무리 늦게 일어나도 아침밥을 거르는 법이 없다.
　　　 라. 여자라고 해서 남자에게 지라는 법이 있나요?

(75)는 한자 '法'과 관련한 명사 '법'의 다양한 쓰임을 보여준다. (75가)는 '국가의 강제력을 수반하는 사회 규범'을 뜻하는 일반명사로 쓰인 반면, 나머지는 의존명사의 용법에 해당한다. (75나)는 '방법이나 방식'으로, (75다)는 '행동하는 습성의 예(例)를 이르는 말'로 쓰인 것이며, (75라)는 '해야 할 도리나 정해진 이치'로 해석된다. 이때 '강제력을 수반한 규범', '해야 할 도리나 이치' 등 '법'의 의미는 '-ㄴ 법이-' 구성이 지닌 [당위]의 양태 의미와 직접적으로 연결된다. 그렇다면 우리는 앞에서 제기한 의문을 다시 던져볼 수 있다. 과연 '-ㄴ 법이-' 구성의 형성을 문법화의 결과로 볼 수 있을까? '법'의 의미 추상화가 문법화의 동인이 된 것일까? 지금까지의 논의에 따른다면 두 질문에 대해 모두 부정적인 답을 할 수밖에 없을 것

이다.77)

결국 우리는 (74)의 '-ㄴ 법이-' 의존명사 구성도 (70)의 '-어 가-' 의존동사 구성과 마찬가지로 문법화의 결과가 아닌, 그 출발점인 '등재' 단계에 위치한 것으로 파악한다. '-ㄴ 법이-' 구성이 형성되었을 초기 상황을 추정해 본다면, [당위]를 표현하고자 한 동기에 따라 명사 '법'이 참여한 '-ㄴ 법이-' 구성이 상황 맥락상의 α 를 포함하여 공시적 변이 수준에서 쓰이기 시작하였을 것이다. 지금의 '-ㄴ 법이-' 구성은 [당위] α 를 포함한 하나의 단위로 고정되어 사회어휘부 전반으로 확산된 결과이다.

4.3.3.2. 구성 의미의 고정화

의존동사 구성과 의존명사 구성의 해당 문법적 의미가 발생하게 된 초기의 형성 과정을 상상해 보자. 단어 형성 과정과 마찬가지로 문법적 차원의 표현론적 동기가 그 시작일 것이다. 이를 표현할 언어 형식을 마련하기 위한 방안으로 관련 어휘적 단어와 문법적 단어를 가져와 일련의 형식으로 결합하고, 현장의 관련 상황 맥락 정보를 보탬으로써 우언적 형식의 문법적 표현을 완성한다. 초기 의존동사 구성과 의존명사 구성의 형성 현장은 일종의 공시적 변이 차원에서 전개된 과정이라는 점에서 단어 형성 과정과 크게 다르지 않다.

그렇다면 의존동사 구성과 의존명사 구성의 형성 과정에는 어떤 유형의 α 가 참여할 것인가? 일단 복합어나 연어 구성과는 다르게 문법적 의미를 도출한다는 점에서 의존동사 구성과 의존명사 구성에서 '비유 α '의 방식은 제외될 것이다. (72)의 '가'와 (75)의 '법'에서 확인했듯이 이미 개별 단어 수준에서 의미 확장을 겪은 동사와 명사가 구성에 참여하기 때문

---

77) 정재영(1997: 145)도 '-ㄹ 법하-, -ㄹ 만하-, -기 마련이-' 등의 의존명사 구성을 문법화의 결과로 보는 데 부정적인 입장을 취하고 있다.

이다. 남은 가능성은 '추가 α'와 '선택 α'뿐이다. 개별 구성의 특성과 α의 유형 분류에 초점을 두고 의존동사 구성과 의존명사 구성의 각 구체적 양상을 검토해 보자.

1 의존동사 구성

의존동사 구성의 형식적 특성과 구성적 의미를 차례로 관찰해 보자. 먼저 살펴볼 대상은 고정화된 α가 상적 의미로 해석되는 경우이다.

(76) [어미+가-/오-] 구성의 상 의미

구성	의미	예
-어 가-	[지속상]	여태까지 잘 살아 왔다. (손세모돌 1996: 128)
	[진행상]	책을 다 읽어 간다. ≪표준≫
	[지속상] (상태 변화)	날이 더워서 꽃이 시들어 간다. ≪표준≫
-어 오-	[지속상]	그는 이 직장에서 30년간이나 일해 왔다. ≪표준≫
	[진행상]	아침 햇빛이 점점 밝아 온다. (남기심·고영근 2013: 120)
	[지속상] (상태 변화)	느닷없이 가슴을 옥죄어 왔기 때문이었다. (손세모돌 1996: 130)

'-어 가-' 구성과 '-어 오-' 구성은 [지속상], [진행상]의 상적인 의미로 해석된다. 이때 어미 '-어'와 동사 '가-', '오-'만으로는 구성 전체의 의미가 산출되지 않는다. 상 해석은 구성 차원에서 드러나는 문법적 의미이기 때문이다. 물론 구성의 의미가 각 구성성분의 의미와 긴밀한 관계에 있는 것은 분명하다. [지속상], [진행상] 등의 동일한 문법적 의미를 지니면서도 구성 내 어휘적 요소(가-, 오-)가 무엇이냐에 따라 구성 의미도 달리 실현되는데, '-어 가-'는 '어떤 기준점에서 멀어지면서 앞말이 뜻하는 행동이나 상태가 계속 진행됨', '-어 오-'는 '어떤 기준점에 가까워지면서 앞말이 뜻하는 행동이나 상태가 계속 진행됨'의 의미로 해석된다.

흥미로운 사항은 '-어 가'라는 하나의 형식으로부터 복수의 [지속상], [진행상] 의미가 해석 가능하다는 점이다. 즉, 동일한 구성성분의 합으로 형성된 결과일지라도 주어진 상황(선행하는 용언의 상황 유형 등)에 맞추어 전체 해석은 유동적이다. 이는 복합어, 연어 구성의 형성에 참여한 '상황 맥락 정보 α'를 떠올리게 한다.

(77) [어미+있-] 구성의 상 의미

구성	의미	예
-어 있-	[지속상]	꽃이 피어 있다. ≪표준≫
-고 있-	[지속상]	그는 오늘 한복을 입고 있다. (손세모돌 1996: 151)
	[진행상]	넥타이를 매고 있다. (남기심 · 고영근 2013: 120)

(77)은 동일한 용언 '있'에 서로 다른 어미 '-어', '-고'가 구성에 참여한 경우이다. (76)과 다른 점은 어미 '-고'가 참여한 형식도 함께 관찰된다는 점이다. '-어 있' 구성과 '-고 있' 구성은 선행 용언에 있어서도 차이를 보이며, [지속상], [진행상]의 상적 의미를 도출한다.

정리하자면, 우리는 이상의 [어미+가-/오-], [어미+있-] 구성에 '추가 α'의 함수를 적용해 볼 수 있다.

(78) 의존동사 구성의 '추가 α'

① 추가 α	f(A,B) = A + B + α	-어 가- ([지속상], [진행상])
		-어 오- ([지속상], [진행상])
		-어 있- ([지속상])
		-고 있- ([지속상], [진행상])

의존동사 구성 '-어 가'의 초기 형성 과정을 추정해 보자. 무표적 의미를 지니는 어미 '-어'와 일반 동사 '가'가 각각 A와 B에 대입된다.[78] 그리고

---

78) 어미 '-어'는 A로서 특정한 의미를 실현하기보다는 선행 용언과의 통합을 위한 통사적 이유로 결합한 것이다. 이에 비하면, (79)에 제시될 '-ㄴ가 보-', '-ㄹ까 보-' 구성 내 선행

[지속상], [진행상]의 문법적 의미는 주어진 상황에 따라 α 로서 전체 구성의 의미를 완성하는 데에 관여한다. 형성에 참여한 구성성분의 값에 따라 전체 구성의 의미가 달라지기도 한다. '-어 가'와 '-어 오' 모두 [지속상]의 상 해석이 가능하지만 구성성분 '가'와 '오-'의 개별 속성에 따라서 구체적인 구성 의미에 차이가 있다.

한편, 다음의 [어미+보-] 구성에서도 구성 의미가 관찰된다.

(79) [어미+보-] 구성의 의미

	구성	의미	예
가	-어 보-	[시험]	돌다리도 두드려 보고 건너라.
		[경험]	이런 일을 당해 보지 않은 사람은 내 심정을 모른다.
	-고 보-	[결과]	그 말을 듣고 보니 그도 그럴듯하다.
나	-ㄴ가 보-	[추측]	그 사람이 인기가 많은가 보다.
	-ㄹ까 보-	[추측]	야단맞을까 봐 얘기도 못 꺼냈어.
		[의도]	한 대 때릴까 보다.

[어미+보-] 구성은 (79)와 같이 '-어', '-고', '-ㄴ가', '-ㄹ까'의 어미에 따라서 각기 다른 구성 의미로 해석되는데, 이 가운데 어미 '-ㄴ가', '-ㄹ까'는 구성 의미를 결정하는 데 있어서 중요한 역할을 담당한다. 주목되는 사항은 (79나)에서 [추측], [의도] 의미가 포착된다는 점이다. '상'의 구성 의미가 확인된 (77)과 비교한다면 (79나)는 '양태'의 구성 의미가 도출된다. 동사 '보-'가 참여한 구성을 더 구체적으로 살펴보기로 하자. 본격적인 논의에 앞서 동사 '보-'의 의미부터 확인하기로 한다.

(80) 동사 '보-'의 의미

	'보-'	예
기본의미	① [+시각성]	수상한 사람을 보면 신고하시오. 그는 텔레비전을 보다가 잠이 들었다.

성분 '-ㄴ가'와 '-ㄹ까'는 A로서 보다 적극적인 의미를 드러낸다.

확장의미	② [+행위성]	그는 잠깐 볼일 보러 나갔는데요. 영어는 잘 봤는데 수학을 못 봤다.
	③ [+판단성]	그의 사정을 보니 딱하게 되었다. 날씨가 좋을 것으로 보고 우산을 놓고 나왔다.
	④ [+경험성]	손해를 보면서 물건을 팔 사람은 없다.

정한데로(2012가: 34-36)에서는 동사 '보-'가 지닌 [+시각성]의 기본의미가 [+행위성], [+판단성], [+경험성] 등으로 확장되고, 복합어와 보조용언(의존동사) 구성의 형성 과정에 다의어 '보-'의 다양한 의미가 독자적으로 참여한다고 보았다.[79] 복합어 형성 시 다의어의 한 의의가 선택되는 과정과 평행한 방식으로, 의존동사 형성 시에도 선택 과정이 적용될 수 있다. 형성 현장의 이러한 상황 맥락 정보는 '선택 α'로 분류된다.

(81) '보-'와 [어미+보-] 구성의 의미

	구성	의미	함수
가	-어 보-	[시험]	-어 + 보-(②) + α
		[경험]	-어 + 보-(④)
	-고 보-	[결과]	-고 + 보-(③)
나	-ㄴ가 보-	[추측]	-ㄴ가 + 보-(③)
	-ㄹ까 보-	[추측]	-ㄹ까 + 보-(③)
		[의도]	-ㄹ까 + 보-(③)

그 과정을 (81)로 형식화해 보자. 가령 '-어 보-'의 [시험] 의미는 '보-(②)'의 [+행위성] 의미가 구성에 참여한 것으로 판단된다. 다만 [시험]의 특정 의미는 구성성분만으로 포착되지 않는다는 점에서 형성 과정에 부가된 '추가 α'로 보아야 한다. 한편, '-어 보-'의 [경험] 의미는 '보-(④)'의 [+경험

---

[79] [+시각성]의 '보-' 의미에서 [+행위성], [+판단성], [+경험성]의 확장의미를 도출해 내는 과정은 선행 연구에서도 지속적으로 언급되어 왔다. 호광수(2003: 219)에서는 '시각적인 행위를 중심 의미로 한 '보-'가 의미 추상화를 겪으면서 '행위성', '판단성'의 의미가 추출된 것으로 보았으며, 인지언어학적 측면에서 '보-'를 연구한 송효빈(2002: 69-79)에서도 '지각(1단계) - '판단'(2단계) - '수행'(3단계) - '경험'(4단계)의 의미 확장 과정이 소개된다.

성] 의미로 충분히 설명 가능하다. '-고 보-'의 [결과] 의미도 구성성분을 통해 설명 가능한데, 어미 '-고'의 [나열], [계기], [지속] 등의 용법 가운데 [계기]의 의미와 '보-(③)'의 [+판단성] 의미 결합을 통해 [결과]를 확인할 수 있다.

한편, (81나)의 '-ㄴ가 보-'와 '-ㄹ까 보-'는 [추측]과 [의도]의 양태 의미가 도출된다는 점에서 우리의 관심을 끈다. '-어 보-, -고 보-' 구성과의 이러한 차이는 선행 구성성분인 어미에 의한 것으로 파악된다. '-ㄴ가, -ㄹ까'가 지닌 [추측]과 [의도]의 양태적 의미 속성이 구성의 의미로 도입되었기 때문이다. 이와 관련하여, 손세모돌(1996: 90-97)에서는 완형내포문과 결합한 경우에 '보-'가 홀로 서술어 기능을 하고, 대동사 '하-'로도 대용화될 수 있다는 점에서 '-ㄴ가 보-'와 '-ㄹ까 보-'를 보조용언(의존동사) 구성으로 인정하지 않았다. 그러나 우리는 '-ㄴ가 보-'와 '-ㄹ까 보-'를 [+판단성]의 '보-(③)'이 어미 '-ㄴ가, -ㄹ까'와 결합하여 이룬 구성의 하나로 보고, '-어 보-', '-고 보-'와 평행한 시각에서 이해하고자 한다.80) 특히, '-ㄴ가 보-' 구성은 일부 방언에서 '-ㄴ갑-'의 단일화한 형식으로 쓰이고 있어, 하나의 형태로 재구조화한 양상도 관찰된다는 점이 주목된다(5.3.2.3. 참고). '-ㄴ가 보-', '-ㄹ까 보-'는 전체 구성의 의미를 완성하는 데 있어서 구성성분 '-ㄴ가'의 [추측], '-ㄹ까'의 [추측], [의도]의 의미가 적극적으로 관여한 결과이다.

(82) [어미+싶-] 구성의 의미

	구성	의미	예
가	-고 싶-	[희망]	네가 하고 싶은 대로 해라.
나	-ㄹ까 싶-	[걱정]	시험에 떨어질까 싶어서 조마조마하였다.
		[의도]	머리도 아픈데 그냥 집에 갈까 싶었다.

[어미+보-] 구성과 마찬가지로 [어미+싶-] 구성도 구성성분의 의미가 구

---

80) 정혜선(2010나: 54-57)는 중세국어에서 인지 행위를 나타내던 본용언 '보-'의 분포 확장과 이에 따른 용법의 확대에 기인하여 근대국어 '보-' 구문이 출현한 것으로 파악하였다.

성 전체의 의미를 결정한다. '-고 싶-'의 [희망]은 [희망]의 의미 기능을 하던 어미 '-고져'()고)에 의한 것으로 볼 수 있으며,[81] '-ㄹ까 싶-'의 [걱정]과 [의되] 역시 구성성분 '-ㄹ까'의 [추측]과 [의되]가 전체 구성의 의미로 실현되었다.[82] '-ㄹ까 싶-' 구성에서 포착되는 양태의 의미 역시 선행 구성성분인 어미 '-ㄹ까'에 의해 '선택 α'가 부여된 것으로 파악하고자 한다. 다만 '-ㄹ까 싶-'의 [걱정]은 구성성분만으로는 해석되지 않는 의미라는 점에서, 초기의 특정한 현장에서 상황 맥락 차원에서 적용된 것으로 추정되는바 '추가 α'의 영향도 함께 고려해야 한다. 이는 '-어 보-'의 [시험] 의미를 '추가 α'로 설명한 것과 마찬가지이다.

이상의 '선택 α'에 따른 의존동사 구성의 형성 양상은 다음과 같이 정리된다.

(83) 의존동사 구성의 '선택 α'

② 선택 α	ⓐ f(A,B) = A + B	-ㄹ까 싶-
	ⓑ f(A,B) = A + B	-어 보-, -ㄴ가 보-
	ⓒ f(A,B) = A + B	-고 보-, -ㄹ까 보-

(78)의 '추가 α', 그리고 (83)의 '선택 α'를 통해 의존동사 구성의 문법적 의미가 고정화된 양상을 관찰하였다.

2 의존명사 구성

의존명사 구성도 앞서 살펴본 의존동사 구성과 유사한 방식으로 접근한다.[83] 본격적인 논의에 앞서 안주호(1997)에서 제시한 '명사의 의존명

---

81) 손세모돌(1995), 손세모돌(1996: 379-397), 호광수(2003: 272-273) 참고.
82) '싶'은 종결어미, 연결어미, 의존명사와 통합하여 다양한 구성을 이룬다. 이들 구성의 통합관계, 분포의 변화 등 통시적 변화에 관해서는 중세국어와 근대국어의 자료를 면밀하게 검토한 정혜선(2010가)를 참고할 수 있다.

사화 과정'을 먼저 살펴보기로 한다. 안주호(1997: 62-94)에서는 '고유어 및 한자어 명사의 의존명사화 과정'으로 3가지 방향을 제시하였다.[84] 첫째는 '물리적 공간'에서 '심리적 공간'으로의 변화로서 그 예로는 '터, 지경, 동안, 즈음' 등이 있다. 둘째는 '객관적'인 것에서 '주관적'인 것으로의 변화로 '셈, 노릇, 법, 양' 등이 이에 해당하며, 셋째 '상황'에서 '이유'로 변화한 명사로는 '바람, 서슬, 김' 등이 있다. 이러한 세 방향을 고려하면서 아래의 구체적인 예를 관찰해 보자. 첫 번째 유형은 [어미+의존명사+이-] 구성이다.

(84) [어미+의존명사+이-] 구성

	구성	의미	예
가	-ㄴ 법이-	[당위]	붓으로는 대개 거짓말을 못하는 법이다. (안주호 2004: 190)
나	-ㄹ 지경이-	[상황]	그녀는 매일 집을 청소하느라 죽을 지경이었다.
다	-ㄹ 노릇이-	[상황]	기가 찰 노릇이다. ≪표준≫
라	-ㄴ 판이-	[상황]	시방 동네방네 도장을 받고 댕기는 판이구만요. (안주호 1997: 118)
	-ㄹ 판이-	[상황]	그 앞에서 대들었다간 몰매를 맞을 판이다. ≪표준≫
마	-ㄴ 모양이-(2,3)	[추측]	어두운 표정을 보니 무슨 일이 있었던 모양이군. ≪표준≫
	-ㄹ 모양이-(2,3)	[추측]	비가 올 모양이다.
바	-ㄴ 셈이-(2,3)	[결과]	이만하면 실컷 구경한 셈이다. ≪표준≫

---

83) 이 글에서 논의할 대상은 의존명사 구성 가운데 일부로 한정하였다. 해당 의존명사가 항상 구성 단위로만 쓰이고 그 외의 환경에서 쓰이지 않는 경우는 대상에서 제외한다. 구성 내에만 분포하는 의존명사는 구성 전체의 의미와 의존명사 개별 의미의 경계를 명확히 알기 어렵기 때문이다. 가령, '-ㄴ 법이-' 구성의 '법'은 '-ㄴ 법이-' 구성 외에도 '여자라고 해서 남자에게 지라는 법이 있나요?'와 같이 그 밖의 문장에서도 쓰임이 확인되므로 우리의 관심 대상에 해당한다. 그러나 '-ㄹ 따름이-'의 '따름'은 우리의 관심 대상이 아니다. '따름'은 항상 '-ㄹ 따름이-' 구성에서만 관찰되므로 구성의 의미와 의존명사의 개별 의미를 분리해 내기 어렵다. 이러한 이유로 제외된 대상에는 '-ㄹ 뿐이-, -ㄴ 듯하-, -ㄹ 듯하-, -ㄹ 만하-, -ㄹ 뻔하-, -ㄴ 김에' 등이 있다.

84) 이때의 세 방향은 5.2.1.1의 '단계성'에서 논의할 개념 영역의 확장 방향과도 평행한 접근이 가능하다(Heine et al. 1991 참고).

	−ㄹ 셈이−(1)	[의지]	나는 공부를 열심히 해서 장학금을 탈 셈이다. (한명주 2006: 48)
	−ㄹ 셈이−(2,3)	[추측]	철수가 학교에 갈 셈이다. (한명주 2006: 48)
사	−ㄹ 참이−(1)	[의지]	나도 따를 참이다. ≪표준≫
	−ㄹ 참이−(2,3)	[추측]	철수가 학교에 갈 참이다. (한명주 2006: 55)
아	−ㄴ 터이−	[단정]	판검사들에 대한 일반 시민들의 시선이 곱지 않은 터이다. (한명주 2006: 72)
	−ㄹ 터이−(1)	[의지]	나는 내일 꼭 극장에 갈 터이다.
	−ㄹ 터이−(2,3)	[추측]	시장할 터인데 어서 들어라.
자	−ㄴ 것이−	[단정]	담배는 건강에 해로운 것이다. ≪표준≫
	−ㄹ 것이−(1)	[의지]	오후에는 도서관에 갈 것이다.
	−ㄹ 것이−(2,3)	[추측]	내일은 날씨가 좋을 것이다.

(74)에서 언급한 대로 (84가)의 '−ㄴ 법이−'는 [당위]의 구성 의미를 도출하는데, 이때 [당위]의 의미는 구성성분 '법'에 의한 것이 분명하다. 흥미롭게도 후술할 '−ㄹ 법하−'에서는 [추측]의 구성 의미가 포착된다. 안주호(1997: 87)은 '법'의 확장의미 가운데 하나로 [가능성]을 제시하고 있는데,[85] 이 역시 구성성분의 의미가 구성 의미로 직접 산출된 예로 볼 수 있다. 이러한 점에 주목한다면 '−ㄴ 법이−' 구성의 [당위] 의미는 '법'의 '선택 α'에 따른 결과일 것이다. 이때 또 다른 구성성분인 '−ㄴ'의 [실현]도 구성 의미를 완성하는 데 일정 역할을 담당하는 것으로 보인다. 이는 [미실현]의 '−ㄹ'이 '−ㄹ 법하−'의 [추측] 의미에 일조하고 있는 것과 구별된다.[86]

---

85) 안주호(1997: 86)에서는 [가능성]으로 의미 확장된 '法'의 예로 다음 자료를 제시하였다.
　　가. 來日엔 너를 드려 宮人 사모리라 ㅎ고 어루려 흔대 그 겨지비 닐오디 王이 거즈말
　　　ㅎ샿 法이 업스시니 〈三綱 烈:30〉
　　나. 마노랏 父母ㅣ 늘그시니 져기 屈服ㅎ시면 흔 번 가아 보샿 버비 이시리이다
　　　〈三綱 忠:18〉
86) '법'이 참여한 구성 네 가지의 각 양태 의미는 다음과 같다(안주호 2004: 206 참고).

구성	양태 종류	의미
−는 법이다	의무양태	필연성
−는 법이다	인식양태	필연성
−는 법이 있다/없다	인식양태	개연성
−ㄹ 법하다	인식양태	가능성

(84나, 다, 라)의 '-ㄹ 지경이-', '-ㄹ 노릇이-', '-ㄴ/ㄹ 판이-' 구성도 단일한 의미를 지니던 명사가 점차 추상화된 의미로 확장된 후에 이러한 구성에까지 참여한 결과로 볼 수 있다. '경계의 사이'(물리적 공간)를 나타내던 '지경'이 '상황, 형편'(시간적, 심리적 공간)으로 확대된 후, 그것이 구성성분으로 참여한 것이다(안주호 1997: 68-69).[87] 한편, '노릇'은 '객관적'인 것에서 '주관적'인 것으로 확대된 예이다. '직무, 역할' 등의 초기 의미가 확장되어 '상황, 형편' 등을 의미하게 되었고 그 의미가 구성에 반영되었다. 마지막 명사 '판' 역시 '자리'의 물리적 공간이 '상황, 형편'의 심리적 공간으로 확대되었다.[88] 이상의 '지경, 노릇, 판' 명사가 추상화 과정을 거쳐 다의적 용법을 획득하고, 그 가운데 한 의미가 선택되어 구성에 참여하는 양상은 앞서 살펴본 '-ㄴ 법이-' 구성과 정확하게 일치한다. '선택 α'에 따른 결과로 분류 가능한 것이다.

한편, (84마~자)의 예는 구성 의미가 보다 세분화될 수 있다는 점에서 우리의 관심을 끈다. 특히, 참여하는 구성성분으로 어떠한 어미가 참여하는지, 또 공기하는 주어의 유형이 무엇인지에 따라서 상이한 양상을 보이는 점이 특징적이다. 일단 이들 구성 내의 명사도 다른 구성과 마찬가지로 추상화 과정을 거친 바 있다. '모양, 참, 터'는 물리적 또는 시간적 차원에서 심리적 차원으로, '셈'은 객관적인 개념에서 주관적인 것으로 확장한 후 구성을 형성하였다(안주호 1997: 63-76). 다의어 명사의 일부 의미만이 구성에 참여하였으므로 이는 '선택 α'의 결과일 것이다. 다만 '것'은 해당

---

87) 19세기 문헌에서 '지경'이 '상황, 형편'으로 쓰인 예는 다음과 같다(안주호 1997: 68-69 참고).
    가. 양창 대포를 비록 여러 번 죠련ᄒ여시나 오히려 졍예홀 디경의 나아가기 어려오니 〈易言3:44b〉
    나. 빅호ᄂ 형샹이니 엇지 능히 졍묘ᄒ기 신통홀 디경의 니ᄅ리오 〈易言3:53a〉
88) '노릇'은 ≪표준≫에 명사로, ≪고려대≫에 의존명사로 분류되어 있는 데 반해, '판'은 이와 반대로 ≪표준≫에 의존명사로, ≪고려대≫에 명사로 분류되어 있어 흥미로운 결과를 보여준다.

자립 명사를 확인하기 어렵다는 점에서 상이한 유형으로 분류될지 모른다. 그렇지만 (84마~자)의 구성 모두 [추측]의 의미가 공통적으로 포착된다는 점을 강조할 수 있다.

여기서 구성성분 '-ㄴ'과 '-ㄹ'의 역할이 중요하다. '-ㄴ'의 [실현]과 '-ㄹ'의 [미실현] 의미도 구성 의미에 깊이 관여하기 때문이다. 어미 '-ㄴ'과 '-ㄹ'의 기능은 [결과]의 '-ㄴ 셈이-'와 [의지], [추측]의 '-ㄹ 셈이-'에서 분명히 드러난다. 이미 실현된 사항에 대한 판단(셈)은 [결과]인 반면, 아직 실현되지 않은 사항에 대한 판단(셈)은 [의지]나 [추측]만이 가능할 것이기 때문이다. 이러한 특징은 (84아, 자)의 '터'와 '것'이 참여한 구성에서도 동일하게 포착된다.89) 특히 '-ㄹ 터이-', '-ㄹ 것이-'는 '-ㄹ테-', '-ㄹ게' 등으로의 변화를 보여주고 있어 주목된다. 단일한 어미로의 변화를 인정한다면 문법화의 과정에 있는 것으로도 볼 수 있을 것이다(5.3.2.3. 참고).

(85) [어미+의존명사+하-] 구성

구성	의미	예
-ㄹ 법하-	[추측]	오늘은 제법 비가 한차례 쏟아질 법하다. (안주호 2004: 190)

(85)는 대표적인 [어미+의존명사+하-] 구성의 예를 제시한 것이다. '-ㄹ 법하-' 구성 외에도 '-ㄴ 듯하-, -ㄹ 듯하-, -ㄹ 만하-, -ㄹ 뻔하-' 구성이 형식적으로 유사한 관계에 있으나, 이때 의존명사 '듯, 만, 뻔'은 위 구성 외에 개별적으로 쓰이지 않으며 직접적으로 대응하는 실질명사를 찾기 어렵다는 점에서 제외한 바 있다((각주 83) 참고). (84)에서 '-ㄴ 법이-'와의 대비를 통해 기술한 것처럼 '-ㄹ 법하-'의 구성 의미 [추측]은 의존명사 '법'의

---

89) (84마)의 '-ㄴ 모양이-'와 '-ㄹ 모양이-'는 둘 다 [추측]의 구성 의미를 보이는 점이 특징적인데, [추측]의 의미는 의존명사 '모양'과 관련된 것으로 추정 가능하다. 선행 구성성분 어미 '-ㄴ'과 '-ㄹ'에 따라서 전자는 이미 실현된 사태에 대한 추측, 후자는 아직 실현되지 않은 사태에 대한 추측을 의미한다. 정혜선(2013: 2장, 4장) 참고.

선택 의미 [가능성]과 어미 '-ㄹ'의 [미실현]이 복합하여 구성된 것으로 파악된다.

(86) [어미+의존명사+같-] 구성

구성	의미	예
-ㄴ 것 같-	[추측]	날씨가 좀 추운 것 같아.
-ㄹ 것 같-	[추측]	비가 올 것 같다.

형용사 '같-'이 참여한 (86)의 두 구성도 주목된다. '-ㄴ 것 같-'과 '-ㄹ 것 같-'의 두 구성 모두 [추측]의 의미가 산출되는데, 이는 앞서 논의한 '-ㄴ 모양이-, -ㄹ 모양이-'와 동일한 모습이다. '-ㄴ/ㄹ 모양이-'가 의존명사 '모양'이 지닌 어휘적 의미 [추측]의 영향을 받았다면, '-ㄴ/ㄹ 것 같-' 구성은 후행 성분 '같-'이 지닌 [추측]의 의미가 전체 의미를 산출하는 데 적극적인 역할을 담당한 것이다.

(87) [어미+의존명사+-에] 구성

	구성	의미	예
가	-ㄴ 터에	[상황]	사흘을 굶은 터에 찬밥 더운밥 가리겠느냐?
나	-ㄴ 판에	[상황]	사람이 죽고 사는 판에 너는 편하게 앉아 있니? ≪표준≫
다	-ㄴ 바람에	[원인]	급히 먹는 바람에 체했다.

(84아)의 '-ㄹ 터이-'가 '-ㄹ'의 [미실현]으로 인해 [의지], [추측]의 구성 의미를 도출한 것과 비교할 때에, '-ㄴ 터에', '-ㄴ 판에'는 '터', '판'의 확장의미인 '상황, 형편'이 직접적으로 적용되었다. 이는 (84나)의 '-ㄹ 지경이-'에서 [상황]의 구성 의미가 도출된 것과 동일하다. 마지막 '-ㄴ 바람에'의 구성 의미 [원인]은 구성성분만으로는 쉽사리 해석되지 않는다. 추상화된 의존명사 '바람'은 '무슨 일에 더불어 일어나는 기세' 정도로 해석되는데,[90] 구성 의미 [원인]과 의미상의 유연성이 전혀 없지는 않지만, 직접적인 관

련성을 포착해 내기는 어려울 듯하다. 우리는 이를 초기 형성 과정에 부가된 '추가 α'로 보고자 한다.91)

(88) [어미+의존명사+이-/하-/같-] 구성의 양태 의미

	구성	의미	예
인식양태	-ㄴ 모양이-(2,3)	[추측]	어두운 표정을 보니 무슨 일이 있었던 모양이군. ≪표준≫
	-ㄹ 모양이-(2,3)	[추측]	비가 올 모양이다.
	-ㄹ 셈이-(2,3)	[추측]	철수가 학교에 갈 셈이다. (한명주 2006: 48)
	-ㄹ 참이-(2,3)	[추측]	철수가 학교에 갈 참이다. (한명주 2006: 55)
	-ㄹ 터이-(2,3)	[추측]	시장할 터인데 어서 들어라.
	-ㄹ 것이-(2,3)	[추측]	내일은 날씨가 좋을 것이다.
	-ㄹ 법하	[추측]	오늘은 제법 비가 한차례 쏟아질 법하다. (안주호 2004: 190)
	-ㄴ 것 같-	[추측]	날씨가 좀 추운 것 같아.
	-ㄹ 것 같-	[추측]	비가 올 것 같다.
행위양태	-ㄴ 법이-	[당위]	붓으로는 대개 거짓말을 못하는 법이다. (안주호 2004: 190)
	-ㄹ 셈이-(1)	[의지]	나는 공부를 열심히 해서 장학금을 탈 셈이다. (한명주 2006: 48)
	-ㄹ 참이-(1)	[의지]	나도 따를 참이다. ≪표준≫
	-ㄹ 터이-(1)	[의지]	나는 내일 꼭 극장에 갈 터이다.
	-ㄹ 것이-(1)	[의지]	오후에는 도서관에 갈 것이다.

특히, 의존명사 구성은 (88)과 같이 양태 의미를 나타내는 구성이 다수 관찰된다. 인식 양태의 [추측] 의미는 물론, 행위 양태의 [당위], [의지]의 해석이 가능하다. 이는 (76), (77)에서 관찰한 의존동사 구성 [어미+가-/오-], [어미+있-]의 상 의미와는 상이한 결과를 보여준다.

지금까지 논의한 의존동사 구성과 의존명사 구성의 구체적인 α 실

---

90) 가. 술 바람에 할 말을 다 했다. ≪표준≫
  나. 약 바람에 통증을 느끼지 못했다. ≪표준≫
91) 안주호(1997: 78-79)은 '-ㄴ 바람에'와 마찬가지로 [원인] 구성 의미를 지닌 예로 '-ㄴ 서슬에'도 함께 제시하고 있다.

현 양상을 정리해 보자.

(89) '의존동사 구성·의존명사 구성'에서의 3가지 α 유형

유형	함수	예	
① 추가 α	f(A,B) = A + B + α	-어 가-, -어 오-, -어 있-, -고 있-	-ㄹ 터이-, -ㄹ 것이-, -ㄴ 바람에 (-ㄴ서슬에)
② 선택 α	ⓐ f(A,B) = A + B ⓑ f(A,B) = A + B ⓒ f(A,B) = A + B	-ㄹ까 싶-[92)] -어 보-[93)], -ㄴ가 보- -고 보-, -ㄹ까 보-	-ㄴ 법이-, -ㄹ 법하-, -ㄴ 셈이-, -ㄹ 셈이-
③ 비유 α	ⓐ f(A,B) = A + B ⓑ f(A,B) = A + B ⓒ f(A,B) = A + B ⓓ f(A,B) = A + B	(없음)	

일단 의존동사 구성·의존명사 구성에서는 복합어, 연어 구성과 달리 '비유 α'를 확인하기 어렵다. 추상화된 의존명사의 쓰임도 개별 단어 단계에서 이미 다의화를 겪은 후에 구성에 참여한 것으로 보기 때문에 구성형성 과정에서 비유 용법이 포착되지는 않는다. 대신 '추가 α'와 '선택 α'를 통해 구성 의미가 결정된다. 의존명사 구성의 경우, 선행 어미 대다수가 어미 '-ㄴ', '-ㄹ'이므로, '선택 α'는 주로 후행하는 명사에 작용하였다. 결과적으로 세 유형의 α가 의존동사 구성과 의존명사 구성에 참여하는 양상은 다음과 같이 정리된다.

(90) '의존동사 구성·의존명사 구성' 형성에 참여하는 α

① 추가 α	O
② 선택 α	O
③ 비유 α	X

---

92) [걱정]의 구성 의미를 산출하는 '-ㄹ까 싶-'은 '추가 α'와 '선택 α' 모두 관련한 것으로 판단된다.
93) [시험]의 구성 의미를 산출하는 '-어 보-'는 '추가 α'와 '선택 α' 모두 관련한 것으로 판단된다.

4.4. 요약

지금까지 논의한 복합어, 연어 구성, 의존동사 구성·의존명사 구성의 형성과 등재 과정은 아래의 그림으로 간략하게 도식화될 수 있다. (91)의 '형성 → 등재' 과정은 세 유형의 구성에 모두 공통적으로 적용 가능하다.

(91) '형성 → 등재'의 과정

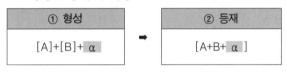

① 형성		② 등재
[A]+[B]+ α	➡	[A+B+ α]

특정한 개념을 표현하고자 하는 화자의 의도를 충족하기 위해, 등재소 [A]와 [B]를 복합하여 새로운 언어 단위를 형성할 수 있다. 구성성분 [A]와 [B]가 복합하는 과정에는 구성성분만으로는 표현되기 어려운 상황 맥락 정보로서의 α 가 부가될 수 있는데, 임시 상태에 있던 '[A]+[B]+ α '는 [A+B+ α]와 같은 하나의 등재소로 고정화될 수 있다. 이때 α 는 [A+B+ α] 구성이 등재되는 데 필요한 언어 내적 조건으로 작용하였다(3.2.1. 참고). 여기서 등재소 [A+B+ α] 구성을 제대로 해석하기 위해서는 α 가 어떠한 기능을 담당하는지, 어떠한 의미로 해석되는지 알아야 한다.

나아가 우리는 (91) 과정 내의 α 를 중심으로 각각의 구성이 어떠한 구체적인 양상을 보이는지 살펴보고자 하였다. 이에 α 를 '추가 α ', '선택 α ', '비유 α '로 세분화하여 구성 간의 상이한 특징을 확인하였다. (32), (66), (90)에 각각 정리된 복합어, 연어 구성, 의존동사 구성·의존명사 구성의 α 는 최종적으로 다음과 같이 정리된다.

(92) 복합어, 연어 구성, 의존동사 구성·의존명사 구성의 α

	복합어	연어 구성	의존동사 구성·의존명사 구성
① 추가 α	O	X	O
② 선택 α	O	O	O
③ 비유 α	O	O	X

　　3가지 α 유형 가운데 복합어는 '추가 α', '선택 α', '비유 α'가 모두 형성 과정에 부가될 수 있는 데 반해, 연어 구성은 '선택 α'와 '비유 α'가, 의존동사 구성·의존명사 구성은 '추가 α'와 '선택 α'가 부가됨으로써 등재소를 형성한다. (91)에서 언급한 대로 이때의 α는 언어 내적 측면에서 각 구성의 등재 조건으로 활용된다. 단어를 안다는 것이 단지 그것의 의미와 발음만을 아는 것이 아니라 그 단어가 쓰인 맥락을 아는 것이라는 주장(Taylor 2012: 281)은 복합어에만 한정되는 것이 아니라, 연어 구성 그리고 의존동사 구성·의존명사 구성에 모두 동일하게 적용 가능하다.

제5장 등재소의 변화

5.1. 도입

공시적 형성 이후 어휘부에 고정화된 단위들은 형성 당시의 상태를 그대로 유지하기도 하지만, 경우에 따라서는 시간의 흐름 속에서 일련의 변화를 겪기도 한다. 이 장에서 논의할 대상은 이러한 변화의 결과 또는 그 과정 중에 있는 것들로서, '형성 → 등재 → 변화'의 마지막 단계에 해당한다.

'형성'을 '공시성', '등재'를 '고정화'에 대응시켰다면, 앞으로 살펴볼 '변화'는 '통시성'과 밀접한 언어 현상이다. 이에 1차적으로 우리가 살펴볼 사항은 변화가 지니는 일반 속성이 무엇인가 하는 것이다. 지금까지 이 글에서 보인 일관된 태도에 따라 이 장에서도 우리는 형태론적 단위와 통사론적 단위의 평행한 양상에 초점을 두어 언어 현상에서 확인되는 특징을 탐색한다. 제3장, 제4장에서 형성과 등재를 놓고 논의한 세 가지 대상은 변화 과정에도 모두 적용 가능하다. 구체적으로는 복합어, 연어 구성, 의존동사 구성·의존명사 구성의 각기 다른 방향의 변화 과정을 조망할 것이다.

어휘화, 숙어화, 문법화를 주제로 한 연구들은 그동안 별개의 영역에서 독자적으로 논의되어 왔다. 그중에서도 문법화 연구는 다양한 언어 자료를 대상으로 이론적 측면에서 이를 체계화하고자 하는 시도가 지속되었는데,[1] 특히 '문법화의 원리와 기제가 무엇인가?'라는 물음에 대해 연구자들

---

1) 어휘화·숙어화와 비교할 때, 문법화를 주제로 한 국내외 연구는 수적으로도 가장 많은

의 다양한 입장이 논의되었다.[2] 여기서 우리는 Hopper(1991)의 다섯 가지 문법화 원리에 주목한다. 이들 원리가 과연 문법화에만 국한되는지, 아니면 어휘화나 숙어화와 같은 변화 일반에 적용 가능한 것인지 실제 자료를 통해 검토하는 작업이 5.2에서 이루어질 것이다. 문법화에서 주목된 변화의 몇 가지 속성을 세 가지 대상에 적용함으로써 이 글이 주장하는 '형성→ 등재→ 변화' 단계의 타당성도 간접적으로 뒷받침하고자 한다.

한편, 5.3에서는 실제 변화에 작용하는 원리의 유형에 관해서 논의한다. 크게 '분석'에 의한 변화와 '단일화'에 의한 변화를 구분하고 복합어, 연어 구성, 의존동사 구성・의존명사 구성에 적용된 '분석'과 '단일화'의 결과를 살핀다. 앞서 형성과 등재 과정에서 언급한 세 가지 대상이 각 단계에 나란히 적용되는 양상을 확인할 수 있다. 특히 의존동사 구성・의존명사 구성의 경우는 변화의 중간 과정에 있다고 볼 만한 방언 자료도 함께 살핀다. 이로써 마침내 언어 단위가 겪는 '형성→ 등재→ 변화'의 전체 과정을 완성할 수 있을 것이다.

양을 차지한다. Traugott & Heine(eds.)(1991), Hopper & Traugott(2003), Bybee, Perkins, & Pagliuca(1994), 고영진(1997), 안주호(1996), 정재영(1996), 이성하(1998), 이지양(2003) 등이 대표적인 문법화 연구이다. 한편, Brinton & Traugott(2005)에서는 어휘화와 문법화가 함께 논의되었다.

2) 주요 문법화 원리를 소개하면 다음과 같다(이성하 1998 참고). Lehmann(1982)에서는 '축소(attrition)', '계열화(paradigmaticization)', '의무화(obligatorification)', '축약(condensation)', '합류(coalescence)', '고정(fixation)'이 문법화의 원리로 제시되었으며, Hopper(1991)에서는 '층위화(layering)', '분화(divergence)', '전문화(specialization)', '지속성(persistence)', '탈범주화(decategorialization)'가 논의된 바 있다. 한편, Bybee, Perkins & Pagliuca(1994)에서는 '어원결정가설(source determination)', '단일방향성 가설(unidirectionality)', '보편경로 가설(universal path)', '평행성 가설(parallel reduction)', '상관성 가설(relevance)' 등이 주장되었다. 문법화의 기제로는 '은유(metaphor)', '유추(analogy)', '환유(metonymy)', '재분석(reanalysis)', '화용적 추론(pragmatic inference)' 등이 있다.

5.2. 변화 과정의 통시성

복합 구성의 형성 과정이 기본적으로 공시적 속성을 띤다면, 이와 달리 변화 과정은 통시적인 절차로 분류된다. 3.4.2에서 논의한 형성과 등재의 내부 속성을 떠올린다면 형성은 '점'으로, 변화는 '선'으로 각각 비유된다. 형성은 표현의 동기 시점에 즉각적인 결과를 도출해 내는 반면, 변화는 공시적 차원의 변이를 거쳐 그것이 고정화되는 과정 전반을 지시하는 개념이기 때문이다. 여기서 우리는 형태론적 · 통사론적 단위를 대상으로 폭넓게 전개되는 통시적 변화 과정에 관심을 갖고 논의를 진행한다.

5.2.1. 변화의 일반 속성

언어 변화에 관한 연구는 그동안 다양한 단위를 대상으로 전개되어 왔다. 개별 단일어의 형태 · 의미 변화와 소멸, 복합어의 형태 · 의미 변화에 따른 어휘화, 통사론적 구성의 형태 · 의미 변화에 따른 문법화 등은 모두 언어 변화라는 큰 테두리 안에서 주목받아 온 세부 연구 주제이다. 우리는 상이한 이들 대상이 변화라는 공통된 기제에 적용된 과정을 평행한 시각에서 접근하고자 한다. 따라서 변화 과정에서 포착 가능한 일련의 원리를 각각의 세부 단위와 관련지어 논의한다. 구체적인 자료로는 이 글의 관심 대상인 복합어, 연어 구성, 의존동사 구성 · 의존명사 구성을 중심으로 한다.

5.2.1.1. 단계성

언어 변화의 가장 기본적인 원리는 바로 단계성이다. '선'으로 비유된 변화 과정은 즉각적인 수준의 형성 절차와는 달리, 이전 단계의 상태로부터 지속적인 변이의 과정 끝에 도달한 결과이다. '추상화 방향', '공존 영

역', '탈맥락화 단계'의 3가지 유형으로 구분하여 변화의 단계성을 구체화
해 보자.

☐ 추상화 방향

아래 Heine et al.(1991)의 도식은 변화의 단계성을 명시적으로 보여준다.

> (1) 개념 영역의 확장 방향 - Heine et al.(1991: 157)
> PERSON 〉 OBJECT 〉 PROCESS 〉 SPACE 〉 TIME 〉 QUALITY

(1)과 같이 구체적 영역에서 추상적 영역으로의 이동 과정은 언어 변화 전
반에 걸쳐 나타나는 일반적인 현상이다. 가령, 한국어의 '뒤'는 공간적 차
원에서 '향하고 있는 방향과 반대되는 쪽이나 곳'을 의미할 뿐만 아니라,
확장된 의미로 '시간이나 순서상 다음이나 나중'을 가리키기도 하고, '보이
지 않는 배후나 겉으로 드러나지 않는 부분'을 의미하기도 한다. 그 변화
의 양상은 (1)의 '공간 〉 시간 〉 질'의 단계에 대입될 수 있다. 여기서 우리
는 (1)의 과정이 문법화와 관련한 한정된 영역뿐만 아니라, 언어 변화와
관련한 논의 전반에서 활용될 수 있다는 점을 강조하고자 한다.
　개별 용언의 의미 변화도 (1)의 방향으로 진행된다.

> (2) 다의어 의미 확장 - 임지룡(1996: 250-251)
> 　가. 먹-: 사람 → 짐승 → 생물 → 무생물
> 　나. 짧-: 공간 → 시간 → 추상

(2)는 임지룡(1996)에서 논의한 단일어의 의미 확장 양상 가운데 일부이
다. 동사 '먹-'의 경우(2가), '사람이 음식물을 먹는 행위'에서 '짐승이 먹이
를 먹는 행위', '물기를 머금은 잎새', '기름 먹은 종이'와 같은 방향을 보이

며, 형용사 '짧-'의 경우(2나)는 '연필이 짧다'에서 '시간이 짧다', '경험이 짧다'의 방향으로 확장되었다.

단어의 의미 추상화에 관한 연구는 주로 문법화 연구에서 활발히 논의되어 왔다. 의존동사(보조용언)의 형성, 의존명사가 참여한 문법화와 관련하여 (1)의 과정이 활용된다.

(3) 국어 동사 '보-'의 추상화(의미 확장)

　　　　　　　　　　　- 호광수(2003: 218-223), 송효빈(2002: 71-79)

　　가. 호광수(2003): [시각성], [행위성], [판단성]

　　나. 송효빈(2002): 목격→① 지각→② 판단→③ 수행→④ 경험

호광수(2003: 219)은 동사 '보-'가 의미 추상화를 겪으면서 [행위성]과 [판단성]의 추가적인 의미 확장이 이루어진다고 보았다. 송효빈(2002: 78)에서도 '보-'의 가장 원형적인 '목격' 의미가 비유의 원리를 통해 (3나)의 순서로 단계적인 확장을 경험한다고 파악하였다. 이 두 논의 모두 물리적 수준의 시각 단계에서 점차 추상적 방향으로 '보-'의 의미가 발달하였다고 본 것이다.

아울러 (1)의 변화 과정은 명사의 의미 추상화에도 그대로 적용된다.

(4) 국어 명사의 추상화(의존명사화) - 안주호(1997: 39-94)

　　물리적 공간→시간적 공간→심리적 공간

안주호(1997)은 자립명사였던 '터, 즈음, 동안, 데, 지경, 바'가 (4)와 같은 방향의 의미 추상화를 겪으면서 점차 물리적 공간에서 심리적 공간을 지시하는 개념으로 변화한다고 보았다. 그리고 이러한 의존명사화를 문법화의 제1단계로 파악하였다.[3]

정리하자면, (1)의 단계적인 변화 방향은 일반 동사나 명사의 다의화에

적용 가능한 원리이며, 나아가 이들 동사와 명사가 참여한 의존동사 구성과 의존명사 구성의 문법화와도 밀접한 관계에 있다.

공존 영역

변화 과정의 단계적 속성은 (5)의 도식으로도 설명된다. 이는 A에서 B로의 변화가 급진적인 수준으로 순간 전환되는 것이 아니라, 점진적인 차원에서 단계적인 절차로 진행된다는 사실을 형식화한 것이다.

(5) 문법화 과정의 공존(coexist)
- Heine et al.(1991: 166), Hopper & Traugott(2003: 49)

$$A \quad > \quad \left\{ \begin{array}{c} B \\ A \end{array} \right\} \quad > \quad B$$

중간에 위치한 A와 B는 변화 과정 내부의 공존 단계를 보여주는 것이다. 변화 이전의 구형과 변화 이후의 신형이 동시에 포착되는 중간 단계의 설정은 변화의 점진적 양상을 명확히 드러낸다. (5)의 점진적 과정은 문법화 이론에 국한되지 않고 구문 차원의 문법 변화 연구, 어휘 확산 연구 등에서도 동일한 방식으로 강조되었다.

(6) 의존동사 구문·의존명사 구문의 변화 과정 - 권재일(1987: 16, 21)

통사론적 구성	>	통사론적 구성 형태론적 구성	>	형태론적 구성

권재일(1987)은 통사론적 구성임에도 불구하고 형태론적 구성으로 인

---

3) 안주호(1997: 52)에서는 문법화의 3단계 특성을 제시한다. 문법화 제1단계는 의존명사화이며, 제2단계는 접어화, 제3단계는 어미·조사·접미사화에 해당한다.

식되는 일련의 구문을 대상으로 (6)의 변화 단계를 제시한다. '-고 싶', '-어
보-'의 의존동사 구문과 '-ㄹ 지', '척 하'의 의존명사 구문에서 내포문 성분
과 모문의 성분이 긴밀한 통합관계를 형성하여 점차 형태론적 구성으로
변화한다고 본 것이다.[4]

(7) 구개음화 대상의 어휘 유형 - 곽충구(2011: 36)

구개음화가 적용된 어휘 확산(lexical diffusion) 과정 역시 단계적인 변
화의 일면을 보여준다(곽충구 2011 등 참고). (7)은 조선족 육진방언 내에
서 구개음화 규칙이 점진적으로 개별 어휘에 적용되어 변화가 확산되는
과정을 형식화한 것이다. 한 개인의 어휘부 내에 개신형만이 쓰이는 어휘
부류(7가)가 있을 수 있으며, 개신형과 보수형이 공존하는 부류(7나, 7다),
그리고 개신이 이루어지지 않은 부류(7라)가 모두 실재할 수 있다. 실제
자료에서 음변화가 어휘적으로 점진적인 양상을 보인다는 사실이 관찰되
는데, 이 역시 어휘 변화의 측면에서 변화의 단계성을 보여주는 사례에 해
당한다.
   정리하자면, 변화 과정에서 포착되는 공존 영역의 존재는 변화가 점진
적인 단계 과정이라는 사실을 뒷받침한다. 그 대상은 문법화, 통사론적 구
성의 변화는 물론 개별 어휘의 확산 차원에서도 동일하게 접근 가능하다.

---

4) 권재일(1987: 6)의 관련 예문을 아래에 제시하였다. 이 가운데 (2나)의 '척 하' 구성을
   '-ㄴ 척하' 구성으로 볼 때 (2가)와 평행한 해석이 가능할 것이다.
   (1) 가. 나는 학교에 가고 싶다.
       나. 빨리 학교에 가아 보아라.
   (2) 가. 내일은 비가 오ㄹ 지도 모른다.
       나. 나는 모르는 척 하였다.

③ 탈맥락화 단계

변화의 내적 속성을 통해 관찰한 바와 같이, 변화의 시작은 곧 상황 맥락에 따라 달리 해석되는 공시적 변이에 있다. 그리고 이러한 변이의 양상이 맥락으로부터 자유로워져 고정화될 때에 변화가 완료된 것으로 판단된다.

(8) 문법화의 절차 - Heine(2002: 86)

	맥락	의미
① 초기 단계 (initial stage)	비제약적	기원 의미
② 연결 맥락 (bridging context)	새로운 의미를 추론할 수 있는 특정한 맥락	목표 의미 전경화
③ 전환 맥락 (switch context)	기원 의미와 맞지 않는 새로운 맥락	기원 의미 배경화
④ 관습화 (conventionalization)	목표 의미는 더 이상 해당 맥락으로부터 뒷받침될 필요 없음. 새로운 맥락에서 쓰임.	목표 의미

(8)은 Heine(2002)가 제시한 문법화의 절차로 그 과정은 총 4단계로 구성된다. 첫째 '초기 단계(initial stage)'에서는 기원적 의미가 특정한 제약 없이 폭넓게 쓰이다가, 둘째 '연결 맥락(bridging context)'에서 변이 수준의 임시적 해석이 도입된다. 이러한 맥락 의존적 해석이 셋째 '전환 맥락(switch context)'에 이르면 기원 의미와는 별개의 상황에서도 쓰이기 시작하며, 마지막 넷째 '관습화(conventionalization)' 단계에서는 고정된 목표 의미가 이전 기원 의미와는 별개의 속성을 드러내며 맥락으로부터 자유로운 위치에 이르게 된다. 이 가운데 세 번째 '전환 맥락' 단계는 변이가 유지되던 맥락으로부터 벗어나 변이 조건에 자유로운 수준에 있다.[5]

전환 맥락은 문법화뿐만 아니라 단일어를 대상으로 한 개별 변화에서

---

5) 이승욱(2001: 270)에서 제시한 한국어 문법화의 단계도 이와 다르지 않다.

도 동일한 접근이 가능하다.

(9) 단일어의 의미 확장 - 정한데로(2012가: 34)

공시적 의미변이		통시적 의미변화
A(①) + α → A(①') A(①) + α' → A(①'') A(①) + α'' → A(①''') ⋮	→ 등 재	A(①) > A(①, ②, ③, …)

(9)와 같이 단일어도 특정한 맥락(α , α' , α'') 안에서 A(①'), A(①''), A(①''')처럼 각기 다른 비유의미로 해석될 수 있으며, 이때 의미변이 수준의 임시적 의미는 등재 과정을 거치며 어휘 내항에 추가적인 의미론적 정보로 더해져 A(①, ②, ③, …)의 변화를 완성한다. 이때 등재라는 중간의 고정화 단계는 (8)의 전환 맥락과 유사한 역할을 담당함으로써 임시적 의미로 쓰인 단어가 변이 단계의 맥락으로부터 벗어나도록 이끈다.

정리하자면, 개별 어휘의 의미 확장 과정이나 문법화 과정 모두 특정한 맥락에서 쓰이던 의미가 '탈맥락화'하는 단계를 포함한다. 이 역시 단계성이라는 변화의 통시적 속성을 보여준다.

5.2.1.2. 분화와 지속성의 원리

Hopper(1991: 22-31)에서 5가지 문법화 원리가 소개된다. '층위화(layering)', '분화(divergence)', '전문화(specialization)', '지속성(persistence)', '탈범주화(decategorialization)'가 그것이다. '층위화'는 기능적 영역(functional

제1단계	제2단계	제3단계
원의미가 보존된 상황	원의미 또는 일부의 원의미와 암시된 다른 의미가 함께 공존하는 상황	반복적인 암시적 의미가 고정된 상황

domain)에서 이전 층위의 문법 형태와 새로운 층위의 문법 형태가 공존하는 현상을, '전문화'는 선택된 소수의 문법 형태가 점차 일반적인 의미를 획득하면서 문법 기능을 전담해 가는 현상을, '탈범주화'는 어휘적 속성의 기원 단어가 점차 문법적 단위로 변화함으로써 새로운 문법 범주의 특성을 띠게 되는 현상을 의미한다. 이들 세 원리는 문법화 이후에 각 문법 형태가 지니는 개별 속성 또는 문법 형태 간의 관계를 드러낸다. 이에 반해, 나머지 두 원리인 '분화'와 '지속성'은 문법화 이후에 형성된 단위와 그 이전 단위와의 관계를 드러낸다는 점에서 언어 변화 전반에 적용 가능한 것으로 판단된다. 우리는 '분화', '지속성'의 두 원리를 형태론적 단위와 통사론적 단위에 두루 걸쳐 논의해 보고자 한다.

① 분화(divergence)

분화(divergence)는 어휘 형태가 문법화를 겪은 이후에도 원래 어휘 형태가 자율적인 요소로 남아 있는 경우를 가리킨다(Hopper 1991: 22-25). '걸음'을 뜻하는 프랑스어의 어휘 형태 'pas'가 문법화 후 부정 첨사(negative particle)의 용법을 보이더라도, 이와 별개로 자율적인 단위로서의 어휘 형태 'pas'가 지속적으로 쓰이는 경우가 이에 해당한다.[6] 권재일(1998: 894)에서는 한국어 동사 '놓-'이 '그가 죽어놓아서(=놔서) 사실을 알 길이 없다.'의 문장 내에서 어미에 가까운 쓰임으로 분화되고 있다고 보았다.[7] 기존 동사는 원래의 상태를 유지하면서, 해당 동사에서 갈라져 나온 어미의 용법이 새롭게 획득된 것이다.

---

6) Hopper & Traugott(2003: 118-122)에서는 분화의 예로 말레이어의 분류사를 제시하였다. '사람(orang), 과일(buah), 꼬리(ekor)'를 뜻하는 각 명사가 '사람, 큰 물건, 동물'을 위한 분류사로 변화하였다.

7) 이는 이른바 보조용언(의존동사)이라고 불려온 단위를 종단요소로 볼 수 없으며, 보조용언을 어형성적 측면에서 선행 용언에 접미되는 형태소로 파악해야 한다고 주장한 최웅환(1995: 6)의 시각과도 연결될 수 있을 것이다.

주목할 점은 이러한 분화의 원리가 문법화뿐 아니라, 새로운 접사의 형성이나 복합어의 어휘화, 연어 구성의 숙어화에 모두 적용 가능하다는 사실이다.

(10) 접사 형성에 의한 분화

　가. 虛 → 헛-

　나. 들 → 들-

　다. 크- → 큰-

(10가)의 접두사 '헛-'은 한자 어근 '虛'에서 그 기원을 찾을 수 있다. '虛'가 구성성분으로 참여한 [虛ㅅN] 복합어가 다시 분석되는 과정에서 '헛-'이 접두사로서의 지위를 획득한 것인데, 이때 접두사 '헛-'의 탄생과는 별개로 한자 어근 '虛'는 이전 상태의 지위를 그대로 유지한다. (10나)의 접두사 '들-'의 상황도 '헛-'과 다르지 않다. '야생으로 자라는'의 의미를 더하는 접두사 '들-'의 형성도 이전 시기에 자율적인 단위로 실재하던 명사 '들'과 관련한 복합어 부류(들비둘기, 들소, 들오리 등)로부터 시작된다. '들-'의 형성 이후에도 '들'은 명사로서 꾸준한 모습을 보인다. (10다)의 '큰-'은 형용사 '크-'와 관련된 형태인데, 이 접사도 '큰아들, 큰이모' 등의 일정한 복합어 형성 후 분석된 요소가 접사로 자리 잡은 예이다. 접사와 별개로 형용사 '크-'는 여전히 자율적으로 쓰인다.

　한편, 복합어의 어휘화 이후에도 이전 복합어가 그 속성을 지속적으로 유지하는 예가 관찰된다. 보통 의미 확장에 의한 의미론적 어휘화의 예에서 흔히 관찰되는 현상이다.

(11) 복합어 어휘화에 의한 분화

　가. 땔나무꾼(①) → 땔나무꾼(①, ②)

　나. 숯장수(①) → 숯장수(①, ②)

(11가)의 '땔나무꾼'은 '① 땔나무를 베거나 주워 모으는 것을 직업으로 하는 사람'의 기본의미 외에 '② 아주 순박하고 꾸밀 줄 모르는 사람을 낮잡아 이르는 말'의 확장의미를 지니는 파생어이다. 이때의 확장의미는 초기 특정한 맥락 안에서 변이 수준에서 시작된 것이지만 그것이 고정화된 등재소로서의 위치를 확립하면 '땔나무꾼②'와 같은 다의 과정을 겪는다. 그러나 이와 별개로 기본의미(①)는 이전의 의미를 그대로 유지한다. 구성성분이 전체 의미 해석에 그대로 참여한다는 점에서 기본의미를 '직설의미'로 파악한다면, 확장의미는 비유된 의미가 관습화된 것이므로 '관용의미'로 불릴 수 있다.[8] 합성어인 (11나)의 '숯장수'도 이와 동일한 양상을 보인다. '① 숯을 파는 사람'의 기본의미 외에 '② 얼굴이 검은 사람'의 확장의미를 지니는데, 확장된 의미가 '숯장수'의 어휘 내항에 추가되더라도 원래의 기본의미는 유지되어 쓰인다. 고정화된 두 복합어의 확장의미는 구성성분의 의미 합만으로는 공시적인 함수 관계가 성립되지 않는 [-합성성]의 어휘화한 복합어가 분명하지만, [+합성성]의 기본의미도 그대로 유지되고 있어 이를 분화의 관점에서 해석해 볼 수 있다.[9]

(12) 연어 구성의 숙어화에 의한 분화

　　가. 고사를 지내다(①) → 고사를 지내다(①, ②)

　　나. 군침을 삼키다(①) → 군침을 삼키다(①, ②)

통사론적 단위인 연어 구성도 복합어와 마찬가지로 기본의미 외에 확

---

8) 이때의 '직설의미'와 '관용의미'의 용어는 숙어 구성 연구에서 주로 쓰여 왔다. 가령 숙어 구성 '미역국을 먹다'는 '시험에 떨어지다'의 관용의미 외에도 본래의 투명한 의미로 해석되는 직설의미를 지닌다. 숙어 구성의 이러한 동음이의적 특징(이상억 1993, 이희자 1995 등 참고)은 우리가 논의하고 있는 어휘화한 복합어에서도 동일하게 관찰된다. 이에 우리는 복합어의 어휘화를 설명하는 과정에서도 연어 구성의 숙어화와 평행하게 '직설의미'와 '관용의미'의 용어를 사용하기로 한다.

9) [합성성]의 문제와 관련하여 4.3.2.2의 (69)가 참고된다. 이에 대한 자세한 논의는 5.3.2.1. 참고.

장의미를 포함한다. (12가)의 '고사를 지내다'는 일반적인 자유 표현의 직설의미(①) 외에 '② 아주 간절하게 바라다'의 관용의미(②)도 포함하게 되는데, 이러한 변화 후에도 여전히 직설의미가 유지되는 분화된 상태를 보인다. (12나)의 '군침을 삼키다'도 직설의미(①)와 더불어 '② 이익, 재물을 보고 몹시 탐을 내다'의 관용의미(②)를 포함한다. 분화된 이후에도 직설의미는 여전히 자율적인 상태로 유지되어 쓰인다.

  ② 지속성(persistence)

  언어 변화 전반에 걸쳐 나타나는 또 다른 원리는 지속성(persistence)이다. 지속성은 문법화가 진행된 이후에도 해당 형태가 지니고 있던 이전의 어휘적 의미가 흔적으로 남아 있는 속성이다(Hopper 1991: 22-30).

  (13) 접사의 지속성
    가. '虛'와 '헛-'
    나. '들'과 '들-'
    다. '크-'와 '큰'

  접사 '헛-'은 일부 명사 앞에 붙어서 '이유 없는', '보람 없는'의 뜻을 더하거나(헛걸음, 헛고생, 헛소문), 일부 동사 앞에 붙어서 '보람 없이', '잘못'의 뜻을 더하는(헛살-, 헛디디-, 헛보-) 역할을 한다. 이때 접사 '헛-'의 의미는 형성 이전의 한자 어근 '虛'와 지속적인 의미 관련성이 있다. 접사 '들-'의 '야생으로 자라는' 의미 역시 이전 단계의 명사 '들'과 밀접한 의미적 관련성을 유지한다. 접사 '큰-'도 마찬가지이다. '맏이'의 뜻을 더하는 접두사로서 그 의미가 보다 구체화되기는 하였지만, 이 역시 형용사 '크-' 의미의 흔적을 지니고 있다.

(14) 숙어 구성의 지속성

    가. 어머니는 매일 늦게 들어오시는 아버지한테 <u>바가지를 박박 긁으</u>셨다. (김진해 2010가: 84)

    나. 지금까지 채용시험에서 <u>미역국을 다섯 그릇 먹었다.</u> (김진해 2010나: 57)

  (14)의 '바가지를 긁-'과 '미역국을 먹-'은 관용의미로 쓰인 경우에도 '박박'이나 '다섯 그릇'과 같은 수식을 통해 강조 표현이 가능하다는 점이 특징적이다. 여기서 주목할 사실은 이들 수식 구성이 관용의미가 아닌 직설의미와 관련된 표현이라는 점이다. 가령 '채용 시험에서 미역국을 <u>다섯 그릇</u> 먹다'는 '채용 시험에서 미역국을 다섯 번 먹다'에 비해 직설적 의미와 보다 밀접한 수량화라고 할 수 있다(김진해 2010나: 57 참고). 관용의미로 쓰인 구성에서도 직설의미와 관련한 수식이 가능하다는 것은 곧 이들 구성이 여전히 직설적 표현과 유관한 속성을 지니고 있다는 것을 의미한다. 황화상(2011: 38)은 (14가)에서 부사 '박박'의 선택이 관용어와 직설적 표현 사이의 상호 작용에 의한 것이라고 파악한 바 있는데, 관용어로 쓰이면서도 여전히 동사 '긁-'과의 관련성이 지속적으로 유지되고 있는 것이다.

(15) 문법화한 구성의 지속성

    가. ㅅ+ᄀ장 〉 -까지

    나. 븥-+-어 〉 -부터

  문법화를 거쳐 오늘날 조사로 쓰이고 있는 '-까지'는 [N+ㅅ#ᄀ장], '-부터'는 [-ㄹ#븥-+-에]의 통사 구성으로부터 각각 형태 융합을 거쳐 오늘날 조사의 위치에까지 이르게 되었다. 이때 조사 '-까지', '-부터'에서도 이전 상태의 명사 'ᄀ장'[末, 端]과 동사 '븥-'[附, 接, 依支]과의 의미적 유연성을 확인할 수 있다.[10)]

5.2.2. 등재와 변화의 상관관계

통시적 결과로서의 변화는 등재와 어떠한 상관관계를 지닐 것인가? 5.2.2에서는 변화의 결과로 판단되는 몇 가지 현상을 놓고, 이를 등재와 관련지어 해석해 보고자 한다. 숙어 구성 및 문법화 등에서 포착되는 재구조화 현상, 어휘부 체계 변화에 따른 문제, 등재소 내적·외적 변화의 문제 등을 중심으로 논의를 진행할 것이다.

5.2.2.1. 등재와 재구조화

3.4.1.2의 [그림 3-2]에서 살펴본 바와 같이 변화 과정은 등재라는 고정화 단계로부터 시작된다. 특정 형태 또는 의미로 고정되지 않은 언어 단위는 변화 연구의 대상이 될 수 없다. 가령 'A 〉B'의 변화를 밝히기 위해서는 A와 B의 공시적 양상을 대조함으로써 변화 사실을 기술해 내어야 할 것인데, 이를 위해서는 반드시 A의 형태 또는 의미 속성이 고정되어야 실제적인 연구가 가능하다. 만약 A가 고정되지 않은 대상이라면, 아무리 B를 정교하게 기술한다고 하여도 그것이 A로부터 변화한 결과인지를 밝힐 만한 근거가 마련되지 않을 것이다. 이에 제3장에서 우리는 이때의 고정화 작용을 형성과 변화 사이의 중간 과정인 등재로 이해하고, 체계적 관점에서 '형성→등재→변화'의 상관성을 밝히는 데에 주력하였다.

여기서 등재의 과정은 '재구조화'와 밀접하다. 먼저, 문법화와 관련한 영어와 한국어의 예를 살펴보자(Hopper & Traugott 2003: 3, 정한데로 2012나: 115 참고).

---

10) 이지양(2003: 218-219)에서 조사 '-까지, -부터, -조차'와 어미 '-었'을 대상으로 지속성이 논의된 바 있다.

(16) 영어 'gonna'의 문법화

　가. be going [to visit John]

　나. [be going to] visit John　　　(고정화)

　다. gonna visit John　　　　　　(융합)

영어에서 'gonna'의 문법화 과정에서 보듯이 [to visit John]의 통사적으로 긴밀한 구성 단계(16가) 이후, [be going to]의 새로운 단위가 고정화된다(16나). 고정화 단계가 발판이 되어 하나의 단위로 새롭게 재구조화된 [be going to]가 문법적인 역할을 담당할 수 있으며, 이후 (16다)와 같은 본격적인 형태 융합에 이르면 독자적인 문법 형태가 완성된다. 여기서 (16나)의 고정화는 곧 이 글의 '등재' 과정이다. 이러한 등재 과정이 확보될 때에 비로소 문법 형태로의 변화가 가능한바 재구조화된 [be going to]는 문법화의 출발점이 된다.

이는 한국어의 예에도 그대로 적용 가능하다(정한데로 2012나: 123 참고).

(17) 한국어 조사 '-까지'와 어미 '-었'의 문법화

	조사 '-까지'	어미 '-었'	
가.	ᄒᄂᆞᆯ ᄉ # ᄀᆞ자은	안자 # 잇다	
나.	ᄒᄂᆞᆯ[ᄉ # ᄀᆞ장은	앉어 # 잇다	(고정화)
다.	ᄒᄂᆞᆯ[ᄉ]ᄀᆞ장은	앉엣다	(융합)
라.	하늘까지는	앉았다	

(17가)의 상황에서는 통사적으로 긴밀하지 않았던 단위가 (17나)와 같이 단어 경계를 포함한 채로 새롭게 고정화된 단계가 포착된다. 그리고 이러한 고정화 단계를 발판으로 재구조화된 [ᄉ # ᄀᆞ장], [아 # 잇] 구성이 본격적으로 문법화 과정을 겪는데, 한국어의 조사 '-까지'와 선어말어미 '-었'도 형태론적으로 융합된 단계(17다)를 거쳐 지금의 형태에 이르렀다. 이때

(17나)의 고정화 과정인 '등재'는 '-까지'와 '-었' 문법화의 시작을 위한 재구조화의 근거가 된다. 화자들이 이들 단위를 하나의 단위로 인식하기 시작하였다는 것을 의미하기 때문이다.

이러한 고정화 과정이 형태 융합과 문법적 기능에 기반한 문법화에만 집중되는 것은 아니다. 우리는 숙어 구성의 논항 정보가 변화하거나 의존동사(보조동사) 구성과 공기하는 어미의 통합관계가 이전 동사(본동사)와 달라지는 현상도 재구조화의 시각에서 이해한다.

(18) 가. 그가 무릎을 꿇었다.

나. 그가 <u>상대선수에게</u> 무릎을 꿇었다.

고광주(2000: 261)

(18가)와 달리 '항복하거나 굴복하다'의 관용의미로 쓰인 (18나)의 '무릎을 꿇다'는 '상대선수에게'라는 새로운 논항을 필수적으로 요구한다. 이는 하나의 동사구가 구적 관용어(이 글의 숙어 구성)로 쓰이면서 본래 동사가 취하던 논항구조에 변이가 발생하고, 동사구가 하나의 서술어로 재구조화됨으로써 새로운 논항구조를 재형성한 것이다(고광주 2000: 270).[11] 이때의 변이적 양상이 고정화됨으로써 새로운 논항구조는 숙어 구성과 함께 어휘부에 등재된다.

(19) 가. 얘길 듣고 보니(까), 오히려 잘 되었군요.

가. 알고 보면, 그 사람도 희생자지요.

나. 이 녀석 말을 안 들으니, 때려 <u>줄까 {보다/ 보느냐/ 보아라/ 보자/ 보매}.

호광수(2003: 126-130)

---

11) 숙어 구성의 논항 구조(격틀) 변화와 관련한 언급은 이희자(1995), 홍기선(1998), 유현경(2001), 이희자 외(2007), 도원영·정유남(2008) 등에서 확인된다.

한편, (19)에 제시한 '-고 보-', '-ㄹ까 보-'의 의존동사 구성은 동사 '보-'의 일반적인 어미 통합관계와 다른 양상을 보인다(밑줄은 필자 추가). '결과'의 구성 의미를 지니는 (19가, 가)의 '-고 보-'는 '-고 보니(까)'나 '-고 보면'처럼 제약된 연결어미와만 결합 가능하다는 점에서 동사 '보-'와 상이한 특징을 드러낸다. [추측]이나 [의지]의 구성 의미를 지니는 (19나)의 '-ㄹ까 보-' 구성도 제약된 종결어미와만 결합 가능하다는 특징이 관찰된다. 이는 [추측], [의지]의 구성 의미로 인한 어미 통합상의 제약으로 볼 수 있다. 화자의 추측이나 의지가 의문법이나 명령법 등으로 실현되기는 어렵기 때문이다. 이상의 통사론적 제약은 [어미+보-]로 고정되어 새롭게 재구조화된 구성 의미로부터 영향을 받은 것이다.

5.2.2.2. 등재와 체계 변화

특정 언어 단위의 변이적 양상이 고정화되어 어휘부에 등재된다는 것은 곧 해당 단위가 체계 내로 편입된다는 것을 의미한다. 이 과정을 통해 이미 어휘부 내에 실재하던 등재소의 양상이 재편됨으로써 어휘부 체계에 변화가 발생한다. 여기서 우리는 등재에 따른 어휘부 체계 변화의 몇 가지 양상을 간단히 살펴보고자 한다.

(20) 등재에 따른 체계 변화의 세 유형
　　가. 기존 단위를 대체하는 경우: [A] 〉 [A']
　　나. 기존 단위의 일부로 포함되는 경우: [A](①) 〉 [A](①, ②)
　　다. 자율적인 새 단위를 형성하는 경우: [A], [A']

체계 변화의 방식은 크게 3가지로 나누어 볼 수 있다. (20가)의 가장 대표적인 예는 동일한 단위가 형태 또는 의미 변화를 겪은 경우이다. 가령 '곶 〉 꽃'의 형태 변화나 '얼굴'([形] 〉 [面])의 의미 변화와 같이 새로 어휘부로 편입된 [A']이 이전 시기의 [A]를 완전히 대체하는 경우이다. 더 넓게는 신어의 형성이나 차용에 의한 어휘의 교체 과정도 (20가)의 일종으로 볼 수 있다.

(20나)는 의미 확장의 예가 대표적이다. '① 약 파는 일을 직업으로 하는 사람'을 의미하는 복합어 '약장수'의 어휘 내항에, 새롭게 '② 이것저것 끌어대어 이야기를 잘하는 사람'의 의미가 추가된 경우가 이에 해당할 것이다. 비유적으로 해석되던 의미가 고정화됨으로써 '[A](①) 〉 [A](①, ②)'의 변화와 함께 어휘부 체계도 변화하였다.

(20다)는 새로운 등재소가 어휘부에 편입됨으로써 이전 시기의 [A]와 독립된 자율적인 단위로서 [A']이 확인되는 경우이다. 기존 등재소를 대체하는 (20가), 기존 등재소의 어휘 내항에 변화를 가져오는 (20나)와 비교할 때, (20다)는 등재소 자체의 수를 늘리는 과정이라는 점에서 앞선 두 과정과 차이가 있다. 수적으로 이 과정이 가장 활발하게 나타난다. 새로운 접사나 복합어의 형성 과정, 아울러 숙어 구성이나 의존동사 구성·의존명사 구성처럼 통사론적 단위일지라도 어휘부 등재소가 저장되는 과정은 모두 (20다)에 해당되기 때문이다.

(20)의 3가지 유형에 관한 보다 구체적인 사례는 5.3.1에서 마련된다. (20가)는 '형태의 변화', (20나)는 '의미의 확장', (20다)는 '접사의 형성'으로 논의될 것이다.

5.2.2.3. 등재소 내적 변화와 등재소 외적 변화

어휘부 내에 고정된 등재소는 두 가지 차원의 변화를 겪을 수 있다. 하나는 등재소 내부의 변화로 인해 더 이상 공시적인 결합으로는 설명이 불가능하게 된 경우이고, 다른 하나는 등재소 외부의 변화로 인해 구성성분의 공시적인 결합이 불가능한 경우이다. 우리는 전자를 '등재소 내적 변화'로, 후자를 '등재소 외적 변화'로 구분하여 부르고자 한다(송철의 1992, 이재인 1994, 정한데로 2009, 2012나 참고). 이 역시 복합어, 연어 구성, 의존동사 구성·의존명사 구성의 순서로 살펴본다.

① 등재소 내적 변화

아래 대상은 등재소 내적 변화를 겪은 예들이다.

(21) 복합어
    가. 갓가빙 〉 가까이
    나. 굳이(①) 〉 굳이(①, ②)

형용사 '가깝-'에서 파생된 복합어 '가까이'는 이전 시기의 형태 '갓갑-'과 부사파생접사 '-이'의 결합으로 형성된 '갓가빙'가 오늘날 '가까이'로 음운론적·형태론적 변화를 겪어 남아 있는 예이다. 이때의 '갓가빙 〉 가까이'는 'β 〉 w'의 등재소 내적 변화를 거친 결과이다. 한편, '굳이'는 동사 '굳-'과 부사파생접사 '-이'가 결합하여 형성된 복합어로서 형태에 있어서는 15세기 문헌에서의 '구디'와 오늘날의 '굳이'에 커다란 차이를 발견하기 어렵다. 그러나 '굳이'의 의미 해석에 있어서는 이전과 비교할 때 확장된 양상이 확연하다. 오늘날 '굳이'는 '① 단단한 마음으로 굳게'의 의미뿐만 아니라, '② 고집을 부려 구태여'의 확장된 의미까지 포함하기 때문이다. ①의 의미로 쓰인 '굳이' 형태는 15세기 문헌에서도 문증되지만, ②의 의미는 20세기에 와서야 그러한 쓰임이 관찰된다.[12] 이때 ②의 의미가 '굳이'의 어

---

[12] '21세기 세종 계획'의 결과물인 '한민족 언어 정보화 통합 검색 프로그램'을 참고하면, '굳이'의 ② 확장의미는 20세기에 들어와 나타나는 것으로 보인다. '굳이'가 부정어 '않' 과 빈번히 어울려 나타남으로써 그 부정적 의미가 '굳이'가 지니는 '구태여'의 의미를 형성하게 되었다고 보는 것이다. 이후, '굳이'의 ② 확장의미는 부정적 의미의 서술어뿐 아니라 긍정적, 중립적 의미의 서술어와도 공기할 수 있게 되었다는 기술을 참고할 수 있다.

휘 내항에 추가되는 현상은 등재소 내적 변화에 의한 확장으로 볼 수 있을 것이다.

한편, '명사+동사' 연어 구성은 개재된 조사의 생략과 함께 하나의 단어로 굳어진 양상을 보이기도 한다(이상억 1993: 339, 한영균 1997: 110-113, 채현식 2003나: 50-51).

(22) 연어 구성

　　가. 멋있다, 신나다

　　나. 땀빼다, 애태우다, 입다물다

(22가)의 '멋(이) 있다', '신(이) 나다'와 같이 주격 조사가 생략된 경우뿐 아니라, (22나)처럼 '땀(을) 빼다, 애(를) 태우다, 입(을) 다물다' 등의 목적격 조사가 생략됨으로써 하나의 단어로 굳어진 양상도 관찰할 수 있다.[13] 채현식(2003나: 50-51)는 두 구성성분의 공기 빈도가 높아짐에 따라 하나의 단어로 굳어질 수 있다고 보았는데, 이들 연어 구성의 단어화 역시 고정된 등재소 내부의 긴밀한 관계를 통한 변화의 결과이다.

(23) 의존동사 구성 · 의존명사 구성

　　가. 비가 오는갑다(=비가 오는가 보다.)

　　가'. 누가 오는갑다(=누가 오는가 보다.)

　　나. 밖에 비가 오는겁네(오는 것 같네).

　가. '굳이'의 ① 의미 (15세기)
　　尊者ㅅ 머리예 연자늘 神通力으로 모골 구디 미니 〈1447월인천,상,28a〉
　나. '굳이'의 ② 의미 (20세기)
　　소신의 자식이 인물이 출중치 못하니 공주님을 바들어 뫼실 수 없다고 아뢰였지만 굳이 듣지를 않으시니 어떡하느냐 말이다. 〈선화공주(3회), 98〉(현진건, 1942)
13) 연어 구성이 단어로 굳은 예는 사전 종류에 따라서 등재 양상에 차이가 있다. ≪표준≫의 표제어로는 '멋있다, 애태우다'만이 확인되지만, ≪고려대≫는 (22)와 관련한 단어를 모두 표제어로 선정한 상태이다.

(23가, 가)은 '어미+보-'의 구성이 하나의 형태론적 단위로 변화한 방언 자료의 예이다(서정목 1987, 김영태 1991, 김미영 1998, 이기갑 2003 참고). (23가, 가)은 내포된 절이 판정의문인지 설명의문인지에 상관없이 항상 모문 동사 '보-'가 어미 '-ㄴ가'를 요구한다는 사실을 보여 준다(서정목 1987: 77). 특징적인 것은 '-ㄴ가 보-'의 구성이 '-ㄴ갑'과 같은 형태 융합의 결과를 보인다는 점이다.[14] 항상 '-ㄴ가 보-'의 구성으로 쓰인다는 점에서 이들도 하나의 등재소로 보아 등재소 내적인 형태 변화의 결과로 볼 수 있다. 한편, (23나)는 동남 방언에서 '-는 것 같-'의 구성이 의존명사가 탈락한 방식의 '-는걸'으로 쓰인 예를 제시한 것이다. 김주원(1984: 59)에서는 '거 겉 〉 거 겥 〉 Ø 겉'의 단계적인 과정을 거쳐 '통시적 음운 변화'와 '공시적 동음 생략'이 전개된 것으로 파악하였다. [추측의 의미를 지닌 '-는 것 같-' 구성 내적인 변화로 인한 결과이다(5.3.2.3. 참고).

② 등재소 외적 변화

등재소 외적 변화는 언어 체계상의 변화, 또는 각 구성성분의 개별적인 변화에 따른 합성성 결여 등에서 그 원인을 찾을 수 있다.

(24) 복합어
　가. 그믐 (<u>그믈</u> + -음)
　나. 한바탕 (<u>하-</u> + -ㄴ + <u>바탕</u>)

---

14) 이승재(1980)에서 전남 방언의 '-은+갑' 구성의 '갑'을 형식명사의 하나로 보고 논의하고 있는 점이 특징적이다. 그러나 우리는 서정목(1987: 78, 각주 33)에서 지적한 바와 같이, "형태소 구조에 대한 통사론적 인식을 분명히 한 뒤에 그 형태소 통합에서 나타나는 음성 실현을 형태, 음운론적으로 설명해야 한다는 문법관"을 취한다. 따라서 (23가, 가)과 같이 '-ㄴ갑'이 어미 '-ㄴ가'를 포함하고 있는 것으로 이해한다. 그렇다면 '-갑'을 '-가 보-'의 융합형으로 본 김영태(1991: 94), 이지양(1998가: 31, 39)의 제시 목록도 '-ㄴ갑(-ㄴ가 보-)'으로 수정되어야 할 것이다. 이기갑(2003: 642-647)은 '-ㄴ갑'을 '-ㄴ가 보-'의 형태 융합형으로 파악하였다.

이전 시기에 '그믈+-음'의 결합으로 형성된 복합어 '그뭄'은 현대국어에서 형태론적으로 어휘화한 단어로 분류된다(송철의 1992: 37). 현대국어에 어기 '그믈-'이 독립적인 단위로 실재하지 않으므로 해당 구성의 공시적인 결합을 인정하기 어렵기 때문이다. 이는 어휘부 내의 '그뭄'과 별개로 진행된 구성성분 '그믈-'의 소멸에 인한 변화이므로 등재소 외적 변화로 보아야 할 것이다. 한편, '한바탕'은 형태론적·의미론적으로 어휘화한 단어로 볼 수 있다. '크게 벌어진 한 판'을 의미하는 '한바탕'은 과거 '하+-ㄴ+바탕'으로 형성된 '한바탕'이 당시의 상태 그대로 어휘부에 등재된 것이다(정한데로 2009: 75). [大], [高]의 의미로 쓰였던 '하-'는 현재 소멸하였고, [場]의 의미로 쓰였던 '바탕()바탕)'은 그 의미가 변화하였다. 이전 시기의 형태와 의미를 고스란히 담고 있는 등재소 '한바탕'과 달리, 각 구성성분은 현재 소멸하거나 다른 의미로 쓰이고 있어 등재소 외적 변화의 대표적인 예가 된다.

(25) 연어 구성

　　가. 시치미를 떼다 (시치미(를) + 떼-)

　　나. 산통을 깨다 (산통(을) + 깨-)

연어 구성에서도 등재소 외적 변화가 관찰된다. '시치미를 떼다'는 주로 '자기가 하고도 하지 아니한 체하거나 알고 있으면서도 모르는 체하다'의 관용의미로 쓰이며, 형성에 참여한 '시치미'는 원래의 직설의미(매의 주인을 밝히기 위하여 주소를 적어 매의 꽁지 속에다 매어 둔 네모꼴의 뿔)로거의 쓰이지 않고 있는 실정이다. 이에 일반 화자들은 연어 구성 내에 '시치미'에 대한 명확한 인식이 없는 상태에서 오히려 '시치미'에 새로운 의미(자기가 하고도 아니한 체, 알고도 모르는 체하는 태도)를 부가하기도 한다.[15] 이때 명사 '시치미'는 점차 본래의 의미를 잃어 가고 있는 것으로 판단되는데, 이는 구성성분의 의미가 불분명해진 결과로 빚어진 현상인바 등재소 외적 변화의 일례로 볼 수 있을 것이다(5.3.1.2. 참고).

'산통을 깨다'도 동일한 현상이 관찰된다. 사회 문화적인 이유로 오늘날 '산통'의 접근성이 높지 않은 상황에서, '산통'의 본래 의미(맹인이 점을 칠 때 쓰는 산가지를 넣은 통)에 대한 화자들의 인식이 불분명해지면서 연어 구성의 직설의미는 남지 않고 관용의미(다 잘되어 가던 일을 이루지 못하게 뒤틀다)만 등재소 전체 의미로 쓰이는 것이다. 만약 '시치미'와 '산통'의 개별 의미가 인식 가능한 수준에 있다고 본다면, '시치미를 떼다'와 '산통을 깨다'는 등재소 외적 변화의 중간 과정에 있는 것으로 볼 가능성이 있다.

(26) 의존동사 구성·의존명사 구성

　　가. -어지- (-어 # 지-)

　　나. -ㄴ데 (-ㄴ # 도 + -의)

의존동사 구성과 의존명사 구성의 등재소 외적 변화도 살펴보자. 동사나 형용사 뒤에서 '-어지-'의 꼴로 쓰여 '어떠한 행동을 입거나 어떠한 상태가 되다'의 의미를 더하는 (26가)의 예도 등재소 외적 변화의 결과로 분류될 수 있다. '만들어지-'나 '따뜻해지-'가 대표적인 예이다. ≪표준≫, ≪고려대≫에서는 이때의 '지-'를 보조용언(의존동사)으로 처리하고 있는데, '-어지다'의 꼴로 쓰인다는 점을 병기하고 있다. 이때 구성성분 '지-'를 독립적인 동사로 분석하는 데 어려움이 있음을 방증하는 것으로 보이는데, 그렇다면 이는 구성성분 '지-'의 지위 변화로 인한 등재소 외적 변화에 해당할 것이다.

(26나)의 '-ㄴ데'는 '[[-ㄴ # 듸] + -의]] 〉 [-ㄴ듸]] 〉 -ㄴ듸'의 문법화 과정을

---

15) 박진호(2003: 378)에서는 이를 '의미의 쏠림' 또는 '의미의 번짐' 현상이라고 부른 바 있다. 이러한 변화로 인해 불투명하던 단어가 투명하게 되고, 숙어가 연어로 지위 변화를 보이기도 한다. 우리는 이때의 '의미의 쏠림' 현상을 연어 구성으로부터의 다의화 과정으로 보고 논의할 것이다. 5.3.1.2에서 후술된다.

거쳐 오늘날의 형태에까지 이른 것이다(정재영 1997: 140). 이때 처격 조사 '-읜'와 결합한 명사구 보문 구성 내 명사 '드'는 현재 자립적인 단위로 실재하지 않는다. 문법화라는 등재소 내적인 변화와 더불어 구성성분 소멸이라는 등재소 외적 변화가 동시에 전개된 예이다.

5.3. 변화의 유형

형성과 등재의 두 과정 이후, 고정화된 언어 단위 가운데 일부는 개별적 차원의 변화 과정에 참여하게 된다. 이들의 변화는 5.2.1에서 논의한 일반적인 변화의 속성에 따라 전개되면서도 크게 두 가지 흐름으로 유형화된다.

(27) '형성 → 등재 → 변화'의 과정

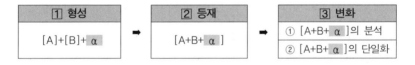

제4장의 (91)에서 정리한 '형성 → 등재'의 도식은 위의 (27)과 같이 '형성 → 등재 → 변화'로 확장된다. 구성성분 [A]와 [B]가 결합한 결과물, [A+B+α]는 새로운 등재소로서 어휘부에 등재된 후, 변화의 단계에 이를 수 있다.16) 우리는 '① 분석'과 '② 단일화'의 두 방향을 중심으로 변화의 양상을 관찰할 것이다.

---

16) 이 글에서 '[ ]'의 대괄호는 등재소를 의미하며, '( )'의 소괄호는 아직 등재소는 아니지만 화자에게 인식되는 단위를 표시한 것이다. 등재소 내부의 '+'는 구성성분의 통합관계를, '='는 형태 융합처럼 구성성분 간의 긴밀한 관계를 표시한 것이다.

(28) '분석'과 '단일화'에 의한 변화의 방향

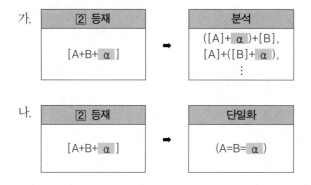

　　가.
　　　　② 등재 　　　　➡　　　　분석
　　　　[A+B+α]　　　　　　([A]+α)+[B],
　　　　　　　　　　　　　　　　[A]+([B]+α),
　　　　　　　　　　　　　　　　　　⋮

　　나.
　　　　② 등재 　　　　➡　　　　단일화
　　　　[A+B+α]　　　　　　(A=B=α)

(27)의 도식 가운데 '등재→변화'의 단계는 (28)로 더욱 구체화된다. 첫째는 '분석에 의한 변화' 과정이다. 등재소 [A+B+α]는 (28가)처럼 화자의 분석에 의해 이전 형식 [A]와 달리 ([A]+α)로 인식될 수 있으며, [B]도 ([B]+α)로 새롭게 인식될 가능성이 열려 있다. 둘째는 '단일화에 의한 변화' 과정으로서, (28나)의 등재소 [A+B+α]는 내적 긴밀도가 높아짐에 따라 공시적으로 분석 불가능한 하나의 단위인 (A=B=α)로 인식될 수 있다. 형태론적·의미론적으로 단일한 형태로 변화하는 것이다. '분석'과 '단일화'의 두 방향 모두 복합 구성이 이전과는 다른 모습으로 나아가는 변화 단계에 있다는 점에서 공통적이다. 그 구체적인 실현 양상은 실제 자료를 통해 차례로 검토하기로 한다.

5.3.1. 분석에 의한 변화

제4장에서 우리는 복합어, 연어 구성, 의존동사 구성·의존명사 구성의 형성 과정에 서술 정보나 상황 맥락 정보로서의 α가 부가되는 양상을 구체적으로 살펴보았다. α의 다양한 하위 유형('추가 α', '선택 α', '비유 α')을 모두 α로 간단히 표시한다면, 그 과정은 (29)처럼 형식화될 것이다.[17]

(29) 구성의 '형성' 과정

$$[A] + [B] + \boxed{\alpha} \rightarrow [A+B+\boxed{\alpha}]$$

주목할 사항은 형성의 결과로 얻은 [A+B+$\boxed{\alpha}$]가 그 반대 방향으로 다시 분석될 수도 있다는 점이다. 언어 단위를 형성하였다가 일련의 패턴을 찾아 이들을 다시 분석하는 등 등재소 간의 결합관계와 통합관계를 활용한 인간의 역동적인 언어 능력은 일찍이 다수의 연구자들로부터 관심을 받아 왔다.[18] 흥미로운 사항은 형성 과정에 부가된 $\boxed{\alpha}$가 (29)와는 반대 방향으로 분석될 때, (30)처럼 다양한 가능성이 있다는 점이다(정한데로 2010나).

(30) 구성의 '분석' 과정

가. [A+B+$\boxed{\alpha}$] $\rightarrow$ [A] + [B] + $\boxed{\alpha}$

나. [A+B+$\boxed{\alpha}$] $\rightarrow$ ([A]+$\boxed{\alpha}$) + [B]

다. [A+B+$\boxed{\alpha}$] $\rightarrow$ [A] + ([B]+$\boxed{\alpha}$)

라. [A+B+$\boxed{\alpha}$] $\rightarrow$ ([A]+$\boxed{\alpha_1}$) + ([B]+$\boxed{\alpha_2}$)

문제는 (30)의 분석 과정상에 포착되는 $\boxed{\alpha}$의 분포이다. (30가)처럼 $\boxed{\alpha}$가 구성성분 [A], [B]에 아무런 영향을 미치지 않을 수도 있지만, (30나~라)와 같이 $\boxed{\alpha}$가 특정 구성성분의 한 부분으로 달리 해석될 가능성이 있다. (30나)는 이전의 [A]가 ([A]+$\boxed{\alpha}$)로 새롭게 해석된 경우이고, (30다)에서는

---

17) (29)의 $\boxed{\alpha}$는 '추가 $\boxed{\alpha}$'를 지시하는 것이 아니라, 형성 과정에 적용 가능한 '추가 $\boxed{\alpha}$', '선택 $\boxed{\alpha}$', '비유 $\boxed{\alpha}$'의 임시적 해석을 모두 묶어 형식화한 것이다.

18) Haspelmath(2002: 41)에서는 형태론적 규칙(morphological rules)이 두 가지 역할을 담당한다고 본다. 하나는 새로운 단어를 형성하는 창조적 역할(creative role)이며, 다른 하나는 어휘부에 등재된 단어들을 기술하는 역할(descriptive role)이다. (29)는 전자인 '형성' 과정에, (30)은 후자인 '분석' 과정에 각각 대응된다. 이는 Aronoff(1976: 31)의 잉여 규칙(redundancy rule)으로서의 단어 형성 규칙과도 연결될 수 있다.

이전의 [B]가 ([B]+ α)로 새롭게 해석되었다. 마지막 (30라)는 ([A]+ α_1), ([B]+ α_2)로 두 구성성분 모두 영향을 받은 것이다.

형성 차원의 α 가 공시적 변이 수준에서 구성성분 [A]와 [B]의 임시적 해석을 도출하는 데에만 그친다면 이는 언어 체계의 변화라고 할 수 없다. ([A]+ α)는 순간 쓰이고 사라질 뿐이기 때문이다. 그러나 α 를 포함한 ([A]+ α)의 의미가 명확하게 화자 내부에 고정화되고 (30)과 같은 방식으로 분석 가능한 지위에 이른다면 이는 체계 변화의 차원에서 이해되어야 한다. 즉, (31)과 같은 변화의 양상이 가능한 것이다.

(31) 분석에 의한 등재소 변화

　가. X

　나. [A] 〉 [A+ α]

　다. [B] 〉 [B+ α]

　라. [A] 〉 [A+ α_1], [B] 〉 [B+ α_2]

(30가~라)와 (31가~라)를 하나씩 대응시켜 보자. (30가)는 형성된 방식 그대로 분석된 것이므로 [A]와 [B]에 특별한 변화가 포착되지 않는다. 그러나 (30나~라)는 (31나~라)에 제시된 바와 같이 '[A] 〉 [A+ α]', '[B] 〉 [B+ α]', '[A] 〉 [A+ α_1], [B] 〉 [B+ α_2]'의 변화를 이끌 수 있다. 이는 어휘부 등재소 분석 과정에서 포착되는 등재소 변화 현상이다.

이 절에서 우리는 크게 세 가지 측면에서 논의를 전개할 것이다. 첫째는 분석에 의한 '형태의 변화', 둘째는 분석에 의한 '의미의 확장', 마지막 셋째는 분석에 의한 '접사의 형성'이다. 어휘적 단어로 구성된 두 대상, 복합어와 연어 구성을 주요 대상으로 삼아 논의를 진행하기로 한다.[19]

---

[19] '접사의 형성'은 제4장에서 다룬 '복합어, 연어 구성의 형성'과 달리 계열관계에 기반한 분석을 바탕으로 전개된다는 점에서 그 속성이 상이하다. 접사의 형성은 이름 그대로 형성 차원의 논의이기는 하지만, 접사 형성 전후의 등재소 간의 체계적 관계를 고려하

5.3.1.1. 형태의 변화

(30)의 등재소 분석 과정에서 포착되는 형태의 변화 양상을 확인해 보자. 이와 관련하여 아래의 자료가 우리의 관심을 끈다.

(32) 가. 몺골 〈월인석보(1459) 2:41a〉
　　나. 鍾乳ㅅ골 〈내훈(1475) 2:62a〉
　　다. 양ᄌ쏠 〈어제내훈(1737) 2:10b〉

중세국어의 '골' 형태가 다양한 방식으로 선행 성분과 함께 나타난 양상을 (32가~다)에서 확인할 수 있다. 주지하듯이 이전 시기의 사이시옷은 속격을 나타내는 문법 형태의 기능을 하였으며, 이러한 점에서 (32)에 제시된 용례들도 '몸+ㅅ+골'의 구성으로 시작된 것이다.[20] 당시 이들이 단어로서의 명확한 지위를 확보하고 있었는지에 대해서는 확언할 수 없다. 다만, 현대국어에서 사이시옷을 포함한 대다수 합성명사가 위와 같은 방식으로 형성되어 오늘날까지 단어로 쓰이고 있다는 점에 주목하여, 일단 (32)도 당시 명사로서의 지위를 지니고 있다고 보고 논의하기로 한다.

(32)의 [A+ㅅ+B] 구성 분석 과정에 '([A]+ㅅ)+[B]', '[A]+ㅅ+[B]', '[A]+(ㅅ+[B])'의 세 양상이 고르게 포착된다. 흥미로운 것은 이전 시기의 '골' 형태가 현대국어에서는 '꼴'로 변화하였다는 점인데, (32)의 자료를 참고한다면 '골 〉 꼴' 형태 변화의 원인을 [A+ㅅ+B]류 복합어의 형성(29)과 그 분석(30)에서 찾아볼 수 있지 않을까 한다(이기문 1972 참고).

여 분석에 의한 변화의 한 예로 제시한다. 이들 예는 복합어의 등재, 그리고 2.2.2.2에서 언급한 어휘부 내 등재소 간의 긴밀한 연결 관계를 뒷받침한다.
20) 속격의 문법 형태가 포함된 통사론적 구성이 단어화한 것으로 볼 수 있다.

(33) 분석에 의한 '꼴'의 형태 변화

: 골 〉 쏠 〉 꼴

(N+ㅅ+골 ➡ Nㅅ골 ➡ N쏠 ➡ N꼴)

'골 〉 꼴'의 변화를 (31)의 분석에 의한 변화와 관련지어 형식화한다면 (33)의 결과를 얻을 수 있다. (32)와 같은 유형의 예 다수를 고려할 때에, '골 〉 꼴'의 독자적인 변화보다는 복합어 형성과 분석을 통해 재구조화한 '골 〉 쏠 〉 꼴'의 변화가 충분히 타당성을 확보할 수 있을 것으로 판단된다. 더욱이 이러한 유형의 명사 변화가 다수 관찰된다는 사실은 이 글의 입장을 더욱 뒷받침한다.

(34) 가. 꽃: 곶 〉 곳 〉 꽃 〉 꽃

나. 끈: 긶 〉 씺 〉 씬 〉 끈

다. 꺼풀: 거플 〉 거풀 〉 꺼풀 〉 꺼풀

라. 껍질: 겁질 〉 껍질 〉 껍질

마. 뿌리: 불휘 〉 불히/불희/불회 〉 쑬희/쑬휘 〉 쑥리 〉 뿌리

현대국어에서 '꽃, 끈, 꺼풀, 껍질, 뿌리'의 형태를 하고 있는 명사들도 '골 〉 쏠 〉 꼴'과 동일한 패턴의 변화를 거쳐 오늘날의 형태로 남은 것이다. (34)에 제시한 중간 형태들은 실제 문증된 자료를 가져와 정리한 것인데, 구체적인 양상은 아래에서 관찰할 수 있다.

(35) 가. 빗곶 〈훈민정음언해(1446) 42〉, 七寶池蓮ㅅ곳 〈월인석보(1459) 7:61a〉, 모란곶 〈동의보감(1613) 3:11b〉

나. 치맛긶 〈삼강행실도(1471) 열:19b〉, 印ㅅ긶 〈내훈(1475) 2:44a〉, 신씺 〈소학언해(1586) 3:22a〉

다. 쫘릿거플 〈구급간이방(1489) 7:34b〉, 樹皮나모ㅅ거풀 〈몽어유해

(1768) 하: 37a〉, 쌍꺼풀 〈신숙주부인전(18**)〉

라. 나못겁질 〈삼강행실도(1471) 충:14a〉, 黃栢樹ㅅ겁질 〈구급방언해
(1466) 하:14a〉, 됴기썹질 〈유옥역전(1885)〉

마. 댓불휘 〈두시언해초간본(1481) 25:17b〉, 우웡ㅅ불휘 〈구급간이방
(1489) 3: 52a〉, ᄂᆞ물쓸희 〈소학언해(1586) 6:133a〉

[A+ㅅ+B] 구성의 복합어 형태가 '([A]+ㅅ)+[B]', '[A]+ㅅ+[B]', '[A]+(ㅅ+[B])'
의 세 가지 양상으로 모두 관찰되며, 그 가운데 '[A]+(ㅅ+[B])'의 방식으로
고정된 결과가 지금의 형태로 남은 것이다. (31나~라)의 세 가지 가능성
가운데 (31다)처럼 후행명사가 변화한 예이다.

　이러한 방식의 형태 변화는 어휘부 등재소를 새로이 추가하지는 않으
므로 어휘부의 구조적인 변화를 이끌지는 않는다. 그러나 이 역시 어휘부
의 변화, 즉 문법의 변화를 이끄는 통시적 절차로 보아야 한다는 사실에는
의심의 여지가 없다. 등재소 '골, 곳, 갑' 등의 명사가 '꼴, 꽃, 끈' 등으로
변화하여 이전 형식을 대체하는 방식으로 전개되었는데, 그 결과 대체 이
전과 이후의 변화를 명확히 보여주기 때문이다. 이러한 교체 차원의 어휘
부 변화는 5.2.1.1에서 관찰한 변화의 단계성, 즉 '구형 - 구형과 신형의
공존 - 신형'의 3단계에 바로 적용 가능하다.

(36) 변화의 단계성

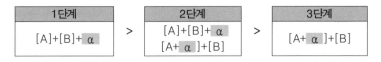

　'1단계 [A]'에서 '3단계 [A+α]'로의 변화, 즉 '[A] 〉 [A+α]'의 과정은 (36)
과 같은 단계적인 절차를 통해 전개되었을 것이다. 1단계의 '곳이 이후
'곳'과 '꽃'의 임시적인 형태로 함께 쓰이다가 점차 '꽃'으로 굳어진 양상은
(34)의 다른 명사에도 동일하게 적용될 수 있다. 또한 (36)의 단계적 절차

는 이어서 살펴볼 '의미의 확장', '접사의 형성' 과정에도 모두 동일하게 적용 가능한 언어 보편적인 사실일 것이다.

5.3.1.2. 의미의 확장

문장 형성에 참여한 단어의 의미는 기본의미 외에도 비유(은유, 환유)를 적용한 방식으로 해석될 수 있다.

(37) 가. 아버지의 <u>벼락</u>을 조용히 기다렸다.

　　　나. 샤워 꼭지를 틀었다가 찬물 <u>벼락</u>을 맞고 홧김에 달려온 것이리라.

(37)에 밑줄 친 '벼락'은 벼락의 속성과 상황 사이의 유사성을 근거로 '벼락'이 지닌 기본의미 이상의 확대된 해석을 가능하게 한다. 문장 내적인 맥락 안에서 일종의 의미 비유를 통해 '벼락'을 해석할 수 있다는 점에서 '맥락적 변이(contextual variation)'로 파악된다(임지룡 1997가: 224-240, Cruse 2000/임지룡 외 역 2002: 172 참고).

맥락 내 변이 차원으로 해석되었던 '참신한 비유'는 점차 단어의 확장의미로 편입되면서 다의어의 의미 확장 과정을 이끈다. 비유의미가 고정화, 즉 등재되면서 (37)과 같은 문장 차원의 맥락이 배제된 상황에서도 쉽게 쓰일 수 있게 되는 것이다.[21] 이렇게 관습화된 비유의미는 '참신한 비유'와 다른 수준의 비유의미로 보아 '보편적 비유'로 부를 수 있다(정한데로 2010나, 2012가).

---

21) 앞서 언급했듯이, (8)에 제시한 Heine(2002)의 '전환 맥락(switch context)'은 문법화뿐만 아니라 단일어의 의미 확장 등에도 적용 가능하다. (8)의 전환 맥락에 앞선 '연결 맥락(bridging context)' 단계는 맥락의존적인 '참신한 비유'에 해당할 것이지만, 전환 맥락 이후의 '관습화(conventionalization)' 단계는 이미 단어의 어휘 내항에 고정화된 '보편적 비유'로 보아야 할 것이다.

(38) 벼락[01]

　　① 공중의 전기와 땅 위의 물체에 흐르는 전기 사이에 방전 작용으로
　　　 일어나는 자연 현상

　　② 몹시 심하게 하는 꾸지람이나 나무람을 비유적으로 이르는 말

　　③ 매우 빠름을 비유적으로 이르는 말

　　④ 예기치 않게 물 따위를 뒤집어씀을 비유적으로 이르는 말

(37가, 나)의 '벼락' 의미는 (38)의 ②와 ④로 각각 해석된다. ≪표준≫에서 가져온 (38)의 뜻풀이는 '벼락'의 의미가 이미 보편적 비유의 확장의미로 단어 내부에 편입되었음을 보여준다.

개별 단어 차원에서 어휘의 이러한 의미 확장 양상에 접근한다면, 전체 과정은 (39)와 같은 일종의 변화로 형식화할 수 있다. '벼락'이 지니던 초기의 가장 기본적인 의미(①)는 맥락적 변이의 고정화를 통해 점차 다수의 확장의미(②, ③, …)를 포함하는 방향으로 확대되어 나간다(임지룡 1997가: 238-239).

(39) [벼락(①) 〉 [벼락(①, ②, ③, …)

(39)가 (37)의 문장에 주어진 맥락에 따라 개별 단어의 의미 확장 양상을 보여주었다면, 이제 우리가 시도할 것은 복합어와 연어 구성 내에서도 동일한 방식으로 전개되는 의미 확장의 일면을 관찰하는 일이다. 우리가 주목하는 지점은 단어 형성 현장의 맥락을 담고 있는 '상황 맥락 정보 α'가 특정 구성성분의 일부로 편입됨으로써 확장의미를 촉발하는 과정이다. 이러한 점에 관심을 두고 복합어, 연어 구성, 숙어 구성을 차례로 살펴보기로 하자. 지금까지의 일관된 태도를 바탕으로, 형태 단위의 결합과 분석, 통사 단위의 결합과 분석에서 포착되는 평행한 양상에 집중할 것이다.

① 복합어의 분석

먼저, 복합어 분석 과정에서 다의화가 발생하는 예이다.

(40) 가. <u>소나기매</u>: <u>갑자기 세찬 기세로 잇따라</u> 때리는 매

　　　나. <u>소나기밥</u>: 보통 때에는 얼마 먹지 아니하다가 <u>갑자기 많이</u> 먹는 밥

　　　다. <u>소나기술</u>: 보통 때에는 마시지 아니하다가 입에만 대면 <u>한정 없이</u> <u>많이</u> 마시는 술

(41) 가. <u>도둑글</u>: 남이 배우는 옆에서 <u>몰래</u> 듣고 배우는 글

　　　나. <u>도둑눈</u>: 밤사이에 사람들이 <u>모르게</u> 내린 눈

　　　다. <u>도둑빨래</u>: 남의 눈에 띄지 않게 <u>몰래</u> 하는 빨래

　　　라. <u>도둑장가</u>: 남에게 알리지 않고 <u>몰래</u> 드는 장가

(40)의 '소나기매, 소나기밥, 소나기술'의 의미를 살펴보자. 밑줄 친 '갑자기, 많이' 등에서 관찰되듯이, 갑작스럽게 많이 쏟아 붓는 소나기의 속성이 은유적 용법으로 맥락적 변이 차원에서 단어 해석에 관여하였다. 이때의 상황 정보는 '비유 α'로 분류된다. 초기의 '참신한 비유' 역시 현재는 '소나기'의 확장의미 가운데 하나로 고정화된 사실을 확인할 수 있다. ([A]+ α)가 [A](②)로 자리 잡은 (42가)의 결과가 포착된다.

(41)도 이와 마찬가지이다. (41)의 복합어 모두 '몰래'의 비유적인 의미를 활용하기 위한 방식으로 명사 '도둑'이 쓰였다. 그 결과, '도둑'의 지시적인 의미와는 별개의 복합어 의미가 산출되었다. 이때의 '몰래' 의미 역시 초기의 맥락적 변이가 '비유 α'로 도입된 후, 차차 고정화되면서 복합어 의미의 일부로 자리 잡은 것이다.

흥미로운 사실은 이때의 비유적 의미가 (42)처럼 개별 단어의 어휘 내항에 다의적 용법의 하나로 고정될 수 있다는 점이다. 앞서 살펴본 (39)의

과정과 동일하다.

(42) 가. [소나기](①) 〉 [소나기](①, ②)
　　나. [도둑](①) 〉 [도둑](①, ②)

(42)와 같이 등재소 [소나기]와 [도둑]의 어휘 내항에 ②의 의미가 추가될 수 있다. 실제로 ≪표준≫과 ≪고려대≫의 '소나기' 뜻풀이는 다음과 같이 ②의 확장의미가 함께 등재되어 있다.

(43) 소나기
　　① 갑자기 세차게 쏟아지다가 곧 그치는 비
　　② 갑자기 들이퍼붓는 것을 비유적으로 이르는 말

(44) 도둑
　　① 남의 물건을 훔치거나 빼앗는 따위의 나쁜 짓. 또는 그런 짓을 하
　　　는 사람

반면, '도둑'의 경우는 '소나기'와 달리 '몰래'의 확장의미가 아직 사전에 등재되어 있지 않다. 그러나 우리는 '소나기'와 마찬가지로 '도둑'의 비유적 의미도 '몰래 이루어진 것을 비유적으로 이르는 말' 정도로 충분히 종이 사전에 등재 가능하리라 판단한다.

(40), (41)은 복합어 선행 성분이 의미 확장을 겪은 예로서 ([A]+ α)가 [A](②), [A](③) 등의 확장의미로 고정화한 예이다. 한편, 이어서 살펴볼 (45), (46)은 복합어의 후행 성분, 즉 ([B]+ α)가 [B](②), [B](③) 등의 확장 의미로 고정화한 경우이다.

(45) 가. 공붓벌레: 공부만 <u>파고드는 사람</u>을 놀림조로 이르는 말

　　　나. 일벌레: 다른 곳에 관심을 두지 아니하고 일만 <u>열심히 하는 사람</u>을 비유적으로 이르는 말

　　　다. 책벌레: 지나치게 책을 읽거나 공부하는 데만 <u>열중하는 사람</u>을 놀림조로 이르는 말

(46) 가. 몽둥이세례: 몽둥이로 <u>흠씬 얻어맞는 일</u>

　　　나. 주먹세례: 주먹으로 <u>여러 차례 때리는 짓</u>

　　　다. 물세례: 갑자기 <u>세차게 쏟아지는 물. 또는 그런 물을 뒤집어쓰게되는</u> 일

(45), (46)에서 '벌레'와 '세례'는 복합어의 후행 구성성분으로 참여하였다. (45가~다)의 '벌레'와 (46가~다)의 '세례'는 복합어 형성 과정에 주어진 비유적 의미로서의 α 를 공통적으로 포함하고 있는데, 계열관계를 통해 포착되는 α 해석은 [B]인 '벌레'와 '세례'의 한 부분으로 편입되어, ([B]+ α)의 방식으로 고정화된다.

(47) 가. [벌레](①) 〉 [벌레](①, ②)

　　　나. [세례](①) 〉 [세례](①, ②)

　(45), (46)의 각 복합어 형성 과정에 추가된 '상황 맥락 정보 α '로 인해, 복합어 분석 과정에서 '벌레'와 '세례'는 초기의 기본의미 외에 [B+ α]의 확장된 의미도 어휘 내항에 포함하게 되었다. 의미 확장의 측면에서 본다면 (47)은 일종의 어휘적 변화에 해당한다. '벌레', '세례'의 어휘 내항에 명시된 의미론적 정보는 확장 전후로 상이한 양상을 보이는데, 개별 단어의 이러한 내적 변화는 심리 어휘부 체계의 통시적 변화와 직접적으로 닿아 있기 때문이다.

(48) 벌레[01]

  ① 곤충을 비롯하여 기생충과 같은 하등 동물을 통틀어 이르는 말

  ② 어떤 일에 열중하는 사람을 비유적으로 이르는 말

(49) 세례

  ① 입교하는 사람에게 모든 죄악을 씻는 표시로 베푸는 의식

  ② (주로 일부 명사 뒤에 쓰여) 어떤 사건이나 현상으로 받는 영향이

   나 단련 또는 타격

  실제 종이 사전의 뜻풀이에서도 (48), (49)처럼 '벌레'와 '세례'의 확장의
미에 관한 기술이 확인된다. 그런데 여기서 우리가 한 가지 짚고 넘어가
야 할 문제가 있다. '상황 맥락 정보 α'를 설명하는 과정에서 '선택 α'와
'비유 α'를 놓고 펼쳐졌던 한계가 여기에서도 되풀이되는 것이다. 가령
'공붓벌레, 일벌레, 책벌레'가 모두 공시적인 의미 비유를 통해 형성된 것
이라고 장담할 수는 없다. 만약 셋 가운데 '공붓벌레'가 가장 먼저 형성되
었다고 한다면, '공붓벌레'로부터 분석을 통해 의미 확장된 [B+α]가 '벌레
(②)'로서 '일벌레, 책벌레' 형성 과정에 직접 결합하였을 가능성이 열려 있
기 때문이다.[22] 비교적 최근에 형성된 임시어인 '경제벌레[23], 과학벌레[24],
연습벌레[25]' 등은 비유에 의한 공시적 해석보다는 '벌레(②)'의 의미가 직
접 도입되었을 가능성이 높을 것이다(정한데로 2010나).

---

[22] 또한 [X-벌레] 복합어의 수가 많지 않다는 점에서, 비례식을 통해 불규칙한 방식으로 관
 련 단어가 유추되어 형성되었을 가능성도 충분하다. 4.3.1. 참고.
[23] 경제대국 혹은 경제벌레라고 불리는 일본과 일본인들. ≪세종≫
[24] 마이크로소프트의 빌 게이츠가 대학진학 때 '과학벌레'들만 우글거려 따분하다며 (후략)
 ≪세종≫
[25] 팀 동료들 사이에 지독한 연습벌레로 알려진 베이브가 며칠 동안 연습에 빠진 일이
 있었다. ≪세종≫

(50) 가. 색시비: <u>새색시처럼 수줍은 듯</u> 소리 없이 내리는 비

　　　나. 총알택시: 주로 밤늦게 손님을 태우고 <u>과속으로 달리는</u> 택시

이에 비하면 (50)의 '색시비'와 '총알택시'는 해당 계열관계의 예가 거의 없다는 점에서, '비유 α'에 의해 형성된 복합어로 볼 가능성이 높다. 물론 종이 사전에도 '색시'와 '총알'의 확장의미로 '수줍어하는', '과속하는' 등이 등재되어 있지 않다.

② 연어 구성의 분석

앞서 살펴본 복합어와 동일한 방식의 의미 확장이 연어 구성에서도 확인된다. 복합어 형성 과정에 관여한 비유적 해석이 이후 분석 과정을 통해 특정 구성성분의 의미로 등재되는 양상이 평행하게 관찰되는 것이다.

(51) 가. 우리 집은 <u>입이 많</u>아서 살기가 힘이 든다. ≪세종≫

　　　나. 그는 원래 <u>입이 거칠</u>다. ≪세종≫

　　　다. 저 친구는 <u>입이 높</u>아서 고급 음식점이 아니면 가지도 않는다. ≪표준≫

(51)의 '입'은 해당 구성에 따라서 각기 다른 임시적 의미로 해석된다. (51가)의 '입이 많'에서는 '먹는 사람의 수효'를, (51나)의 '입이 거칠-'에서는 '사람이 하는 말'을, (51다)의 '입이 높'에서는 '입맛이나 식성'을 비유적으로 표현한 것이다.

(52) 가. 지금까지 의지해 오던 버릇이 있어 <u>겁을 먹었어요</u>. ≪세종≫

　　　나. 이 이상 더 <u>욕을 먹어서</u> 되겠습니까? ≪세종≫

　　　다. 그렇게 하면 여름에 <u>더위를 먹지</u> 않고 병이 나지 않는다고 한다.
　　　　 ≪세종≫

(52)의 '먹-'도 '입'과 마찬가지로 연어 구성 내에서 각기 다른 의미로 해석된다. (52가)의 '겁을 먹-'에서는 '(겁, 충격 따위를) 느끼게 되-'로, (52나)의 '욕을 먹-'에서는 '(욕, 핀잔 따위를) 듣거나 당하-'로, (52다)의 '더위를 먹-'에서는 '(더위 때문에) 몸에 이상 증세가 생기-'의 의미로 상황에 따라 달리 해석되는 것이다.

(51)과 (52)에서 각기 다양한 '입', '먹-'의 변이 의미가 어휘 내항에 고정화된다면 이들 의미도 기본의미 외의 확장의미로 추가되어 (53)과 같은 변화를 거치게 될 것이다.

(53) 가. [입](①) 〉 [입](①, ②, ③, …)
     나. [먹-](①) 〉 [먹-](①, ②, ③, …)

그리고 실제로도 (51), (52)의 비유의미 가운데 일부가 '입'과 '먹-'의 확장의미로 사전에 등재된 사실이 확인된다.

(54) '입'의 사전 뜻풀이
    가. ≪표준≫
       ① 입술에서 후두(喉頭)까지의 부분
          ⋮
       ③ 음식을 먹는 사람의 수효
       ④ 사람이 하는 말을 비유적으로 이르는 말
    나. ≪고려대≫
       ① 입술에서 후두까지의 부분. 먹이를 섭취하며 소리를 내는 기관이다.
          ⋮
       ④ 사람이나 식구를 비유적으로 이르는 말
       ⑤ 사람이 하는 말을 비유적으로 이르는 말

(55) '먹다^{02}'의 사전 뜻풀이

　가. ≪표준≫

　　[1]　① 음식 따위를 입을 통하여 배 속에 들여보내다.

　　　　　⋮

　　　　⑥ 겁, 충격 따위를 느끼게 된다.

　　　　⑦ 욕, 핀잔 따위를 듣거나 당하다.

　나. ≪연세≫

　　[1]　① 음식물을 입을 통하여 넘기다.

　　　　　⋮

　　　　⑨ (겁이나 충격 등을) 경험하다.

　　　　　⋮

　　[III]　① 남으로부터 욕이나 핀잔을 듣다.

　다. ≪고려대≫

　　　　① (사람이나 짐승이 음식물을)입으로 씹거나 하여 뱃속으로
　　　　　들여보내다.

　　　　　⋮

　　　　⑤ (사람이 어떤 생각이나 감정 따위를) 마음속으로 가지다.

　　　　　⋮

　　　　⑧ (사람이 꾸지람이나 욕, 핀잔 따위를) 남에게 듣다.

　(51가, 나)의 '입', (52가, 나)의 '먹-'에 해당하는 의미는 모두 (54)와 (55)
의 사전 기술에서 확장의미로서의 지위를 확인할 수 있다. 특정 언어 구
성 내에서만 해석 가능한 '입'과 '먹-'의 임시적 해석이 개별 단일어의 확장
의미로 추가된 결과이다. 반면, (51다), (52다)의 의미는 아직 사전 내 확
장의미로 등재되어 있지 않은 상황이다. 그러나 이들 단위도 추후 '입'과
'먹-'의 확장의미 가운데 하나로 등재될 가능성이 열려 있다.

③ 숙어 구성의 분석

숙어 구성에서도 등재소 분석에 의한 의미 확장 양상이 포착된다. '미역국을 먹다'라는 전체 숙어 구성이 지니던 '시험에서 떨어지다'의 의미가 구성성분의 하나인 '미역국'만으로도 충분히 해석되는 경우가 관찰된다. 이른바 박진호(2003: 378, 2007)의 '의미의 쏠림' 현상이다.

(56) 가. 너는 <u>미역국</u>이다. (이상억 1993: 329)

　　　나. 이번에도 <u>미역국</u>이면 어떡하지? (문금현 1999나: 117)

　　　다. 민주는 운전면허 시험에 또 <u>미역국</u>이래. (조은영 2009: 36)

(56)에서는 숙어 구성 전체가 아니라 '미역국'이라는 단어 하나만으로도 '시험에서 떨어지다'의 의미가 드러난다. 이에 대해 임홍빈(2002: 298)에서는 (56가) 예문의 '미역국'은 인용적 가치를 지닐 뿐 '미역국' 자체에 독립된 풀이를 주어야 할 단계는 아니라고 보았다.[26) 그러나 우리는 (56나, 다)에 제시된 여타 다른 예문들, 그리고 다음에서 관찰되는 현상을 고려할 때, (56)의 '미역국'이 충분히 의미 확장의 가능성을 지닌다고 파악한다.

(57) 가. 아내의 심한 <u>바가지</u>가 마음에 상처를 남긴 적이 많다.

　　　　(최경봉 2000: 653)

　　　나. 마누라 <u>바가지</u> 때문에 못 살겠다. (박진호 2003: 377)

　　　다. 한민이는 남편에게 오늘도 또 <u>바가지</u>야. (조은영 2009: 36)

---

26) 이상억(1993: 329)은 '낙방, 해고, 거절, 탈락 등의 의미를 지닌 "너는 미역국이다"의 '미역국'을 융합합성어로 보았다는 점이 특징적이다. '미역'과 '국'이 합성되어 제3의 뜻을 지니게 된 것으로 보았기 때문이다. 이는 '미역국'의 '낙방' 의미를 '미역+국'의 단어 형성 측면에서 접근하여 얻은 결과로 판단된다. 그러나 우리가 취하고 있는 '분석에 의한 변화'를 통해서 숙어 구성 내 특정 구성성분의 의미 확장을 설명한다면 이때의 '미역국'을 융합합성어로 볼 필요가 없다.

숙어 구성 '바가지를 긁다'의 '불평이나 불만을 늘어놓으면서 잔소리를 하다'의 관용의미가 '바가지'만으로 표현된 예를 (57)에서 확인할 수 있다. 실제 예문 내 '바가지'는 '불평, 잔소리' 등으로 직접 대치 가능한 수준에 있다.

(58) 가. 배은과 변덕과 <u>시치미</u>의 상징으로서의 그 맛깔스러움. ≪세종≫
　　 나. 나의 <u>시치미</u>는 완벽해요. 너무나 완벽해요. ≪세종≫
　　 다. <u>시치미</u>일까, 아니면 그녀의 착각이었을까? ≪세종≫

또 다른 숙어 구성 '시치미를 떼다'의 관용의미인 '자기가 하고도 하지 아니한 체하거나 알고 있으면서도 모르는 체하다'도 (58)처럼 '시미치'만으로 표현 가능하다. 이러한 상황을 고려한다면 복합어, 연어 구성과 평행한 방식으로 숙어 구성에서도 분석에 의한 단어의 의미 확장이 가능할 것이다.

(59) 가. [미역국](①) 〉 [미역국](①, ②)
　　 나. [바가지](①) 〉 [바가지](①, ②)
　　 다. [시치미](①) 〉 [시치미](①, ②)

분석에 의한 '미역국, 바가지, 시치미'의 의미 확장 양상도 (59)로 정리해 볼 수 있다. 이는 숙어 구성 전체의 의미가 특정 구성성분의 ② 확장의미로 등재된 결과를 보여준다는 점에서 흥미로운 현상이라 할 만하다. 4.3.2에서 '연어 구성의 형성'을 논의하면서 '미역국을 먹-'의 경우는 'f(A,B) = A + B '와 같이 구성 전체가 '비유 α'를 적용받는다고 보았는데, (59) 각각의 ②는 구성 전체의 비유의미가 명사 [A]로 쏠려 등재된 것이다.

그렇다면 실제 사전 내 뜻풀이는 어떠할까? 먼저, '미역국'의 경우는

(56)과 같은 방식의 의미가 아직 충분히 자리 잡지 못한 듯하다. ≪세종≫ 말뭉치 내에서도 '미역국'만으로 '시험에 떨어지다'가 표현된 자료는 확인되지 않는다. 이에 비하면 '바가지'와 '시치미'는 '미역국'보다 상대적으로 의미 확장 단계에서 앞서 있다.

(60) '바가지'의 사전 뜻풀이

　　가. ≪표준≫

　　　　① 박을 두 쪽으로 쪼개거나 또는 나무나 플라스틱으로 그와 비슷하게 만들어 물을 푸거나 물건을 담는 데 쓰는 그릇

　　　　② (수량을 나타내는 말 뒤에 쓰여) 물 따위의 액체나 곡식을 '바가지①'에 담아 그 분량을 세는 단위

　　　　③ 군인들의 은어로, '헌병01(憲兵)'을 이르는 말

　　　　④ 요금이나 물건값이 실제 가격보다 훨씬 더 비쌈

　　나. ≪연세≫

　　　　① 액체, 가루, 곡물 등을 푸거나 담아 두는, 테와 밑이 둥근 그릇

　　　　② 터무니없이 많은 요금이나 물건 값. 괜히 떠맡은 책임이나 일거리

　　　　③ ['바가지(를) 긁다'에서 '긁다'가 생략된 채 쓰이어] 아내가 남편에게 늘어놓는 불평이나 불만의 소리

　　다. ≪고려대≫

　　　　① 주로 물을 푸거나 물건을 담는 데 쓰는 둥그런 모양의 그릇

　　　　② 수 관형사 뒤에서 의존적 용법으로 쓰여, 분량을 세는 단위를 나타내는 말

　　　　③ 아내가 남편에게 하는 잔소리나 불평의 말

　　　　④ 정해진 값보다 더 높게 값을 매겨서 받는 것

　　　　⑤ 군인들의 은어로, '헌병1(憲兵)'을 이르는 말

(61) '시치미'의 사전 뜻풀이

　　가. 《표준》

　　　　① 매의 주인을 밝히기 위하여 주소를 적어 매의 꽁지 속에다 매
　　　　　어 둔 네모꼴의 뿔

　　　　② 자기가 하고도 아니한 체, 알고도 모르는 체하는 태도

　　나. 《연세》

　　　　① 알면서도 모르는 척하거나 하고도 하지 않은 척하는 짓

　　다. 《고려대》

　　　　① 매의 임자를 밝히기 위해 주소를 적어서 매의 꽁지 털 속에
　　　　　매어 둔 네모난 뿔을 이르는 말

　《표준》, 《연세》, 《고려대》 세 사전의 '바가지', '시치미'의 뜻풀이
양상을 비교해 보면 (60), (61)과 같은 상이한 결과가 확인된다. '바가지'의
경우는 《표준》을 제외한 《연세》와 《고려대》에 '바가지를 긁다'의
관용의미가 '바가지' 표제어 항목 내에 기술되어 있다. '불만의 소리', '잔소
리나 불평의 말' 등이 '바가지'의 확장의미로 추가된 것이다. 한편, '시치미'
는 《표준》과 《연세》에서 관용의미가 확장의미로 추가된 양상이 확인
된다. '모르는 체하는 태도', '모르는 척' 등으로 '시치미'의 의미가 기술된
반면, 《고려대》에는 '시치미'의 기본의미만이 등재된 상태이다. 《연세》
에 관용의미만 기술된 점도 특징적이다.

5.3.1.3. 접사의 형성

　등재소 분석을 통하여 이전에 없던 새로운 등재소가 형성될 수도 있다.
새로이 등재소로 인식된 단위의 형성도 어휘부 체계의 측면에서 볼 때, 문
법의 변화를 야기하는 통시적 변화의 하나이므로 함께 다루고자 한다. 주
로 복합어 분석 과정에서 형성된 접사의 예를 중심으로 살펴볼 것인데, 우

리는 음운론적 · 형태론적 · 의미론적 차원에서 적용되는 형성 과정상의 부가 요인을 모두 α 로 형식화하여 접근할 것이다. 특히, 여기에서는 정한데로(2010나)에서 검토한 예를 중심으로 논의를 진행한다.

① 음운론적 변화와 접사의 형성

복합어 형성 과정에 부가된 음운론적 차원의 α 가 전체 구성 내에서 고정된 음운 현상을 보이다가, 특정 시점에 접사로 새롭게 분석되면서 형성 당시의 α 를 포함한 채로 재구조화한 양상이 확인된다.

(62) 음운론적 변화와 접사의 형성

/발/ > /빨/
N+[+경음성](ㅅ)+/발/ ➡ /Nㅅ발/ ➡ N+/빨/ ([N빨])　　　　　　　　([N빨])　　([N빨])

'빗발[雨脚]', '햇발[日脚]'은 각각 '비+ㅅ+발', '히+ㅅ+발'의 복합 구성으로부터 시작된 단어들이다. 그리고 이때의 '발'은 접사 '-발'로 발달하여 '① '기세'나 '힘'의 뜻을 더하는, ② '효과'의 뜻을 더하는'의 의미로 쓰이게 되었다. 흥미로운 점은 이때의 접사 '-발'이 조건 환경과 상관없이 항상 [빨]로 발음된다는 것이다. 가령 '글발[글빨], 말발[말빨]; 사진발[사진빨], 조명발[조명빨]'처럼 선행 음절 말음이 'ㄹ, ㄴ, ㅇ'으로 끝나는 환경에서도 항상 음성적으로 [빨]이 유지된다.

우리는 접사 '-발'이 형태상으로는 '발'로 표기되지만 음운론적으로는 /빨/의 기저형으로 어휘 내항에 명세된다고 본다.[27] 조건 환경에 상관없

---

27) 한자어 경음화를 대상으로 한 안소진(2005), 김양진(2005)도 이와 유사한 입장에 있는 것으로 판단된다. 이들 논의는 특정한 환경에서 항상 경음으로 실현되는 한자 형태소 또는 일음절 한자어의 음운론적 정보를 어휘부에 등재하거나 형태 표기에까지 반영해야 한다고 주장하였다. 'ㅅ전치명사'를 논의한 임홍빈(1981: 23-27)도 참고된다.

이 항상 그 음성 형식이 [빨]로 실현되기 때문이다. 이러한 음운론적 변화
는 (62)와 같은 방향으로 발달한 것으로 볼 수 있다. [N-발]형 복합어 형성
과정에 부가된 사잇소리가 [빨]의 패턴을 이끌고, 이후 접사로서의 '-발' 형
성과 더불어 /빨/의 기저형이 재구조화된 것으로 판단한다.

(63) 가. -발: N+[+경음성](ㅅ)+/발/ ➡ /Nㅅ발/ ➡ N+/빨/

　　 나. -데기: N+[+경음성](ㅅ)+/데기/ ➡ /Nㅅ데기/ ➡ N+/떼기/

　　 다. -집: N+[+경음성](ㅅ)+/집/ ➡ /Nㅅ집/ ➡ N+/찝/

　　 라. -보: N+[+경음성](ㅅ)+/보/ ➡ /Nㅅ보/ ➡ N+/뽀/

(63)에서 보듯이 접사 '-발'의 이러한 특징은 '-데기, -집, -보'에서도 동일
하게 관찰된다. '-데기'는 /떼기/, '-집'은 /찝/, '-보'는 /뽀/의 기저형으로 재
구조화된다.[28] 그 과정에는 (64)와 같은 다수의 복합어가 접사 형성을 위
한 패턴을 마련하는 데 중요한 역할을 담당하였다.

(64) 가. 글발, 말발, 오줌발; 사진발, 조명발, 화장발

　　 나. 부엌데기, 새침데기, 소박데기, 심술데기, 푼수데기

　　 다. 마산집, 부산집

　　 라. 말보, 심술보, 울음보, 웃음보

(64)의 복합어에서 분석된 접사의 음운론적 속성은 이후 새로이 형성되
는 임시어에도 [+경음성]을 포함한 채로 그대로 적용된다.[29] 경음화한 접

---

28) 이때의 접사 '-집'은 '남의 첩이나 기생첩을 이를 때 쓰는 접미사'를 가리킨다.

29) 최근에 형성된 임시어 중에서도 각 접사가 직접 참여한 예가 관찰된다(정한데로 2010나
　　참고).
　　가. 오늘 아무래도 숫발 받은 게 (후략) ≪세종≫
　　나. 부엌데기·새침데기·양심데기 같은 말들의 데기가 그것이다. ≪세종≫
　　다. 오줌은 드디어 막혔던 물보를 터뜨리고 솟구쳐나와 ≪세종≫

사로 재구조화되기 이전에는 사잇소리라는 음운론적 정보가 변이 차원의 임시적 수준에 불과하였지만, 재구조화 이후에는 경음으로 고정화된 접사가 임시어 형성 과정에 직접 참여한다고 볼 수 있다.

2 형태론적 변화와 접사의 형성

형태론적 측면에서도 복합어 형성에 부가된 특정 정보가 구성성분의 일부로 편입되는 양상이 확인된다. 특히 이때의 형태론적 변화는 접사로의 재구조화 작용에 있어 중요한 역할을 담당한다. 이전 형식과의 형태적 차이가 접사의 자율성을 높이는 데 일조하기 때문이다. 구체적으로는 세 가지 유형을 나누어 차례로 검토해 보기로 한다.

(65) 형태론적 변화와 접사의 형성 (1): [X-ㅅ]류 접두사

울 > 웃-
울+-ㅅ+N ➡ 웃N ➡ 웃-N

첫째 유형은 사이시옷(ㅅ)이 참여한 결과로 형성된 접두사이다. 복합어 형성 과정에 부가된 'ㅅ' 형태 표지가 선행 구성성분의 일부로 편입되어 접두사로 재구조화하였다. (65)에서 보듯이 명사 '울[上]'가 후행 명사와 결합하는 과정에서 속격의 '-ㅅ'을 구성 내에 개재하게 되고, 이후 복합어 [웃-N]의 분석 과정에서 등재소 [N]을 제외한 '웃'의 형식이 하나의 접두사 단위로 재구조화한 사실을 알 수 있다. 이러한 유형의 접두사로 '풋-', '헛-' 등을 들 수 있다(최형용 2003나: 193-194, 209-210 참고). 그 과정은 다음과 같다.

(66) 가. 웃-: 울+-ㅅ+N ➡ 웃N ➡ 웃-N

　　　나. 풋-: 풀+-ㅅ+N ➡ 풋N ➡ 풋-N

다. 헛-: 허(虛)+-ㅅ+N ➡ 헛N ➡ 헛-N

이전 시기의 '옷', '풋', '허(虛)'는 단어 또는 한자 어근의 지위에 있던 형식들로서, [옷-N], [풋-N], [헛-N] 구성의 복합어를 다수 형성하게 된다. 그리고 비교적 명확히 분석되는 등재소 [N]을 제외한 나머지 성분, '옷-', '풋-', '헛-'이 화자들로부터 접두사로 인식되기 시작하였다.30) 다음의 예가 실제 이러한 변화의 과정을 보여준다.

(67) 가. 옷사룸 〈석보상절(1447) 9:14a〉, 옷옷 〈법화경언해(1463) 2:46a〉,
　　　　 옷머리 〈법화경언해(1463) 4:28b〉
　　 나. 풋나모 〈신전자초방언해(1698) 9a〉, 草氣 풋내 〈역어유해보(1775)
　　　　 31b〉, 풋디쵸 〈규합총서(1869) 12b〉
　　 다. 虛ㅅ想 〈능엄경언해(1461) 8:70a〉, 헛일 〈정속언해(1518) 17b〉,
　　　　 헛말 〈계축일기(16**) 상:47a〉

둘째 유형은 어미(-ㄴ)가 참여한 결과로 형성된 접두사이다. 복합어 형성 과정에 참여한 어미가 선행 구성성분의 일부로 편입되어 접두사를 형성하였다.

(68) 형태론적 변화와 접사의 형성 (2): [X-ㄴ]류 접두사

믜- > 민-
믜-+-ㄴ+N ➡ 믠N ➡ 민-N

접두사의 형성 방식은 앞서 살펴본 (65)와 동일하다. 다만 이때의 복합

---

30) 제주 방언에서는 접두사 '풋'이 '풀고치(풋고추)', '풀감(풋감)'처럼 '풀'로 나타난다는 점이 특징적이다. 이는 'ㅅ'이 개재하지 않은 상태로 '풀+고치', '풀+감'이 직접 결합한 결과 때문이 아닌가 한다.

어는 어미가 참여한 구성이 단어화한 결과라는 점에서 차이가 있다. (65)에 참여한 '-ㅅ'을 형성 당시의 속격 조사로 보아 각각 조사와 어미가 참여한 단어를 분석함으로써 (65)와 (68) 유형의 접두사가 형성되었다고 볼 수 있을 것이다. '꾸미거나 딸린 것이 없는'을 뜻하는 접두사 '민-'은 이전 시기에 '머리털 따위가 빠지-'를 뜻하던 동사 '믜-'로부터 파생된 형태이다. '믠비단, 믠머리, 믠산' 등 다수의 [믠-N] 복합어로부터 분석된 '믠' 형식이 접사로 재구조화를 겪었다. 유사한 방식으로 형성된 접사로 '한-; 선-, 잔-' 등이 관찰된다(최형용 2003나: 208-209 참고).

(69) 가. 민-: 믜-+-ㄴ+N ➡ 믠N ➡ 민-N

　　　나. 한-: 하-+-ㄴ+N ➡ 한N ➡ 한-N

　　　다. 선-: 설-+-ㄴ+N ➡ 선N ➡ 선-N

　　　라. 잔-: 잘-+-ㄴ+N ➡ 잔N ➡ 잔-N

'큰'의 뜻을 더하는 접사 '한-'은 중세국어 형용사 '하-'[大]와 관련하는데, 오늘날 '하-'는 사라지고 없어 접사 '한-'과 '큰'의 표면적인 관련성을 찾기는 어렵다. 한편, '서툰' 또는 '충분치 않은'의 뜻을 더하는 접사 '선-'은 형용사 '설-'이 후행 명사와 결합하는 과정에서 유음 탈락을 겪었고, 이후 다수의 [선-N] 복합어로부터 분석되어 형성된 결과이다. 이와 마찬가지로 '가늘고 작은' 또는 '자질구레한'의 뜻을 더하는 접사 '잔-' 역시 형용사 '잘-'과 관련이 있으며, 이들 모두 아래의 복합어 등재소로부터 분석된 결과로 접사의 지위를 새롭게 획득한 것이다.[31]

---

31) 이때 접사 '잔-'의 '자질구레한'의 의미를 의미론적 변화의 측면에서 이해한다면, 이는 후술할 '형태론적·의미론적 변화와 접사의 형성'의 대상에 포함될 것이다. 접사 '잔-'의 의미가 두 가지로 파악된다는 점에서 일단 (70)과 (83)에 함께 제시하기로 한다.

(70) 가. 믿비단 〈번역노걸대(1517) 하:24a〉, 믿머리 〈역어유해(1690) 상: 29a〉, 믿산 〈몽어유해보(1790) 3a〉

나. 한쇼 〈용비어천가(1447) 87〉, 한숨 〈석보상절(1447) 19:14b〉, 한 믈 〈훈몽자회(1527) 하:15a〉

다. 선잠 〈해동가요(1718)〉, 선우슴 嬉呪 〈한영자전(1911) 528〉

라. 잔소리 細語 〈국한회어(1895) 249〉, 잔병 多病 〈국한회어(1895) 249〉

셋째 유형은 사이시옷(ㅅ)이 참여한 결과로 형성된 접미사이다. 앞서 살펴본 두 유형과 달리, 개재한 형식이 후행 구성성분의 일부로 편입되었 다는 점이 특징적이다.

(71) 형태론적 변화와 접사의 형성 (3): [ㅅ-X]류 접미사

군(軍) > -꾼
N+ㅅ+군(軍) ➡ N순 ➡ N-꾼

가장 대표적인 접사로 '-꾼'을 들 수 있다. 한자 어근 '군(軍)'과 결합하여 '샹도ㅅ군, 믈순, 구경순' 등의 형식으로 쓰이던 복합어가 새로이 분석되는 과정에서 접사 '-꾼'으로 재구조화를 겪었다. 이와 유사한 과정을 거쳐 형 성된 접사의 예로 '-꾸러기, -빼기, -째, -쯤' 등을 들 수 있다.

(72) 가. -꾼: N+ㅅ+군(軍) ➡ N순 ➡ N-꾼

나. -꾸러기: N+ㅅ+구러기(구럭+-이) ➡ N수러기 ➡ N-꾸러기

다. -빼기: N+ㅅ+박이(박-+-이) ➡ N쌔기 ➡ N-빼기

라. -째: N+ㅅ+자히 ➡ N째 ➡ N-째

마. -쯤: N+ㅅ+즈슴 ➡ N쓰음 ➡ N-쯤

아래의 예를 통해 이들의 변화 과정을 간접적으로 추정 가능하다.

(73) 가. 샹도ㅅ군 〈역어유해보(1775) 28a〉, 구경ㅅ군 〈신학월보(1902) 2:542〉

　　　나. 눈칫구러기 〈소상강 구활자본고전소설전집 26〉, 비스구러기 〈몽어유해보
　　　　　(1790) 28b〉, 걱정ㅅ거리이 〈한불자뎐(1880) 143〉

　　　다. 고ㅅ바기 〈동의보감(1613) 2:30b〉, 니마ㅅ백이 〈한영자전(1911) 196〉

　　　라. 세 힛자히 〈월인석보(1459) 2:65b〉, 둘째 〈박통사언해(1677) 下:20a〉

　　　마. 孟季ㅅ즈슴 〈선종영가집언해(1464) 下:46b〉, 모뢰쁘음 〈첩해신어(1676) 初
　　　　　4:7a〉, 십리쯤 〈텬로력뎡(1894) 2〉

지금까지 'IX-ㅅ류 접두사', 'IX-ㄴ류 접두사', 'Iㅅ-XI류 접미사', 세 가지
유형의 접사 형성 과정을 살펴보았다. 복합어 형성 과정에 개재된 요소
(-ㅅ, -ㄴ)가 특정 구성성분의 일부로 인식된 후, 재구조화하는 과정에서
접두사와 접미사가 형성되었다는 공통점을 확인할 수 있었다.

③ 의미론적 변화와 접사의 형성

의미론적 차원에서도 접사 형성이 관찰된다. 앞서 확인한 유형과 마찬
가지로 복합어 등재소의 분석 과정에서 접사가 새로운 의미를 획득하는
절차를 확인할 수 있다. 여기에서는 두 가지 유형을 차례로 언급하기로
한다.

(74) 의미론적 변화와 접사의 형성 (1)

'들' > '들-'(야생의)
'들'…야생의+'N' ➡ '들N'(들에서 자란 야생의 N) ➡ '들-'(야생의)+'N'

첫째 유형은 복합어 형성 과정에 부여된 α 의 의미가 접사의 의미로
자리 잡은 경우이다. 복합어 '들비둘기, 들소, 들오리'에서 공통적으로 확

인되는 '들' 접사는 후행하는 명사에 '야생으로 자라는'의 뜻을 더한다. 접사 '들-'의 의미는 어떻게 만들어졌을까? 우리는 (74)의 과정을 상정해 볼 수 있다. 들(야생)에서 자라는 동물을 표현하고자 하는 동기에 따라 초기 현장에서 '들+N' 구성의 복합어가 처음 형성되었고, 이후 유사한 방식을 통해 몇몇 단어가 추가로 형성되었을 것이다.[32] 이후 야생에서 자라는 동물을 가리켜 '들비둘기, 들소, 들오리' 등으로 명명하게 되면서 [들-N] 구성 내 '들-'은 접사로 재구조화되어 '야생의' 정도의 의미를 획득하게 되었다고 보는 것이다. (75)의 [개-N], [돌-N], [맏-N] 복합어에서도 유사한 양상이 관찰된다.

(75) 가. 들비둘기, 들소, 들오리

나. 개꿀, 개떡, 개살구 ; 개꿈, 개수작, 개죽음 ; 개고생, 개꼴, 개망신

다. 돌배, 돌미역, 돌조개

라. 맏나물, 맏배

(75)의 복합어로부터 분석된 '개-, 돌-, 맏-'은 아래의 의미를 지닌 접사로 자리 잡는다(≪표준≫ 참고).

---

32) 우리는 이때의 최초 단어 형성은 '결합'으로(황화상(2010)의 '규칙'), 이후의 불규칙적인 몇몇 단어 형성은 '대치'(비례식을 활용한 유추)를 통해 전개되었을 것으로 본다. 4.3.1.1에서 논의한 대로 우리는 불규칙적인 개체는 '유추'를 통한 계열적 단어 형성이 활발히 전개될 수 있지만, 점차 일반화되는 과정을 거쳐 규칙이나 틀이 단어 형성 원리로 적극 쓰일 수 있다고 본다. 큰 틀에서 아래의 김창섭(1996), 노명희(1997)의 입장과 맥을 같이 한다.

가. 생산성이 낮아 소수의 형성 예만을 보이는 단어형성 과정은 규칙보다는 유추에 의한 형성으로 이해될 수 있을 것이다. (중략) 경우에 따라서는 유추가 규칙으로 발달하는 경우도 있다(김창섭 1996: 14).

나. 생산성이 높은 단어 형성은 규칙에 의해 설명이 가능하지만 생산성이 낮은 단어 형성 과정은 규칙보다는 유추(analogy)에 의한 형성으로 이해할 수 있는 것이다(노명희 1997: 321).

(76) 가. 들-: (동식물을 나타내는 일부 명사 앞에 붙어) '야생으로 자라는'
　　　　 의 뜻을 더하는 접두사

　　 나. 개-: ① '야생 상태의' 또는 '질이 떨어지는', ② '헛된', '쓸데없는', ③
　　　　 '정도가 심한'의 뜻을 더하는 접두사

　　 다. 돌-: '품질이 떨어지는' 또는 '야생으로 자라는'의 뜻을 더하는 접두사

　　 라. 맏-: '그해에 처음 나온'의 뜻을 더하는 접두사

이 가운데 (76나)의 '개-'는 몇 가지 유형에 따라 그 세부적인 의미를 달리
구분할 수도 있다. '개꿀, 개떡' 등은 ①의 의미로, '개꿈, 개수작'은 ②의
의미로, '개고생, 개꼴'은 ③의 의미로 각각 해석 가능한 것이다. 이와 유
사한 양상은 (71)에서 언급한 접사 '-꾼'에서도 동일하게 관찰된다. 의미론
적 측면에서 접사 '-꾼'의 특징도 아울러 살펴보자(《표준》 참고).

(77) '-꾼'

　　 ① '어떤 일을 전문적으로 하는 사람' … 예 살림꾼, 소리꾼

　　 ② '어떤 일을 습관적으로 하는 사람' … 예 낚시꾼, 노름꾼

　　 ③ '어떤 일 때문에 모인 사람'　　　　 예 싸움꾼, 구경꾼

　　 ④ '어떤 일을 하는 사람'에 낮잡는 뜻을 더한 예 도망꾼, 건달꾼

　　 ⑤ '어떤 사물이나 특성을 많이 가진 사람' 예 건성꾼, 덜렁꾼

(77)은 접사 '-꾼'의 사전 기술 가운데 일부를 가져온 것인데, 다양한 어
기와 결합하는 '-꾼'은 상황에 따라 다양한 의미로 해석 가능하다. 회색 음
영의 α 정보가 각각의 구체적인 의미를 보여준다. 이러한 의미 역시 초
기 형성 과정에 부가된 의미론적 α 가 등재소 분석 과정에 '-꾼'의 각 의
미로 편입된 결과이다(정한데로 2012다). 아래와 같이 그 과정을 형식화
할 수 있다.

(78) '-꾼'의 의미 확장 과정

	① 형성	② 분석
살림꾼	살림 + 전문적으로 하는 + 사람 [A] α [B] ➡	살림 + 전문적으로 하는 사람 [A] + [α+B]
낚시꾼	낚시 + 습관적으로 하는 + 사람 [A] α [B] ➡	낚시 + 습관적으로 하는 사람 [A] + [α+B]
싸움꾼	싸움 + 때문에 모인 + 사람 [A] α [B] ➡	싸움 + 때문에 모인 사람 [A] + [α+B]

복합어 [A+B+α]에서 다양한 유형의 [α+B]가 (78)처럼 분석되었다. 이 과정에서 [α+B]는 각자 다른 의미를 포함하여 [B]의 확장의미로 편입되었다. 그 결과가 (77)에 명시된 '-꾼'의 여러 의미로 드러난 것이다. '살림꾼'의 경우는 '(~을) 전문적으로 하는 사람'이라는 [α+B]가, '낚시꾼'은 '(~을) 습관적으로 하는 사람'이라는 [α+B]가, '싸움꾼'은 '(~) 때문에 모인 사람'이라는 [α+B]가 [B]인 '-꾼'의 어휘 내항에 (77)처럼 추가 등재되었다. 이는 '-ㅅ'에 의한 '군(軍) 〉 -꾼'의 형태론적 변화와는 또 별개로, 접사의 의미 확장이 관찰되는 경우이다.

(79) 의미론적 변화와 접사의 형성 (2)

'딱지' 〉 '-딱지'([+부정])
'고물'([+부정])+'딱지' ➡ '고물딱지'([+부정]) ➡ '고물'([+부정])+'-딱지'([+부정])

(74)의 첫째 유형의 경우에 구성성분과는 별개의 의미가 복합어 전체 의미에 관여하였다면, 둘째 유형은 구성성분의 특정한 의미 자질이 접사를 형성하는 데 일정 역할을 담당한 경우이다. (79)에서 보듯이 '고물'이 지니는 [+부정]의 의미 속성은 [부정]에 무표적인 '딱지'와 결합하면서 '고물딱지' 복합어 전체를 [+부정]의 형식으로 만든다. 이후 유사한 유형의 [N-딱지] 복합어를 근거로 한 등재소 분석 과정에서, '-딱지'는 접사로 재구

조화됨과 동시에 복합어가 지니던 [+부정]의 의미를 안게 된다.[33] '-딱지'와 유사한 방식으로 형성된 접사로는 '-머리, -바가지' 등이 있다.

    (80) 가. 고물딱지, 심술딱지, 화딱지

          나. 싹수머리, 안달머리, 주책머리

          다. 고생바가지, 심술바가지, 욕바가지, 주책바가지

  '-딱지'뿐만 아니라 '-머리', '-바가지'도 [+부정]의 의미 속성을 지닌 선행 명사와 주로 결합하는 양상을 보인다. 명사 '딱지, 머리, 바가지'에 [부정]과 관련한 속성을 찾아볼 수 없다는 점에서 이때의 [+부정]은 분명 선행 명사와 깊은 관련을 맺고 있을 것이다. 복합어 분석 이후, 이들 접사는 아래와 같이 '비하'의 의미를 포함하게 된다(≪표준≫ 참고).

    (81) 가. -딱지: (부정적 뜻을 가지는 몇몇 명사 뒤에 붙어) '비하'의 뜻을
                더하는 접미사

          나. -머리: (일부 명사 뒤에 붙어) '비하'의 뜻을 더하는 접미사

          다. -바가지: (몇몇 명사 뒤에 붙어) '비하'의 뜻을 더하는 접미사

④ 형태론적·의미론적 변화와 접사의 형성

  끝으로 복합어 분석을 통해 새로이 형성된 접사가 이전 형식으로부터 형태론적·의미론적 변화를 동시에 겪은 경우를 살펴보자.

---

33) 이는 '미역국을 먹다', '시치미를 떼다'에서 전체 숙어 구성의 관용의미가 '미역국', '시치미'로 쏠리는 현상과도 견주어 볼 수 있다. 5.3.1.2에서 우리는 이를 '미역국'과 '시치미'의 의미 확장으로 해석하였다. 박진호(2003: 378, 2007)의 '의미의 쏠림' 현상도 참고된다.

(82) 형태론적 · 의미론적 변화와 접사의 형성

'크-' > '큰-'(맏이인)
'크-'…맏이인+-ㄴ+N ➡ '큰N'(맏이인 N) ➡ '큰-'(맏이인)+N

접사 '큰'은 주로 친족 관계를 나타내는 명사 앞에 붙어서 '맏이'의 뜻을
더하는 역할을 한다. '큰'의 형성 과정은 (82)로 상정해 볼 수 있다. 형용
사 '크-'와 어미 '-ㄴ' 두 형태가 참여하면서, 또 '크-'와 관련한 '맏이'라는
비유적 의미가 복합어 형성 과정에 관여하면서 최초의 '큰N' 복합어가 형
성되고, 이후 [큰-N] 유형의 복합어 다수가 점차 만들어졌을 것이다. 그리
고 [큰-N] 유형의 복합어에서 분석된 '큰'은 접사로서 자리 잡게 된다. 이
와 유사한 부류의 접사로 '작은, 날-, 잔' 등을 제시해 볼 수 있다.

(83) 가. 큰아들, 큰이모, 큰아버지, 큰사위, 큰누나

나. 작은아들, 작은이모, 작은아버지, 작은사위, 작은누나

다. 날바늘, 날장구; 날상가, 날송장; 날강도, 날건달, 날도둑놈

라. 잔가지, 잔꾀, 잔소리, 잔병, 잔심부름, 잔털

형용사 '작-'과 관련한 접사 '작은-'은 '큰-'에 상대되는 의미에서 '맏이
가 아님'을 뜻하는 접두사로 쓰인 것이다. '날-'은 'ᄂᆞ-'[生]와의 관련성을
찾아볼 수 있다.[34] 접사 '날-'은 앞서 살펴본 접사 '개-'처럼 복합어에 따
라 상이한 의미로 해석 가능하다. '날바늘, 날장구'는 '다른 것이 없는'의

---

34) 정한데로(2010나: 120)가 접두사 '날-'을 'ᄂᆞ-'[生]와 관련지어 논의한 데 반해, 최형용
(2003나: 72, 211-212)는 이때의 '날'이 명사에서 기원하는 것으로 보고 있다. 이전 시기
의 명사 '새'[新]가 조사 '-로'와 결합하여 형성한 '새로'와 평행한 시각에서 '날로'를 이해
하는 것이다. 우리는 최형강(2007)에서 검토한 바와 같이 한자어 접두사 '생(生)-'과 고
유어 접두사 '날-'이 보이는 의미적 유사성에 주목하여, 접두사 '날-'을 'ᄂᆞ-+-ㄹ'의 구성으
로 파악하고자 한다. 하지만 이런 경우 조사 '-로'가 참여한 '날로' 구성을 설명하기 어렵
다는 문제가 남아 있다.

뜻을, '날상가(날喪家), 날송장'은 '장례를 다 치르지 않은'의 뜻을, '날강도, 날건달' 등은 '지독한'의 뜻을 더하는 등 하나의 접두사가 다양한 의미로 쓰인다.[35] 접사 '잔-'은 형용사 '잘-'과 관련되는데, '자질구레한'의 의미로도 쓰이고 있는 점이 특징적이다(≪표준≫ 참고).

> (84) 가. 큰-: '맏이'의 뜻을 더하는 접두사
> 나. 작은-: '맏이가 아님'의 뜻을 더하는 접두사
> 다. 날-: '다른 것이 없는'; '장례를 다 치르지 않은'; '지독한'의 뜻을 더하는 접두사
> 라. 잔-: '자질구레한'의 뜻을 더하는 접두사

지금까지 우리는 복합어, 연어 구성, 숙어 구성 자료를 중심으로 '등재소 분석에 의한 변화'의 양상을 음운론적·형태론적·의미론적 차원에서 구체적으로 확인하였다. 큰 기준에서 기존 등재소의 '형태 변화'와 '의미 확장', 그리고 새로운 등재소인 '접사의 형성'을 유형별로 나누어 고찰하였다. 전반적인 변화의 과정은 [그림 5-1]로 정리해 볼 수 있다.

---

35) 구체적으로 기술하지는 않겠지만, 이때 접두사 '날-'이 지닌 다양한 의미 역시 (78)에서 접미사 '-꾼'이 다양한 의미를 확보해 간 과정과 일치한다. 즉, 복합어 형성 과정에 부가된 α 를 포함한 [A+α] 의미가 접두사 '날-'의 어휘 내항에 하나씩 명세되는 것이다.

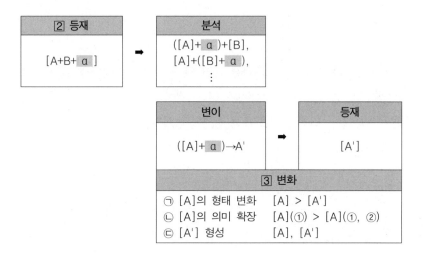

[그림 5-1] 등재소 분석에 의한 변화

등재소 [A+B+ α]는 화자의 인식적 측면에서 '([A]+ α)+[B]', '[A]+([B]+ α)'
등의 다양한 방식으로 분석될 수 있다. 등재소 내부에 포함되어 있던 α 정
보가 공시적 변이의 수준에서 ([A]+ α)로 해석되었다면 이는 기존의 등재
소 [A]와는 상이한 'A'' 정도로 이해될 수 있다. 그리고 이후 'A''가 등재소
[A']로 고정화된다면, 어휘부에 새롭게 추가된 [A']는 통시적 변화의 결과로
서 이전 단위 [A]와 체계적 관계를 형성할 것이다.

이때 [A]와 [A']의 체계적 관계 변화, 즉 어휘부의 변화를 우리는 세 가지
유형으로 나누어 살펴보았다. 첫째는 등재소 [A]의 형태 변화 과정인 '[A]
〉[A']', 둘째는 등재소 [A]의 의미 확장 과정인 '[A](①) 〉[A](①, ②)', 셋째
는 새로운 등재소 [A']의 형성이다. 복합어 형성 이후에 어휘부 내에서 이
렇듯 다각적인 방식의 어휘부 및 등재소 변화가 전개되고 있음을 확인할
수 있었다. 이는 모두 '분석에 의한 변화' 과정이다.

5.3.2. 단일화에 의한 변화

'분석에 의한 변화'와는 또 다른 측면에서 어휘부 체계의 변화를 관찰할 수 있다. 바로 '단일화에 의한 변화'이다. 전자가 등재소 내부의 구성성분에 관한 새로운 경계 인식을 통해 전개된 변화라면(5.3.1의 (30) 참고), 후자는 이와 반대로 등재소 내부의 경계 인식이 사라져 이를 한 단위로 파악하게 된 것이다. 이때의 경계 인식은 형태론적 측면과 의미론적 측면에서 다각적으로 진행된다.

(85) 단일화에 의한 등재소 변화

$$[A+B+\alpha] \implies (A=B=\alpha) \implies [A=B=\alpha]$$

$$[A+B+\alpha] > [A=B=\alpha]$$

일반적인 변화의 양상은 (85)와 같다. 비교적 내부 경계가 명확하게 파악되던 이전 시기의 $[A+B+\alpha]$ 이후, $(A=B=\alpha)$와 같이 구성성분 간의 긴밀한 관계(=)가 포착되는 특정 시점이 확인된다. 아직은 등재소로서의 지위가 불분명한 변이 수준의 단계에 있다고 할 수 있으나, 이 구성이 점차 변화의 단계를 거쳐 등재소 $[A=B=\alpha]$의 지위를 확보하게 되면, 이는 '$[A+B+\alpha] > [A=B=\alpha]$'의 통시적 변화를 완료한다.

긴밀한 관계(=)는 형태론적 차원의 융합(fusion) 또는 응축(condensation) 단계에 대응될 수 있고, 의미론적 차원에서 이전 단계의 [A]와 [B]의 의미로 명확히 분석되지 않아 새로운 [C]의 의미가 도출되는 경우에 해당될 수도 있다. 이들 구성은 모두 구성성분과 구성체 간의 합성적인 함수 관계가 성립되지 않는 [-합성성] 대상에 해당한다는 점에서 공통적이다(3.2.1. 참고).

우리는 둘 이상의 구성성분이 (85)와 같이 하나의 단위로 변화하는 과정을 '단일화(univerbation)'라는 현상으로 묶어 설명하고자 한다.[36] 세부적인 현상에 있어서는 제4장에서 논의한 형성의 세 가지 유형 모두 관찰한다. 첫째는 '복합어의 어휘화', 둘째는 '연어 구성의 숙어화', 셋째는 '의존동사 구성·의존명사 구성의 문법화' 현상이다. 우리는 상이한 이들 세 가지 대상이 변화의 방식에 있어서는 모두 평행한 속성을 지니고 있다는 사실을 포착하는 데에 집중할 것이다.

5.3.2.1. 복합어의 어휘화

복합어의 단일화 방향은 '어휘화(lexicalization)'이다. 앞서 우리는 [A+B+α]로 고정된 등재소가 등재소 내적, 또는 등재소 외적으로 변화할 수 있다는 점을 확인하였다(5.2.2.3. 참고). (86)은 구성성분이 소멸함에 따라 공시적인 함수 관계가 성립되지 않는 등재소 외적 변화의 결과이다.

(86) $f(A,B) \neq A + B (+ α)$

　　가. 그믐 ≠ 그믈- + -음

　　나. 무덤 ≠ 묻- + -엄

　　다. 기쁘- ≠ 깄- + -브-

(86가)의 '그믐'은 형성 단계에 실재하던 어기 '그믈-'의 소멸로 인해, 현재의 관점에서는 '그믈-+-음'으로 쉽게 분석되지 않는다. 이에 현대 한국어 화자들은 '그믐'을 복합어로 인식하지 않고 단일화한 한 단어로 이해할 가능성이 높다. 반대로 (86나)의 '무덤'은 후행 요소 '-엄'에 대한 화자들의 인

---

36) '단일화(univerbation)'는 둘 이상의 자율적인 언어 단위가 제3의 형식으로 통합되는 것을 의미한다(Brinton & Traugott 2005: 48, 68-69 참고). 우리는 종래의 '어휘화(lexicalization)'와 '문법화(grammaticalization)'를 포괄하는 상위 개념으로서 단일화라는 용어를 쓸 것이다. 이에 더하여 연어 구성의 '숙어화(idiomatization)'도 단일화의 하나로 포함 가능하다. 단일화와 관련한 논의로 Lehmann(1982, 2002), Lipka(1992a), 정한데로(2012가, 2012나)도 참고된다.

식이 불명확한 이유로 '무덤' 자체를 한 단위로 인식하게 된다. 마지막 (86
다)는 동사 어기 '짓-'과 형용사 파생접사 '-브-' 두 성분 모두 현대 한국어
화자들에게 독립된 단위로 인식되지 않는바 '기쁘-'로 단일화한 결과로 보
아야 한다. 이상의 세 가지 현상 모두 형태론적 차원에서 복합어 등재소
가 단일화한 결과에 해당한다.

한편, 의미론적 차원에서도 단일화한 예가 다수 관찰된다. 먼저 [X-꾼]
파생어의 예를 관찰해 보자.

(87) 땔나무꾼

 ① 땔나무를 베거나 주워 모으는 것을 직업으로 하는 사람

 ② <u>아주 순박하고 꾸밀 줄 모르는 사람을 낮잡아 이르는 말</u>

(88) 방망이꾼

 ① 방망이질을 하는 사람

 ② <u>남의 일에 끼어들어 방해하는 사람을 낮잡아 이르는 말</u>

'땔나무꾼'과 '방망이꾼'은 [A+B+α]의 내부 구조가 분명한 ①의 직설의
미 해석도 가능하지만, ②의 관용의미로도 해석될 수 있다. 이때 '땔나무
꾼'과 '방망이꾼'의 ② 관용의미는 각각 '아주 순박하고 꾸밀 줄 모르는 사
람', '남의 일에 끼어들어 방해하는 사람'을 나타내고 있어 복합어 구성성
분인 '땔나무, -꾼', '방망이, -꾼'의 어떠한 조합으로도 해석 불가능하다.

그렇다면 (87②), (88②)의 두 관용의미는 어떻게 형성되어 이 두 복합
어의 어휘 내항에 고정되었을까? 일단 이들 단어가 형성된 초기 현장을
추정해 보아야 할 듯하다. 우리의 판단으로는, '땔나무꾼, 방망이꾼'이 특
정한 상황의 맥락적인 비유 차원에서 각각 (87②), (88②)의 의미로 쓰이
기 시작하였고,[37] 그 의미가 고정화되고 '전환 맥락' 단계 이후에 맥락을
벗어나면서 자율적인 복합어의 확장의미가 등재되었다(5.2.1.1의 (8) 참

고). 그리고 초기 상황으로부터 맥락이 전환된 후에는 관습화된 (87②), (88②)가 각 구성성분과는 별개인 제3의 의미로 쓰이게 된 것이다. 따라서 이러한 관용의미는 초기 상황으로부터의 탈맥락화로 인해 공시적 관점에서 [-합성성]으로 해석된다. 그 결과 [+합성성]의 (87①), (88①)과 형태는 같을지 몰라도 의미에 있어서는 분명한 차이를 지니게 되었다.

(89) 가. 깜둥이꾼: 도둑질하여 온 표를 사는 사람
　　 나. 꽁치꾼: 밀수를 같이 하고 혼자 가로채어 도망친 사람

나아가 (89)의 '깜둥이꾼, 꽁치꾼'은 [+합성성]의 기본의미 없이 [-합성성]의 의미만 보유한 경우이다. 두 예 모두 은어의 일종인데, 이들도 (87②), (88②)의 관용의미 획득 과정과 마찬가지로 초기 형성 현장에 주어진 맥락적 변이를 위해 '깜둥이'와 '꽁치'를 활용하였을 것이나, '전환 맥락' 단계 이후 관습화를 거쳐 현재는 [-합성성]의 의미로만 해석 가능하다. 따라서 현재의 공시적 관점에서는 구성성분과 전혀 관련이 없는 의미만이 남게 되었다. 후행 성분 '-꾼'에서 '사람'의 의미 정도는 확인할 수 있겠지만, 선행 성분 '깜둥이, 꽁치'의 개별 의미와 복합어 전체 의미를 고려한다면 (89)는 의미론적 차원에서 단일화한 것으로 보아야 할 것이다.

동일한 접근으로 [X-장수] 합성어의 예도 확인해 보자. 다음의 '숯장수'와 '약장수'도 현재 직설의미와 관용의미가 모두 관찰되는 대표적인 사례이다.

(90) 숯장수
　　 ① 숯을 파는 사람

---

37) 초기 형성 현장에서 복합어 전체가 '비유 α'를 적용 받아 맥락의존적인 임시적 해석을 받은 것이다. 4.2.2의 (31)에서 제시한 'α의 세 유형 가운데 '③ 비유 α' - 'ⓓ f(A, B) = A + B'를 참고할 수 있다.

② 얼굴이 검은 사람을 비유적으로 이르는 말

③ 흑인이나 검둥이를 이르는 말

(91) 약장수

① 약 파는 일을 직업으로 하는 사람

② 이것저것 끌어대어 이야기를 잘하는 사람을 놀림조로 이르는 말

(90①), (91①)은 [A+B+ α] 구성으로 해석 가능한 [+합성성]의 합성어이다. 이 가운데 (90②, ③), (91②)의 의미가 주목된다. 앞서 살펴본 '땔나무꾼, 방망이꾼'과 마찬가지로, 이들 관용의미도 초기 형성 현장에서의 임시적인 비유가 복합어의 변이 의미로 해석되었고, 이후 고정화되어 '숯장수'와 '약장수'의 어휘 내항에 변화를 가져 왔다. '전환 맥락' 단계 이후 '관습화'를 거쳐 고정화된 '얼굴이 검은 사람, 흑인', '이것저것 끌어대어 이야기를 잘하는 사람'의 의미는 현재의 공시적 관점에서 [-합성성]으로 분석된다.

(92) 가. 꼴뚜기장수: 재산이나 밑천 따위를 모두 없애고 어렵게 사는 사람을 비유적으로 이르는 말

나. 참빗장수: 성격이 지나칠 만큼 꼼꼼하고 좀스러운 사람을 비유적으로 이르는 말

다. 딱지장수: ① 역이나 정류장 주변에서 암표를 파는 사람을 속되게 이르는 말

② 달러를 암거래하는 사람을 속되게 이르는 말

'깜둥이꾼, 꽁치꾼'과 동일한 양상이 [X-장수] 합성어에서도 관찰되는데, (92)의 '꼴뚜기장수, 참빗장수, 딱지장수'도 [+합성성]의 직설의미 없이 [-합성성]의 의미만 확인된다. 이들도 초기 형성 현장의 상황적 요인이 비유로 작용하여 구성되었을 것이나 맥락으로부터 벗어나는 순간 공시적으로 해

석 불가능한, 어휘화한 복합어가 되었다. 특히, '꼴뚜기장수, 참빗장수'에서는 구성성분 '장수'가 지닌 서술 의미 '팔'과 상관없는 '어렵게 살, 좀스럽.' 등의 의미가 해석되는 것이 흥미롭다.

지금까지 살펴본 [-합성성]의 복합어 양상은 명사뿐 아니라 동사의 예에서도 동일하게 관찰된다. 동사 '보-'가 참여한 일부 [X-보-] 합성어를 중심으로 살펴보기로 한다.

(93) 바라보다

① 어떤 대상을 바로 향하여 보다.　예 정면을 바라보다.

② 어떤 현상이나 사태를 자신의 시각으로 관찰하다.

　　예 현실을 제대로 바라보아야 한다.

③ 실현 가능성이 있다고 생각한 일에 기대나 희망을 가지다.

　　예 그는 사장 자리를 바라보고 열심히 일한다.

④ 어떤 나이에 가깝게 다다르다.　예 여든 고개를 바라보는 고령

(94) 몰라보다

① 알 만한 사실이나 사물을 보고도 알아차리지 못하다.

　　예 친구를 몰라보다.

② 예의를 갖추어야 하는 대상에 대하여 무례하게 굴다.

　　예 웃어른을 몰라보고 함부로 대했다.

③ 진정한 가치를 제대로 평가하지 못하다.

　　예 당신 같은 인재를 몰라보다니.

'바라보다'의 (93①, ②), '몰라보다'의 (94①)은 구성성분의 의미를 비교적 투명하게 반영하고 있는 반면, 밑줄 친 (93③, ④), (94②, ③)의 의미는 구성성분의 의미와 다소 차이가 있다. '희망을 가지다, 나이에 다다르다', '무례하게 굴다, 가치를 평가하지 못하다'의 해석은 [-합성성]으로 보아야

할 것들이다. 지금으로서는 초기의 형성 현장을 정확하게 파악하기 어렵다는 점에서 그 설명의 한계가 분명하다. 그러나 분명 이들 합성동사의 관용의미도 특정한 문장 내 맥락에 기대어 맥락적 변이를 거친 후 마침내 고정화하여 현재의 다의어가 되었다고 동일한 해석을 내릴 수 있으리라 믿는다.

다음의 [X-보-] 합성어는 (89), (92)의 복합어와 마찬가지로 [+합성성]의 의미는 확인하기 어렵고, [-합성성]의 관용의미만 남아 있는 것으로 보아야 할 듯하다.

(95) 가. 찔러보다: 어떤 자극을 주어서 속마음을 알아보다.

나. 흘러보다: 남의 속을 슬그머니 떠보다.

'찔러보다', '흘러보다'는 형태상 구성성분인 '찌르-', '흐르-'의 의미와 동떨어진 의미로 해석되는데, 초기 형성 과정의 비유적 용법이 고정화되어 이들 복합어 구성성분과 별개의 전체 의미가 완성되었다. 따라서 (95)의 복합어는 우리의 기준에 따라 [-합성성]에 해당하는 어휘화한 복합어로 분류된다.

5.3.2.2. 연어 구성의 숙어화

연어 구성의 단일화 방향은 '숙어화(idiomatization)'이다. 4.3.2에서 연어 구성의 형성을 논의하면서 우리는 '선택 α'와 '비유 α'에 의한 과정을 차례로 탐색하였다. 그 가운데 특히 '미역국을 먹-(시험에서 떨어지-)'과 같이 '명사+동사' 구성의 'A + B' 전체가 '비유 α'를 적용받은 예를 살펴보았는데, 이 구성은 상황 맥락의 전환을 통해 관습화된 결과로 보아 숙어 구성으로 분류되었다. 우리는 앞서 논의한 '복합어의 어휘화'와 평행한 시각에서 '연어 구성의 숙어화'를 임시적 해석의 탈맥락화로 접근하고자 한다.

연어 구성도 복합어와 동일한 현상이 관찰된다. [+합성성]의 직설의미와 더불어, 초기 비유의 임시적 의미가 전환 맥락 단계 이후 관습화한 [-합성성]의 관용의미가 모두 확인된다.[38]

(96) 손을 내밀다
　① 직설의미
　② 관용의미: 무엇을 달라고 요구하거나 구걸하다.

(97) 입을 막다
　① 직설의미
　② 관용의미: 시끄러운 소리나 자기에게 불리한 말을 하지 못하게 하다.

'손을 내밀다', '입을 막다'의 직설의미는 구성성분의 합으로 전체 의미가 투명하게 해석된다. 앞서 우리는 직설의미로 쓰인 이들도 연어 구성의 지위에 있는 것으로 파악한 바 있다. 가령 다의어 '내밀-'과 '막-'이 지닌 다양한 의미 중 일부가 '손', '입'과 각각 고정된 쓰임을 보여준다는 점에서 '선택 α'로 접근할 수도 있고, ②의 관용의미가 형성된 초기 현장에서 구성 전체의 '비유 α'로도 접근 가능하다.[39]

이러한 직설의미에 더하여 두 구성은 각각 (96②), (97②)의 관용의미도 포함하고 있다. 그렇다면 이때의 관용의미는 어떠한 동기로 만들어졌을까? 앞 절에서 복합어의 어휘화를 설명하기 위해 취한 태도와 마찬가지로

---

38) 숙어 구성의 이러한 동음이의적 속성은 숙어 구성을 대상으로 한 다수의 선행 연구에서 지속적으로 언급되어 왔다. 이상억(1993), 이희자(1995), 유현경(2001), 김진해(2003) 등이 참고된다.

39) 혹은 이들이 [+정합성]의 구성이라 할지라도 수행 차원에서 고정화된 통사론적 구성일 가능성도 배제할 수는 없다(4.3.2.2의 (69) 참고). 하지만 이 글에서 실제 말뭉치 내 공기 빈도를 측정하는 방법까지 시도하지 못한 것은 한계로 남아 있다.

연어 구성의 숙어화도 초기의 특정한 맥락적 비유가 관용의미로 고정된 것이다. 가령 (96)의 '손을 내밀다'의 관용의미와 직설의미의 의미론적 유연성은 쉽게 포착된다. 4.3.2.2의 (63)을 참고한다면 연어 구성 전체가 '비유 a'로 참여한 'f(A,B) = $A + B$' 과정이 이에 해당하는 것이다. 숙어 구성은 연어 구성 전체가 비유적으로 쓰인 것이 맥락을 벗고 관습화된 경우를 가리킨다. '복합어의 어휘화'를 '연어 구성의 숙어화'와 평행하게 접근하는 것도 이러한 관계를 근거로 한다.[40] Cruse(1986: 41-45)에서 숙어 구성(idiom)을 '얼어붙은' 그리고 '죽은' 비유('frozen' and 'dead' metaphor)로 이해한 것은 연어 구성과 숙어 구성의 이러한 관계를 뒷받침해 준다.[41]

정리하자면, 위 두 연어 구성은 '손, 내밀-', '입, 막-'의 구성성분이 공시적으로 투명하게 인식되는바 직설의미와 관용의미 해석이 모두 가능하다. 이러한 측면에서 두 가지 의미 해석을 모두 [+합성성]으로 이해할 수도 있겠지만, 관용의미의 경우 '전환 맥락' 단계 이후의 관습화한 결과로 이해한다면 [-합성성]으로 판단할 수 있다.

보다 흥미로운 예는 다음과 같이 일부 구성성분의 지위가 명확하지 않은 경우이다.

(98) 산통을 깨다
    ① 직설의미
    ② 관용의미: 다 잘되어 가던 일을 이루지 못하게 뒤틀다.

---

40) 아울러 (96), (97)의 연어 구성 및 숙어 구성 내에 a 정보가 포함되었다는 것은 3.2.1에서 설정한 등재의 기준을 참고할 때, 이들 구성이 언어 내적 차원에서 등재되어야 하는 대상임을 보여주는 것이기도 하다.

41) 일찍이 관용어의 형성을 논의한 임지룡(1992: 197-199)에서도 이상의 비유와 탈맥락화를 고려한 접근이 시도되었다. '일반 표현 → 은유 → 죽은 은유(dead metaphor)'의 단계를 통해 관용어가 형성된다고 본 것이다(Searle 1979: 86 참고).

(99) 시치미를 떼다

① 직설의미

② 관용의미: 자기가 하고도 하지 아니한 체하거나 알고 있으면서도
모르는 체하다.

(98), (99)의 두 구성도 (96), (97)과 마찬가지로 직설의미와 관용의미를
모두 지닌다. 구성성분 '산통, 깨-', '시치미, 떼-'의 공시적 결합을 통해 직
설의미가, 그리고 이들 구성의 초기 형성 상황에 부여된 비유적 의미가 관
용의미로 자리를 잡았다. 관용의미는 초기의 맥락을 벗어나 '전환 맥락'
단계 이후 관습화된 상태로 그 의미가 고정화된 것으로 보아 [-합성성]으
로 분석한다.

'산통을 깨다, 시치미를 떼다'는 '손을 내밀다, 입을 막다'와 비교할 때,
실제 사용에 있어서 직설의미의 빈도가 높지 않다. 구성성분 가운데 '산통
(맹인(盲人)이 점을 칠 때 쓰는 산가지를 넣은 통)'과 '시치미(매의 주인을
밝히기 위하여 주소를 적어 매의 꽁지 속에다 매어 둔 네모꼴의 뿔)'가 독
립적으로 쓰이는 일이 많지 않기 때문이다. 이러한 이유로 일반 한국어
화자들은 '산통'과 '시치미'를 명확히 파악하지 못하고 '산통을 깨다'와 '시
치미를 떼다'의 전체 관용의미를 더 쉽게 인식하게 된다. 이러한 언어 현
실은 이 두 연어 구성의 의미적 투명성을 떨어뜨리는 결과를 초래한다.
즉, 숙어화한 관용의미만 남고 초기의 직설의미는 점차 사라지는 중간 단
계에 놓이는 것이다. 이는 복합어의 어휘화에서 관찰한 (89), (92), (95)의
예와 유사한 위치에 있다.

이러한 관점에 선다면 그간 숙어 구성으로만 보았던 다음 예들도 일단
연어 구성에서 시작하는 것으로 보아야 할 것이다.

(100) 미역국을 먹다

① 직설의미

② 관용의미: 시험에서 떨어지다.

(101) 파리를 날리다

① 직설의미

② 관용의미: 영업이나 사업 따위가 잘 안되어 한가하다.

(102) 비행기를 태우다

① 직설의미

② 관용의미: 남을 지나치게 칭찬하거나 높이 추어올려 주다.

'미역국을 먹다, 파리를 날리다, 비행기를 태우다'는 대표적인 숙어 구성이지만, 이들도 역시 직설의미로 충분히 해석 가능하다. 우리는 1차적으로 이들도 연어 구성의 지위에 있다고 판단한다. 앞서 강조한 대로, 연어 구성 전체가 '비유 α'로 해석된 'f(A,B) = $A + B$'의 경우가 숙어 구성으로 발달하였다고 보기 때문이다. 이때의 숙어화 정도는 개별 연어 구성에 따라 다양한 양상을 보인다. 가령 '시치미를 떼다'와 같이 일부 구성성분에 관한 인식이 불투명한 경우에는 관용의미의 용법이 더 분명해질 것이다. 이러한 방식으로 초기 형성 현장의 맥락과 멀어질수록, 구성성분의 의미 투명성이 낮아질수록 숙어화의 정도는 더 높아진다. 이러한 점에서 볼 때에 일찍이 '명사+동사' 연어 구성의 유형을 일곱 가지로 분류하면서 '명사와 동사 구 전체가 비유적으로 쓰인 숙어 구성'(미역국을 먹다)을 연어 구성의 하위 부류로 포함한 강현화(1998: 193)의 시각은 우리의 입장에서 충분히 타당성이 있다. 다만 강현화(1998)에서는 '명사와 동사 구 전체가 비유적으로 쓰인 연어 구성'(고사를 지내다)도 대등한 위치에서 따로 제시하고 있는데, 이때의 '연어 구성'과 '숙어 구성'의 경계를 명확히 제시할 만한 기준이 있는지에 대해서는 추가적인 검토가 필요할 것으로 보인다.

숙어 구성과 관련하여 의미적 투명성을 정도 차원에서 접근한 논의도 확인된다.[42)]

(103) 투명성에 따른 숙어 유형 분류

- 임지룡(1992: 200-202), 최경봉(1993: 90), 문금현(1999나: 66-73)

	불투명한 유형	반불투명한 유형	반투명한 유형
임지룡(1992)	시치미를 떼다, 오지랖이 넓다, 학을 떼다, 호박씨 까다	미역국을 먹다, 바가지를 긁다, 산통을 깨다, 국수 먹다	무릎을 꿇다, 손을 들다, 손을 씻다, 발이 넓다
최경봉(1993)	시치미 떼다, 바가지(를) 긁다, 학(을) 떼다, 비행기(를) 태우다	국수 먹다, 오리발(을) 내밀다, 도장(을) 찍다, 상투(를) 틀다	뿌리(를) 뽑다, 뼈(를) 깎다 입(이) 벌어지다, 머리(를) 식히다
문금현(1999나)	시치미를 떼다, 오지랖이 넓다, 학을 떼다, 산통을 깨다	미역국을 먹다, 바가지를 긁다, 호박씨를 까다 비행기를 태우다	국수를 먹다, 무릎을 꿇다, 속이 타다, 입을 다물다

대표적인 세 논의의 예를 (103)에 일부 제시하였다.[43] 연구자마다 기준 차이는 있지만, 관용의미의 형성 배경이 점차 사라지면서 직설의미만으로 관용의미를 포착해 내기 어려운 경우는 '불투명한 유형'으로, 직설의미로부터 관용의미가 연상 가능한 경우는 '반투명한 유형'으로 분류되었다. '반불투명한 유형'은 그 중간 정도의 수준에 있는 것들이다.[44]

그러나 당장 (103)의 예에서 연구자마다의 상이한 분류 결과가 확인된다. 밑줄 친 '바가지(를) 긁다', '산통을 깨다', '호박씨(를) 까다', '국수(를)

---

42) Cruse(1986: 39-40)에서 불투명성의 정도(degrees of opacity)에 따라 '불투명한(opaque)' 유형과 '반불투명한(semi-opaque)' 유형, '반투명한(semi-transparent)' 유형 등의 분류가 시도되었다.

43) 문금현(1999나)에서는 '반투명한 유형'을 다시 네 유형으로 분류한다. '사회·문화적 배경에 의해서 생성된 경우', '외부 상황과의 유사에 의해 생성된 경우', '신체어와 결부된 행동의 유사에 의해 생성된 경우', '감정의 과장된 표현에 의해 생성된 경우'가 그것이다.

44) 최경봉(1993: 87-88)은 보다 구체적으로 4가지 분류 기준을 제시한다. '의미의 전이 여부, 단일 의미소 형성 여부, 의미적 관련성의 단절 여부, 유추가능성 여부'가 그것이다. 이로써 '근접투명, 반투명, 반불투명, 불투명'의 네 단계를 두었다. (103)은 이때의 '근접투명'을 제외한 나머지 3가지를 가져온 것이다.

먹다' 등이 각기 다른 영역에 배치되었음을 알 수 있다. 이는 숙어 구성의 관용의미를 명시적으로 분류하는 일이 간단하지 않음을 보여준다. 그렇다면 이러한 '투명성 정도'는 무의미한 기준일 뿐일까? 우리는 이 기준이 관용의미를 설명하는 데 있어서 여전히 유용하다고 본다. 다만 (103)의 분류를 숙어 구성에만 한정할 것이 아니라 연어 구성 전체로 확대하고자 한다.

Cruse(1986: 39-40)은 불투명성의 정도를 설명하기 위해 '의미적 지시소 (semantic indicator)'의 설명을 도입한 바 있다. 'A+B'의 구성에서, 구성성분 A와 B가 완전한 지시소인 경우는 투명한 것으로, 둘 중 하나만 부분적인 지시소로 결합한 경우는 덜 투명한 것으로, A와 B 모두 지시소가 아닌 경우는 가장 불투명한 것으로 보았다. 이를 3.2.1.4에서 논의한 투명성과 관련지어 생각해 본다면 [정합성], [합성성]의 기준을 통해 투명성의 정도를 연어 구성과 숙어 구성에까지 적용 가능하다(4.3.2.2의 (69) 참고). 흥미롭게도 문금현(1999나)에서 '반투명한 유형'으로 분류한 예 가운데 연어 구성으로 볼 만한 '속이 타다', '입을 다물다' 등이 관찰되는데, 이 역시 우리의 입장을 뒷받침해 주는 것으로 판단된다. 그렇다면 투명성 정도를 어떻게 수정 적용할 수 있을 것인가?

이와 관련하여, 조은영(2009)에서 제시한 '자유결합, 어휘적 연어, 관용어'의 투명성 정도가 우리의 입장을 정리하는 데 도움이 될 수 있을 듯하다.

(104) 자유결합, 어휘적 연어, 관용어의 투명성 정도 - 조은영(2009: 26)

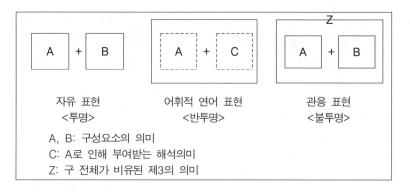

'어휘적 연어 표현(이 글의 연어 구성)'은 결합한 구성에 따라 그 의미가 달리 해석(C)될 수 있다는 점에서 〈반투명〉한 반면, '관용 표현(이 글의 숙어 구성)'은 제3의 의미(Z)로 해석된다는 점에서 〈불투명〉한 상태에 있다. 반면, 일반적인 통사 구성에 해당하는 '자유 표현'은 〈투명〉하다.

여기서 우리는 α 여부에 따른 [정합성], [합성성] 기준과 조은영(2009)의 연결 지점을 탐색하고자 한다. 크게 세 가지 공통 사항에 주목한다. 첫째, 어휘적 연어 표현은 A라는 특정한 환경 내에서 C라는 변이 수준으로 해석되는 구성인바, 이는 이 글의 '추가 α, 선택 α, 비유 α'가 참여한 구성과 동일한 접근이다. 항상 A와 B로 해석되는 자유 표현은 우리의 관점에서 α 없는 정합적 구성에 해당될 것이다. 이들은 형성 차원에서 등재될 필요 없는 구성이다.

둘째, 'Z'를 '구 전체가 비유된 제3의 의미'로 이해한 점도 이 글에서 숙어 구성을 연어 구성의 한 부분으로 이해한 점과 상통한다. 우리는 'f(A,B) = A+B', 'f(A,B) = A+ B ' 등 다양한 방식으로 구성성분의 비유적 해석이 가능하다고 보았으며, 그 가운데 'f(A,B) = $A + B$ '의 구성이 숙어로 발전될 수 있음을 앞서 언급하였다. 이러한 속성은 복합어에도 그대로 적용되었는데, (89)의 '깜둥이꾼', (92)의 '꼴뚜기장수'가 완전하게 어휘화 단계로 접어든 것과 유사하게 (98)의 '산통을 깨다', (99)의 '시치미를 떼다'도 구성성분의 투명성 저하로 인해 숙어화의 정도가 높아진 것으로 보았다. 이들 어휘화한 복합어와 숙어화한 연어 구성 모두 초기의 비유적인 관용의미가 직설의미와의 거리를 점차 늘려가면서 산출된 결과이다.

셋째, '자유 표현, 어휘적 연어 표현, 관용 표현'을 투명성 기준에 따라 〈투명〉, 〈반투명〉, 〈불투명〉으로 분류한 점 역시 이 글의 복합어 분류 기준과 일치한다. 3.2.1.4에서 [정합성]과 [합성성] 기준으로 '투명-반투명-불투명'의 관계로 복합어 유형을 살피고, 이들의 등재성을 논의하였다. 복합어와 연어 구성의 평행성은 아래의 표와 같이 정리되는 것이다.

(105) '복합어'와 '연어 구성'의 투명성

① 복합어	장수들, 장수님	엿장수, 보따리장수	숯장수, 약장수
② 연어 구성	빵을 먹-	욕을 먹-	미역국을 먹-

투명성	[+정합성], [+합성성] (투명)	[-정합성], [+합성성] (반투명)	[-합성성] (불투명)

(105)와 같이 복합어와 연어 구성의 투명성 정도가 평행하게 해석된다. '장수들, 장수님'과 '빵을 먹-'은 α 가 개입하지 않는 투명한 [+정합성] 구성이다. '엿장수, 보따리장수'와 '욕을 먹-'은 α 가 참여한 [-정합성] 구성이면서 구성성분으로 전체 의미 해석이 가능한 [+합성성]의 반투명한 상태에 있다. 마지막 '숯장수, 약장수', '미역국을 먹-'의 관용의미는 불투명한 구성으로서 [-합성성] 속성이 관찰된다. '숯장수, 약장수'는 어휘화의 방향, '미역국을 먹-'은 숙어화의 방향으로 발달하였다.

5.3.2.3. 의존동사 구성과 의존명사 구성의 문법화

의존동사 구성·의존명사 구성의 단일화 방향은 '문법화(grammaticalization)'이다. 통사론적 구성이 하나의 형태론적 단위로 인식되어 일련의 변화를 겪는 과정은 문법 변화의 다양한 측면에서 관찰된다(한동완 1986, 권재일 1986가, 1986나, 1987, 이현희 1993, 이지양 1998가, 1998나 등)[45] 특히 우리가 관심 갖는 대상은 특정한 문법적 기능을 하면서도 다음과 같이 형태론적 단일화를 겪은 예이다.

(106) 가. [V-어 잇-] 〉 [V-엣-] 〉 [V-엇-]
      나. [V-게 ᄒᆞ엿-] 〉 [V-게엿-] 〉 [V-겟-]

주지하는 바와 같이 선어말어미 '-엇-'과 '-겟-'은 우언적인 통사 구성으로부터 변화한 문법 형태이다(한동완 1986, 최동주 1995; 임동훈 2001, 고광모 2002, 조민진 2006 참고). 4.3.3에서 우리는 '-어 잇-', '-게 ᄒᆞ엿-' 단계의 구성은 문법화가 아닌 고정화된 등재 단계에 위치한다고 보고, 그 이후 형태론적 단일화가 진행되는 과정에 국한하여 문법화를 논의하는 것이 바람직하다고 판단하였다. 초기 [결과상태성]의 '-어 잇-', [예정] 또는 [작정]의 '-게 ᄒᆞ엿-' 구성의 고정화는 '등재' 또는 '재구조화' 수준에 있으며, 이후의 본격적인 '-엣-', '-게엿-' 형태론적 융합과 시제 기능 획득의 절차가 문법화 단계에 해당한다고 본 것이다. 특히 (106)의 '-어 잇-'은 이 글의 관심 대상 가운데 하나인 의존동사 구성으로서, 이들 등재소 단위가 변화하여 선어말어미로 정착하는 단계를 보여 준다.

그러나 의존동사 구성과 의존명사 구성으로부터 변화한 형식 가운데

---

45) 권재일(1986가: 206-208)에서 제시한 '형태론적 구성으로 인식되는 복합문 구성의 예' 일부를 가져온다.

가.	학교에 가아야 하겠다. (-어야 하/되-겠-)	→	학교에 가야겠다. (-어야 ∅-겠-)
나.	거기에 가고 싶은 철수 (-고 싶-)	→	거기에 가고픈 철수 (-고 ∅-ㅍ-)
다.	피하고자 하니 (-고자 하-)	→	피하자니 (-∅-자 ∅-)

'-었-'과 '-겠-' 수준의 문법화 단계에 있다고 볼 만한 한국어의 예가 많지는 않다. 복합어나 연어 구성과 같은 어휘적 단위는 개방 부류로서 끊임없이 양적으로 확장될 가능성이 있지만, 이와 달리 문법 형태로의 방향은 훨씬 제약적이며 폐쇄적이기 때문이다. 그렇다면 문법화가 완료된 소수의 자료만으로 우리의 관심을 한정할 것인가? 일단 우리는 대상 자료의 수적인 한계를 인정하면서도, 문법화 결과로서의 자료뿐만 아니라 문법화 과정에 있다고 볼 만한 대상에까지 관심 영역을 확대하고자 한다. 이러한 태도를 취한다면, 통사론적 구성에서 한 형태로 변화하여 선후행 요소와 직접 결합하는 대상을 모아 변화의 그 중간 과정을 탐색해 볼 수 있을 것이다.[46] 특히, 우리는 각 지역에서 수집된 방언 자료로부터 의존동사 구성과 의존명사 구성의 변화와 관련한 제 현상들을 관찰할 것이다. 의존동사 구성과 관련한 예부터 차례로 살펴보기로 하자.

① 의존동사 구성

(107) '-ㄴ가 보-' 〉 '-ㄴ갑-'

가. 비가 오는갑다(=비가 오는가 보다).

나. 누가 오는갑다(=누가 오는가 보다).

서정목(1987: 77)

일찍이 방언 자료를 중심으로 '-ㄴ가 보-' 구성이 '-ㄴ갑-'의 형식으로 쓰이는 예가 다수 보고되었다.[47] 4.3.3.2의 (79)에서 확인한 '-ㄴ가 보-'는 '선

---

46) 이는 문법화를 과정적 측면에서 이해할 때에 가능한 접근이다. Hopper & Traugott (2003), 안주호(1997) 등 참고.

47) 특정 지역 방언을 중심으로 '갑'을 재구조화된 형식명사로 본 논의(이승재 1980)도 있으나 대다수의 연구에서는 '-ㄴ갑-' 형식을 '-ㄴ가 보-'와 관련짓고 있다. 이 글은 김주원 (1984), 서정목(1987, 1991, 1994), 김영태(1991), 이지양(1998가), 이기갑(2003) 등과 마찬가지로 '-ㄴ갑-'을 '-ㄴ가 보-'의 형태 융합형으로 파악한다.

택 **α**'에 따른 [추측]의 구성 의미를 보여주었다.[48] (107)의 '-ㄴ갑-'도 이와 마찬가지로 [추측]의 형태 의미가 포착된다. 통사론적 구성에서 단일한 형태로의 형태론적 단일화가 관찰되지만, 양태적인 용법에 있어서는 [추측]으로서 동일한 쓰임을 보이는 것이다. 이는 (106)의 '-어 잇- 〉 -엣-', '-게 ᄒ엿- 〉 -게엿-'의 형태 융합 과정과도 평행한 해석이 가능하다. [결과 상태상]의 '-엣-'이나 [예정], [작정]의 '-게엿-'의 쓰임은 이전 시기의 용법을 그대로 유지하면서 형태론적인 변화만을 겪은 중간 과정에 있는 것들이다. 그렇다면 '-ㄴ갑-'도 하나의 형태로서 '-었-', '-겠-'과 같이 문법 기능의 변화 또는 확대 과정을 보일 것으로 예측해 볼 수 있지만, 현재로서는 그 방향을 분명히 알기 어렵다.[49] 아래의 실제 자료에서 다양한 방식의 발화가 관찰된다.

(108) 가. 저랬는갑다(=저랬는가 보다). [중부(충남 보령)]

  나. 비가 온갑다(=오나 보다). [서남 (이하 동일)]

  다. 지가 혼차 했는갑제(=했는가 보지).

  라. 돈 꿔 주라고 왔는갑드랑게(=왔는가 보더라니까).

  마. 다 줘 불고 빈걸로 왔는갑만(=왔는가 보구먼).

  바. 다 갔는갑써(=갔는가 봐).

  사. 다 왔는갑씨야(=왔는가 봐).

이기갑(2003: 642-647)

(109) 가. 이녁(당신) 한 일도 모르는갑다(=모르는가 보다). [동남(경남 밀양)]

---

48) 이는 우리가 의존동사 '보'를 문법화의 적용 대상으로 보지 않는다는 것을 의미한다.
49) '-겠-'의 의미 발달 과정을 참고해 볼 수 있다. 임동훈(2001)에서는 '예정 → 의지/능력 → 미래 → 추측'의 문법화 경로가, 고광모(2002)에서는 '작정 → 예정 → 예측 → 추측'(일부 경로 생략)의 발달 과정이 제시되었다. 흥미롭게도 [추측]의 의미가 '-겠-'의 문법화 최종 단계에 있다는 사실이 관찰된다. 만약 '-겠-'에서 [추측] 이후의 문법화 경로를 확인할 수 있다면, '-ㄴ갑'에 관한 예측도 해 볼 수 있을 테지만 현재로서는 어려운 실정이다.

나. 무슨 인자 존 일이 있<u>는갑</u>다(=있는가 보다). [동남(경남 거창)]

김미영(1998: 172-175)

이기갑(2003: 644-645)에서는 (108)의 자료를 대상으로 '-나 보-', '-는가 보-', '-ㄴ가 보-'의 '보-'가 '비-'로 변이되며, 모음 / ㅣ /의 탈락으로 인해 '-는 갑-', '-ㄴ갑-'이 형성된다고 논의한 바 있다. (108바, 사)의 '-ㄴ갑써', '-ㄴ갑 씨야가 '-ㄴ가 비여'의 뜻으로 쓰여 하나의 종결어미의 양상을 보이는 점도 특징적이다. 이러한 특징은 동남 방언에서도 유사한 방식으로 나타난다. (109)의 자료도 참고할 수 있다.

② 의존명사 구성

수적으로는 의존동사 구성에 비해 의존명사 구성이 단일화한 예가 더 많이 관찰된다. '-ㄹ 것이-', '-ㄹ 터이-', '-ㄴ 것 같-' 구성이 참여한 예가 대표적이다.

(110) '-ㄹ 것이- 〉 -ㄹ게-, -ㄹ게'

    ① 가. 내가 <u>갈 것이</u>다. [의지] ➡ *내가 <u>갈게</u>다. [의지]

        나. 내가 <u>갈 것이</u>다. [의지] ➡ 내가 <u>갈게</u>. [약속]

    ② 가. 네가 <u>갈 것이</u>다. [추측] ➡ 네가 <u>갈게</u>다. [추측]

        나. 철수가 <u>갈 것이</u>다. [추측] ➡ 철수가 <u>갈게</u>다. [추측]

'-ㄹ 것이-' 구성은 주어에 따라 [의지]와 [추측]으로 쓰이는데(4.3.3.2의 (84) 참고), '-ㄹ게-, -ㄹ게'로의 단일화 과정에서 상이한 양상을 보인다. 주어가 2, 3인칭인 경우(110②)는 여전히 [추측]의 기능이 유지되는 반면, 주어가 1인칭인 경우(110①)는 [의지] 용법이 불가능하고 [약속]의 의미만이 가능하기 때문이다.

안주호(1997: 232-241)에서는 이러한 인칭에 따른 차이를 문법화 단계로 설명하였다. 즉 2, 3인칭에 쓰인 (110②)의 '-ㄹ게'는 '-ㄹ 것이-'의 [추측 의미를 유지하면서 형태소화(이 글의 형태론적 단일화)에 그친 문법화 2단계(접어화)에 있지만, 1인칭 구성인 (110①나)의 '-ㄹ게'는 [약속]의 문법화 3단계(어미화)에까지 이르렀다고 본 것이다. 그러나 이들을 단계적 차이로 볼 수 있을지에 대해서는 충분한 논의가 필요할 듯하다. (110①가)가 성립하지 않는 현상도 함께 관련지어 설명되어야 할 것이며, 만약 문법화 단계의 차이라면 이는 분화의 원리를 거스르는 예가 될 것인바 보다 신중한 접근이 필요하다. 일단 [약속]의 '-ㄹ게'로 발달한 (110①나)는 '-ㄹ 것이-'의 [의지] 용법에서 기인한 것이 분명해 보이며, 어말어미로 쓰인다는 점이 특징적이다. 한편 (110②)의 '-ㄹ게'가 하나의 선어말어미의 지위를 지닌다고 볼 수 있을지는 아직 확언할 수 없다. 그러나 형태론적 단일화와 더불어 변화 과정상에 있는 것은 분명해 보인다.

다음의 동남 방언 자료도 이와 관련이 있다. 방언 자료를 대상으로 한 김태엽(1990)에서는 '-ㄹ 것이-'와 관련한 '-끼' 형태를 선어말어미로 파악하였다.

(111) '-ㄹ 것이 〉 -ㄹ 게 〉 -ㄹ 가 〉 -까, -끼 [동남(경북)]

    ① 가. 나는 거: 안 가끼다. [의지]

       나. 나는 집에 있으끼. [약속]

    ② 가. 니는 오늘 집에 잇을끼제? [추측]

      가'. 니는 언제 학교 가끼고? [추측]

       나. 철이는 내리 가끼다. [추측]

김태엽(1990: 188-189 참고)

먼저, 주어가 2, 3인칭인 (111②)는 (110②)와 마찬가지로 [추측]의 동일한 용법을 보인다. '-끼'가 종결어미로 쓰인 (111①나)의 예 역시 (110①나)의

'-ㄹ게'의 [약속]과 동일하다. 흥미로운 점은 (111①가)의 '-까'가 1인칭 주어의 [의지]로 쓰일 수 있어 표준어(중부 방언)의 (110①가)와 차이를 보인다는 사실이다. 나머지 문장의 '-까'는 '-ㄹ 것이-'와만 대치 가능하지만, (111①가)만 유독 '-ㄹ 것이-'와 '-겠' 모두 대치 가능한 점도 특징적이다 (김태엽 1990: 188). '-ㄹ게'에 비해 분포 제약이 덜하고, 주어의 인칭에 따라 용법을 달리하는 양상([의지](1인칭), [추측](2, 3인칭))이 단일한 선어말어미 '-겠'과 유사하다는 점에서 볼 때에 이 지역의 '-까' 형태는 하나의 선어말어미의 지위에 있다고 볼 수도 있을 것이다.

다음으로 '-ㄹ 터이-' 구성에 관해 살펴보자.

    (112) '-ㄹ 터이- 〉 -ㄹ테-'

      ① 가. 내가 갈 터이다. [의지] ➡ 내가 갈테다. [의지]

      ② 가. 네가 갈 터이다. [추측] ➡ ^{*/??}네가 갈테다. / 네가 갈테지. [추측]

        나. 철수가 갈 터이다. [추측] ➡ ^{*/??}철수가 갈테다. / 철수가 갈테지. [추측]

(112)의 '-ㄹ 터이-' 구성도 '-ㄹ 것이-'와 유사한 단일화 과정을 겪었다. 4.3.3.2의 (84아, 자)에서 확인했듯이 이 두 구성은 단일화 이전에도 동일한 양상을 보였다. '-ㄴ 터이-', '-ㄴ 것이-'는 [단정]의 의미를, '-ㄹ 터이-', '-ㄹ 것이-'는 주어에 따라서 [의지]와 [추측]의 용법을 모두 드러냈기 때문이다. 한편, 변화의 결과는 상이한 모습이다. (110)과 (112)의 비교를 통해 그 차이가 확연히 드러난다. 일단 '-ㄹ테'와 같은 종결어미의 쓰임은 확인되지 않는다. 그리고 [의지]의 '-ㄹ게'가 불가능했던 반면, '-ㄹ테-'는 무척 자연스럽다. 오히려 (112②)에서 보듯 2, 3인칭 주어와 함께 쓰인 '-ㄹ테-'는 어미 '-다'와의 결합이 부자연스럽다. '-지'와 결합할 때에 [추측]의 의미가 자연스럽게 포착된다.

한편, 안주호(1997: 243-254)에서는 '어떤 상황이나 예정'을 표시하던 '-ㄹ 터이-' 구성이 1인칭 주어와 쓰일 때에 '-ㄹ테-'로 변하여 [의지]를 나타내게 되었다고 파악하였다. 그러나 4.3.3.2의 (84아)에서 언급한 것처럼 '-ㄹ 터이-'의 구성 의미로 이미 [의지]의 양태 의미가 확인된다. 안주호(1997)에서 언급한 [의지]의 양태 의미는 형태 융합 이후에 획득된 문법화의 결과가 아니라 이미 구성 의미로 실재하던 것인바, '-ㄹ테-'의 새로운 의미로 파악하기는 어려울 듯하다. 이는 분명 1인칭 주어와 함께 쓰여 [약속]의 새로운 의미를 파생한 (110①나)의 '-ㄹ게'와는 차이가 있다. 이지양(1998가: 209-210)에서도 '-ㄹ 터이-'와 '-ㄹ테-'에 의미 차이가 거의 없는 것으로 보아 이를 단순융합의 결과로 판단하였다.[50]

끝으로, [추측]의 구성 의미를 지니는 '-ㄴ 것 같-, -ㄹ 것 같-' 구성이 단일화한 예를 살펴보자(4.3.3.2의 (86) 참고). 이는 경북 지역의 방언을 중심으로 관찰되는 현상이다.[51]

(113) '-ㄴ 것 같- 〉 -ㄴ겉-', '-ㄹ 것 같- 〉 -ㄹ겉-' [동남(경북)]
　　가. 사람들이 많은겉다(=사람들이 많은 것 같다).
　　나. 비가 그칠겉다(=비가 그칠 것 같다).

김주원(1984: 48)

대구를 중심으로 한 경북 지역의 방언에서는 (113가, 나)와 같이 '-ㄴ겉', '-ㄹ겉' 구성이 관찰된다. 언뜻 보아 의존명사 '것'을 포함하지 않고 '-ㄴ+겉-(같-)'과 같은 방식으로 직접 형성된 것으로 보이기도 한다. 이에 대해

---

50) 이지양(1998가: 209-210)에서는 '-ㄹ터이-'와 같이 띄어쓰기 없이 표시하고 있다. 한편, 이지양(1998가: 144)의 '단순 융합형'은 형식의 축소만 일어나고 의미와 기능의 변화는 일어나지 않은 것이다. '엊그제(어제그제), 갖가지(가지가지)' 등이 단순 융합형에 해당한다.
51) 김주원(1984)의 논의는 주로 '겉'에 집중하고 있어 선행하는 '-ㄴ'과 '겉' 사이에 띄어쓰기를 포함한 '-ㄴ 겉' 방식의 기술을 보이고 있다. 그러나 우리는 '-ㄴ겉-'을 하나의 형태 구성으로 보아 붙여 쓰기로 한다. 형태론적으로 '-ㄴ갑-'과 유사한 위치에 있다고 파악하는 것이다.

김주원(1984)는 구성 내 '거(것)'가 탈락됨으로써 (113)과 같은 방식의 표현이 가능하다고 보았다.[52] '거 겉 〉 거 겉'의 통시적 음운 변화 이후에, '거 겉 〉 ∅ 겉'의 공시적 동음 생략에 따라 이러한 결과가 도출된 것으로 해석한 것이다(김주원 1984: 59). (113)의 '-ㄴ겉-, -ㄹ겉-'은 마치 '-ㄹ게-', '-ㄹ테-'와 같이 선행 용언과 어말어미 사이에 쓰인 선어말어미와 같은 양상을 보여주는 것이 아닌가 한다. 그 의미는 [추측으로 동일하다.

이와 유사한 양상이 동북 방언에서도 관찰되는 점이 흥미롭다.

(114) '-ㄴ 것 같- 〉 -ㄴ깔, -ㄴ까트-, -ㄴ가트-',

'-ㄹ 것 같- 〉 -ㄹ깔, -ㄹ가트-' [동북]

가. 자능까따(=자는 것 같다)

가. 자능까트다, 자능가트다(=자는 것 같다),

치붕까트다(=추운 것 같다)

나. 비 올까따(=비 올 것 같다)

나. 비 올가트다(=비 올 것 같다)

곽충구(2008: 228, 2009: 213, 2010: 236)

(114)에서도 (113)과 유사한 단일화 양상이 포착된다.[53] '-ㄴ 것 같-, -ㄹ 것 같-' 구성이 각각 '-ㄴ깔-, -ㄴ까트-, -ㄴ가트-'와 '-ㄹ깔-, -ㄹ가트-' 등으로 실현되고 있어 의존명사 '것'의 탈락과 함께 단일한 형식으로 해당 구성이

---

52) 김주원(1984: 58)에서 '거' 축약이 아닌 '거' 탈락으로 보는 이유는 축약에 의한 보상적 장음화가 관찰되지 않기 때문이다. 반면, 김태엽(1990: 193-196), 이지양(1998가: 69)에서는 이를 탈락이 아니라 '거' 축약으로 파악함으로써 김주원(1984)와 입장을 달리하였다.

53) 곽충구(2008, 2009, 2010)은 '국외 집단 이주 한민족의 지역어 조사 보고서'로서, 조사 지역과 주 제보자 선대 거주지는 다음과 같다.

	조사 지역	선대 거주지
2008년	우즈베키스탄 타슈켄트	함경남도 단천군
2009년	키르기스스탄 비슈케크	함경북도 온성군
2010년	카자흐스탄 탈디쿠르간	함경남도 단천군

융합한 것으로 이해할 수 있다.

지금까지 의존동사 구성과 의존명사 구성의 형태론적 단일화를 중심으로 이들의 변화 양상을 관찰하였다. 앞서 강조했듯이 우리의 관심은 이미 문법화를 완료한 대상보다도 '등재→변화'의 과정에 있는 대상들을 중심으로 살펴보는 데에 있었다. 이에 대표적인 문법화 예인 '-어 잇- 〉-엣- 〉-었-', '-게 ᄒᆞ엿- 〉-게엿- 〉-겟-'과 같이 초기 고정화 단계 이후 형태론적 단일화를 거쳐 특정한 문법 형태로 발달하는 과정에 관심을 두었다. 1.2에서 언급한 대로 우리는 비교적 엄밀한 차원에서 두 가지 조건을 문법화 기준으로 세웠다. 하나는 '어휘 형태를 포함한 특정 구성이 문법 기능을 담당하는가'하는 것이고, 다른 하나는 그 대상이 '단일한 형태 단위인가'하는 것이다. 이러한 점에서 상·양태의 문법 기능을 포함하고 있다고 할지라도 의존동사 구성 자체는 문법화의 결과가 아니며, 해당 구성이 형태론적으로 단일화해 가는 양상이 포착될 때에 비로소 그 대상이 문법화 중간 과정에 있는 것으로 파악하였다. 따라서 우리는 '-ㄴ갑', '-ㄹ게-, -ㄹ게', '-까, -끼', '-ㄹ태-', '-ㄴ걸-', '-ㄹ걸', '-ㄴ깔-, -ㄴ까트-, -ㄴ가트-', '-ㄹ깔-, -ㄹ가트-'를 문법화의 적용 대상으로 보고자 한다.

초기 구성 의미 외에 새로운 문법 기능([과거], [추측] 등)을 획득한 '-어 잇- 〉-었-', '-게 ᄒᆞ엿- 〉-겟-'과 비교할 때, 앞서 논의한 '-ㄴ갑', '-ㄹ게-, -ㄹ게', '-까, -끼', '-ㄹ태-', '-ㄴ걸-', '-ㄹ걸' 등은 형태론적 단일화만 있었을 뿐 새로운 문법 기능을 획득하였다고 보기 어렵다. 구성 단계의 의미([의지], [추측])를 유지하면서 형태론적인 차원에서만 변화가 전개되었기 때문에 '-었-', '-겠-'과는 다소 상이한 대상으로 분류될 수도 있다. 그러나 현재의 결과만 놓고 이들이 변화를 완료하였다고 단정할 수는 없다. 수세기에 걸쳐 진행된 '-었-'과 '-겠-'의 변화처럼 우리의 관심 대상도 거대한 변화의 중간 과정에서 보다 온전한 문법 형태로의 변화를 꾸준히 겪을 가능성이 열려 있다.

등재소의 단일화를 중심으로 '복합어의 어휘화', '연어 구성의 숙어화',

'의존동사 구성・의존명사 구성의 문법화' 과정을 살펴보았다. 5.3.1에서
제시한 [그림 5-1]과 마찬가지로 '등재소 단일화에 의한 변화'를 아래의 그
림으로 정리해 보자.

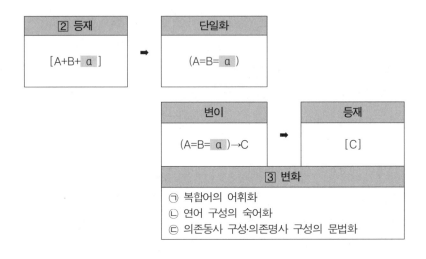

[그림 5-2] 등재소 단일화에 의한 변화

등재소 [A+B+ α]는 구성성분 간의 관계가 긴밀해지는 과정에서 구성에
따라 다양한 방식으로 단일화할 수 있다. 일단 (A=B= α)와 같이 공시적
인 함수 관계로 설명 불가능한, 즉 [-합성성]의 단일한 단위로 인식되는 단
계를 거쳐, 그것이 어휘부에 고정화된다면 이는 [C]의 새로운 언어 단위로
탄생한다.

이때 [C]로 나타나는 언어 현상을 우리는 3가지 유형으로 나누어 살펴
보았다. 첫째는 복합어가 어휘화한 경우, 둘째는 연어 구성이 숙어화한 경
우, 셋째는 의존동사 구성・의존명사 구성이 문법화한 경우이다. '변화'는
'형성'과 달리 점진적으로 전개되는 언어 현상이므로, 변화의 중간 과정에
있는 대상만으로 그 전체 양상을 확실히 단언할 수 없다. 특히, 문법화의
경우는 연구 대상의 수적 한계, 추정에 머무를 수밖에 없는 형성 당시의

상황 맥락 등으로 인해 다양한 문제가 남아 있다. 그럼에도 불구하고 [그림 5-2]를 통해 그 전반적인 흐름을 모색해 볼 수 있다는 점에서 그 의의를 찾을 수 있다.

5.4. 요약

제5장은 '형성 → 등재 → 변화'의 마지막 단계인 '변화'에 관한 탐색을 마무리하기 위해 마련되었다. 특히 어휘부에 고정화된 특정 형식을 대상으로 변화가 시작된다는 점에 주목하였다. 변화라는 현상은 반드시 초기 A 상태의 고정된 양상이 전제될 때에 이후 B 상태와의 대조를 통해 비로소 변화 여부를 판별할 수 있기 때문이다. 이렇게 본다면 '등재 → 변화'의 상관관계는 언어 변화에 있어 필수적이다. '등재'가 곧 변화 이전의 고정 절차를 담당하기 때문이다.

앞서 형성 및 등재의 대상으로 논의한 복합어, 연어 구성, 의존동사 구성·의존명사 구성 모두 변화를 적용받을 수 있는 대상이다. 제4장에서 세 가지 유형의 α 를 통해 이들 세 대상의 개별적인 특징을 살펴보았고, 언어 내적 차원(α 여부)·언어 외적 차원(어휘 강도)에서 이들 대상 모두 어휘부 등재소가 될 수 있다고 파악하였다. 그리고 어휘부에 등재된 세 대상 모두 '변이 + 등재'라는 동일한 절차를 거쳐 변화에 참여한다는 사실을 확인하였다.

개별적인 현상을 관찰하기에 앞서, 문법화 원리 가운데 '분화'와 '지속성'을 놓고 세 가지 대상의 적용 사례를 검토하였다. 상이한 대상일지라도 그 적용 양상이 평행하게 포착된다는 점에서 '변화'의 일반적인 속성을 확인하였다.

변화의 유형으로는 두 가지 방향을 모색하였다. 하나는 '등재소 분석에 의한 변화'이며, 다른 하나는 '등재소 단일화에 의한 변화'이다. 분석에 의한 변화의 경우, 등재소 [A+B+ α]의 일부 구성성분이 화자로부터 새롭게 분석된 결과가 이전 시기의 [A]와 어떠한 체계적 관계를 지니는지에 따라 다시 세 가지 유형으로 분류하였다. 첫째는 [A]가 [A']로 형태 변화한 경우로 '곶 〉 꽃'이 대표적인 예에 해당한다. 둘째는 [A]의 어휘 내항에 새로운 의미가 추가됨으로써 [A]가 다의어로 발달한 경우이다. 복합어, 연어 구성, 숙어 구성의 예에서 평행한 양상을 관찰하였다. 셋째는 [A]와 별개로 독자적인 등재소 [A']가 성립되는 경우이다. 주로 접사의 형성 문제를 다루었는데, 음운론적·형태론적·의미론적 측면에서 유사한 양상을 포착할 수 있었다.

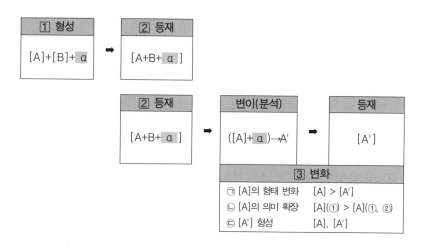

[그림 5-3] 등재소 형성과 등재소 분석에 의한 변화

'등재소 분석에 의한 변화'는 [그림 5-3]과 같이 정리된다. 큰 틀에서 '① 형성→② 등재→③ 변화'의 흐름을 보이고, 변화 내부의 세 가지 유형 (㉠, ㉡, ㉢)을 확인할 수 있다.

한편, '등재소 단일화에 의한 변화'는 [그림 5-4]와 같이 정리할 수 있다.

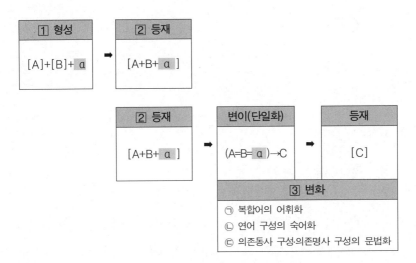

[그림 5-4] 등재소 형성과 등재소 단일화에 의한 변화

등재소 변이 과정에서 (A=B= α)와 같이 그 내부 관계가 긴밀해진 단위가
등재소 [C]로 자리 잡는 과정이 관찰된다. 적용 대상을 기준으로 '복합어의
어휘화', '연어 구성의 숙어화', '의존동사 구성·의존명사 구성의 문법화'
에 평행하게 접근해 볼 수 있었다. 각각의 상황 맥락에 따른 임시적 해석
이 시간적 흐름 등에 의해 탈맥락화하는 과정에서 구성성분만으로는 해석
되기 어려운 위치에 놓이게 될 때, 즉 [-합성성]의 양상을 보일 때 우리는
이를 '단일화'의 결과로 이해하였다. [그림 5-4]도 [그림 5-3]과 마찬가지로
'① 형성→② 등재→③ 변화'의 커다란 흐름 안에서 변화 내부의 세 가
지 유형(㉠, ㉡, ㉢)이 관찰된다.

제6장 **결론**

6.1. 연구 내용 요약

언어 단위의 기억에 관한 탐구는 문법의 연구 대상인가? 언어 단위의 '형성'과 '변화' 연구와 달리, 특정 대상의 어휘부 '등재' 문제는 그 판단을 위한 실제 자료를 확보하는 일이 쉽지 않다는 점에서 다소 추상적이고 공허한 주장에 그칠 수 있다는 한계가 분명하다. 이러한 문제를 고려할 때, 인지적 실험 방법을 활용하여 단어의 등재 여부를 보다 실증적으로 탐구하기 시작한 최근의 연구 흐름은 그간 '등재' 연구가 보여 온 한계를 보완할 수 있다는 점에서 중요한 방법론이라고 판단된다.

그러나 이러한 실험적 방법을 활용한 등재 연구가 심화될수록 우리는 '언어 단위의 기억에 관한 탐구가 과연 문법의 연구 대상인가?'라는 물음에 대하여 부정적인 답을 내리는 방향으로 나아갈 수밖에 없다. 일찍이 Di Sciullo & Williams(1987: 4)이 주장한 것처럼 등재를 문법 밖의 문제로 처리하기 쉬운 것이다. 그렇다면 과연 '등재'라는 언어적 현상이 문법 연구에서 불필요한 것일까? 이 연구는 이러한 소박한 물음에서 시작하여 문법 연구에서 등재가 지니는 중요성을 강조하고 등재 중심의 전반적인 문법 체계를 형식화하는 데에 주력하였다.

이 연구에서 우리는 크게 두 가지 측면에 집중하여 논의를 전개해 왔다. 첫째는 '형성 → 등재 → 변화' 단계의 체계적 접근이며, 둘째는 '복합어, 연어 구성, 의존동사 구성 · 의존명사 구성'을 대상으로 한 형태 및 통사 단위의 평행한 접근이다. 언어 현상의 과정적 측면과 그 현상에 적용될 구체적인 대상의 측면을 종합하여 언어 단위의 '탄생'과 그 이후 단계의 총체적인 양상을 형식화하고자 한 것이다.

　제2장에서는 이 연구가 취하고 있는 전체적인 이론적 문법 모형을 제시하고, 언어 단위의 형성과 저장 과정이 어떠한 상관관계에 있는지 조망하였다. 종래의 어휘부 모형 연구가 단어를 중심으로 형성과 등재 논의를 전개해 온 것과 달리, 우리는 '등재'와 밀접한 형태 및 통사 구성을 평행한 시각에서 접근하였다. 이에 형성 부문으로서의 '형태부'와 '통사부'를 설정하고, 이와는 독립된 저장 부문으로서 '어휘부'를 가정하였다([그림 6-1] 참고). 단어 이하의 단위는 형태부에서 관장하지만, 구 이상의 단위는 통사부에서 형성되어 어휘부로 등재될 가능성을 인정하였다. 어휘부 내 등재소 간의 긴밀한 연결 관계가 실재하며, 이때 α 라는 요소(제3장 참고)가 연결망 내에서 주요한 역할을 담당한다고 보았다.

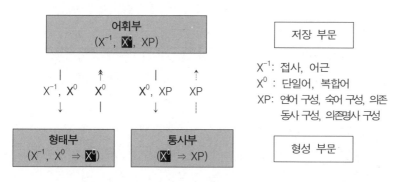

[그림 6-1] '어휘부 – 형태부/통사부' 모형

　한편, 형성과 등재를 문법 내 독립적인 절차로 보아 형성의 단위와 등재의 단위 역시 구분되어야 한다고 주장하였다. 이를 뒷받침하기 위하여, 형성과 등재를 명확하게 구분하지 않아 다소 혼란스러운 양상을 보였던 기존의 유형 분류 방식을 비판적으로 검토하였다. 그 결과, 이 연구에서는 형성 단위에 관한 세 입장(형태소 기반 모형, 절충적 모형, 단어 기반 모형)과 등재 단위에 관한 세 입장(최소 등재 입장, 절충적 입장, 완전 등재 입장)을 구분하여 제시하고, 선행 연구를 두루 검토하면서 해당 유형을 우리의 기준에 맞게 새롭게 분류해 보았다. 그 가운데 우리는 형성 모형과 등재 입장에 있어서 모두 '절충적 입장'을 취하였다. 즉, 형태소와 단어가 모두 형성의 입력 단위로 쓰일 수 있으며, 복합 구성의 경우 언어 내적 조건에 따라서 등재되는 경우와 등재되지 않는 경우가 모두 가능하다고 보았다(언어 내적 조건은 제3장에서 상술).

제3장은 '등재', 그리고 제4장과 제5장은 각각 '형성'과 '등재'에 관한 논의로 구체화되었다. '형성 → 등재 → 변화' 단계에서 중심에 위치한 '등재' 과정이 '형성'과 '변화'라는 두 가지 문법 연구와 관련하여 중추적인 역할을 담당하고 있다는 사실이 제3장에서 설명되었다. 그리고 '형성'과 '등재'의 관계, '형성'과 '변화'의 관계가 어떠한 체계 속에서 포착되는지 밝히고자 하였다. 이러한 큰 틀을 바탕으로 제4장과 제5장에서 '형성'과 '등재'에 관한 실제 자료 기술이 구체화된 것이다.

제3장에서는 이 연구의 핵심 주제라 할 수 있는 '등재'의 개념과 속성을 밝히는 데 주력하였다. 따라서 등재 여부를 판별할 기준을 세밀화하고 다각적인 측면에서 대상에 접근해 보았다. 먼저, 우리는 화자의 표현론적 동기에 의해 개념이 언어화된다고 보는 기본 접근에서, 연구 대상의 초기 형성 과정을 추정함으로써 구성성분 외의 음운론적 · 형태론적 · 의미론적 정보(α)가 개입된 양상을 강조하였다. 그 중에서도 형성 당시의 상황 맥락 정보가 특히 중요한 역할을 담당한다고 보았다. 그리고 이때의 α 는 화자와 청자가 반드시 기억해야 하는 요소인바 등재의 근거가 된다고 보고, 등재를 '언어 단위(linguistic unit)의 어휘부 내 고정화(fixation) 작용, 또는 그 작용의 결과'로 정의하였다.

또한 우리는 언어 내적 등재와 언어 외적 등재의 두 가지 측면에서 등재에 접근하였다. 언어 내적 등재는 α 의 여부인 반면, 언어 외적 등재는 빈도 등과 같은 어휘 강도에 따른 등재 방식이다. 특히, [정합성]과 [합성성]의 두 기준을 활용한 함수로 등재 및 변화 유형을 형식화한 점도 주목된다. '정합성'은 '특정 복합 구성에서 각 구성성분과 구성체의 일치 관계가 성립하는 속성'으로, '합성성'은 '특정 복합 구성에서 각 구성성분과 구성체의 함수 관계가 성립하는 속성'으로 구분하였다.

(1) 함수 관계와 정합성·합성성 양상

	함수 관계	합성성	정합성	예
가	f(A,B) = A + B	+	+	달관스럽-, 신성스럽-
나	f(A,B) = A + B + α		-	시골스럽-, 소녀스럽-
다	f(A,B) ≠ A + B (+ α)	-		거추장스럽-, 뇌꼴스럽-

(1)과 같이 3가지 유형의 복합 구성이 가능하다. (1가)는 α를 포함하지 않는 [+합성성], [+정합성] 구성의 예로, 언어 내적으로 등재의 조건을 갖추지는 못하였으나 언어 외적 등재의 가능성은 열려 있는 것이다. (1나)는 α를 포함한 [+합성성], [-정합성] 구성으로서, 구성성분 이외의 요소가 개입하였으므로 문법적으로 등재되어야 할 대상들이다. 마지막 (1다)는 공시적인 함수 관계가 성립하지 않는, 즉 이전 시기의 복합 구성이 변화를 겪은 예로서 [-합성성]으로 표시된다. 이상의 3가지 유형은 (2)의 '투명성', '등재성'으로 나타낼 수 있다.

(2) 정합성·합성성 기준에 따른 투명성과 등재성

결합적 속성		투명성	등재성
합성성	정합성		
+	+	투명	비등재/등재
	-	반투명	등재
-		불투명	등재

[+합성성], [+정합성] 구성은 '투명'하여 언어 내적으로 등재될 필요가 없으나, 언어 외적 차원에서 등재될 가능성이 있다. [+합성성], [-정합성] 구

성은 '반투명'한 대상으로서 이는 등재의 대상이 된다. 끝으로 [-합성성]은 변화를 겪은 언어 단위로서 '불투명'한 대상이므로 등재소임이 분명하다.

한편, 종래에 쓰여 온 '등재'의 개념을 미시적 차원뿐만 아니라 거시적 차원까지 확장하여 (3)과 같은 두 층위로 확립하였다.

   (3) 가. 미시적 차원의 등재 = 개인어휘부 등재 (화자의 심리 어휘부 등재)

          나. 거시적 차원의 등재 = 사회어휘부 등재 (언어 공동체 내 사회적 승인)

화자의 심리 어휘부 등재는 '개인어휘부' 등재로, 언어 공동체 내 사회적 승인은 '사회어휘부' 등재로 보아 두 가지 측면을 균형 있게 고려하였다. 이러한 미시적 · 거시적 접근은 '형성, 등재, 변화'가 갖는 체계적 상관관계를 세우는 데 중요한 기준이 되었다.

   (4) 가. 형성 · 등재 기준: 가능어-등재어

          나. 미시적 · 거시적 접근 기준: 개인어-사회어

'형성 · 등재' 기준에 따라 세운 '가능어-등재어'의 대립과 '미시적 · 거시적 접근' 기준에 따른 '개인어-사회어' 대립이 제안되었으며, 이를 바탕으로 (5)의 단어 체계를 마련하였다.

   (5) 단어의 체계

미시적·거시적 접근 \ 형성·등재	가능어	등재어
개인어	**개인가능어**	**개인등재어**
사회어	**사회가능어**	**사회등재어**

총 4가지 단어를 바탕으로 우리는 '가능어 → 등재어' 및 '개인어 → 사회어'의 방향에서 '사회가능어(개인가능어 → 개인등재어) → 사회등재어'의

종합적인 시각을 확립할 수 있었다. 그 체계는 아래의 그림으로 정리된다.

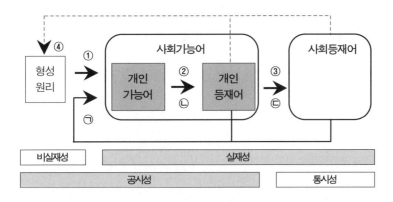

[그림 6-2] 단어의 '형성·등재·변화' 과정과 그 속성

'형성' 과정(①→②→③→④)과 '변화' 과정(㉠→㉡→㉢)을 평행한 시각으로 접근한 것은 Bauer(1983)의 '임시어 형성→공인화→어휘화'와 차별화된 결과를 보여 준다. 이 연구에서는 '형성→공인화'와 '변화→공인화'의 독립된 두 방향이 제안되었기 때문이다. 한편, [그림 6-2]에서 각 단계별 '실재성' 및 '공시성·통시성'도 정리되었다.

제4장은 등재 이전의 '형성' 단계의 자료를 중심으로 구성되었다. 특히 복합 구성이 형성된 현장의 상황 맥락적 요인에 큰 비중을 두고 당시의 임시적 해석이 변이 차원에서 작용한다는 점을 강조하였다. '복합어, 연어 구성, 의존동사 구성·의존명사 구성'의 세 가지 대상에 대해 평행한 접근을 시도하였다.

복합어의 경우, 임시어가 지니는 단어형성론적 의의에 주목하여 [설문] 자료와 [말터 자료를 중심으로 논의를 진행하였다. 그 과정에서 '결합, 대치, 재구조화'의 세 가지 작용이 단어 형성 과정에 관여하고 있음을 확인하였다. 특히, 계열관계를 기반으로 한 대치보다는 통합관계에 기반한 결합이 보다 적극적으로 단어 형성 원리로 참여하고 있다고 보았으며, 단어 형성에서의 대치 또는 유추 작용은 개별 차원의 불규칙한 형성 과정으로 파악하였다. 이러한 통합관계 중심의 형성 방식은 연어 구성 및 의존동사 구성·의존명사 구성 형성 과정에도 동일하게 적용된다.

(6) '형성→등재'의 과정

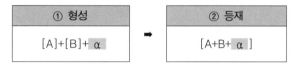

형태론적·통사론적 단위 모두 (6)의 방향으로 나아간다고 본다. 등재소 [A]와 [B]가 구성성분으로 참여한 복합 구성 내에 '상황 맥락 정보 α'가 참여하며, 이들 구성이 하나의 단위로 고정화되면 [A+B+α]의 단일한 등재소의 지위가 확립된다. 이는 복합어뿐만 아니라 연어 구성, 의존동사 구성·의존명사 구성에도 동일하게 적용되는 원리이다. 구체적으로는 다음의 예를 통해 해당 유형을 살펴보았다.

(7) '복합어'에서의 3가지 α 유형

유형	함수	예
① 추가 α	f(A,B) = A + B + α	구두닦이, 때밀이, 종이배
② 선택 α	ⓐ f(A,B) = A + B	주름투성이, 고무신, 물방아
	ⓑ f(A,B) = A + B	대짜배기, 빗질, 보리차
	ⓒ f(A,B) = A + B	놀이, 떨이, 가죽집, 돌다리
③ 비유 α	ⓐ f(A,B) = A + B	도둑글, 색시비, 총알택시
	ⓑ f(A,B) = A + B	귀동냥, 눈요기
	ⓒ f(A,B) = A + B	사발농사, 입씨름, 공주병
	ⓓ f(A,B) = A + B	가시밭, 가위질, 이름값, 쥐구멍

(8) '연어 구성'에서의 3가지 α 유형

유형	함수	예
① 추가 α	f(A,B) = A + B + α	(없음)

② 선택 α	ⓐ f(A,B) = A + B ⓑ f(A,B) = A + B ⓒ f(A,B) = A + B	속이 보이- 죄를 벗- 속을 태우-
③ 비유 α	ⓐ f(A,B) = A + B ⓑ f(A,B) = A + B ⓒ f(A,B) = A + B ⓓ f(A,B) = A + B	앞뒤를 재- 애가 서- 입이 무겁- 미역국을 먹-

(9) '의존동사 구성·의존명사 구성'에서의 3가지 α 유형

유형	함수	예	
① 추가 α	f(A,B) = A + B + α	−어 가−, −어 오−, −어 있−, −고 있−	−ㄹ 터이−, −ㄹ 것이− −ㄴ 바람에 (−ㄴ서슬에)
② 선택 α	ⓐ f(A,B) = A + B ⓑ f(A,B) = A + B ⓒ f(A,B) = A + B	−ㄹ까 싶−54) −어 보−55), −ㄴ가 보− −고 보−, −ㄹ까 보−	−ㄴ 법이−, −ㄹ 법하−, −ㄴ 셈이−, −ㄹ 셈이−
③ 비유 α	ⓐ f(A,B) = A + B ⓑ f(A,B) = A + B ⓒ f(A,B) = A + B ⓓ f(A,B) = A + B	(없음)	

이상의 3가지 α 유형은 대상에 따라서 조금씩 상이한 분포 양상을 보였다.

(10) 복합어, 연어 구성, 의존동사 구성·의존명사 구성의 α

	복합어	연어 구성	의존동사 구성· 의존명사 구성
① 추가 α	O	X	O
② 선택 α	O	O	O
③ 비유 α	O	O	X

---

54) [걱정]의 구성 의미를 산출하는 '−ㄹ까 싶'은 '추가 α'와 '선택 α' 모두 관련한 것으로 판단된다.
55) [시험]의 구성 의미를 산출하는 '−어 보−'는 '추가 α'와 '선택 α' 모두 관련한 것으로 판단된다.

복합어는 '추가 α', '선택 α', '비유 α'가 모두 가능한 데 반해, 연어 구성은 '선택 α'와 '비유 α'가, 의존동사 구성·의존명사 구성은 '추가 α'와 '선택 α'가 형성에 참여하였다. 연어 구성은 복합어와 달리 부사어를 활용하여 추가 정보를 부가할 수 있으므로 '추가 α'가 복합 구성의 형성 요인으로 작용하지 않았다. 한편, 의존동사 구성·의존명사 구성은 문법적 기능을 담당한다는 점에서 '비유 α'는 불필요하였다. 의미추상화를 겪은 명사와 동사가 참여한 구성의 경우는 다의어에 적용된 '선택 α'로 파악하였다.

제5장은 등재 이후의 '변화' 단계의 자료를 중심으로 구성되었다. 복합어, 연어 구성, 의존동사 구성·의존명사 구성이 동일한 방식으로 변화의 원리를 적용받는다는 점에 집중하여 이들 간의 평행한 양상을 포착하고자 하였다. 먼저 변화의 일반 속성으로서 '단계성', 그리고 '분화'와 '지속성'의 원리를 살펴보았다. 단계성의 경우 '추상화 방향, 공존 영역의 존재, 탈맥락화 단계'의 세 가지 측면에서 변화가 급진적으로 전개되는 것이 아니라 점진적인 단계적 절차에 의해 진행됨을 살폈다. 형성 단계의 급진적인 결과와는 상반된 모습을 보여주는 것이다. 한편, 분화와 지속성의 두 원리가 문법화에만 적용되는 것이 아니라, 복합어의 다의화, 연어 구성의 숙어화에도 동일하게 적용되고 있음을 관찰함으로써 이들의 일반 속성을 확인하였다.

아울러 그간 문법화 과정에서 포착된 재구조화(재분석)의 고정화 단계를 '등재'의 시각에서 접근하였고, 숙어 구성의 논항 구조 변화 및 의존동사 구성의 공기 제약 양상도 '등재'와 관련지어 이해함으로써 이상의 변화 과정이 등재의 측면에서 해석될 가능성을 제시하였다. 등재소 내적 변화 및 등재소 외적 변화도 복합어, 연어 구성, 의존동사 구성·의존명사 구성에서 평행하게 포착되는 현상이다.

제5장에서 주목할 것은 '복합어의 어휘화'와 '연어 구성의 숙어화'를 동

일한 방식으로 설명하고자 한 점이다. 앞서 (1)의 함수 관계와 [정합성], [합성성]의 속성을 통해 복합어의 세 유형을 구분한 바 있다. 이러한 방식이 (11)의 표에도 그대로 적용된다.

(11) '복합어'와 '연어 구성'의 투명성과 등재성

	복합어	연어 구성	합성성	정합성	투명성	등재성
가	달관스럽-	결원이 생기-	[+합성성]	[+정합성]	투명	비등재/등재
나	시골스럽-	속이 보이-		[-정합성]	반투명	등재
다	거추장스럽-	미역국을 먹-	[-합성성]		불투명	등재

[+합성성], [+정합성]의 (11가) 복합어, 연어 구성은 투명한 복합 구성으로서 언어 내적으로 등재될 필요가 없지만 높은 공기성을 바탕으로 등재의 대상이 될 수 있다. 이에 우리는 연어의 개념 역시 (11가)를 포함하여 넓은 차원으로 접근하였다. [+합성성], [-정합성]의 (11나) 복합어, 연어 구성은 반투명한 복합 구성으로서 α 를 포함하여 언어 내적으로 등재되어야 할 대상이다. 한편, [-합성성]의 (11다) 복합어, 연어 구성은 함수 관계로 설명되지 않는바 이전 시기에 복합된 구성이 언어 내적·외적 변화를 거친 것이다. 복합어는 어휘화, 연어 구성은 숙어화한 것이다. 이는 '미역국을 먹-'과 같은 숙어 구성을 연어 구성의 일부로 파악하는 우리의 태도가 반영된 결과이다. 이들 숙어 구성도 초기 형성 현장에서는 구성 전체가 비유로 쓰인 연어 구성에서 시작하였다고 보기 때문이다. 형성의 맥락을 잃고 해당 단위가 [-합성성]의 대상이 되는 과정은 복합어의 어휘화와 다르지 않다.

(6)이 '형성→등재'의 과정이었다면 아래의 (12)는 '변화'까지 확대된 과정을 보여준다.

(12) '형성 → 등재 → 변화'의 과정

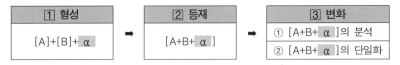

변화의 유형은 크게 두 가지이다. 하나는 등재소 분석에 의한 변화이며, 다른 하나는 등재소 단일화에 의한 변화이다. 먼저, 등재소 [A+B+α]가 ([A]+α) 또는 ([B]+α) 등으로 분석되는 과정에서 화자의 인식이 어휘부 체계의 변화를 이끌 수 있다. 분석에 의한 변화는 [그림 6-3]과 같이 정리된다.

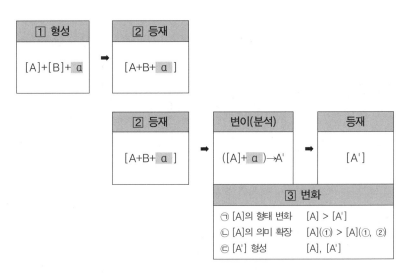

[그림 6-3] 등재소 형성과 등재소 분석에 의한 변화

([A]+α)이 [A']로 고정화된다면 이는 기존의 [A]와 특정한 관계를 수립하게 된다. 우리는 세 가지 가능성을 살폈다. 첫째는 '[A] 〉 [A']'의 과정으로 [A]가 형태 변화를 겪은 경우이다. 둘째는 '[A](①) 〉 [A](①, ②)'와 같이 [A]라는 등재소의 어휘 내항에 의미론적 정보로서 기본의미(①) 외에 확장의미(②)가 추가된 경우이다. 우리는 이러한 어휘 내항의 변화 역시 어휘

부 체계 변화의 측면에서 통시적 과정으로 이해하였다. 끝으로, [A]와 별개의 등재소로서 [A']가 자리를 잡는 경우가 있다. 가령 새로운 접미사 [A']가 형성된 경우가 이에 해당할 것이다.

따라서 [그림 6-3]은 '① 형성→② 등재→③ 변화'의 세 과정을 큰 틀에서 조망할 수 있게 한다. '① 형성'은 급진적인 과정인 데 반해, '③ 변화'는 변이와 등재를 포함한 점진적 과정에 해당한다. 그리고 그 중간 과정으로 '② 등재'가 실재한다. 등재는 '형성의 도착점'이자, '변화의 출발점'인 것이다. 분석에 의한 변화로 '㉠ [A]의 형태 변화', '㉡ [A]의 의미 확장', '㉢ [A'] 형성' 총 세 가지를 살폈다.

변화의 또 다른 유형은 등재소 단일화에 의한 현상이다. 이 경우도 [그림 6-3]과 마찬가지로 다음 그림으로 정리된다.

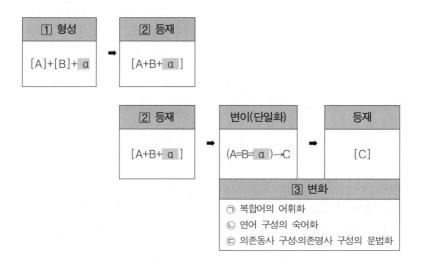

[그림 6-4] 등재소 형성과 등재소 단일화에 의한 변화

'① 형성→② 등재→③ 변화'의 세 과정은 [그림 6-3]과 동일하다. 차이가 있다면 '③ 변화'의 시작이 '단일화'라는 점이다. 등재소 [A+B+ α]가 (A=B= α)와 같이 긴밀한 관계를 형성한 후 [C]로 고정화된 결과 전체는

점진적인 '③ 변화' 과정에 대입된다. 등재소 단일화에 의한 변화는 대상에 따라서 세 가지 방향으로 전개된다. '㉠ 복합어의 어휘화', '㉡ 연어 구성의 숙어화', '㉢ 의존동사 구성·의존명사 구성의 문법화' 과정이 이에 해당한다. 이때의 세 변화는 모두 초기 형성 현장의 맥락으로부터 벗어나 고정화된 형태로 자리 잡아 가는 과정에 있다는 점에서 공통적이다.

6.2. 남은 문제

이제까지 우리는 '복합어', '연어 구성', '의존동사 구성·의존명사 구성'을 대상으로 이들의 '형성'과 '등재', '변화'에 이르는 과정 전반을 살펴보았다. 그 중간 단계에서 포착되는 이들의 미시적·거시적 수준의 분류, 실재성 또는 공시성·통시성 등을 체계화하고자 하는 노력이 있었다. 그러나 몇 가지 지점에서는 아직 이 연구가 안고 있는 한계와 문제점들이 분명하다.

첫째, 대상 자료의 측면에 한계가 있다. 4.2와 4.3.1에서 다룬 복합어의 경우, 사전에 등재된 사회등재어뿐만 아니라 [설문 자료], [말터 자료]에서 확인된 임시어도 함께 논의 대상으로 삼았다. 표현론적 동기를 유발하기 위한 개념 설정이 비교적 용이하다는 점에서 임시어의 경우는 원활하게 연구자의 목적에 따라 자료를 수집할 수 있었다. 그러나 연어 구성의 경우는 이와 다르다는 점에서 임시적 단계의 연어 구성을 수집하는 데 현실적으로 제약이 많다. 문법적 기능을 보이는 의존동사 구성·의존명사 구성의 경우는 연어 구성보다 훨씬 더 제약적인바 새롭게 형성된 자료를 수집하는 일이 사실상 불가능하였다. 이러한 이유로 사전 등재어와 임시어를 고르게 살핀 복합어에 비하여 그 밖의 다른 구성은 이미 사회적 승인을 확보한 구성에만 초점을 둘 수밖에 없었다. 자료 본연의 속성에 기인한 대상 자료별 양적 차이의 문제도 남아 있다.

둘째, '선택 α'와 '비유 α'의 구분 문제를 명확히 밝히기 어려운 경우가 실재한다. 제4장에서 언급한 대로, α의 세 유형 가운데 다의어 구성 성분이 관여한 구성에 '선택 α'와 '비유 α' 중 어떠한 방식이 형성에 참여했는지 밝히기 어려운 경우가 적지 않다. 구성이 만들어지는 과정에 비유적으로 쓰인 맥락적 해석이 추후 구성성분의 새로운 확장의미로 고정화되어 다의어로 발전하는 일반적인 경향을 고려한다면, 이미 이전에 형성된 복합어와 연어 구성을 놓고 이때의 비유적 해석이 '선택 α'인지 아니면 '비유 α'인지 판단하는 일은 쉽지 않다. 오래 전에 만들어져 현재 공인되어 쓰이는 대상의 경우는 그 한계가 더욱 분명하다. 우리는 이러한 한계를 인정하고, 추정을 통해 일부 자료를 분류할 수밖에 없었다. 가령 특정한 비유의미로 계열 내 복합어가 다수 형성된 경우는 '선택 α'로 파악하였으며, 관련 비유의미가 관여한 복합어가 극소수인 경우는 '비유 α'로 분류하였다.

셋째, 언어 외적 등재의 기준, 거시적 차원의 등재 기준을 설정하지 못한 한계가 있다. 이 연구에서 α를 활용한 언어 내적 등재 기준은 함수 관계와 [정합성] 속성을 통해 분명히 제시되었다. 그러나 이에 반해 언어 외적 등재는 어휘 강도로 소략하게 언급되었을 뿐이다. 이는 이 연구가 취한 방법론이 지닌 한계 지점이다. 특정 대상의 출현빈도나 사회적 중요도 등이 실제 언어 외적 등재 기준으로서 어떻게 작용하는지 밝히는 작업은 이 연구의 능력 밖에 있기 때문이다. 이는 실험을 통한 심리언어학적 방법, 사회언어학적 방법 등을 병행할 때 그 실마리를 찾을 수 있을 것이다. 한편, 거시적 차원의 등재 기준 역시 현 단계에서는 사전 등재 여부를 기준으로 다소 모호하게 제시되었다. 이 역시 사전편찬자의 주관에 기댄 문제, 사전 종류에 따른 기준 변화 문제 등 다양한 후속 문제를 야기할 수 있을 것이다.

이상의 문제는 곧 언어 단위의 등재에 대한 연구가 다양한 입장과 방법론을 통해서 꾸준히 탐구되어야 할 분야임을 보여준다. 지금까지 '문법 연구 대상으로서의 등재'에 초점을 맞추어 문법 영역 내에서 시도할 수 있는

접근을 하였다면, 앞으로의 후속 연구에서는 앞서 제시한 다양한 한계를
극복하기 위한 작업이 필요할 것이다.

참고문헌

강소영(2004), ≪명사구 보문 구성의 문법화≫, 한국문화사.

강현화(1998), [체언+용언] 꼴의 연어 구성에 대한 연구, ≪사전편찬학연구≫ 8, 연세대 언어정보개발연구원, 191-224.

강현화(2003), 김진해의『연어(連語)』(2000) 다시 읽기, ≪형태론≫ 5-2, 형태론, 419-434.

고광모(2002), '-겠'의 형성 과정과 그 의미의 발달, ≪국어학≫ 39, 국어학회, 27-47.

고광주(2000), 관용어의 논항구조와 형성제약, ≪어문논집≫ 42-1, 안암어문학회, 261-283.

고영근(1992), 형태소란 도대체 무엇인가?, ≪남사 이근수 박사 환력 기념 논총≫, 반도출판사, 1-10.

고영근(1999), ≪국어형태론연구≫(증보판), 서울대학교 출판부.

고영근·구본관(2008), ≪우리말 문법론≫, 집문당.

고영진(1997), ≪한국어의 문법화 과정≫, 국학자료원.

고재설(1992), '구두닦이'형 합성명사에 대하여, ≪서강어문≫ 8, 서강어문학회, 17-46.

고재설(1994), 국어 단어 형성에서의 형태·통사 원리에 대한 연구, 박사학위논문, 서강대학교.

곽충구(1994가), 강세 접미사의 방언형과 그 문법화 과정에 대하여: 북한지역의 방언자료를 중심으로, ≪선청어문≫ 22, 서울대 국어교육과, 1-25.

곽충구(1994나), 계합 내에서의 단일화에 의한 어간 재구조화, ≪국어학 연구≫ (박갑수 선생 화갑 기념 논문집), 태학사, 549-586.

곽충구(1995), 어휘의 의미 분화와 명칭의 분화: '지렁이'와 '회충'의 단어 지리학, ≪한일어학논총≫, 국학자료원, 309-340.

곽충구(2005), 육진방언의 음운변화, ≪진단학보≫ 100, 진단학회, 183-220.

곽충구(2008), ≪2008년도 국외 집단 이주 한민족의 지역어 조사 보고서≫, 국립
국어원.

곽충구(2009), ≪2009년도 국외 집단 이주 한민족의 지역어 조사≫, 국립국어원.

곽충구(2010), ≪2010년도 국외 집단 이주 한민족의 지역어 조사(1)≫, 국립국어원.

곽충구(2011), 구개음화 규칙의 전파와 어휘 확산, ≪국어학≫ 61, 국어학회,
3-40.

구본관(1990), 경주 방언 피동형에 대한 연구, 석사학위논문, 서울대학교.

구본관(1992), 생성문법과 국어 조어법 연구 방법론, ≪주시경학보≫ 9, 주시경연
구소, 50-77.

구본관(1998), ≪15세기 국어 파생법에 대한 연구≫, 태학사.

구본관(1999), 파생접미사의 범위, ≪형태론≫ 1-1, 형태론, 1-23.

구본관(2002), 파생어 형성과 의미, ≪국어학≫ 39, 국어학회, 105-135.

구본관(2005), 어휘의 변화와 현대국어 어휘의 역사성, ≪국어학≫ 45, 국어학회,
337-372.

구본관(2010), 단어형성론 논의의 확장을 위하여: 양정호(2008)에 답함, ≪형태
론≫ 12-1, 형태론, 111-119.

국립국어연구원(2002), ≪현대 국어 사용 빈도 조사≫, 국립국어연구원.

권재일(1986가), 형태론적 구성으로 인식되는 복합문 구성에 대하여, ≪국어학≫
15, 국어학회, 195-215.

권재일(1986나), 의존동사의 문법적 성격, ≪한글≫ 194, 한글학회, 97-120.

권재일(1987), 의존 구문의 역사성: 통사론에서 형태론으로, ≪말≫ 12, 연세대
한국어학당, 5-24.

권재일(1991), 문법 변화의 두 방향, ≪국어의 이해와 인식≫(갈음 김석득 교수
회갑기념논문집), 한국문화사, 395-406.

권재일(1992), ≪한국어 통사론≫, 민음사.

권재일(1994), ≪한국어 문법의 연구≫, 박이정.

권재일(1997), 문법 변화 개관, ≪국어사연구≫(오수 전광현·송민 선생의 화갑
을 기념하여), 태학사, 515-536.

권재일(1998), 문법 변화와 문법화, ≪방언학과 국어학≫(청암 김영태 박사 화갑

기념논문집), 태학사, 879-904.

김건희(2010), "의존명사+'하다'"에서 '의존명사'의 자리 찾기, ≪형태론≫ 12-1, 형태론, 49-73.

김광해(1982), 복합명사의 신생과 어휘화과정에 대하여, ≪국어국문학≫ 88, 국어국문학회, 5-29.

김광해(1993), ≪국어 어휘론 개설≫, 집문당.

김기혁(1991), 공시적 현상과 통시적 해석, ≪국어의 이해와 인식≫(갈음 김석득 교수 회갑기념논문집), 한국문화사, 429-447.

김동욱(2000), 한국어 추측표현의 의미차이에 관한 연구: 'ㄴ 것 같다', 'ㄴ 듯 하다'와 'ㄴ가 보다', 'ㄴ 모양이다'의 의미차이를 중심으로, ≪국어학≫ 35, 국어학회, 171-197.

김명광(2003), 통합체 'XY이' 구조 분석의 다단계성, ≪어문연구≫ 31-1, 한국어문교육연구회, 57-82.

김명광(2004), 국어 접사 '-음', '-기'에 의한 단어 형성 연구, 박사학위논문, 서강대학교.

김명광(2007), 잠재어와 어휘부의 상호 관계에 대한 일고찰, ≪어문학≫ 98, 한국어문학회, 1-27.

김명광(2011), 총칭적 객관화 원리와 조건에 대한 재고찰, ≪형태론≫ 13-1, 형태론, 29-52.

김미영(1998), ≪국어 용언의 접어화≫, 한국문화사.

김민국(2009), 접미사에 의한 공시적 단어형성 연구: 통사적 구성과 형태적 구성의 경계를 중심으로, 석사학위논문, 연세대학교.

김민국(2011), '말이다' 구성의 문법화와 화용화, ≪국어학≫ 62, 국어학회, 73-106.

김방한(1988), ≪역사·비교언어학≫, 민음사.

김선효(2004), 어휘화한 관형사의 특성과 그 유형, ≪형태론≫ 6-2, 형태론, 339-354.

김성규(1987), 어휘소 설정과 음운현상, 석사학위논문, 서울대학교.

김양진(1999). 국어 형태 정보 연구, 박사학위논문, 고려대학교.

김양진(2005), 일음절 한자어 어기의 형태론적 재해석, ≪어문논집≫ 52, 안암어문학회, 97-120.

김영태(1991), 의존용언 '갑다'의 의미와 통사 구조, ≪어문학≫ 52, 한국어문학회, 93-109.

김영태(1998), 보조용언의 양태 의미, ≪대구어문론총≫ 16, 대구어문학회, 1-16.

김영희(1993), 의존 동사 구문의 통사 표상, ≪국어학≫ 23, 국어학회, 159-190.

김은혜(2001), 현대국어 합성명사류의 의미 연구, 석사학위논문, 서울대학교.

김인균(1995), 국어 파생어에 대한 형태·통사론적 연구, 석사학위논문, 서강대학교.

김인균(1999), 국어의 사전(LEXICON)과 형태부(MORPHOLOGY), ≪서강어문≫ 15, 서강어문학회, 29-56.

김인균(2004), [N-V-이/음/기/개] 구성의 합성명사 분석, ≪형태론≫ 6-1, 형태론, 89-107.

김인균(2005), ≪국어의 명사 문법 I≫, 역락.

김의수(2002), 언어단위로서의 상당어 설정 시고, ≪형태론≫ 4-1, 형태론, 81-101.

김의수(2004), 상당어와 문법단위의 체계, ≪형태론≫ 6-2, 형태론, 389-393.

김의수(2005), 언어단위와 상보적 정의, ≪형태론≫ 7-2, 형태론, 413-418.

김의수(2013), 어휘부와 통사론, ≪국어학≫ 66, 국어학회, 415-443.

김의수(2014), 언어단위의 저장에 관하여, ≪언어과학연구≫ 70, 언어과학회, 45-60.

김주원(1984), 통사적 변화의 한 양상, ≪언어학≫ 7, 한국언어학회, 47-66.

김지은(1998), ≪우리말 양태용언 구문 연구≫, 한국문화사.

김진해(1997), 국어 파생어의 의미형성에 대하여, ≪어문연구≫ 25-4, 한국어문교육연구회, 86-105.

김진해(2000), ≪연어 연구≫, 한국문화사.

김진해(2003), 관용어의 직설의미와 관용의미의 관계 연구, ≪한국어 의미학≫ 13, 한국어의미학회, 23-41.

김진해(2005), 왜 연어인가?: 이론과 현실 사이 - '밥을 먹다'와 '눈을 뜨다'를 중심으로, ≪형태론≫ 7-1, 형태론, 163-169.

김진해(2007), 연어관계의 제자리 찾기, ≪한국어학≫ 37, 한국어학회, 229-260.

김진해(2010가), 관용어 수식과 해석, ≪한국어 의미학≫ 32, 한국어의미학회,

79-93.

김진해(2010나), 관용표현 연구의 새로운 쟁점, ≪한국어학≫ 49, 한국어학회, 37-64.

김창섭(1983), '줄넘기'와 '갈림길'형 합성명사에 대하여, ≪국어학≫ 12, 국어학회, 73-99.

김창섭(1984), 형용사 파생 접미사들의 기능과 의미: '-답-, -스럽-, -롭-, 하-'와 '-적'의 경우, ≪진단학보≫ 58, 진단학회, 145-161.

김창섭(1996), ≪국어의 단어형성과 단어구조 연구≫, 태학사.

김태엽(1990), 의존명사 {것}의 문법화와 문법변화, ≪대구어문논총≫ 8, 대구어문학회, 177-198.

김한샘(2003), 자연언어처리를 위한 관용표현 연구, ≪한국어 의미학≫ 13, 한국어의미학회, 43-67.

김한샘(2005), 한국어 숙어의 언어정보학적 연구, 박사학위논문, 연세대학교.

김현(2006), ≪활용의 형태음운론적 변화≫, 태학사.

나은미(2004), 의미를 고려한 접미사의 결합 관계: -이, -개, -질, -꾼을 대상으로, ≪한국어학≫ 23, 한국어학회, 73-97.

나은미(2009), ≪(연결주의 관점에서 본) 어휘부와 단어 형성≫, 박이정.

나은미(2013), 유추 기반 단어 형성 체계의 정립: 송원용의 〈국어 어휘부와 단어 형성〉(2005) 다시 읽기, ≪형태론≫ 15-2, 형태론, 225-241.

남기심(1995), 어휘 의미와 문법, ≪동방학지≫ 88, 연세대 국학연구원, 157-179.

남기심·고영근(2013), ≪표준국어문법론≫, 제3판, 탑출판사.

남기탁(2013), 신어 형성 과정과 재분석, ≪국어국문학≫ 163, 국어국문학회, 5-38.

남미정(2010), 국어의 문법화에 대한 재고, ≪한국어학≫ 49, 한국어학회, 209-233.

남성우(1990), 국어의 어휘 변화, ≪국어생활≫ 22, 국어연구소, 20-41.

노명희(1997), 한자어 형태론, ≪국어학≫ 29, 국어학회, 309-339.

노명희(2010), 혼성어(混成語) 형성 방식에 대한 고찰, ≪국어학≫ 58, 국어학회, 255-281.

노명희(2013), 국어의 탈문법화 현상과 단어화, ≪국어학≫ 67, 국어학회, 107-143.

도원영·정유남(2008), 용언형 관용구의 문형 정보에 대한 고찰, ≪한국어 의미학≫ 26, 한국어의미학회, 73-102.

목정수(2009), 한국어학에서의 소쉬르 수용의 문제: 기욤을 매개로, ≪언어학≫ 53, 한국언어학회, 27-53.

목정수(2013), ≪한국어, 보편과 특수 사이≫, 태학사.

문금현(1996), 관용 표현의 생성과 소멸, ≪국어학≫ 28, 국어학회, 301-333.

문금현(1999가), 현대국어 신어(新語)의 유형 분류 및 생성 원리, ≪국어학≫ 33, 국어학회, 295-325.

문금현(1999나), ≪국어의 관용 표현 연구≫, 태학사.

박만규(2003), 관용표현의 범주적 정체성 확립을 위하여: 의미론적 분석을 중심으로, ≪국어학≫ 41, 국어학회, 307-353.

박진호(1994), 통사적 결합 관계와 논항구조, 석사학위논문, 서울대학교.

박진호(1999), 형태론의 제자리 찾기, ≪형태론≫ 1-2, 형태론, 319-340.

박진호(2003), 관용표현의 통사론과 의미론, ≪국어학≫ 41, 국어학회, 361-379.

박진호(2006), 중세국어에서 형용사와 결합하는 '-어 잇-'의 상적 의미, ≪구결연구≫ 17, 구결학회, 227-242.

박진호(2007), 의미의 쏠림 현상에 대하여, ≪국어사 연구와 자료≫, 태학사, 211-224.

박진희(2005), 연어 제약에 대하여, ≪어문연구≫ 33-3, 한국어문교육연구회, 83-105.

서상규(2002), 한국어 정보 처리와 연어 정보, ≪국어학≫ 39, 국어학회, 321-360.

서정목(1983), 명령법 어미와 공손법의 등급: 근대 국어와 경상도 방언의 경우, ≪관악어문연구≫ 8, 서울대 국어국문학과, 213-246, [서정목(1994)에 재수록].

서정목(1984), 후치사 '-서'의 의미에 대하여: '명사구 구성의 경우', ≪언어≫ 9-1, 한국언어학회, 155-186.

서정목(1987), ≪국어 의문문 연구≫, 탑출판사.

서정목(1988), 한국어 청자 대우 등급의 형태론적 해석 (1): '옵니다체'의 해명을 위하여, ≪국어학≫ 17, 국어학회, 97-151, [서정목(1994)에 재수록].

서정목(1991), 내포 의문 보문자 '-(으)ㄴ+가'의 확립, ≪석정 이승욱 선생 회갑기념논총≫, 석정 이승욱 선생 회갑기념논총간행위원회, 105-133, [서정목(1994)에 재수록].

서정목(1994), ≪국어 통사 구조 연구 I≫, 서강대학교 출판부.

서정목(1998), ≪문법의 모형과 핵 계층 이론≫, 태학사.

서태룡(1988), ≪국어활용어미의 형태와 의미≫, 탑출판사.

성광수(1993), 어휘부의 형태/통사론적 접근, ≪어문논집≫ 32, 안암어문학회, 127-153.

소신애(2006), 수의적 교체를 통한 점진적 음운 변화: 함북 육진 방언의 진행 중인 변화를 중심으로, ≪국어학≫ 48, 국어학회, 101-124.

소신애(2007), 어기 및 접사 변화와 파생어의 재형성, ≪국어학≫ 50, 국어학회, 3-26.

소신애(2009), ≪음운론적 변이와 변화의 상관성≫, 태학사.

손세모돌(1995), '-고 싶다'의 의미 정립 과정, ≪국어학≫ 26, 국어학회, 147-169.

손세모돌(1996), ≪국어 보조용언 연구≫, 한국문화사.

송민(1990), 어휘 변화의 양상과 그 배경, ≪국어생활≫ 22, 국어연구소, 42-57.

송원용(1998), 활용형의 단어 형성 참여 방식에 대한 연구, 석사학위논문, 서울대학교.

송원용(2000), 현대국어 임시어의 형태론, ≪형태론≫ 2-1, 형태론, 1-16.

송원용(2002가), 형태론과 공시태·통시태, ≪국어국문학≫ 131, 국어국문학회, 165-190.

송원용(2002나), 인지형태론의 과제와 전망, ≪한국어학≫ 16, 한국어학회, 65-87.

송원용(2005가), ≪국어 어휘부와 단어 형성≫, 태학사.

송원용(2005나), 신어의 어휘부 등재 시점 연구: 어휘 지식 유무 검사를 통한 검증, ≪국어학≫ 46, 국어학회, 97-123.

송원용(2007), 형태론 연구의 대상과 술어의 이론적 정합성, ≪형태론≫ 9-2, 형태론, 293-310.

송원용(2009), 국어 선어말어미의 심리적 실재성 검증, ≪어문학≫ 104, 한국어문학회, 83-102.

송원용(2010), 형태론 연구의 쟁점과 전망: 유추론자와 규칙론자의 논쟁을 중심으로, ≪한국어학≫ 48, 한국어학회, 1-44.

송철의(1983), 파생어 형성과 통시성의 문제, ≪국어학≫ 12, 국어학회, 47-72.

송철의(1985), 파생어형성에 있어서 어기의 의미와 파생어의 의미, ≪진단학보≫ 60, 진단학회, 193-211.

송철의(1988), 파생어 형성에 있어서의 제약현상에 대하여, ≪국어국문학≫ 99, 국어국문학회, 309-333.

송철의(1992), ≪국어의 파생어형성 연구≫, 태학사.

송철의(1993), 언어 변화와 언어의 화석, ≪국어사 자료와 국어학의 연구≫, 문학과 지성사, 352-370.

송철의(1998), 파생어, ≪문법연구와 자료≫(이익섭 선생 회갑 기념논총), 태학사, 717-752.

송철의(2000), 형태론과 음운론, ≪국어학≫ 35, 국어학회, 287-311.

송효빈(2002), 지각동사 '보다'의 인지적 연구, 박사학위논문, 충남대학교.

시정곤(1995), 어휘결합과 의미해석, ≪언어≫ 20-1, 한국언어학회, 97-132.

시정곤(1997), 인칭접미사의 의미구조에 대하여, ≪한국어학의 이해와 전망≫, 박이정, 197-211.

시정곤(1998), ≪국어의 단어형성 원리≫(수정판), 한국문화사.

시정곤(1999), 규칙은 과연 필요 없는가, ≪형태론≫ 1-2, 형태론, 261-283.

시정곤(2001), 국어의 어휘부 사전에 대한 연구, ≪언어연구≫ 17-1, 한국현대언어학회, 163-184.

시정곤(2004), 등재소 설정 기준에 대한 연구, ≪한국어학≫ 22, 한국어학회, 185-214.

시정곤(2006), 국어 형태론에서의 '생산성' 문제에 대한 연구, ≪형태론≫ 8-2, 형태론, 257-276.

시정곤(2008), 국어 형태론에서 단어형성 전용요소의 설정에 대한 타당성 연구, ≪한국어학≫ 38, 한국어학회, 83-107.

시정곤·김건희(2009), 의존명사 구문의 양태적 고찰, ≪한국어학≫ 44, 한국어학회, 177-212.

시정곤·김건희(2011), '의존명사+이다' 구문에 대한 양태적 고찰, ≪어문연구≫

68, 어문연구학회, 79-102.

신승용(2003), ≪음운 변화의 원인과 과정≫, 태학사.

신승용(2004), 교체의 유무와 규칙의 공시성·통시성, ≪어문연구≫ 32-4, 한국어문교육연구회, 63-90.

신승용(2006), 수의적 음운현상의 종류와 그 특성, ≪국어국문학≫ 142, 국어국문학회, 137-161.

신승용(2007), 사전(lexicon)과 복수기저형 및 활용형, ≪한국어학≫ 37, 한국어학회, 75-104.

신승용(2011), 공시태와 공시적 음운 기술의 대상으로서 진행 중인 변화, ≪국어국문학≫ 157, 국어국문학회, 37-60.

신승용·이정훈·오경숙(2013), ≪국어학개론≫, 태학사.

심재기(1982), ≪국어어휘론≫, 집문당.

심재기(1986), 한국어 관용표현의 화용론적 연구, ≪관악어문연구≫ 11, 서울대 국어국문학과, 27-54.

심지연(2006), 국어 순화어의 생성과 정착에 대하여, ≪한국어학≫ 30, 한국어학회, 159-180.

심지연(2009), 국어 관용어의 인지의미론적 연구, 박사학위논문, 고려대학교.

안명철(1990), 국어의 융합 현상, ≪국어국문학≫ 103, 국어국문학회, 121-137.

안병희(1967), 문법사, 한국어발달사(중), ≪한국문화대계≫ 5, 고대민족문화연구소, 165-261.

안병희·이광호(1990), ≪중세국어문법론≫, 학연사.

안소진(2005), '한자어 경음화'에 대한 재론, ≪국어학≫ 45, 국어학회, 69-92.

안소진(2012가), 어휘부 등재 논의의 경향과 쟁점, ≪형태론≫ 14-1, 형태론, 1-23.

안소진(2012나), 관용표현의 통사적 변형에 대한 시론, ≪언어와 언어학≫ 56, 한국외국어대학교 언어연구소, 165-184.

안소진(2014), ≪심리어휘부에 기반한 한자어 연구≫, 태학사.

안예리(2008), 형용사 파생 접미사의 어기 공유 현상, ≪형태론≫ 10-1, 형태론, 63-83.

안주호(1997), ≪한국어 명사의 문법화 현상 연구≫, 한국문화사.

안주호(2002), 종결어미 '-ㄹ게'의 통사적·의미적 정보, ≪새국어교육≫ 63, 한국국어교육학회, 101-119.

안주호(2004), '-ㄴ 법이다'류의 양태표현 연구, ≪국어학≫ 44, 국어학회, 185-210.

양정호(2008), 단어 형성 과정 기술의 몇 문제: 구본관(2008)을 중심으로, ≪형태론≫ 10-2, 형태론, 421-435.

오규환(2008가), 현대 국어 조사 결합형의 단어화에 대한 연구, 석사학위논문, 서울대학교.

오규환(2008나), '같-'의 활용형의 문법화와 관련된 몇 문제, ≪형태론≫ 10-2, 형태론, 353-372.

오규환(2013), 단어 형성 과정으로서의 어휘화, ≪국어학≫ 68, 국어학회, 323-366.

오규환·김민국·정한데로(2014), 한국어 형태론의 보편성과 특수성을 찾아서: 최형용(2013)을 중심으로, ≪형태론≫ 16-2, 형태론, 241-281.

유창돈(1964), ≪이조국어사연구≫, 선명문화사.

유현경(2001), 한국어 관용구 사전의 편찬에 대한 연구: 문형 정보와 관련된 문제를 중심으로, ≪사전편찬학연구≫ 11-2, 연세대 언어정보개발연구원, 221-242.

이광호(2005), 연결망과 단어 형성, ≪국어학≫ 46, 국어학회, 125-145.

이광호(2006), 파생접미사의 생산성과 파생어 집합의 빈도특성, ≪어문연구≫ 34-3, 한국어문교육연구회, 219-250.

이광호(2008), 파생어와 그 의미의 도출, ≪형태론≫ 10-1, 형태론, 39-61.

이광호(2009), ≪국어 파생 접사의 생산성과 저지에 대한 계량적 연구≫, 태학사.

이기갑(2003), ≪국어 방언 문법≫, 태학사.

이기문(1972), ≪국어음운사연구≫, 탑출판사.

이동혁(2003), 연어 표현의 유형에 대하여, ≪국어국문학≫ 135, 국어국문학회, 131-161.

이동혁(2004), 국어 연어관계 연구, 박사학위논문, 고려대학교.

이동혁(2007), ≪한국어 관용 표현의 정보화와 전산 처리≫, 역락.

이문규(2009), 음운규칙의 공시성과 통시성: 진행 중인 음운변화의 기술 문제를 중심으로, ≪한글≫ 285, 한글학회, 71-96.

이병근(1996), '질경이'의 어휘사, ≪이기문교수 정년퇴임기념논문집≫, 신구문화사, 478-500.

이상억(1993), 관용표현과 합성어의 분석 및 어휘부 내외에서의 처리, ≪어학연구≫ 29-3, 서울대 어학연구소, 327-344.

이상욱(2004), '-음', '-기' 명사형의 단어화에 대한 연구, 석사학위논문, 서울대학교.

이상욱(2007), 임시어의 위상 정립을 위한 소고, ≪형태론≫ 9-1, 형태론, 47-67.

이상욱(2009), 단어형성론 연구의 대상과 방법에 대한 단상, ≪형태론≫ 11-1, 형태론, 143-152.

이상욱(2012), 단어형성론에서의 관찰적 타당성에 대하여, 한국어문교육연구회 제190회 전국학술대회 발표문(2012.11.24., 한성대).

이선영(2006), ≪국어 어간복합어 연구≫, 태학사.

이선영(2007), 국어 신어의 정착에 대한 연구, ≪한국어 의미학≫ 24, 한국어의미학회, 175-195.

이선웅(1995), 현대국어의 보조용언 연구, 석사학위논문, 서울대학교.

이선웅(2004), 未知의 한자어 의존명사에 대하여, ≪형태론≫ 6-2, 형태론, 251-276.

이선웅(2005), ≪국어 명사의 논항구조 연구≫, 월인.

이선웅(2012), ≪한국어 문법론의 개념어 연구≫, 태학사.

이성하(1998), ≪문법화의 이해≫, 한국문화사.

이승욱(1973), ≪국어문법체계의 사적연구≫, 일조각.

이승욱(2001), 문법화의 단계와 형태소 형성, ≪국어학≫ 37, 국어학회, 263-283.

이승재(1980), 남부방언의 형식명사 '갑'의 문법: 구례지역어를 중심으로, ≪방언≫ 4, 한국정신문화연구원, 49-74.

이승재(1992), 융합형 형태분석과 형태의 화석, ≪주시경학보≫ 10, 주시경연구소, 59-79.

이영제(2009), 구적 관용어의 통사적 구성과 의미: NV형 관용어를 중심으로, ≪어문논집≫ 60, 민족어문학회, 123-151.

이영제(2012), 언어의 기능 변화 현상으로서의 문법화 연구, 국어학회 제39회 전국학술대회(2012.12.13., 서울대) 발표문.

이영제(2014), 한국어 기능명사 연구, 박사학위논문, 고려대학교.

이은섭(2014), 단어와 문장의 형성 요소와 어휘부 모형에 대하여, ≪국어학≫ 69, 국어학회, 31-67.

이익섭(1965), 국어 복합명사의 IC분석, ≪국어국문학≫ 30, 국어국문학회, 121-129.

이익섭(1975), 국어 조어론의 몇 문제, ≪동양학≫ 5, 단국대 동양학연구소, 155-165.

이재인(1989), '-이'명사의 형태론, ≪이정 정연찬선생 회갑기념논총≫, 탑출판사, 820-835.

이재인(1991가), 국어 복합명사 구성의 이해, ≪국어학의 새로운 인식과 전개≫ (김완진선생 회갑기념논총), 민음사, 612-628.

이재인(1991나), 파생접미사의 기술을 위한 한 방안: '-이, -음, -기'를 중심으로, ≪석정 이승욱선생 회갑기념논총≫, 석정 이승욱 선생 회갑기념논총간행위원회, 295-314.

이재인(1994), 국어 파생접미사에 대한 연구, 박사학위논문, 서강대학교.

이재인(1995), 국어 잠재어에 대한 고찰, ≪배달말≫ 20, 배달말학회, 51-80.

이재인(1996), 국어 합성명사 형성에서의 의미론적 제약 현상, ≪배달말≫ 21, 배달말학회, 75-93.

이재인(2003), 임시어에 나타나는 형태론적 특성, ≪시학과언어학≫ 6, 시학과 언어학회, 191-206.

이정훈(2006), 어미의 형태분석에 대하여: 이형태 규칙과 통사구조 형성을 중심으로, ≪형태론≫ 8-1, 형태론, 65-86.

이정훈(2008가), 단어 형성 원리에 대한 고찰, ≪시학과언어학≫ 15, 시학과언어학회, 205-240.

이정훈(2008나), ≪조사와 어미 그리고 통사구조≫, 태학사.

이정훈(2012), ≪발견을 위한 한국어 문법론≫, 서강대학교 출판부.

이정훈(2013), 'V-기' 반복 구문의 유형과 그 형성 동기 및 과정, ≪어문학≫ 122, 한국어문학회, 155-180.

이지양(1998가), ≪국어의 융합현상≫, 태학사.

이지양(1998나), 문법화, ≪문법 연구와 자료≫(이익섭 선생 회갑 기념논총), 태학사, 801-818.

이지양(2003), 문법화 이론과 국어의 문법화, ≪정신문화연구≫ 26-3, 한국정신문화연구원, 211-239.

이태영(1988), ≪국어 동사의 문법화 연구≫, 한신문화사.

이현희(1993), 국어 문법사 기술의 몇 문제, ≪한국어문≫ 2, 한국정신문화연구원, 57-77.

이현희(2005), 현대국어의 화석과 그 역사적 해석, ≪국어학≫ 45, 국어학회, 275-288.

이현희(2010), '채'와 '째'의 통시적 문법, ≪규장각≫ 36, 서울대 규장각 한국학연구원, 73-134.

이현희(2010), 화용적 동기에 의한 조어 과정, ≪어문학≫ 109, 한국어문학회, 37-61.

이현희(2013), 의도적 단어 만들기에 나타난 조어 방식 연구, ≪어문학≫ 122, 한국어문학회, 235-268.

이현희(2014), 축약어 만들기 실험에 나타난 조어 양상 연구, ≪어문학≫ 126, 한국어문학회, 87-115.

이호승(2001), 단어형성과정의 공시성과 통시성, ≪형태론≫ 3-1, 형태론, 113-119.

이호승(2004), 단어형성법의 분류기준에 대하여, ≪어문학≫ 85, 한국어문학회, 85-110.

이희자(1995), 현대 국어 관용구의 결합 관계 고찰, ≪대동문화연구≫ 30, 성균관대 대동문화연구, 411-444.

이희자·유현경·김한샘·천미애(2007), 『학습용 한국어 관용 표현 사전』 편찬 연구, ≪한국사전학≫ 9, 한국사전학회, 99-122.

임근석(2002), 현대 국어의 어휘적 연어 연구, 석사학위논문, 서울대학교.

임근석(2005가), 문법적 연어의 개념 정립을 위하여, ≪형태론≫ 7-2, 형태론, 277-302.

임근석(2005나), 연어와 관용표현의 판별 기준에 대한 고찰, ≪우리말 연구 서른 아홉 마당≫, 태학사, 981-1006.

임근석(2008), 문법적 연어와 문법화의 관계, ≪국어학≫ 51, 국어학회, 115-147.

임근석(2010), ≪한국어 연어 연구≫, 월인.

임근석(2011), 한국어 연어 연구의 전개와 쟁점에 대하여, ≪국어학≫ 61, 국어학회, 359-387.

임동훈(1991), 현대국어 형식명사 연구, 석사학위논문, 서울대학교.

임동훈(2001), '-겠' 의 용법과 그 역사적 해석, ≪국어학≫ 37, 국어학회, 115-147.

임동훈(2008), 한국어의 서법과 양태 체계, ≪한국어 의미학≫ 26, 한국어의미학회, 211-249.

임지룡(1992), ≪국어의미론≫, 탑출판사.

임지룡(1996), 다의어의 인지적 의미 특성, ≪언어학≫ 18, 한국언어학회, 229-261.

임지룡(1997가), ≪인지의미론≫, 탑출판사.

임지룡(1997나), 새 낱말 창조의 인지적 연구, ≪국어교육연구≫ 29, 국어교육연구회, 1-33.

임지룡(2010), 어휘의미론과 인지언어학, ≪한국어학≫ 49, 한국어학회, 1-35.

임홍빈(1981), 사이시옷 문제의 해결을 위하여, ≪국어학≫ 10, 국어학회, 1-35.

임홍빈(2002), 한국어 연어의 개념과 그 통사, 의미적 성격, ≪국어학≫ 39, 국어학회, 279-311.

장요한(2011), 중세국어 '마초아'의 용법과 어휘화, ≪언어와 정보 사회≫ 14, 서강대 언어정보연구소, 1-19.

장요한(2013), 중세국어 의문사 '므스'류의 교체 양상과 단일화, ≪언어와 정보 사회≫ 20, 서강대 언어정보연구소, 235-259.

장윤희(2010), 언어 화석의 확인과 공시적 처리 방안, ≪한국어학≫ 48, 한국어학회, 45-76.

전상범(1995), ≪형태론≫, 한신문화사.

정동경(2010), '즈음'과 '쯤'의 관계에 대한 통시적 연구, ≪국어학≫ 58, 국어학회, 93-127.

정언학(2002), '-고 잇다' 구성의 문법화에 대한 통시적 연구, ≪진단학보≫ 94, 진단학회, 167-203.

정언학(2006), ≪상 이론과 보조용언의 역사적 연구≫, 태학사.

정언학(2007가), 보조용언 구성의 문법화와 역사적 변화, ≪한국어학≫ 35, 한국어학회, 121-165.

정언학(2007나), '-어 잇다' 구성의 분포와 의미의 역사적 변화, ≪어문연구≫ 35-4, 한국어문교육연구회, 79-108.

정원수(1990), 국어 어휘부와 통사론의 통시적 상관성, ≪어문연구≫ 20, 충남대 문리과대학 어문연구회, 366-387.

정원수(1992), ≪국어의 단어 형성론≫, 한신문화사.

정재영(1996), ≪의존명사 'ᄃ'의 문법화≫, 태학사.

정재영(1997), 명사의 문법화, ≪규장각≫ 20, 서울대 규장각 한국학연구원, 127-151.

정한데로(2009), 국어 복합어의 등재와 어휘화 연구, 석사학위논문, 서강대학교.

정한데로(2010가), 문법 차원의 등재에 대한 연구, ≪형태론≫ 12-1, 형태론, 1-22.

정한데로(2010나), 복합어 분석에 의한 단어의 변화, ≪어문연구≫ 147, 한국어문 교육연구회, 103-128.

정한데로(2010다), '형식명사+-요' 구성에 관한 소고(小考): 인터넷 통신 언어를 중심으로, ≪언어와 정보 사회≫ 13, 서강대 언어정보연구소, 37-65.

정한데로(2011), 임시어의 형성과 등재: '통사론적 구성의 단어화'를 중심으로, ≪한국어학≫ 52, 한국어학회, 211-241.

정한데로(2012가), 어휘 변화의 세 방향: '보-'를 중심으로, ≪형태론≫ 14-1, 형태 론, 25-52.

정한데로(2012나), 조사·어미 복합형태의 등재와 변화, ≪언어와 정보 사회≫ 18, 서강대 언어정보연구소, 101-131.

정한데로(2012다), 공시적 재구조화에 의한 등재소 형성, 한국어학회 제62차 전국 학술대회(2012.11.24., 서강대) 발표문.

정한데로(2013가), 임시어의 실재성 확립을 위하여, ≪어문연구≫ 157, 한국어문 교육연구회, 119-149.

정한데로(2013나), 명명 과제(naming task)를 기반으로 한 임시어의 형태론: 도 구 명사를 중심으로, ≪국어학≫ 68, 국어학회, 367-404.

정한데로(2013다), 단어의 형성·등재 단위에 관한 소고, 2013년 하반기 형태론

집담회(2013.8.24., 연세대) 발표문.

정한데로(2014가), 형성 차원의 '맥락'을 활용한 어휘 교육, ≪서강인문논총≫ 39, 서강대학교 인문과학연구소, 137-168.

정한데로(2014나), 단어 형성과 의미 합성성: 통합관계와 계열관계를 중심으로, ≪한국어 의미학≫ 44, 한국어의미학회, 263-289.

정한데로(2014다), 임시어에 관한 몇 문제, ≪국어학≫ 71, 국어학회, 61-91.

정한데로(2015가), 단어 형성 과정의 개념화와 언어화: 19세기 말~20세기 초 자료의 의의, ≪언어와 정보 사회≫ 24, 서강대학교 언어정보연구소, 125-158.

정한데로(2015나), 단어의 공인화에 관한 고찰, ≪국어학≫ 74, 국어학회, 233-266.

정한데로(2015다), 단어와 문장의 문법성, ≪어문연구≫ 166, 한국어문교육연구회, 179-204.

정한데로(2015라), 임시어와 형태론, ≪언어 현상과 언어학적 분석≫, 역락.

정혜선(2010가), '싶다' 구문의 역사적 변화, ≪어문연구≫ 146, 한국어문교육연구회, 169-191.

정혜선(2010나), 종결어미와 통합하는 '보다' 구문에 대하여: '-ㄴ가 보다', '-ㄹ까 보다'를 중심으로, ≪국어학≫ 59, 국어학회, 45-66.

정혜선(2013), 국어 인식 양태 형식의 역사적 연구, 박사학위논문, 서강대학교.

조남호(1988), 현대국어의 파생접미사 연구, 석사학위논문, 서울대학교.

조민진(2006), '-겠'의 문법화 과정 연구, 석사학위논문, 서강대학교.

조은영(2009), 현대국어 어휘적 연어의 형성과 의미, 석사학위논문, 이화여자대학교.

조은영(2010), 어휘적 연어의 형성과 유추, ≪한국어학≫ 48, 한국어학회, 299-331.

채현식(1994), 국어 어휘부의 등재소에 관한 연구, 석사학위논문, 서울대학교.

채현식(1999), 조어론의 규칙과 표시, ≪형태론≫ 1-1, 형태론, 25-42.

채현식(2000), 유추에 의한 복합명사 형성 연구, 박사학위논문, 서울대학교.

채현식(2002), '고기잡이'류 복합명사의 형성 문제에 대하여, ≪형태론≫ 4-1, 형태론, 143-152.

채현식(2003가), 대치에 의한 단어 형성, ≪형태론≫ 5-1, 형태론, 1-21.

채현식(2003나), ≪유추에 의한 복합명사 형성 연구≫, 태학사.

채현식(2006가), 합성명사에서의 의미 전이와 관습화, ≪한국언어문학≫ 58, 한국언어문학회, 5-23.

채현식(2006나), 은유표현의 해석과 유추: 심리과정을 중심으로, ≪한말연구≫ 19, 한말연구학회, 377-397.

채현식(2007), 어휘부의 자기조직화, ≪한국언어문학≫ 63, 한국언어문학회, 129-145.

채현식(2009), 용례 기반 이론에서의 어휘 지식 표상, ≪형태론≫ 11-2, 형태론, 269-286.

채현식(2012), 계열관계에 기반한 단어 분석과 단어 형성, ≪형태론≫ 14-2, 형태론, 208-232.

채현식(2013), 어휘부란 무엇인가, ≪국어학≫ 66, 국어학회, 307-333.

채현식(2014), 명사의 형태론, ≪한국어학≫ 62, 한국어학회, 97-122.

최경봉(1993), 국어 관용어 연구, 석사학위논문, 고려대학교.

최경봉(1994), 관용어의 의미구조, ≪어문논집≫ 33, 안암어문학회, 573-593.

최경봉(1995), 의존성 단어의 구조기술 재론, ≪언어≫ 20-1, 한국언어학회, 179-202.

최경봉(1998), ≪국어 명사의 의미 연구≫, 태학사.

최경봉(2000), 관용어의 구성 형식과 의미 구조, ≪한국언어문학≫ 45, 한국언어문학회, 649-667.

최동주(1995), 국어 시상체계의 통시적 변화에 관한 연구, 박사학위논문, 서울대학교.

최명옥(1985), 변칙동사의 음운현상에 대하여: p-,s-,t-변칙동사를 중심으로, ≪국어학≫ 14, 국어학회, 149-188.

최상진(1996), 단어의미형성의 유기체적 구조론에 대하여, ≪어문연구≫ 24-4, 한국어문교육연구회, 73-91.

최상진(1997), 합성어 의미형성의 유기체적 관계론에 대하여, ≪한국어 의미학≫ 1, 한국어의미학회, 155-170.

최상진(2002), 합성어 의미형성과 게시탈트(Gestalt), ≪인문학연구≫ 6, 경희대 인문학연구소, 3-24.

최웅환(1995), 보조용언 구성의 형성적 원리, ≪문학과 언어≫ 15, 문학과언어학
회, 65-82.

최웅환(1998), 서술어의 확장적 배합, ≪어문학≫ 62, 한국어문학회, 101-123.

최윤지(2008), 자립명사로 발달하는 한자어 파생접미사에 대하여, ≪형태론≫
10-2, 형태론, 319-333.

최지훈(1999), 전의(轉義)합성명사의 인지의미론적 연구, 석사학위논문, 이화여자
대학교.

최지훈(2007), 국어 관용구의 은유 환유 연구, 박사학위논문, 이화여자대학교.

최현배(1937/1971), ≪우리말본≫(네번째 고침), 정음사.

최형강(2007), 접두사 '생-, 날-'의 의미 분석, ≪어문학≫ 96, 한국어문학회, 161-
190.

최형용(1997), 형식명사・보조사・접미사의 상관관계, 석사학위논문, 서울대학교.

최형용(1999), 국어의 단어 구조에 대하여, ≪형태론≫ 1-2, 형태론, 245-260.

최형용(2000가), '-적(的)' 파생어의 의미와 '-적(的)'의 생산성, ≪형태론≫ 2-2, 형
태론, 215-237.

최형용(2000나), 단어 형성과 직접 성분 분석, ≪국어학≫ 36, 국어학회, 161-190.

최형용(2003가), 'X(으)ㅁ이'형 단어에 대하여, ≪형태론≫ 5-2, 형태론, 327-350.

최형용(2003나), ≪국어 단어의 형태와 통사≫, 태학사.

최형용(2004), 파생어 형성과 빈칸, ≪어학연구≫ 40-3, 서울대 어학연구소, 619-
636.

최형용(2006), 합성어 형성과 어순, ≪국어국문학≫ 143, 국어국문학회, 235-272.

최형용(2008), 국어 동의파생어 연구, ≪국어학≫ 52, 국어학회, 27-53.

최형용(2009), 현대 국어의 사이시옷은 과연 형태소인가, ≪형태론≫ 11-1, 형태
론, 61-78.

최형용(2013가), 어휘부와 형태론, ≪국어학≫ 66, 국어학회, 361-413.

최형용(2013나), 구성 형태론은 가능한가: 보이(2010), Construction Morphology
를 중심으로, ≪형태론≫ 15-1, 형태론, 82-114.

최형용(2013다), ≪한국어 형태론의 유형론≫, 박이정.

하치근(1989), ≪국어 파생형태론≫, 남명문화사.

하치근(1992), 파생법에서 어휘화한 단어의 처리 문제, ≪우리말연구≫ 2, 우리말
학회, 33-57.

하치근(1996), '-음' 접사의 본질을 찾아서, ≪형태론≫ 1-2, 형태론, 359-369.

한동완(1986), 과거 시제 '었'의 통시론적 고찰, ≪국어학≫ 15, 국어학회,
217-248.

한동완(1999), '-고 있-' 구성의 중의성에 대하여, ≪한국어 의미학≫ 5, 한국어의
미학회, 215-248.

한명주(2006), 현대국어 형식명사 구성의 양태성 연구, 석사학위논문, 서강대
학교.

한영균(1997), '명사+동사' 합성구의 형태론적 특성, ≪울산어문논집≫ 12, 울산
대 국어국문학과, 95-123.

한영균(2002), 어휘 기술을 위한 연어정보의 추출 및 활용과 관련된 몇 가지 문제,
≪국어학≫ 39, 국어학회, 137-171.

한정한(2009), 단어를 다시 정의해야 하는 시급한 이유들, ≪언어≫ 34-3, 한국언
어학회, 761-788.

한정한(2010가), 관용구의 문법범주, ≪어문논집≫ 61, 민족어문학회, 315-349.

한정한(2010나), 용언형 연어의 문법범주, ≪한국어학≫ 49, 한국어학회, 405-
433.

허발 편역(1985), ≪구조의미론≫, 고려대학교 출판부.

허발 편역(1997), ≪현대 의미론의 이해≫, 국학자료원.

허철구(1991), 국어의 보조동사 연구, 석사학위논문, 서강대학교.

허철구·김명광·조지연·한명주·정한데로(2014), ≪단어와 어휘부≫, 역락.

호광수(2003), ≪국어 보조용언 구성 연구≫, 역락.

홍기선(1998), 한국어 관용어구와 논항구조, ≪어학연구≫ 34-3, 서울대 어학연구
소, 547-573.

홍재성(1995), 의미·텍스트 대응모형에 따른 불어어휘의 연구, ≪인문논총≫ 33,
서울대 인문학연구원, 15-45.

홍재성·박동호(2000), 멜축의 의미·텍스트 대응 모형 연구, ≪인문논총≫ 43,
서울대 인문학연구원, 107-154.

황화상(2001), ≪국어 형태 단위의 의미와 단어 형성≫, 월인.

황화상(2002), 국어 접사의 기능과 형태 범주: 복합어 내부의 개재 접사를 중심으로, ≪언어≫ 27-4, 한국언어학회, 683-702.

황화상(2006), 우리말 접사의 의미론적 고찰: 단어 구조와 관련하여, ≪우리말연구≫ 19, 우리말학회, 143-168.

황화상(2008), 접사, 단어 형성 그리고 어휘부, ≪형태론≫ 10-1, 형태론, 157-167.

황화상(2009), 잠재어와 접사: 갈림길형 복합명사를 중심으로, ≪한말연구≫ 25, 한말연구학회, 377-398.

황화상(2010), 단어형성 기제로서의 규칙에 대하여, ≪국어학≫ 58, 국어학회, 61-91.

황화상(2011), 관용어의 문법 범주와 범주 특성, ≪언어와 정보 사회≫ 15, 서강대 언어정보연구소, 27-51.

황화상(2013), 유추, 규칙의 대안인가?: 채현식(2003)을 중심으로, ≪형태론≫ 15-2, 형태론, 204-224.

황화상(2014), 관용 표현과 어휘부, 그리고 문장의 형성, ≪한국어학≫ 65, 한국어학회, 295-320.

Ackema, P. & Neeleman, A.(2004), *Beyond Morphology: Interface Conditions on Word Formation*, Oxford University Press.

Aitchison, J,(1987), *Words in the mind: an introduction to the mental lexicon*, Basil Blackwell. [임지룡·윤희수 역(1993), ≪심리언어학≫, 경북대학교 출판부.]

Allen, M.(1978), Morphological Investigations, Ph.D. dissertation, University of Connecticut.

Aronoff, M.(1976), *Word formation in Generative Grammar*, The MIT Press.

Aronoff, M. & Anshen, F.(1998), Morphology and the Lexicon: Lexicalization and Productivity, In Spencer, A. & Zwicky, A. M.(eds.), *The Handbook of Morphology*, Blackwell, 237-247.

Baayyen, R. H.(1989), A Corpus-Based Approach to Morphological Productivity, Statistical Analysis Psycholinguistic Interpretation, Dissertation, Vrije University, Amsterdam.

Bauer, L.(1983), *English Word-formation*, Cambridge University Press.

Bauer, L.(1988), *Introducing Linguistic Morphology*, Edinburgh University Press.

Bauer, L.(2001), *Morphological Productivity*, Cambridge University Press.

Bauer, L.(2005), Productivity: theories, In Štekauer, P. & Lieber, R.(eds.), *Handbook of Word-Formation*, Springer, 315-334.

Benczes, R.(2006), *Creative Compounding in English*, John Benjamins Publishing Company.

Bloomfield, L.(1933), *Language*, Holt.

Booij, G. E.(2005), Compounding and derivation: evidence for construction morphology, In Dressler, W. U.(ed.), *Morphology and Its Demarcations*, John Benjamins Publishing Company, 109-132.

Booij, G. E.(2009), Compounding and construction morphology, In Lieber, R. & Štekauer, P.(eds.), *The Oxford Handbook of Compounding*, Oxford University Press, 201-216.

Booij, G. E.(2010), *Construction Morphology*, Oxford University Press.

Brinton, L. & Traugott, E. C.(2005), *Lexicalization and Language Change*, Cambridge University Press.

Bybee, J. L.(1985), *Morphology: a Study of the relation between Meaning and Form*, Benjamins.

Bybee, J. L.(1988), Morphology as lexical organization, In Hammond, M. & Noonan, M.(eds.), *Theoretical Morphology*, Academic Press, 119-141.

Bybee, J. L.(1995), Regular morphology and the lexicon, *Language and Cognitive Processes* 10, 425-455.

Bybee, J. L., Perkins, R., & Pagliuca, W.(1994), *The Evolution of Grammar*, The university of Chicago Press.

Carstaris-McCarthy, A.(1992), *Current Morphology*, Routledge.

Chomsky, N.(1965), *Aspects of the Theory of Syntax*, Cambridge, The MIT Press.

Chomsky, N.(1970), Remarks on nominalization, In Jacobs, R. & Rosenbaum, P.(eds.), *Readings in English Transformational Grammar*, Ginn and Co., 184-221.

Coseriu, E.(1967), *Teoría del lenguaje y lingüística general; Cinco estudios*, 2nd edition, Gredos. [Lipka, L.(1992a) 참고.]

Cruse, A.(1986), *Lexical Semantics*, Cambridge University Press. [임지룡·윤희수 역(1989), ≪어휘의미론≫, 경북대학교 출판부.]

Cruse, A.(2000), *Meaning in Language*, 2nd edition, Oxford University Press. [임지룡·김동환 역(2002), ≪언어의 의미: 의미·화용론 개론≫, 태학사.]

Di Sciullo A-M. & Williams, E.(1987), *On the Definition of Word*, MIT.

Downing, P.(1977), On the creation and use of English compound nouns, *Language* 53-4, 810-842.

Fernández-Domínguez, J.(2009), *Productivity in English Word-formation*, Peter Lang.

Geeraerts, D.(2010), *Theories of Lexical Semantics*, Oxford University Press. [임지룡·김동환 역(2013), ≪어휘의미론의 연구 방법: 역사의미론에서 인지의미론까지≫, 경북대학교 출판부.]

Giegerich, H.(2009), Compounding and lexicalism, In Lieber, R. & Štekauer, P.(eds.), *The Oxford Handbook of Compounding*, Oxford University Press, 178-200.

Halle, M.(1973), Prolegomena to a theory of word-formation, *Linguistic Inquiry* 4-1, 3-16.

Haspelmath, M.(2002), *Understanding Morphology*, Oxford University Press.

Haspelmath, M. & Sims, A. D.(2010), *Understanding Morphology*, 2nd edition, Oxford University Press. [오규환·김민국·정한데로·송재영 역(2015), ≪형태론의 이해≫, 역락.]

Heine, B., Claudi, U., & Hünnemeyer, F(1991), From cognition to grammar: Evidence from African languages, In Traugott, E. C. & Heine, B. (eds.)(1991), *Approaches to Grammaticalization 2 vols.*,

John Benjamins Publishing Company, 149-187.

Hockett, C.(1958), *A Course in Modern Linguistics*, Macmillan.

Hoeksma, J.(1985), Theory of the lexicon, *Categorial Morphology*, Garland, 1-31. [Katamba, F.(eds.)(2004), *Morphology*, Routledge에 재수록.]

Hohenhaus, P.(2005), Lexicalization and institutionalization, In Štekauer, P. & Lieber, R.(eds.), *Handbook of Word-Formation*, Springer, 353-373.

Hopper, P. J. & Traugott, E. C.(2003), *Grammaticalization*, 2nd edition, Cambridge University Press.

Jackendoff, R.(1975), Morphological and semantic regularities in the lexicon, *Language* 51, 639-671.

Jackendoff, R.(1990), *Semantic Structures*, The MIT Press.

Jackendoff, R.(2002), *Foundations of Language: Brain, Meaning, Grammar, Evolution*, Oxford University Press.

Jackendoff, R.(2009), Compounding in the parallel architecture and conceptual semantics, In Lieber, R. & Štekauer, P.(eds.), *The Oxford Handbook of Compounding*, Oxford University Press, 105-128.

Joseph, B. D.(1998), Diachronic morphology, In Spencer, A. & Zwicky, A. M.(eds.), *The Handbook of Morphology*, Blackwell, 351-373.

Kastovsky, D.(1986), The problem of productivity in word formation, *Linguistics* 24-3, 585-600.

Kastovsky, D.(2009), Diachronic perspectives, In Lieber, R. & Štekauer, P.(eds.), *The Oxford Handbook of Compounding*, Oxford University Press, 323-340.

Katamba, F. and Stonham J.(2006), *Morphology*, palgrave Macmillan. [김진형 · 김경란 역(2008), ≪형태론≫, 한국문화사.]

Kilgarriff, A. & Grefenstettet, G.(2003), Introduction to the special issue on the Web as corpus, *Computational Linguistics* 29, 333-347.

Lees, R.(1960), *The Grammar of English Nominalizations*, Mouton.

Lehmann, C.(1982), *Thoughts on Grammaticalization: a programmatic sketch*, Universalienprojekt, Institut für Sprachwissenschaft Universität.

Lehmann, C.(2002), New reflections on grammaticalization and lexicalization, In Wischer, I. & Diewald, G.(eds.), *New Reflections on Grammaticalization*, John Benjamins Publishing Company, 1-18.

Lieber, R.(1981), *On the Organization of the Lexicon*, Indiana University Linguistics Club.

Lieber, R.(1992), *Deconstructing Morphology: Word Formation in Syntactic Theory*, The University of Chicago Press.

Lieber, R.(2010), *Introducing Morphology*, Cambridge University Press.

Lipka, L.(1992a), *An Outline of English Lexicology: Lexical Structure, Word Semantics, and Word-Formation*, 2nd edition, Walter de Gruyter.

Lipka, L.(1992b), Lexicalization and institutionalization in English and German, *Linguistica Pragensia* 1, 1-13.

Lipka, L.(2002), *English Lexicology: lexical structure, word semantics and word-formation*, Gunter Narr.

Lipka, L., Handl, S., & Falkner W.(2004), Lexicalization & institutionalization: The state of the Art in 2004, SKASE Journal of Theoretical Linguistics 1, 2-19.

Matthews, P.(1991), *Morphology*, Cambridge University Press.

Mel'čuk, I.(1995), Phrasemes in language and phraseology in linguistics, In Everaert, M. et al.(eds.), *Idioms: Structural and Psychological Perspectives*, Lawrence Erlbaum, 167-232.

Mel'čuk, I.(1998), Collocations and lexical functions, In Cowie, A. P.(ed.) *Phraseology: Theory, Analysis, and Applications*, Clarendon Press, 23-54.

Miller, G. A.(1996), *The Science of Words*, Scientific American Library. [강범

모 · 김성도 역(1998), ≪언어의 과학: 그림으로 이해하는 언어와 정신의 세계≫, 민음사.]

Milroy, J.(1992), *Linguistic Variation and Change*, Basil Blackwell. [정영인 외 공역(1998), ≪언어변이와 변화≫, 태학사.]

Moon, R.(1998), *Fixed Expressions and Idioms in English*, Clarendon Press Oxford.

Nida, E. A.(1949), *Morphology*, University of Michigan Press.

Norde, M.(2002), The final stages of grammaticalization: affixhood and beyond, In Wischer, I. & Diewald, G.(eds.), *New Reflections on Grammaticalization*, John Benjamins Publishing Company, 45-65.

Plag, I.(2003), *Word-Formation in English*, Cambridge University Press.

Saussure, F. D.(1916/1972), *Cours de linguistique générale*, Payot. [최승언 역(1990), ≪일반언어학 강의≫, 민음사.]

Scalise, S.(1984), *Generative Morphology*, Foris, Dordrecht. [전상범 역(1987), ≪생성형태론≫, 한신문화사.]

Scalise, S. & Guevara E.(2005), The lexicalist approach to word-formation and the notion of the lexicon, In Štekauer, P. & Lieber, R.(eds.), *Handbook of Word-Formation*, Springer, 147-187.

Searle, J. R.(1979), *Expression and Meaning*, Cambridge University Press.

Selkirk, E. O.(1982), *The Syntax of Words*, The MIT Press. [김승곤 외 공역(1986), ≪단어통어론≫, 한신문화사.]

Singleton, D.(2000), *Language and the Lexicon*, Oxford University Press. [배주채 역(2008), ≪언어의 중심 어휘≫, 삼경문화사.]

Spencer, A.(1991), *Morphology Theory: an Introduction to Morphology in Generative Grammar*, Blackwell. [전상범 외 역(1994), ≪형태론≫, 한신문화사.]

Sproat, R.(1998), Morphology as component or module: mapping principle approaches, In Spencer, A. & Zwicky, A. M.(eds.), *The Handbook of Morphology*, Blackwell, 335-348.

Štekauer, P.(1998), *An Onomasiological Theory of English Word-Formation*, John Benjamins Publishing Company.

Štekauer, P.(2001), Fundamental principles of onomasiological theory of English word-formation, *Onomasiology Online* 2, 1-42.

Štekauer, P.(2002), On the theory of neologisms and nonce-formations, *Australian Journal of Linguistics* 22-1, 97-112.

Štekauer, P.(2005a), *Meaning Predictability in Word Formation*, John Benjamins Publishing Company.

Štekauer, P.(2005b), Onomasiological approach to word-formation, In Štekauer, P. & Lieber, R.(eds.), *Handbook of Word-formation*, Springer, 207-232.

Taylor, J. R.(2012), *The Mental Corpus: How Language is Represented in the Mind*, Oxford University Press.

Traugott, E. C. & König, E.(1991), The semantics-progmatics of grammaticalization revisited, In Traugott, E. C. & Heine, B.(eds.)(1991), *Approaches to Grammaticalization 2 vols.*, John Benjamins Publishing Company, 189-218.

Werning, M., Hinzen, W., & Machery, E.(2012), *The Oxford Handbook of Compositionality*, Oxford University Press.

찾아보기

점진적(gradual) 151, 158-159, 165, 168, 287-288, 364, 376, 379-380

정착어(established word) 138

정합성(coherence) 27-28, 44, 90, 94-95, 102, 119, 122-128, 152, 163, 177, 206, 247, 256, 258-259, 262, 347, 352-354, 371, 377, 381

종단 교점(terminal node) 79-80, 87

종합합성어 237

'죽은' 비유('dead' metaphor) 348

지속성(persistence) 290-291, 294-296, 365, 376

직설의미 247, 293-295, 304-305, 343-344, 347-351, 354

ㅊ

창발(emergence) 56-57, 173

체계(System) 148-150, 154

초기 단계(initial stage) 289

최소 등재 입장 82, 84-90, 93, 101, 119, 124, 127, 370

추상화 23, 56, 77, 146, 184-185, 224, 227-231, 263, 265, 270, 275, 277, 279, 284, 286, 376

출현빈도(token frequency) 56, 117, 177, 189-191, 193-197, 201-203, 239, 258, 381

층위화(layering) 283, 290

ㅌ

탈범주화(decategorialization) 283, 290-291

통사론적 구성의 단어화 62, 196, 198, 199, 201-204, 239-245

통사부(syntax) 26, 29, 32, 34-35, 38-39, 45, 47-52, 55, 57-62, 92, 94-95, 98-101, 141, 240-245, 369

통사원자(syntactic atom) 19-20, 30, 52-53, 90-92, 96, 98, 119, 128, 144-145, 170-171, 245

통시성 15, 27-28, 131, 159, 170-175, 178, 282, 284, 373, 380

통합관계 27, 66, 74, 104, 180, 198, 223-224, 229-233, 236, 272, 288, 298-299, 306, 308, 373-374

투명성 126-128, 258-259, 349-354, 371, 377

틀(schema) 56, 66, 68, 77-80, 91-94, 106-107, 184, 223-231, 235-237, 333

ㅍ

파롤(parole) 83, 130, 138, 143-150

패턴(pattern) 31, 68-69, 73, 76, 79-81, 89, 154-155, 185, 191, 223, 228-231, 240, 308, 311, 327

표적(target) 66, 224-230

표층어휘부 52-53, 57-58, 68, 92-93, 118, 145

표현론적 접근(onomasiological approach) 30, 180

ㅎ

함수 22, 27, 102, 107, 112-113, 115, 121-126, 177, 215, 252, 256, 268, 270, 279, 293, 340-341, 364, 371, 374-377, 381

합성성(compositionality) 27, 95, 102, 119, 122-128, 177, 246, 256, 259, 293, 303, 340, 343-349, 352-354, 364, 367, 371, 377

형성→등재→변화 14, 18, 21, 27, 55, 102, 162-167, 177-178, 179, 282-283, 296, 306, 365, 368, 370, 378

형태구조화(morphologization) 23

형태론적 규칙(morphological rule) 76, 228, 308

형태론적 대응(morphological correspondence) 76

형태론적 패턴(morphological pattern) 81

형태부(morphology/morphological component) 26, 29, 32-46, 59-63, 75,

정한데로

- 인천 출생
- 서강대학교 문학부 국어국문학 전공 졸업(2007)
- 서강대학교 대학원 국어국문학과 문학석사(2009)
- 서강대학교 대학원 국어국문학과 문학박사(2014)
- 서강대, 홍익대, 서경대, 신라대, 숭실대 강사
- 서강대학교 글쓰기센터 연구원
- 서강대학교 언어정보연구소 연구교수
- 현재 가천대학교 인문대학 한국어문학과 조교수

주요 논문

- 문법 차원의 등재에 대한 연구(2010)
- 임시어의 형성과 등재(2011)
- 어휘 변화의 세 방향(2012)
- 임시어의 실재성 확립을 위하여(2013)
- 명명 과제(naming task)를 기반으로 한 임시어의 형태론(2013)
- 단어 형성과 의미 합성성(2014)
- 임시어에 관한 몇 문제(2014)
- 단어의 공인화에 관한 고찰(2015)
- 단어와 문장의 문법성(2015) 등

國語學叢書 71

한국어 등재소의 형성과 변화

초판 1쇄 발행 2015년 12월 18일
초판 2쇄 발행 2016년 9월 30일
지은이 정한데로
펴낸이 지현구 **펴낸곳** 태학사 **등록** 제406-2006-00008호
주소 경기도 파주시 광인사길 223
전화 마케팅부 (031) 955-7580~82 편집부 (031) 955-7585~89 **전송** (031) 955-0910
전자우편 thaehak4@chol.com **홈페이지** www.thaehaksa.com

값은 뒤표지에 있습니다.

ISBN 978-89-5966-731-4 94710
ISBN 978-89-7626-147-2 (세트)

國語學 叢書 目錄

國語學 叢書 目錄